Arnold I. Davidson est Robert O. Anderson Distinguished Service Professor à l'Université de Chicago et Distinguished Visiting Professor of Philosophy and History à l'Université Hébraïque de Jérusalem.

Ilsetraut Hadot est directrice de recherches en retraite au Centre National de la Recherche Scientifique.

Daniele Lorenzini est chercheur postdoctoral au Centre Prospéro de l'Université Saint-Louis – Bruxelles.

La philosophie
comme éducation des adultes
Textes, perspectives, entretiens

Pierre HADOT

La philosophie
comme éducation des adultes
Textes, perspectives, entretiens

Préface de Arnold I. Davidson
Postface de Ilsetraut Hadot
Édition établie par Arnold I. Davidson et Daniele Lorenzini

VRIN

Philosophie du présent

Directeurs de collection : Jean-François Braunstein,
Arnold I. Davidson et Daniele Lorenzini

© Librairie Philosophique J. VRIN, 2019

Imprimé en France
ISSN 2270-8669
ISBN 978-2-7116-2869-8
www.vrin.fr

ÉLOGE DE PIERRE HADOT *

pour Ilsetraut Hadot

La réception enthousiaste et répandue de l'œuvre de Pierre Hadot pendant les vingt dernières années de sa vie, non seulement aux États-Unis mais aussi en France, a été une surprise pour Pierre Hadot lui-même. Nous réfléchissions souvent sur sa transformation : de spécialiste reconnu de la philosophie antique, il était devenu un philosophe lu, discuté et interviewé par beaucoup de gens qui n'avaient probablement jamais étudié un texte ancien. Sa rigueur philologique, son désir, à la fois intellectuel et éthique, d'arriver à comprendre un texte de la manière la plus objective possible, étaient au centre de sa perspective philosophique : il m'a raconté une fois qu'il avait passé plusieurs heures en essayant de décider où il fallait placer une virgule dans la traduction d'un passage de Plotin. Il n'avait aucune sympathie pour ce qu'il considérait comme une paresse ou une négligence intellectuelles ô combien fréquentes parmi les philosophes, et qu'il voyait comme des formes d'égoïsme. À la fin de sa « Préface » à *La citadelle intérieure*, en pensant à un certain type de philosophie européenne à la mode, il écrit :

> Je déteste ces monographies qui, au lieu de donner la parole à l'auteur et de rester près du texte, s'engagent dans des élucubrations obscures qui prétendent réaliser un décodage et révéler le

---

* Traduit de l'anglais par Daniele Lorenzini, avec l'auteur.

6

ARNOLD I. DAVIDSON

non-dit du penseur, sans que le lecteur ait la moindre idée de ce que ce penseur a réellement « dit ». Une telle méthode permet malheureusement toutes les déformations, tous les gauchissements, tous les « coups de pouce ». Notre époque est captivante pour bien des raisons, mais, trop souvent, on pourrait la définir, au point de vue philosophique et littéraire, comme l'ère du contresens, sinon du calembour : n'importe quoi à propos de n'importe quoi ! En citant Marc Aurèle, j'ai voulu que mon lecteur prenne contact avec le texte même, supérieur à tous les commentaires, qu'il voie comment l'interprétation essaie de se fonder sur le texte, qu'il puisse ainsi vérifier directement et immédiatement mes affirmations [1].

Aux yeux de Pierre Hadot, les déformations d'un certain type d'obscurs contresens et jeux de mots « continentaux » allaient de pair avec les déformations d'un certain type de négligence et d'ignorance historiques « analytiques » :

[O]n ne peut traiter un texte ancien comme un texte contemporain, on risque d'en déformer complètement le sens. C'est souvent l'erreur des philosophes analytiques de traiter les philosophes sans aucun recul historique. On croirait presque qu'ils s'étonnent du fait que, curieusement, Aristote ait ignoré les *Principia Mathematica* de Russell et Whitehead. Il me semble que la première qualité d'un historien de la philosophie, et sans doute d'un philosophe, c'est d'avoir le sens historique [2].

Toutefois, les exigences rigoureuses de la méthode de Pierre Hadot ne l'ont pas empêché de reconnaître les aspirations les plus profondes de la philosophie, un ensemble d'idéaux qui étaient essentiels pour son interprétation de toutes les écoles philosophiques anciennes, à savoir l'incessant désir de la philosophie de répondre « aux questions que les hommes se posent quant à leur propre vie », des questions à propos de leur manière de vivre, de leur mode de

1. P. Hadot, *La citadelle intérieure. Introduction aux « Pensées » de Marc Aurèle*, Paris, Fayard, 1992, p. 10.
2. P. Hadot, *La philosophie comme manière de vivre. Entretiens avec Jeannie Carlier et Arnold I. Davidson*, Paris, Le Livre de Poche, 2003, p. 125.

vie [1]. L'idée d'une philosophie « populaire » ou « cosmique », d'une philosophie faite pour abandonner le « cercle clos et figé de l'école » afin d'être « accessible et utile à tout homme », devint fondamentale pour la conception philosophique de Pierre Hadot; cette idée lui avait été inspirée par son étude « scientifique » des textes anciens [2]. La constellation constituée par la discipline, la clarté, l'objectivité et l'accessibilité définissait le cercle des vertus qui étaient si importantes pour Pierre Hadot dans son travail. Nulle part il a expliqué de manière plus directe, efficace et puissante sa vision que dans son article populaire « La philosophie est-elle un luxe? », publié pour la première fois dans *Le Monde de l'éducation* en 1992. Après avoir abordé la longue et importante histoire de la philosophie comme une sorte de métadiscours, Pierre Hadot donne voix à son insatisfaction vis-à-vis de cette définition de la nature de la philosophie par les questions suivantes :

> Qu'est-ce qui finalement est le plus utile à l'homme en tant qu'homme? Est-ce de discourir sur le langage, ou sur l'être et le non-être? N'est-ce pas plutôt d'apprendre à vivre une vie humaine [3]?

Seulement les philosophes les plus académiquement endurcis et distraits, et il y en a beaucoup, pourraient ne pas ressentir l'attrait de l'appel rendu tangible par ces questions. Pourtant, des philosophes aussi différents et aussi fameux que Michel Foucault et Hilary Putnam ont répondu à cet appel. La conception hadotienne de la quête philosophique recoupe la magnifique description faite par Stanley Cavell du public de la philosophie :

---

1. P. Hadot, « L'enseignement des antiques, l'enseignement des modernes. Entretien entre Pierre Hadot et Arnold I. Davidson », dans A.I. Davidson et F. Worms (dir.), *Pierre Hadot, l'enseignement des antiques, l'enseignement des modernes*, Paris, Éditions Rue d'Ulm/Presses de l'École normale supérieure, 2010, p. 24 (repris dans ce volume, *infra*, p. 311).

2. P. Hadot, *Qu'est-ce que la philosophie antique?*, Paris, Gallimard, 1995, p. 403.

3. P. Hadot, « La philosophie est-elle un luxe? », dans *Exercices spirituels et philosophie antique. Nouvelle édition revue et augmentée*, Paris, Albin Michel, 2002, p. 363.

La question du public de la philosophie est née avec la philosophie même. Quand Socrate apprit que l'Oracle avait dit qu'il n'est pas d'homme plus sage que Socrate, on nous dit qu'il l'interpréta comme voulant dire qu'il savait qu'il ne savait pas. Et il y a des chances pour que nous y voyions un peu d'ironie usée ou une humilité suffisante. À mon sens, ce qu'a vu Socrate, c'est que, au sujet des questions qui provoquaient en lui étonnement, espoir, confusion et douleur, il savait qu'il ne savait pas ce que nul homme ne peut savoir, et que tout homme peut apprendre ce qu'il veut apprendre. Aucun homme n'est dans une meilleure position pour ce savoir-là qu'aucun autre – à moins que *vouloir* savoir ne soit une position particulière. Et cette découverte sur lui-même est la même que la découverte de la philosophie, quand elle est l'effort pour trouver des réponses, et permettre des questions, auxquelles personne ne connaît mieux le chemin, ni la réponse, que lui-même. Alors qu'est-ce qui fait que c'est pertinent de le savoir, que cela vaut la peine de le savoir ? Mais il se peut que la pertinence, la valeur et la peine ne soient pas l'important. L'effort est sans pertinence et sans valeur tant qu'il ne vous devient pas nécessaire de savoir ces choses [1].

Pierre Hadot ne se faisait pas d'illusions sur les difficultés de la philosophie comme manière de vivre. Vivre la vie d'un homme « conscient de lui-même, rectifiant sans cesse sa pensée et son action, conscient de son appartenance à l'humanité et au monde », et donc capable d'atteindre une conscience philosophique, est une tâche constamment menacée par « les soucis, les nécessités, les banalités de la vie quotidienne [qui nous] empêchent d'accéder à cette vie consciente de toutes ses possibilités », une conscience qui peut être « écrasé[e] par la misère et la souffrance » : « Comment unir harmonieusement la vie quotidienne et la conscience philosophique ? Ce ne peut être qu'une conquête fragile et toujours menacée » [2].

La prise de conscience et la préoccupation philosophique croissante de Pierre Hadot pour les réalités de la vie quotidienne

---

1. S. Cavell, *Dire et vouloir dire*, trad. fr. Ch. Fournier et S. Laugier, Paris, Éditions du Cerf, 2009, p. 72.

2. P. Hadot, « La philosophie est-elle un luxe ? », art. cit., p. 364-365.

reflètent un subtil mais significatif déplacement de ses sympathies philosophiques du néoplatonisme à l'épicurisme et surtout au stoïcisme. Dans la « Postface » à la nouvelle édition de *Plotin ou la simplicité du regard*, après avoir insisté sur la valeur que Plotin accord au monde sensible, Pierre Hadot rend explicite sa propre perspective :

> Il n'en reste pas moins qu'il [le monde sensible] n'est à ses yeux [de Plotin] qu'une réalité dégradée et inférieure, dont il faut s'éloigner. Pourtant ne peut-on découvrir aussi l'indicible, le mystérieux, le transcendant, l'Absolu peut-être, dans la richesse inépuisable du moment présent et dans la contemplation de la réalité la plus concrète, la plus banale, la plus quotidienne, la plus humble, la plus immédiate, et ne peut-on y pressentir la Présence toujours présente ? « Retranche toutes choses », disait Plotin. Mais, dans une vivante contradiction, ne faudrait-il pas dire aussi : « Accueille toutes choses » [1] ?

Dans notre conversation à propos de l'expérience mystique, en faisant référence à ce passage, Pierre Hadot parle d'une « mystique de l'accueil » et il cite une expérience de Hugo von Hofmannsthal qui est une évocation lyrique de la présence de l'infini dans la vie quotidienne [2]. Si « l'illusion du "spirituel pur", loin de la réalité concrète », était un danger qui avait conduit Pierre Hadot à reconnaître la « position intenable » du néoplatonisme, il continue d'insister sur la vitalité de la philosophie antique, sur les sources de sa propre conception de la philosophie chez les Stoïciens et les Épicuriens : « Certaines pensées épicuriennes, certains aphorismes de Marc Aurèle, certaines pages de Sénèque peuvent suggérer des attitudes que l'on peut prendre encore aujourd'hui » [3]. Plus généralement, en considérant la relation entre la philosophie et le quotidien, Pierre Hadot met en évidence à la fois nos habitudes et préjugés qui exigent de notre part un arrachement au quotidien et, avec Socrate, l'idée et la conviction que la philosophie est « une

---

1. P. Hadot, *Plotin ou la simplicité du regard*, Paris, Gallimard, 1997, p. 200-201.
2. P. Hadot, *La philosophie comme manière de vivre, op. cit.*, p. 136-137.
3. *Ibid.*, p. 138-139.

activité qui est absolument quotidienne », donc un quotidien habituel et un quotidien transfiguré par la perception philosophique [1].

Pierre Hadot a toujours essayé de mettre en pratique les exercices spirituels de la philosophie dans leur force transfiguratrice, et les centaines de conversations que j'ai eues avec lui, y compris les dernières, étaient caractérisées par une combinaison de vigilance stoïcienne et joie épicurienne. Son engagement éthique ne se transformait jamais en moralisme et le plaisir que lui donnait le simple fait d'exister rendait sa présence thérapeutique. Même si nous étions séparés par les distances de l'âge et de l'arrière-plan culturel, nous étions réunis par une amitié qui n'avait pas de frontières. Nous avons eu d'innombrables discussions à propos de quelque chose qui le fascinait, à savoir les façons par lesquelles les notions d'exercices spirituels et de la philosophie comme manière de vivre pourraient être appliquées et étendues à des domaines inattendus. Son intérêt tardif pour l'histoire de la pensée chinoise et pour le bouddhisme, et ma tentative d'utiliser ces notions pour penser l'improvisation musicale et pour écrire sur Primo Levi, ont renforcé pour nous deux le sentiment de la portée et de la richesse d'un ensemble d'idées et de pratiques qui avaient émergées au sein d'un contexte beaucoup plus étroit [2]. Personne n'aurait pu prévoir que les écrits de Pierre Hadot auraient été si profondément capables de répondre à ce que tant de personnes étaient en train d'essayer d'exprimer. Il était tout particulièrement touché, comme moi, par la réaction d'étudiants qui, en lisant ses livres, retrouvaient leur enthousiasme pour la philosophie et étaient conduits à se souvenir du pourquoi la philosophie compte. Je me souviens avec gratitude de la chance que nous avons eue lorsque, pendant les derniers mois de sa vie, nous

---

1. P. Hadot, « Qu'est-ce que l'éthique ? Entretien avec Pierre Hadot », dans *Exercices spirituels et philosophie antique, op. cit.*, p. 382.

2. Voir par exemple mon article, « Exercices spirituels, improvisation et perfectionnisme moral. À propos de Sonny Rollins », dans D. Lorenzini et A. Revel (dir.), *Le travail de la littérature. Usages du littéraire en philosophie*, Rennes, P.U.R., 2012, p. 229-242 et ma « Préface » à *La vacanza morale del fascismo. Intorno a Primo Levi*, Pisa, ETS, 2009, p. 5-19.

avons été capables de travailler ensemble pour produire une version finale de ce qui allait être notre dernière conversation publiée, et je suis reconnaissant qu'il ait pu voir de ses yeux la parution du premier livre dédié à sa pensée, *Pierre Hadot, l'enseignement des antiques, l'enseignement des modernes* [1].

Même si, à la fin, nous étions inévitablement et souvent conduits à parler de la fragilité du corps et de sa détresse physique, la voix de Pierre Hadot a toujours témoigné d'un détachement philosophique qui était certainement lié à son sentiment d'une conscience cosmique, cet exercice qui permet à l'individu de prendre conscience « de sa place dans l'univers, donc [de se] détacher de son point de vue égoïste et aussi [de] lui faire prendre conscience de son appartenance, non seulement au Tout de l'Univers, mais au Tout de la communauté humaine » [2]. Il aimait bien la remarque de Nietzsche qu'il avait citée à la fin du *Voile d'Isis* : « Aller par-delà moi-même et toi-même. Éprouver d'une manière cosmique » [3].

En effet, si l'on me demandait d'essayer de synthétiser, en quelques mots, l'idée que Pierre Hadot se faisait du but le plus général des exercices spirituels, je dirais qu'il les concevait comme des tentatives visant à permettre à chacun de nous de surmonter ce qu'il a souvent appelé notre « point de vue partial et partiel », par opposition à un point de vue *impartial* et *universel*. Ce travail de transformation de soi est, d'après Pierre Hadot, une activité permanente, dont les résultats ne sont jamais stables, puisqu'on doit constamment faire face à la tendance philosophique et humaine de revenir à nos points de vue individuels, étroits et limités. Dans son essai, publié posthume, « La philosophie comme éducation des adultes », Pierre Hadot conclut ses remarques en se référant à la définition kantienne d'*Aufklärung* en tant que capacité de penser

1. Ce livre contient la conversation auquel je viens de faire référence. Voir P. Hadot, « L'enseignement des antiques, l'enseignement des modernes. Entretien entre Pierre Hadot et Arnold I. Davidson », art. cit., p. 19-34 (*infra*, p. 305-322).

2. P. Hadot, *La philosophie comme manière de vivre*, *op. cit.*, p. 264.

3. Voir P. Hadot, *Le voile d'Isis. Essai sur l'histoire de l'idée de Nature*, Paris, Gallimard, 2004, p. 319.

par soi-même : « Penser par soi-même, c'est précisément devenir adulte, remettre en question les préjugés, les modes, mais aussi les arguments d'autorité des religions et des philosophies » [1]. Mais il « complète et corrige » immédiatement cette maxime illuministe par la nécessité de « se mettre à la place des autres », qui pour Pierre Hadot ne consiste pas dans la simple activation d'une capacité psychologique déjà formée à l'empathie, mais dans l'exercice transformatif de sa propre sensibilité, imagination et intellect qui, en permettant de se situer dans la perspective de l'autre, libère l'individu de son point de vue particulier : « se détacher de soi pour atteindre l'objectivité, l'impartialité, la justice » [2]. Pourtant, même cet exercice difficile de détachement de soi et de métamorphose n'épuise pas la conception hadotienne du travail des exercices spirituels. Au-delà de l'objectivité et de l'impartialité, il y a l'idéal de l'universalité, que Pierre Hadot précise en décrivant l'exercice du « regard d'en haut » ou en parlant de la « conscience cosmique ». On ne doit pas seulement tout faire pour

> se mettre à la place des autres, mais, peut-être aussi, [pour] se resituer dans l'univers. Kant, lui encore, reconnaît deux composantes de la conscience de l'existence humaine : le ciel étoilé au-dessus de nous et la loi morale en nous. L'éducation des adultes est-elle seulement une éducation morale, n'est-elle pas aussi un changement radical dans notre manière de voir le monde [3] ?

Voir le monde, pour ainsi dire, dans une perspective universelle, d'en haut, par les yeux de la conscience cosmique, est crucial dans l'exercice spirituel qui consiste à apprendre à mourir auquel Pierre Hadot ménage une place centrale dans son essai « Exercices spirituels » et que je l'ai vu pratiquer dans des nombreuses occasions. Cette élévation de l'individualité à l'universalité signifie que l'on ne se voit plus comme le centre du monde, mais plutôt

---

1. P. Hadot, « La philosophie comme éducation des adultes », dans S. Laugier (dir.), *La voix et la vertu. Variétés du perfectionnisme moral*, Paris, P.U.F., 2010, p. 445 (repris dans ce volume, *infra*, p. 186).

2. *Ibid.*, p. 447 (*infra*, p. 187-188).

3. *Ibid.* (*infra*, p. 188).

comme un petit point dans la totalité du cosmos. On se voit, pour ainsi dire, du dehors de soi-même. Il va sans dire qu'il ne s'agit pas d'un quelconque exercice métaphysique exotérique, mais d'une pratique qui consiste à réorienter son attention et sa sensibilité afin de concentrer son regard de manière différente – un exercice qui avait déjà été décrit dans les détails par Marc Aurèle. Pour Pierre Hadot lui-même, cet exercice était l'élaboration philosophique de son expérience originaire du « sentiment océanique ». Et cela me semble être une pratique très différente et en même temps une vision différente du monde par rapport à la pratique et à la vision que l'on trouve normalement dans l'histoire du christianisme et du judaïsme [1]. Comme l'affirme Wittgenstein, en parlant de nos manières de voir le monde (une remarque que Pierre Hadot me citait souvent) : « Dans la façon de voir ordinaire on considère les objets pour ainsi dire en se plaçant parmi eux ; dans la façon de voir *sub specie aeternitatis*, on les considère de l'extérieur » [2].

Pierre Hadot a réussi à se voir *lui-même* de l'extérieur et a exemplifié cette même vertu spécifique qu'il a évoquée dans la section intitulée « Apprendre à mourir » de son essai « Exercices spirituels » :

> L'« exercice de la mort » est donc lié ici à la contemplation de la totalité, à l'élévation de la pensée, passant de la subjectivité individuelle et passionnelle à l'objectivité de la perspective universelle, c'est-à-dire à l'exercice de la pensée pure. Cette caractéristique du philosophe reçoit ici pour la première fois un nom qu'elle gardera dans toute la tradition antique : la grandeur d'âme. La grandeur d'âme est le fruit de l'universalité de la pensée. Tout le travail spéculatif et contemplatif du philosophe devient ainsi exercice spirituel dans la mesure où, élevant la pensée jusqu'à la perspective du Tout, il la libère des illusions de l'individualité [3].

1. Voir P. Hadot, *La philosophie comme manière de vivre*, *op. cit.*, chapitre 1, p. 17-60.
2. L. Wittgenstein, *Carnets. 1914-1916*, trad. fr. G.-G. Granger, Paris, Gallimard, 1971, p. 154.
3. P. Hadot, « Exercices spirituels », dans *Exercices spirituels et philosophie antique*, *op. cit.*, p. 53-54.

Combien de philosophes connaissons-nous qui, en se libérant des restrictions de l'individualité, ont réalisé la vertu de la grandeur d'âme ? Sans doute la réponse à cette question nous dit autant sur notre conception de la philosophie que sur les vies des philosophes.

Les lecteurs des générations futures, les plus jeunes ainsi que les plus âgés, ouvriront un livre de Pierre Hadot et découvriront les attraits de la philosophie. Certains d'entre eux deviendront peut-être des philosophes, d'autres seront incités à lire pour la première fois Platon, Plotin, Marc Aurèle ou Sénèque, d'autres encore (et on pourrait espérer plusieurs de ceux que l'on vient de mentionner) seront conduits à transformer leur manière de vivre. Pierre Hadot n'aurait certainement pas demandé davantage.

Tous les week-ends, à l'heure à laquelle normalement je parlais avec lui, je peux encore entendre la voix de Pierre et je me souviens des paroles que Vladimir Jankélévitch a écrites à propos de Léon Brunschvicg : « Il nous reste la leçon de haute probité dans laquelle, après tout, son œuvre et sa vie se résument » [1].

Arnold I. DAVIDSON

---

1. V. Jankélévitch, *Sources*, Paris, Seuil, 1984, p. 141.

PREMIÈRE PARTIE

RÉORIENTER LA PHILOSOPHIE ANTIQUE : PENSER, VIVRE, ENSEIGNER

CHAPITRE PREMIER

TITRES ET TRAVAUX DE PIERRE HADOT *

PIERRE HADOT
Né à Paris le 21 février 1922

ÉTUDES ET TITRES UNIVERSITAIRES

Licence ès lettres, Paris, 1945-1946.
Diplôme d'études supérieures de philosophie, Paris, 1947.
Élève de l'École Pratique des Hautes Études, IVe et Ve Sections, 1949-1964 : conférences de MM. Courcelle, Festugière, Puech et Vernet.
Diplôme de bibliothécaire, Paris, Bibliothèque Nationale, 1955.
Diplôme de l'École Pratique des Hautes Études, Ve Section, 1960.
Doctorat ès lettres, Paris, 1968.

RECHERCHE ET ENSEIGNEMENT

Stagiaire, puis attaché, puis chargé de recherche au Centre National de la Recherche Scientifique, 1949-1964.
Directeur d'études à l'École Pratique des Hautes Études, Ve Section, depuis 1964 (« Patristique latine », puis, à partir de 1972 : « Théologies et mystiques de la Grèce hellénistique et de la fin de l'Antiquité »).
Directeur du Centre d'Études des Religions du Livre, laboratoire associé au C.N.R.S., depuis 1976.

---

* Ce texte est la présentation de Pierre Hadot par lui-même lors de sa candidature au Collège de France (1981).

COMMISSIONS ET SOCIÉTÉS SAVANTES

Membre du Comité national du C.N.R.S. (Commission de Philosophie) de 1960 à 1964 et de 1970 à 1974.

Membre correspondant de l'Akademie der Wissenschaften und der Literatur de Mayence, depuis 1972 ; membre de la Commission de Philologie de cette Académie depuis 1979.

Vice-président de l'Institut des Études augustiniennes.

Membre de l'International Society for the History of Rhetoric, de l'International Society for Neoplatonic Studies, de la Société Ernest Renan, de la Société des Études latines, de l'Association pour l'encouragement des Études grecques, de la Société française de Philosophie.

COLLABORATION À DES ENTREPRISES SCIENTIFIQUES FRANÇAISES ET ÉTRANGÈRES

Membre du Conseil du Greco 25 : « Histoire ancienne du christianisme », en tant que Directeur du Centre d'Études des Religions du Livre.

Participation au Colloque de Bielefeld (mai 1977) organisé par la Rédaction de l'*Historisches Wörterbuch der Philosophie* pour élaborer le plan et définir les subdivisions de l'article *Philosophie* dans cet ouvrage. Rédaction de plusieurs articles.

Collaboration à la mise à jour du t. I du *Grundriss der Geschichte der Philosophie* de F. Überweg et K. Praechter (concernant l'Antiquité).

Membre du Comité international d'organisation du Congrès de la Fédération internationale des Études classiques (Dublin 1984).

CONFÉRENCES DANS DES UNIVERSITÉS OU INSTITUTIONS FRANÇAISES ET ÉTRANGÈRES

École Normale Supérieure (pendant l'année scolaire 1972-1973).

Universités de Munich, Göttingen, Mannheim, Stuttgart, Tübingen, Fribourg-en-Brisgau, Lausanne, Neuchâtel.

Fondation Hardt (Vandœuvres-Genève).

Fondation Eranos (Ascona).

Warburg Institute (Londres).

Akademie der Wissenschaften und der Literatur (Mayence).

Centre de recherches de Psychologie comparative.

Association Guillaume Budé.

DISTINCTIONS

Prix Saintour décerné par l'Académie des Inscriptions et Belles-Lettres et Prix Desrousseaux décerné par l'Association pour l'encouragement des Études grecques (1969).
Médaille d'argent du Centre National de la Recherche Scientifique.

TRAVAUX, ENSEIGNEMENT, PUBLICATIONS

I. Travaux et enseignement

1. *Orientations générales*

Mes travaux et mon enseignement se sont rapportés pour l'essentiel au vaste mouvement de la pensée antique dans lequel, du IVe siècle avant J.-C. au VIe siècle de notre ère, sont venus se fondre successivement l'hellénisme, l'esprit romain et finalement le christianisme ; dans le brassage sans précédent de traditions, de religions, de langages et d'idées qui s'est opéré alors, se sont élaborés les formes de pensée, les symboles, les images, qui ont marqué d'une empreinte indélébile la pensée de l'Occident : patrimoine spirituel toujours vivant dans la conscience moderne, mais qu'elle ne peut plus comprendre immédiatement sans le secours d'une exégèse.

Dans ce processus historique, certains phénomènes ont plus spécialement retenu mon attention. Tout d'abord, la profonde transformation de la pensée grecque elle-même, à l'époque hellénistique et romaine ; on peut en déceler trois composantes principales : naissance de la spiritualité, naissance d'une théologie et d'une exégèse systématiques, naissance de la mystique philosophique. Naissance de la spiritualité : j'entends par là le passage de l'*homo politicus* à l'*homo interior*, la conversion vers l'intériorité (n°s 8, 10, 25, 33, 37, 40, 42, 45, 80), esquissée déjà sans doute chez Platon lui-même (n° 8), mais se développant intensément dans le stoïcisme et l'épicurisme, pour s'épanouir dans le néoplatonisme et s'intégrer ensuite à la synthèse chrétienne : « *In interiore homine habitat veritas* » (Augustin). La philosophie devient ainsi avant tout un exercice de la vie intérieure, une pratique spirituelle (n° 8). Naissance, également, d'une théologie et d'une exégèse systématiques : j'entends par là le développement progressif d'une scolastique (dont héritera le Moyen Âge), qui, intégrant principes philosophiques et données mythologiques, aboutit d'une part à une exégèse (n os 4, 22, 40), qui s'efforce de donner une interprétation cohérente des différents textes sacrés ou inspirés (Platon, Homère, les Orphiques, les *Oracles chaldaïques*) et, d'autre part, à la constitution d'un système cosmologique et théologique (n os 4, 29, 40), qui se veut scientifique et dont l'exposé le plus achevé se trouvera dans les *Éléments de Théologie* de Proclus, présentés sous une forme volontairement imitée de celle des *Éléments* d'Euclide. Naissance enfin de l'expérience mystique philosophique, qui trouve son expression dans certaines pages, d'ailleurs très rares, des traités de Plotin (n os 2, 24, 53, 57 : conférences de l'année 1969-1970 à l'année 1975-1976 ; 83) : phénomène extrêmement intéressant parce que, par l'intermédiaire de différents Pères de l'Église et du Pseudo-Denys, il aura une influence considérable sur la mystique chrétienne.

Autre fait capital : l'apparition, dans le monde romain, d'une science et d'une philosophie, c'est-à-dire d'un phénomène spécifiquement grec que l'on a adapté à la mentalité romaine, dans la mesure où l'on a traduit ou paraphrasé ou au moins imité des modèles grecs. Une langue latine scientifique se développe ainsi et elle survivra jusqu'au XIX e siècle, marquant de son empreinte toute la genèse de la pensée moderne. Dans l'Antiquité, chaque terme de cette langue technique correspond à un terme grec bien déterminé (compte tenu, toutefois, du souci de l'écrivain latin d'assurer une certaine *variatio sermonis*), mais, à l'occasion de cette traduction, bien des glissements de sens, sinon des contresens, se sont produits. J'ai été particulièrement sensible à ce phénomène, prenant soin de donner, quand cela était opportun, à la fin de certains de mes travaux, une liste de correspondances gréco-latines (n os 4, 5, 7) et consacrant plusieurs articles à ces problèmes de lexicographie (n os 16, 33, 36, 58, 60, 67, 74). Mais ce phénomène n'est pas seulement lexicographique. Il ouvre à la recherche deux possibilités d'investigation très prometteuses : comprendre les œuvres latines en découvrant et en analysant leurs sources grecques (n° 7), mais aussi, parfois, avec prudence et rigueur, reconstituer la source grecque à partir de l'œuvre latine (n° 4).

Troisième phénomène capital : la rencontre de l'hellénisme et du christianisme et leur contamination ; phénomène extrêmement complexe, qui avait été préparé par la rencontre tout aussi décisive entre le judaïsme et l'hellénisme, principalement chez Philon d'Alexandrie dont l'influence sur Clément d'Alexandrie, Origène ou Ambroise de Milan sera considérable ; phénomène immense que j'ai essayé de décrire, trop brièvement, plusieurs fois (n°s 27, 28, 29, 40), sans prétendre l'embrasser dans toute son ampleur. Deux aspects majeurs ont surtout retenu mon attention : d'une part le fait que le christianisme soit devenu une théologie, c'est-à-dire une doctrine systématique analogue à la théologie grecque traditionnelle (n°s 4, 28, 29, 40) ; d'autre part le fait que certains écrivains chrétiens aient présenté le christianisme comme une philosophie au sens antique du mot, c'est-à-dire comme une pratique, une manière de vivre, un exercice spirituel, guidés par le *Logos* divin. Par ailleurs, dans la perspective des travaux du « Centre d'Études des Religions du Livre » que je dirige, j'ai été amené à être particulièrement attentif à l'influence que l'exégèse chrétienne a exercée sur la pensée et la littérature occidentales (*cf.* les ouvrages collectifs de ce Centre d'Études, consacrés aux premiers versets de la *Genèse* et au fameux verset d'*Exode* 3,14 : « Je suis celui qui suis »). Enfin mes études sur Ambroise et sur Augustin (n°s 7, 15, 19, 42, 45, 50, 57 : conférences de l'année 1964-1965 à l'année 1970-1971 ; 61, 66, 70, 72, 79) m'ont conduit à analyser, sur des cas privilégiés, l'extraordinaire rencontre qui s'est effectuée entre hellénisme, latinité et christianisme.

Les problèmes, les thèmes, les symboles, à partir desquels la pensée de l'Occident s'est développée, ne sont pas tous nés, bien évidemment, dans la période que nous étudions. Mais l'Occident les a reçus pour la plupart dans la forme que leur avait donnée soit la pensée hellénistique, soit l'adaptation de cette pensée au monde romain, soit la rencontre entre hellénisme et christianisme. L'Occident a connu Platon par le néoplatonisme, Aristote par les commentateurs tardifs, l'épicurisme par Lucrèce, l'Académie par Cicéron, le stoïcisme par Marc Aurèle et Sénèque, la tradition logique et dialectique par Boèce, et beaucoup de problèmes philosophiques par Augustin. Je me suis efforcé de saisir certains aspects de cette forme de réception de la tradition antique dans des études sur la conversion (n os 10, 25, 33), sur la notion d'être (n os 4, 16, 41, 49, 73, 74), sur la philosophie de la nature (n os 23, 57 : conférences de l'année 1973-1974), sur l'idée de « secret de la nature » (n os 9, 57 : conférences de l'année 1972-1973), sur l'origine du poème : *Urworte* de Gœthe (n° 54), enfin sur les exercices spirituels (n° 8).

2. *Brève esquisse de l'évolution de mes recherches*

En 1947, les travaux de P. Courcelle, comme ceux de P. Henry, le futur éditeur de Plotin, ne pouvaient qu'inciter un chercheur débutant, désireux d'étudier les rapports entre hellénisme et christianisme, pensée latine et pensée grecque, à entreprendre une recherche sur Marius Victorinus, ce théologien chrétien, néoplatonicien latin, que tous deux signalaient comme une figure extrêmement significative, bien que d'une obscurité proverbiale déjà reconnue dans l'Antiquité, et qu'il fallait éditer, traduire, comprendre, commenter (n os 1, 3, 6, 12, 58, 59). En parcourant ces différentes étapes de la recherche, j'ai été amené à découvrir peu à peu tout un pan du néoplatonisme, à peu près inconnu jusque-là, à savoir la philosophie propre de Porphyre, le disciple de Plotin, c'est-à-dire une structure conceptuelle extrêmement caractérisée, qui était seule capable d'expliquer l'état du néoplatonisme que l'on rencontrait chez Victorinus (n os 4, 17, 71). J'ai été ainsi conduit à éditer et à traduire pour la première fois de remarquables fragments d'un commentaire anonyme sur le *Parménide* de Platon, que pour des raisons très précises j'ai pensé pouvoir attribuer à Porphyre (n° 4, t. II). Cette identification a été acceptée par de nombreux philologues ou philosophes, notamment W. Beierwaltes et W. Theiler, et l'ensemble de ma thèse a été utilisé par plusieurs spécialistes de la pensée arabe (notamment P. Thillet et S. Pinès) pour expliquer les particularités de la notion d'être qui apparaît dans certains textes néoplatoniciens arabes. Plus profondément, ces découvertes m'ont amené à présenter une théorie générale de l'évolution du néoplatonisme (n° 4, 17, 41, 49), replacée dans la perspective plus vaste de l'histoire de la philosophie ancienne et, également, à décrire la genèse des concepts fondamentaux de l'ontologie (n os 4, 16, 36, 41, 73) en Occident (*esse, exsistentia, substantia, subsistentia, ens*), en montrant notamment la manière dont s'est élaborée (par une suite de contresens d'ailleurs, *cf.* n° 41) la théorie porphyrienne de l'être et le rôle que Boèce a joué dans sa transmission au Moyen Âge.

Mes travaux sur Victorinus lui-même m'ont donné les matériaux nécessaires à la rédaction d'une monographie sur cet auteur (n° 5), qui contient une étude sur la mentalité païenne au IV e siècle, sur la rhétorique et la logique à la fin de l'Antiquité et sur les controverses théologiques sous le règne de l'empereur Constance.

Nommé en 1964 à l'École Pratique des Hautes Études pour y occuper une direction d'études de « Patristique latine », j'ai développé devant mes auditeurs, de 1964 à 1972, des recherches sur des exemples particulièrement instructifs de rencontre entre hellénisme, latinité et christianisme, spécialement Ambroise de Milan et Augustin (n os 21 et 57). C'était d'ailleurs le développement de recherches déjà entreprises dans les années précédentes et publiées dans plusieurs articles (sur Ambroise et Plotin : n° 61 ; sur Ambroise et Origène : n° 66, en collaboration avec H.-Ch. Puech ; sur Augustin et Porphyre : n° 70). Mon enseignement a pris successivement pour thème les sources du *De Isaac* d'Ambroise, la théorie de l'infini chez Augustin, enfin et surtout l'explication de plusieurs livres des *Confessions* de ce même Augustin (I-III et XI-XIII). Cette dernière étude m'a permis de préciser la signification du « moi » dans les *Confessions* (n os 21, 72), non pas singularité incommunicable de l'homme Augustin, mais humanité universelle dont les événements de la vie d'Augustin ne sont que les symboles. Ces recherches dans le domaine de la patristique latine ont abouti notamment à la publication d'une édition révisée et d'un commentaire de l'*Apologia*

David d'Ambroise; j'ai découvert à cette occasion que cet ouvrage était en grande partie la traduction presque littérale du commentaire grec de Didyme d'Alexandrie sur le psaume 50 (nᵒˢ 7 et 79).

En 1972, le Conseil de la Vᵉ Section de l'E.P.H.E. m'a autorisé à élargir le domaine de ma direction d'études en l'intitulant « Théologies et mystiques de la Grèce hellénistique et de la fin de l'Antiquité ». Il répondait ainsi à mon désir de pouvoir traiter également, devant mes auditeurs, de la pensée non-chrétienne. Plusieurs de mes travaux antérieurs annonçaient cette orientation, non seulement mes thèses de doctorat, mais aussi un petit livre sur l'expérience spirituelle plotinienne (nᵒ 2) et un assez long article d'encyclopédie, dans lequel j'avais essayé de replacer la célèbre théorie hellénistique de l'idéal royal dans une vaste tradition qui s'étend de l'Égypte ancienne jusqu'à l'époque carolingienne (nᵒ 39). De 1972 à 1981, j'ai consacré plusieurs années d'enseignement à l'explication des traités de Plotin et des *Pensées* de Marc Aurèle (nᵒ 57). Tout récemment, je me suis tourné vers des perspectives plus générales concernant la pensée antique : l'histoire concrète des écoles philosophiques, la rhétorique, la dialectique, les genres littéraires philosophiques, certains aspects de l'idée de « nature » dans l'Antiquité. Les résultats de ces travaux ont été en partie publiés (nᵒˢ 82, 84), notamment la découverte du schème ternaire qui explique la composition des *Pensées* de Marc Aurèle (nᵒˢ 81 et 85). C'est également à cette orientation de mes recherches que se rattachent les études sur la figure de Socrate (nᵒ 47), le mythe de Narcisse et son interprétation par Plotin (nᵒ 78) et surtout les exercices spirituels (nᵒ 8).

D'autre part, la direction, depuis 1976, du laboratoire associé au C.N.R.S. : « Centre d'Études des Religions du Livre » m'a conduit à coordonner des recherches sur les rapports entre les exégèses religieuses et la pensée philosophique.

3. *Réflexions méthodologiques*

Au cours de toutes ces recherches, j'ai été amené plusieurs fois à réfléchir sur les problèmes que pose la compréhension des œuvres des auteurs antiques. Quel est le vrai sens d'une œuvre ? Le sens que l'*auteur* a voulu lui donner ou les sens que nous croyons ou que nous voulons trouver en elle ? Augustin lui-même, au livre XII des *Confessions* (*cf.* n° 57 : conférences de l'année 1969-1970), résolvait le problème en affirmant que tous les sens que nous trouvons ont été voulus par l'auteur sacré, parce qu'il a écrit de manière à rendre son texte susceptible d'une multitude d'interprétations. Et il est bien vrai qu'il est toujours possible et légitime de découvrir dans un texte une pluralité de sens (« Si nous savons ce que nous voulions dire, disait André Gide, nous ne savons pas si nous ne disions que cela. On dit toujours plus que "cela" ».). Mais il n'en faut pas moins se rendre compte que cette démarche d'interprétation « polysémique » est l'héritière, consciente ou inconsciente, de la pratique antique de l'exégèse allégorique si, comme le dit Musil, cité par P. Veyne, on entend par « allégorie » l'état d'esprit où les choses prennent plus de signification qu'il ne leur en revient honnêtement. Quoiqu'il en soit, il me semble que l'on ne peut déceler le « non voulu » que si l'on a reconnu le « voulu ». Il est absolument indispensable de tendre vers la reconstitution d'un sens « littéral », d'un sens de base, auquel on pourra se référer pour déceler ensuite les sens dont l'auteur n'a pas été conscient.

Pour l'homme moderne, cette compréhension du sens « voulu » par l'auteur antique est extrêmement difficile. Il est guetté par l'anachronisme, par le danger de projeter dans le passé des attitudes et des intentions qui sont celles de nos contemporains. On s'imagine souvent par exemple que, comme beaucoup d'écrivains modernes, l'écrivain antique écrit pour communiquer clairement et immédiatement les informations qu'il connaît ou les sentiments qu'il éprouve. Nous croyons que Marc Aurèle nous livre, dans ses *Pensées*, ses états d'âme quotidiens ou que Lucrèce, cherchant à combattre l'angoisse, est lui-même un anxieux, ou qu'Augustin veut nous raconter sa vie dans les *Confessions* (n°s 21, 72, 75, 81, 85). Mais déjà, dans la Grèce classique, comme l'a montré J. de Romilly, à propos de Thucydide, l'écrivain antique cache délibérément ses intentions, procède par allusions, compose d'une manière volontairement déroutante. La situation se complique encore plus, à l'époque que nous étudions, à cause des conditions particulières dans lesquelles s'exercent alors l'activité de pensée et la composition littéraire. En effet, les règles du discours sont alors rigoureusement codifiées et il faudra toujours s'y référer pour comprendre la portée exacte d'une affirmation, à plus forte raison le sens général d'une œuvre. Il faudra soigneusement distinguer ce que l'auteur *doit* dire, ce que l'auteur *peut* dire, ce que l'auteur *veut* dire. Il faudra utiliser les moindres indices pour déceler ses véritables intentions ; il faudra tout spécialement observer la structure de l'œuvre, l'ordre dans lequel les choses sont dites, le mouvement général de la pensée.

Le cas le plus étonnant est celui des auteurs, nombreux à l'époque que nous étudions, qui utilisent, pour composer, des matériaux littéraires préfabriqués, empruntés à une source. Ils ont choisi ces matériaux à cause d'un mot, d'une phrase, qui y étaient contenus et qui convenaient à leur propos et voilà que tout le développement passe dans leur œuvre. Telle est notamment la manière de rédiger de certains auteurs latins, païens ou chrétiens, comme Macrobe ou Ambroise de Milan, mais aussi de certains auteurs grecs comme Origène ou même Porphyre (notamment dans son *De abstinentia*). Ces œuvres sont ainsi des assemblages d'éléments préfabriqués. On pourrait songer à donner à cette technique de composition le nom de « bricolage », dans le sens défini par Cl. Lévi-Strauss. Mais il y a souvent chez ces auteurs un art subtil dans l'agencement de ces éléments tout faits qui ferait plutôt penser à la marqueterie ou à la mosaïque (*cf.* n° 4, introduction). De telles œuvres ne peuvent être comprises totalement tant que l'on n'a pas découvert leurs sources. Par exemple, une transformation radicale s'est opérée dans ma compréhension de la structure et du sens de l'*Apologia*

David d'Ambroise, lorsque j'ai découvert qu'elle était en partie une traduction d'une œuvre de Didyme d'Alexandrie (n⁰ˢ 7 et 79). La méthode philologique de recherche des sources à l'aide de parallèles textuels, telle qu'elle a été définie et pratiquée par P. Courcelle, est ici indispensable (n° 4, introduction).

En dehors de ces cas particuliers, la méthode d'interprétation doit consister surtout à reconnaître les règles du discours et la situation historique concrète dans laquelle elles sont appliquées. Règles rhétoriques tout d'abord : celle des genres littéraires qui déterminent rigoureusement non seulement le style, mais les idées mêmes qui sont exprimées et qui ne correspondent pas nécessairement aux convictions de l'auteur (n° 57 : conférences de l'année 1979-1980). Règles rhétoriques encore : celle des « lieux », selon les « Topiques » au sens d'Aristote et de Cicéron (qui imposent des schèmes d'argumentation), celles des « lieux communs » au sens rhétorique (qui imposent des arguments stéréotypés). Il y a aussi les contraintes de la pensée exégétique (n° 22). En effet, à l'époque que nous étudions, les problèmes se posent presque toujours sous la forme de l'explication d'un texte. Par exemple, le problème du mal, chez Plotin, se ramène apparemment à la question : « Quel sens faut-il donner aux expressions que Platon a employées à propos du mal ? » Ce phénomène est très révélateur. Il nous montre que l'activité de pensée s'exerce alors au sein d'un groupe, l'école, qui reconnaît l'autorité d'un maître et de la tradition qu'il a fondée : il s'agit de découvrir toutes les vérités impliquées dans le texte du maître. La pensée ne peut donc se développer que dans les limites étroites que lui impose le texte et pourtant, en expliquant le texte, c'est toute la science que l'on prétend exposer : on n'y parviendra qu'aux prix d'exégèses forcées et de nombreux contresens, contresens qui, paradoxalement, seront souvent des contresens créateurs (n° 22). Il y a enfin ce que j'appellerai la relation dialectique, si l'on entend « dialectique » au sens platonicien (n⁰ˢ 8, 47, 84) : beaucoup d'œuvres de cette époque se présentent comme une réponse à une question précise posée par un interlocuteur, réel ou fictif, et d'une manière générale, elles dialoguent virtuellement avec un interlocuteur sur lequel elles veulent produire un certain effet d'ordre moral ou philosophique. Le fait même de questionner a déjà une importance capitale : il contraint la pensée à rester dans le domaine restreint de la question posée et il la cantonne dans l'alternative du pour et du contre. Il ne faudra donc pas s'étonner qu'un même auteur, répondant dans des œuvres diverses à des questions différentes, puisse, de l'une à l'autre, se contredire ou paraître inconséquent. C'est chaque *logos* qui forme système, et non pas l'ensemble des *logoi*. Surtout, le rapport à l'interlocuteur est un élément décisif pour la compréhension des textes. La plupart des œuvres de cette période, même les romans, même les poèmes comme ceux d'Horace, à plus forte raison les œuvres philosophiques, comme celles de Cicéron, de Sénèque, de Plotin ou d'Augustin, doivent être considérées avant tout comme des exercices destinés à former le lecteur, à lui faire parcourir un certain itinéraire spirituel qui transformera son âme (n° 8). Le contenu conceptuel de l'œuvre est ainsi déterminé en grande partie par cette finalité ; par exemple, ce que l'auteur veut bien dire est adapté au niveau spirituel de telle ou telle catégorie de lecteurs. Et la composition, la structure de l'œuvre correspondent aussi à ce souci de formation et de transformation. C'est peut-être ce caractère des œuvres antiques qui explique le fait que, pour l'homme moderne, leur lecture peut constituer encore, quelquefois, un exercice spirituel. Quoiqu'il en soit, c'est en parcourant à son tour ces itinéraires savamment choisis, c'est en prêtant la plus grande attention aux règles du discours et aux conditions concrètes de la genèse des œuvres, que l'on pourra espérer déceler les intentions des auteurs de cette époque et comprendre les mouvements de leur pensée.

II. Publications

Ouvrages

1. Marius Victorinus, *Traités théologiques sur la Trinité*, texte établi par Paul Henry, introduction, traduction et notes par Pierre Hadot (Sources chrétiennes 68-69), Paris, Les Éditions du Cerf, 1960, 1160 p.
2. *Plotin ou la simplicité du regard*, Paris, Plon, 1963, 190 p. ; 2ᵉ éd., Paris, Études augustiniennes, 1973.
3. Marius Victorinus, *Christlicher Platonismus. Die theologischen Schriften des Marius Victorinus*, übersetzt von Pierre Hadot und Ursula Brenke, eingeleitet und erläutert von Pierre Hadot, Zürich-Stuttgart, Artemis Verlag, 1967, 464 p.
4. *Porphyre et Victorinus*, I-II (thèse de doctorat ès lettres), Paris, Études augustiniennes, 1968, 677 p.
5. *Marius Victorinus. Recherches sur sa vie et ses œuvres* (thèse complémentaire), Paris, Études augustiniennes, 1971, 424 p.
6. *Marii Victorini Opera*, pars I. Opera theologica recensuerunt Paulus Henry et Petrus Hadot (C.S.E.L., t. LXXXIII), Wien, 1971, XXXIX et 305 p.
7. Ambroise de Milan, *Apologie de David*, introduction, texte latin, notes et index par Pierre Hadot, traduction par M. Cordier (Sources chrétiennes 239), Paris, Les Éditions du Cerf, 1977, 213 p.
8. *Exercices spirituels et philosophie antique* (recueil d'articles déjà publiés, *cf.* nᵒˢ 25, 47, 75, 80, 81, et d'études inédites), Paris, Études augustiniennes, 1981, 208 p.
9. *Zur Idee der Naturgeheimnisse. Zum Widmungsblatt in den Humboldtschen « Ideen zu einer Geographie der Pflanzen »* (Abbandlungen der Geistes- und Sozial-wissenschaftlichen Klasse der Akademie der Wissenschaften und der Literatur), Mainz, 1982.

Études publiées dans des ouvrages collectifs

10. « *Epistrophè* et *metanoia* dans l'histoire de la philosophie », *Actes du XIᵉ Congrès international de Philosophie*, Bruxelles, 1953, t. XII, p. 31-36.
11. « *De lectis non lecta conponere* (Marius Victorinus, *Adv. Ar.* II, 7). Raisonnement théologique et raisonnement juridique », *Studia Patristica*, vol. I, part I, Berlin, Akademie Verlag, 1957, p. 209-220.

12. « Un vocabulaire raisonné de Marius Victorinus Afer », *ibid.*, p. 194-208.

13. « Être, vie, pensée chez Plotin et avant Plotin », *Entretiens sur l'Antiquité classique*, t. V, *Les sources de Plotin*, Fondation Hardt, Vandœuvres-Genève, 1960, p. 107-157.

14. « L'homme "plante celeste" », *La Nature humaine. Actes du XIᵉ Congrès des Sociétés de Philosophie de langue française* (Montpellier, 1961), Paris, 1961, p. 79-83.

15. « L'image de la Trinité dans l'âme chez Victorinus et chez saint Augustin », *Studia Patristica*, vol. VI, part IV, Berlin, Akademie Verlag, 1962, p. 409-442.
    « Das Bild der Dreifaltigkeit in der Seele bei Victorinus und dem heiligen Augustinus », *Römische Philosophie*, Darmstadt, 1976, p. 298-340.

16. « La distinction de l'être et de l'étant dans le *De hebdomadibus* de Boèce », *Miscellanea Mediaevalia*, t. II, Berlin, De Gruyter, 1962, p. 147-153.

17. « La métaphysique de Porphyre », *Entretiens sur l'Antiquité classique*, t. XII, *Porphyre*, Fondation Hardt, Vandœuvres-Genève, 1966, p. 127-163.
    « Die Metaphysik des Porphyrios », *Die Philosophie des Neuplatonismus*, Darmstadt, 1977, p. 208-237.

18. « La notion de "cas" dans la logique stoïcienne », *Le langage. Actes du XIIIᵉ Congrès des Sociétés de Philosophie de langue française* (Genève, 1966), t. I, Neuchâtel, 1966, p. 109-112.

19. « *Numerus intelligibilis infinite crescit*, Augustin, *Epist.* 3,2 », *Miscellanea André Combes, Divinitas*, t. XI, 1967, p. 181-192.

20. « Aristote, *Du plaisir* », *Aristote, De la richesse, De la prière, De la noblesse, Du plaisir, De l'éducation. Fragments et témoignages*, sous la direction de P.M. Schuhl, Paris, 1968, p. 137-139.

21. « Patristique latine », *Problèmes et méthodes d'histoire des religions. Mélanges publiés par la Section des Sciences religieuses à l'occasion du centenaire de l'École Pratique des Hautes Études*, Paris, 1968, p. 211-219.

22. « Philosophie, exégèse et contresens », *Akten des XIV. Internationalen Kongresses für Philosophie*, Wien, 1968, t. I, p. 333-339.

23. « L'apport du néoplatonisme à la philosophie de la nature en Occident », *Tradition und Gegenwart, Eranos-Jahrbuch*, 1968, t. XXXVII, Zürich, 1970, p. 91-132.

24. « Plotino », *I Protagonisti*, vol. 3, Milano, 1969, p. 281-308.

25. « Conversion », *Encyclopaedia Universalis*, t. IV, 1969, p. 979-981.

26. « Gnosticisme chrétien », *ibid.*, t. VII, 1970, p. 787-791.

27. « Littérature latine chrétienne », *ibid.*, t. IX, 1971, p. 834-838.

28. « Origène et origénisme », *ibid.*, t. XII, 1972, p. 230-233.

29. « Patristique », *ibid.*, t. XII, 1972, p. 604-609.

30. « Théologie négative », *ibid.*, t. XV, 1973, p. 1093-1095.

31. « Casus », *Historisches Wörterbuch der Philosophie*, Bâle-Stuttgart, t. I, 1971, col. 971-973.

32. « Causa sui », *ibid.*, t. I, 1971, col. 976-977.

33. « Conversio », *ibid.*, t. I, 1971, col. 1033-1036.

34. « Eine (das), Einheit », *ibid.*, t. II, 1972, col. 361-367.

35. « Epopteia », *ibid.*, t. II, 1972, col. 599.

36. « Existenz, existentia », *ibid.*, t. II, 1972, col. 854-856.

37. « Leben », *ibid.*, t. V, 1980, col. 52-56.

38. Introduction aux *Actes du Colloque international du Centre National de la Recherche Scientifique : Le Néoplatonisme* (Royaumont, 9-13 juin 1969), Paris, 1971, p. 1-3.

39. « Fürstenspiegel », *Reallexikon für Antike und Christentum*, t. VIII, fasc. 60, 1970, p. 555-632.

40. « La fin du paganisme », *Histoire des religions*, sous la direction de H.-Ch. Puech (Encyclopédie de la Pléiade), t. II, Paris, 1972, p. 81-113.

41. « L'être et l'étant dans le néoplatonisme », *Études néoplatoniciennes*, Neuchâtel, 1973, p. 101-115.

42. « De Tertullien à Boèce. Le développement de la notion de personne dans les controverses théologiques », *Problèmes de la personne. Colloque du Centre de recherches de Psychologie comparative* (Royaumont, 1960), Paris-La Haye, 1973, p. 123-134.

43. « L'harmonie des philosophies de Plotin et d'Aristote selon Porphyre dans le commentaire de Dexippe sur les *Catégories* », *Atti del Convegno internazionale sul tema : Plotino e il Neoplatonismo in Oriente e Occidente* (Roma, 5-9 ottobre 1970), Roma, Accademia nazionale dei Lincei, 1974, p. 31-47.

44. « Il neoplatonismo teurgico in Siria e in Asia Minore e le controversie trinitarie nel secolo IV », *Storia della Filosofia*, vol. 4, Milano, 1975, p. 329-358.

45. « Neoplatonismo et Cristianismo in Agostino », *ibid.*, p. 359-369.

46. « Le scuole neoplatoniche di Atene ed Alessandria e le controversie cristologiche nel secolo V », *ibid.*, p. 371-458.

47. « La figure de Socrate », *Normen im Wandel der Zeit, Eranos-Jahrbuch*, 1974, t. XLIII, Leiden, 1977, p. 51-90.

48. « Bilan et perspectives sur les *Oracles Chaldaïques* », dans Hans Lewy, *Chaldaean Oracles and Theurgy*, nouvelle édition par Michel Tardieu, Paris, 1978, p. 703-720.

49. « Dieu comme acte d'être dans le néoplatonisme. À propos des théories d'É. Gilson sur la métaphysique de l'Exode », *Dieu et l'Être. Exégèses d'Exode 3, I, 4 et de Coran 20, 11-24. Centre d'Études des Religions du Livre*, Paris, 1978, p. 57-63.

« Dieu comme acte d'être. À propos des théories d'É. Gilson sur la métaphysique de l'Exode », *Étienne Gilson et nous. La philosophie et son histoire*, Paris, 1980, p. 117-122.

50. « La présentation du platonisme par Augustin », *Kerygma und Logos. Festschrift für Carl Andresen zum 70. Geburtstag*, Göttingen, 1979, p. 272-279.

51. « Sur divers sens du mot *pragma* dans la tradition philosophique grecque », *Concepts et catégories dans la pensée antique*, sous la direction de P. Aubenque, Paris, 1980, p. 309-320.

52. « Ouranos, Cronos and Zeus in Plotinus' Treatise Against the Gnostics », *Neoplatonism and Early Christian Thought. Essays in Honour of A.H. Armstrong*, London, 1981, p. 124-137.

53. « Images mythiques et thèmes mystiques dans un passage de Plotin (V, 8, 10-13) », *Mélanges J. Trouillard, Les Cahiers de Fontenay*, 1981, p. 205-214.

54. « Emblèmes et symboles goethéens. À propos des *Urworte* de Goethe », *Mélanges M. de Gandillac*, Paris, 1985, p. 431-444.

55. « Synesios, philosophe et chrétien », rapport présenté au Colloque du Centre de recherches sur la Libye antique, *Synesios de Cyrène et son temps* (Paris, 9-11 octobre 1979) [texte demeuré inédit].

56. « La préhistoire des genres philosophiques médiévaux dans l'Antiquité », *Actes du Colloque international « Les genres littéraires dans les sources théologiques et philosophiques médiévales »* (Louvain-la-Neuve, mai 1981), Louvain-la-Neuve, 1982, p. 1-9.

Résumés de cours

57. Résumés de conférences, publiés dans l'*Annuaire de la Ve Section de l'École Pratique des Hautes Études*, depuis l'année 1965-1966 jusqu'à l'année 1979-1980.

Articles

58. « *Typus*. Stoïcisme et monarchianisme au IVe siècle », *Recherches de théologie ancienne et médiévale*, t. XVIII, 1951, p. 177-187.

59. « Marius Victorinus et Alcuin », *Archives d'histoire doctrinale et littéraire du Moyen Âge*, t. XXI, 1954, p. 5-19.

60. « *Cancellatus respectus*. L'usage du chiasme en logique », *Archivum Latinitatis Medii Aevi*, t. XXIV, 1954, p. 5-19.

61. « Platon et Plotin dans trois sermons de saint Ambroise », *Revue des Études latines*, t. XXXIV, 1956, p. 202-220.

62. « La philosophie comme hérésie trinitaire. À propos du livre de Serge Boulgakov, *La tragédie de la philosophie* », *Revue d'histoire et de philosophie religieuses*, t. XXXVII, 1957, p. 236-251.

63. « Heidegger et Plotin », *Critique*, n° 145, 1959, p. 539-556.

64. « Wittgenstein, philosophe du langage », *Critique*, n° 149-150, 1959, p. 866-881 et 972-983.

65. « Réflexions sur les limites du langage : à propos du *Tractacus logico-philosophicus* de Wittgenstein », *Revue de Métaphysique et de Morale*, t. LXIII, 1959, p. 469-484.

66. « L'entretien d'Origène avec Héraclide et le commentaire de saint Ambroise sur l'Évangile de saint Luc », *Vigiliae christianae*, t. XIII, 1959, p. 204-234 (en collaboration avec H.-Ch. Puech).

67. « Un fragment du commentaire perdu de Boèce sur les *Catégories* d'Aristote dans le *Codex Bernensis* 363 », *Archives d'histoire doctrinale et littéraire du Moyen Âge*, t. XXVI, 1960, p. 11-27.

68. « Jeux de langage et philosophie », *Revue de Métaphysique et de Morale*, t. LXIV, 1960, p. 330-343.

69. « Les hymnes de Victorinus et les hymnes *Adesto* et *Miserere* d'Alcuin », *Archives d'histoire doctrinale et littéraire du Moyen Âge*, t. XXVII, 1960, p. 7-16.

70. « Citations de Porphyre chez saint Augustin », *Revue des Études augustiniennes*, t. VI, 1960, p. 205-244.

71. « Fragments d'un commentaire de Porphyre sur le *Parménide* », *Revue des Études grecques*, t. LXXIV, 1961, p. 410-468.

72. « Quelques thèmes fondamentaux des *Confessions* de saint Augustin », *Bulletin de la société Ernst Renan*, année 1966, p. 113-115.

73. « Zur Vorgeschichte des Begriffs, Existenz. *Hyparchein* bei den Stoikern », *Archiv für Begriffsgeschichte*, t. XIII, 1969, p. 115-127.

74. « *Forma essendi*. Interprétation philologique et interprétation philosophique d'une formule de Boèce », *Les Études classiques*, t. XXXVIII, 1970, p. 143-156.

75. « La physique comme exercice spirituel, ou pessimisme et optimisme chez Marc Aurèle », *Revue de théologie et de philosophie*, année 1972, p. 225-239.

76. « La théologie de Proclus », *Revue des Études grecques*, t. LXXXVIII, 1975, p. 220-223.

77. « À propos d'une récente édition des commentaires de Marius Victorinus sur les Épîtres de saint Paul », *Latomus*, t. XXXV, 1976, p. 133-142.

78. « Le mythe de Narcisse et son interprétation par Plotin », *Nouvelle Revue de Psychanalyse*, t. XIII, 1976, p. 81-108.

79. « Une source de l'*Apologia David* d'Ambroise : les commentaires de Didyme et d'Origène sur le psaume 50 », *Revue des sciences philosophiques et théologiques*, t. LX, 1976, p. 205-225.

80. « Exercices spirituels », article liminaire de l'*Annuaire de la Ve Section de l'École Pratique des Hautes Études*, t. LXXXIV, 1975-1976, p. 25-70.

81. « Une clé des *Pensées* de Marc Aurèle : les trois *topoi* philosophiques selon Epictète », *Les Études philosophiques*, année 1978, p. 65-83.

82. « La division des parties de la philosophie dans l'Antiquité », *Museum Helveticum*, t. XXXVI, 1979, p. 201-223.

83. « Les niveaux de conscience dans les états mystiques selon Plotin », *Journal de Psychologie*, année 1980, p. 243-266.

84. « Philosophie, dialectique, rhétorique dans l'Antiquité », *Studia Philosophica*, t. XXXIX, 1980, p. 139-166.

85. « Les *Pensées* de Marc Aurèle », *Bulletin de l'Association Guillaume Budé*, année 1981, p. 183-191.

ORIENTATIONS ÉVENTUELLES D'UN ENSEIGNEMENT

Pour essayer de dégager dans l'histoire de la pensée hellénistique et romaine les phénomènes importants et révélateurs qui ont influencé le plus profondément notre tradition occidentale, les recherches devraient s'orienter, me semble-t-il, dans une double direction : d'une part, l'étude des règles, des formes, des modèles de discours – intimement liés, nous le verrons, à des règles, des formes, des modèles de vie –; d'autre part, l'analyse de certaines œuvres particulièrement significatives. Deux démarches donc, mais étroitement conjointes, car les règles et les modèles dont nous parlons fournissent précisément une clef pour la lecture des œuvres et, en retour, leur étude ne doit jamais être séparée des documents qui les font connaître, des œuvres qui les formulent, les appliquent ou les décrivent.

I. Règles et modèles

Pour expliquer le sens de cette première direction générale de recherche, il sera peut-être bon de présenter d'abord un très bref exemple. En l'an 49 avant J.-C., Cicéron apprend que la dictature de César vient de s'imposer. Il écrit alors à Atticus : « Pour éviter de m'abandonner tout entier à l'inquiétude, je me suis proposé des sortes de "thèses", qui sont des thèses politiques, mais en même temps tout à fait actuelles, afin de distraire mon esprit de ses plaintes et de m'exercer sur l'affaire même qui est en question. » Et Cicéron continue sa lettre en énumérant toute une suite de « thèses » formulées en grec, par exemple : « Faut-il rester dans sa patrie, tombée au pouvoir d'un tyran ? » Et il conclut : « M'exerçant donc sur ces questions aussi bien en grec qu'en latin, je parviens ainsi tout à la fois à détourner un instant mon esprit de ses inquiétudes et à délibérer sur les mesures qu'il faudrait prendre. »

On doit, tout d'abord, noter le bilinguisme, propre à la période que nous étudions : la moitié de la lettre de Cicéron est écrite en grec. Mais il faut surtout reconnaître combien le comportement de Cicéron, dans ces circonstances tragiques, obéit à des règles rigoureuses. Il s'oblige, nous le voyons, à composer ce qu'il appelle des « thèses ». C'est là un exercice rhétorique tout à fait traditionnel, qui consistait à développer une argumentation de façon à pouvoir répondre oui ou non à une question donnée (cette question étant la « thèse », au sens propre du mot). Cet exercice rhétorique était soumis à des règles bien précises et se pratiquait selon des modèles reçus. Mais dans le cas présent, ces « thèses » ne sont pas seulement, pour Cicéron, de simples exercices rhétoriques. En y travaillant, il trouve la paix de l'âme et il commence à entrevoir la décision concrète qu'il faut prendre. Autrement dit, ces exercices rhétoriques deviennent pour lui, dans la circonstance, des exercices spirituels, exactement une méditation sur l'application des grands principes de la morale à la situation dans laquelle il se trouve. Ici encore, des règles précises prescrivaient traditionnellement la manière d'assurer la tranquillité de l'âme et de choisir une juste décision. Un modèle transcendant inspirait finalement cette conduite : celui du sage, parfaitement maître de lui-même.

Cette activité de pensée, qui utilise des exercices rhétorico-dialectiques (les « thèses »), au service de la quête de la sagesse, c'est tout simplement la philosophie, la philosophie qu'Apulée appellera *disciplinam regalem tam ad bene dicendum quam ad bene vivendum repertam*. Pour toute cette époque, c'est une même et unique Raison qui règle le bien dire et le bien vivre, ou, si l'on veut, qui procure la maîtrise du discours extérieur aussi bien que du discours intérieur. On sait combien notre tradition occidentale a été marquée par l'importance de ces techniques du discours.

Une première recherche devrait donc se rapporter aux techniques anciennes de la maîtrise de la parole : la rhétorique (technique du discours continu) et la dialectique (technique du discours « brisé » en questions et réponses), toutes deux parties de la logique. Dans ce vaste domaine, il faudrait être particulièrement attentif à la partie « topique » de la logique, située à la limite entre rhétorique et dialectique ; il s'agit de cet art d'inventer dont Vico soulignait l'importance et regrettait l'effacement, dans la pensée moderne, au profit de la « critique ». Cette topique se présente sous un double aspect, comme théorie des schèmes généraux d'argumentation (dans toute discussion, on peut par exemple présenter des arguments inspirés par ce schème : toute espèce possède nécessairement une des différences spécifiques du genre) et comme théorie générale des questions, soit indéterminées, c'est-à-dire portant sur des problèmes abstraits (ce sont les « thèses », dont nous venons de parler), soit déterminées, c'est-à-dire portant sur des personnes, des lieux, des événements concrets (ce sont les « hypothèses », dans le langage de la rhétorique). Les « thèses » s'identifient pratiquement (mais il y a des nuances chez certains auteurs) avec ce que l'on appelle les « lieux communs », étant bien entendu que le mot « commun » ne signifie pas « bien connu, banal », mais « commun à plusieurs causes », donc « général, universel », par exemple : « Convient-il au sage de se mêler des affaires publiques ? », ou encore : « Le droit dérive-t-il de la nature ou de la convention ? » Cette théorie des thèses ou des questions générales ou des lieux communs est loin d'avoir été exploitée comme elle le méritait. Il faudrait donc, tout d'abord, donner un commentaire détaillé aux *Topiques* de Cicéron, qui sont le meilleur manuel de « topique », et il faudrait également entreprendre une étude d'ensemble sur les thèses qui étaient traitées dans les exercices rhétoriques et les écrits philosophiques : on parviendrait ainsi à une sorte de classification générale des problèmes posés à la pensée antique.

Cette topique ancienne ne doit pas être confondue avec la « topique historique » dont E.R. Curtius traçait le programme dès 1938 et qui s'est ensuite développée brillamment dans les théories modernes de la littérature. En effet, le sens que les modernes donnent au mot *topos* est très différent de celui qu'il avait dans l'Antiquité. Pour les modernes, le mot *topos* sert à recouvrir un phénomène très difficile à cerner et à analyser, celui de la permanence de formules, d'images, de métaphores, qui s'imposent à travers les siècles à l'écrivain et au penseur de telle manière que l'usage de ces *topoi* leur semble indispensable pour pouvoir exprimer leur propre pensée. On a parlé d'un « modèle de représentation, cristallisé dans une forme littéraire » (A. Obermayer). Concrètement, cette topique moderne se confond donc plus ou moins avec l'étude des thèmes fondamentaux ou des métaphores, qui dominent, comme des modèles ou des formes préfabriquées, l'histoire de la pensée et qui, parfois, à la Renaissance et dans les Temps Modernes, des sont associés à des « emblèmes ». J'ai déjà consacré plusieurs études à ce type de recherche (n°s 9, 10, 14, 39, 47, 54, 57 : conférences des années 1972-1973 et 1973-1974 ; 78) et je pense qu'il faudrait poursuivre ce travail en s'efforçant de bien souligner la vie, l'évolution, les transformations de ces thèmes. Par exemple, en 1973-1974, j'avais commencé à étudier chez Aristote les formules du type : « La nature ne fait pas de sauts », « La nature ne fait rien en vain », « La nature suit l'infini ». Ces « maximes de la nature » ont joué un rôle considérable dans l'histoire de la science jusqu'au XIXe siècle. Il serait donc extrêmement intéressant de continuer cette étude dans le stoïcisme, puis le néoplatonisme. On y verrait, par exemple, apparaître, en face de la nature aristotélicienne, économe très prudente, la nature stoïcienne qui, nous dit Chrysippe, « a produit beaucoup d'êtres vivants uniquement pour la beauté, elle qui se réjouit dans la diversité ». Par ailleurs, la formule héraclitéenne, communément traduite en ces termes : « La nature aime à se cacher », nous avait déjà engagé dans une longue recherche (n° 9) sur la métaphore des « secrets de la nature » et sur l'iconographie de la nature dans les Temps Modernes, qu'il faudrait développer et achever.

Nous venons d'esquisser les grandes lignes d'une recherche qui se rapporterait aux disciplines régulatrices du discours et aux modèles, aux *topoi*, qui ont dominé la pensée antique et la tradition occidentale. Mais l'exemple de Cicéron nous a permis d'entrevoir comment des exercices rhétoriques, appliquant les règles du discours, pouvaient devenir des exercices philosophiques, visant à la mise en pratique de règles de vie. La maîtrise du discours, que procurent rhétorique et dialectique, est ainsi mise au service de l'intention de convertir : de se convertir soi-même et de convertir autrui, c'est-à-dire de transformer manière de voir et manière de vivre en les soumettant à la loi de la raison. En pratiquant ces « exercices spirituels », Cicéron ne fait rien d'autre que ce qu'il a appris à l'école du philosophe. Il nous faut donc bien prendre conscience de ce phénomène capital qu'était, au centre de la civilisation hellénistique et romaine, l'enseignement de la philosophie, non pas tellement comme « culture générale », mais surtout comme « technique de l'art de vivre ». Il s'agit là d'un domaine habituellement peu exploré par les historiens, mais il correspond à un aspect tout à fait caractéristique de la période que nous étudions, dont il ne faut jamais oublier l'existence aussi bien dans l'interprétation des doctrines, dans l'analyse des œuvres que dans l'explication des comportements. Nous pouvons disposer, pour cette recherche, d'une très grande quantité de documents.

Il faudrait tout d'abord essayer de mieux comprendre ce qu'étaient les écoles philosophiques ; leurs traditions ; les pratiques qu'elles comportaient ; la communauté de vie qu'elles instauraient entre maître et disciples (inspirée souvent par le modèle mythique des communautés pythagoriciennes) ; leur statut juridique (étaient-elles, comme on l'a admis longtemps, des associations religieuses ?) ; leur rayonnement (il y avait des adeptes, des convertis, qui faisaient profession de philosophie – au sens où l'on parle de profession monastique –, et il y avait les sympathisants, les auditeurs, qui vivaient encore « dans le siècle ») ; leur histoire (notamment celle, extrêmement importante, de l'Académie) ; leur activité pédagogique : ce que l'on enseignait et comment on l'enseignait (il y avait évidemment un enseignement théorique, mais toujours destiné, même dans le néoplatonisme, à justifier un certain mode de vie proprement philosophique) ; le cursus des études ; les listes de questions qui étaient traitées ; la part qui était faite aux exercices de rhétorique et de dialectique ; le sens exact de la notion de dialectique au cours des âges ; enfin l'activité littéraire qui émanait des écoles : l'influence de l'enseignement oral sur les formes littéraires des écrits philosophiques (commentaires, dialogues, conférences, traités systématiques), l'importance de l'activité exégétique. Ce serait ici l'occasion de reprendre et de développer la théorie générale des genres littéraires philosophiques que j'ai déjà esquissée (n° 57 : conférences de l'année 1979-1980).

À la suite de cette étude de la vie scolaire philosophique, il faudrait entreprendre une recherche sur le rôle que la philosophie jouait dans la vie quotidienne : comment les individus s'efforçaient-ils de vivre, intérieurement et extérieurement, une vie philosophique ? Il y aurait, pour cette étude, un très grand nombre de témoignages à rassembler, non seulement chez les philosophes, mais chez les poètes, les médecins et les historiens.

Il faudrait, surtout, achever la description que nous avons esquissée des exercices spirituels (n° 8) et, tout d'abord, mieux définir les activités psychologiques qu'ils mettaient en jeu. On pourrait ainsi remarquer que beaucoup de ces exercices, lorsqu'il s'agissait de se remémorer les principes fondamentaux, prenaient l'allure d'une méditation pratiquée selon des méthodes rhétorico-dialectiques, qu'ils étaient donc, formellement, des « thèses », au sens où nous avons défini ce terme. Nous voyons par exemple Cicéron composer, la nuit, des méditations, des exercices de réflexion, sur les grands principes stoïciens, tels que « Le bien moral est le seul bien », « Seul le sage est libre », « Seul le sage est riche ». Ce faisant, nous dit-il lui-même, il donne une forme rhétorique à des « lieux communs » qui, dans les écoles, sont présentés sous forme dialectique. Ces exercices donneront naissance à son ouvrage intitulé : *Paradoxa Stoicorum*. Mais d'autres exercices font appel à l'imagination. Il s'agit par exemple de se représenter vivement l'imminence de sa propre mort, ou de celle d'autrui, ou bien de se détourner de la pensée du futur et du passé, pour se concentrer sur le présent, ou encore de se placer par l'imagination sur une haute montagne, ou dans les airs, ou dans une étoile, pour contempler le monde (ce sera plus tard le « point de vue de Sirius »…).

Il serait extrêmement intéressant de retracer l'histoire de tel ou tel de ces exercices, comme l'« exercice de la mort » ou la « contemplation de la nature », qui, eux aussi, sont devenus des *topoi* et sont restés vivants dans toute l'histoire de la littérature et de la spiritualité occidentales.

Un de ces exercices traditionnels était la description de la figure du sage. On choisissait volontiers, nous l'avons vu, ce thème pour sujet de « thèse ». Décrite en des termes différents selon les écoles, imaginée parfois sous les traits de Socrate ou de Pythagore ou d'Épicure, cette figure, en tout cas, a été, d'un bout à l'autre de cette époque, le modèle transcendant qui a inspiré toute la philosophie, en lui servant, d'ailleurs, à construire ces deux autres modèles régulateurs que sont la figure du roi idéal (*cf.* n° 39) et l'idée de Dieu. « La religion grecque finit par son vrai dieu, le sage. » Cette formule de Michelet nous inviterait à étudier attentivement la représentation de Dieu comme sage, la représentation du sage comme homme divin, les rapports entre la figure du sage et celle du roi idéal, aussi bien dans la tradition païenne que dans la tradition chrétienne.

II. Lecture des œuvres

J'ai dit plus haut l'importance que j'attachais à la lecture des œuvres prises en elles-mêmes et pour elles-mêmes, c'est-à-dire à l'effort patient pour comprendre chaque phrase, chaque paragraphe, chaque livre d'un ouvrage, afin de parcourir le cheminement de la pensée d'un auteur, l'itinéraire souvent tortueux et déroutant qu'il a choisi de prendre lui-même et de faire prendre à son lecteur. À cette recherche minutieuse, il faut d'ailleurs toujours ajouter les vues panoramiques, les survols, qui permettent d'embrasser l'ensemble de la structure d'une œuvre et son mouvement général.

Depuis une quinzaine d'années déjà, je me suis appliqué à comprendre, à traduire, à commenter trois œuvres maîtresses : les *Pensées* de Marc Aurèle, les traités de Plotin, les *Confessions* d'Augustin.

L'étude de ces trois œuvres, très différentes les unes des autres, mais qui ont joué, chacune à leur manière, un très grand rôle dans la tradition littéraire et philosophique, permettrait d'aborder un certain nombre de problèmes importants.

Les *Pensées* de Marc Aurèle, dont je dois donner une nouvelle traduction commentée pour la collection Guillaume Budé, nous mettent en contact avec l'effort solitaire d'un homme, d'un empereur, qui, désireux de pratiquer la philosophie, s'efforce de se remémorer sous une forme frappante, celle de la sentence, les grands principes qui doivent régler sa conduite. Les *Pensées* sont des exercices spirituels écrits, exécutés selon une méthode aussi rigoureuse que les fameux *Exercices Spirituels* de saint Ignace. Elles nous livrent ainsi de précieux renseignements sur toute la tradition stoïcienne, mais surtout sur le stoïcisme vécu, c'est-à-dire sur la manière dont Marc Aurèle s'efforce d'appliquer dans sa vie quotidienne d'empereur les principes de la secte. Mes recherches antérieures (n° 8) m'ont permis d'identifier le schéma ternaire qui est à l'arrière-plan de toute l'œuvre. Mais il reste encore beaucoup à faire : tenter d'expliquer certains passages particulièrement difficiles, essayer de découvrir les rapports qui peuvent exister entre les différentes pensées, apparemment indépendantes les unes des autres, expliquer l'actuelle division en douze livres, enfin et surtout préciser l'origine et la nature des doctrines stoïciennes professées par Marc Aurèle.

Les traités de Plotin sont l'œuvre d'un maître qui écrit pour ses disciples en marge de son enseignement oral, afin de répondre à certaines questions soulevées dans les discussions scolaires. Ils nous font pénétrer dans l'atmosphère spirituelle d'une école très fermée et nous font découvrir l'ensemble des problèmes théologiques, cosmologiques et moraux qui étaient débattus au sein du groupe. Il s'agit d'une œuvre capitale pour l'intelligence de l'histoire du platonisme et de la mystique et pour la compréhension de tout un courant de pensée qui, de Marsile Ficin à Goethe, influencera profondément les traditions littéraires, artistiques et philosophiques. Il faudrait tout d'abord s'attacher à la minutieuse explication de certains textes particulièrement significatifs (la dernière traduction française de Plotin date maintenant de près de soixante ans). Mais il faudrait d'autre part étudier des œuvres parallèles comme les *Sententiae* de Porphyre et la « Théologie d'Aristote », qui contiennent, elles aussi, des citations et des paraphrases du texte de Plotin, afin d'essayer de comprendre la genèse du texte et la manière dont il est parvenu jusqu'à nous.

Avec les *Confessions* d'Augustin, c'est dans un tout autre univers que nous pénétrons. Nous rencontrons cette fois une œuvre typique qui illustre abondamment tous les problèmes que pose la rencontre entre hellénisme et christianisme. On y voit la philosophie néoplatonicienne servant de cadre psychologique et cosmologique à une doctrine chrétienne de la grâce, on y voit la rhétorique traditionnelle utilisant le langage biblique. L'intention dernière du livre, la véritable signification de la conversion d'Augustin, l'exacte portée de la mise en valeur du « moi », qui s'y fait jour, demandent à être élucidées, notamment à la lumière des dialogues d'Augustin lui-même. Surtout, il faudrait montrer l'extraordinaire habileté de la composition, les multiples correspondances voulues qui résonnent d'un bout à l'autre de l'œuvre, les figures mythiques qui la dominent et l'expliquent.

J'aimerais enfin présenter dans sa structure et son économie interne, dans sa plénitude d'œuvre littéraire, ce monument de la littérature universelle qu'est le *De rerum natura* de Lucrèce, tout d'abord et avant tout parce que cette œuvre a eu un extraordinaire rayonnement (le XVIIIe siècle rêvera ardemment d'un nouveau Lucrèce qui exposerait les progrès de la science), ensuite parce que son existence même comme œuvre littéraire fait problème (comment la doctrine d'Épicure a-t-elle pu être exposée dans un poème ?). Il faudrait observer dans quelle mesure les exigences du mètre ont eu une influence sur l'expression des doctrines philosophiques. L'étude de cet ouvrage, comme celle des *Confessions*, permettrait de mieux définir la signification et la valeur des techniques de composition littéraire dans l'Antiquité.

CHAPITRE II

EPISTROPHÈ ET *METANOIA* DANS L'HISTOIRE
DE LA PHILOSOPHIE *

I

L'être vivant, c'est-à-dire le Logos du monde, était pour les stoïciens animé de la τονικὴ κίνησις, c'est-à-dire d'un mouvement vibratoire allant de l'intérieur à l'extérieur, et de l'extérieur à l'intérieur : le mouvement d'extériorisation engendrant détermination et accroissement, le mouvement vers l'intérieur engendrant substance et unité [1]. L'organisme vivant est tension entre une force centrifuge qui le fait se mouvoir et s'accroître et une force centripète qui lui permet d'assimiler et de sentir. Telle est la chaleur vitale dont parle Galien [2], qui se diffuse, mais revient à elle-même, sans quoi elle se dissiperait, qui revient à elle-même, mais sans cesser de se diffuser, sans quoi elle s'immobiliserait. Son mouvement vers l'intérieur est perpétuel retour à son propre principe : ἐπὶ τὴν ἰδίαν ἀρχὴν ὁδόν. L'unité est donc un continuel rappel à la source vitale. C'est de cette tension que le sage doit prendre conscience en lui-même : *sursum illum uocant initia sua* [3]. Telle est l'*epistrophè*

---

* Publié dans *Histoire de la philosophie. Méthodologie, Antiquité et Moyen Âge*, vol. XII (Actes du XIe Congrès international de philosophie, Bruxelles, 20-26 août 1953), Amsterdam-Louvain, North-Holland Publishing Company/ Éditions E. Nauwelaerts, 1953, p. 31-36.

1. Nemésius, *de natur. hom.* c. 2 (P.G. 40, 540 a.).
2. Galien, *de tremor. et palp.* c. 6 (Kuhn VII p. 617).
3. Sénèque, *ad Lucil.* 79, 12.

conseillée par les stoïciens [1], mouvement de l'âme accordé à celui de l'univers.

Le rythme du Logos devient dans le néoplatonisme opposition entre la vie, mouvement vers l'extérieur, vers l'altérité, et l'intelligence retour à l'intérieur, à l'identité. L'être est l'unité de ce double mouvement, la puissance de cet acte dyadique ; d'où les trois moments de l'être *causa sui* : repos, procession, conversion, ou encore être, infini, fini, l'être étant le mixte du fini et de l'infini.

L'*epistrophè* néoplatonicienne résume toute une tradition, qui au-delà des stoïciens remonte à des intuitions plus primitives sur le rythme vital, notamment sur la respiration. Dans sa notion la plus évoluée, l'*epistrophè* est la définition même de la vie spirituelle dans laquelle l'âme se replace dans le mouvement éternel de l'être : la perfection de l'être, c'est son retour vers sa propre source. En ce sens l'*epistrophè* est *anamnèsis*, réminiscence : elle mime l'unité originelle, antérieure à l'être.

La conversion chrétienne est *metanoia* [2], c'est-à-dire bouleversement de l'esprit, renouveau radical, réenfantement : « Il faut renaître de nouveau ; ce qui est né de la chair est chair, ce qui est né de l'Esprit est Esprit. » [3] « Si vous ne vous convertissez (στραφῆτε) et ne redevenez comme de petits enfants, vous n'entrerez pas dans le royaume des cieux. » [4] Sans doute l'*epistrophè* correspond, elle aussi, au désir de renaissance, à l'aspiration sublimée à rentrer au sein maternel. La conversion du Lucius d'Apulée est bien interprétée comme une renaissance : *et sua prouidentia quodam modo renatos ad nouae reponere rursus salutis curricula* [5]. Mais la *metanoia* qu'inspire la foi au Crucifié est absolument radicale : c'est une mort vécue en esprit et non symbolisée par des rites. Et c'est un homme absolument nouveau qui en renaît. L'*epistrophè* est éveil d'un sommeil, souvenir d'une veille : *anamnèsis* ; la *metanoia*

---

1. Épictète, *Arrian. Diatrib.* III 22, 38.
2. *Act. Apost.* 2, 38 *et passim.*
3. *Ioh.* c. 3.
4. *Matt.* 18, 3.
5. *Metam.* XI, 21.

est mort et résurrection : *anastasis*. Ce renouvellement s'étend au monde : « Voici que je renouvelle toutes choses » [1].

Réponses diverses à une aspiration identique, *metanoia* et *epistrophè* se sont rencontrées historiquement et forment deux pôles en interaction dans la conscience humaine. Un premier témoin de cette interaction, c'est Clément d'Alexandrie qui tend d'ailleurs à réduire l'opposition, lorsqu'il écrit, en commentant le *logion* : qui perd son âme, la trouve : « Trouver son âme, c'est se connaître soi-même. Cette conversion (μεταστροφὴν) vers les choses divines, les stoïciens disent qu'elle se fait par mutation (μεταβολῆς), l'âme se transformant en sagesse ; quant à Platon, il dit qu'elle se fait par la rotation (περιαγωγὴν) et le retournement (μεταστροφὴν) de l'âme vers le meilleur... » [2].

Cette interaction entre *metanoia* et *epistrophè* continue après Clément, dans la mystique et la théologie chrétienne : la divinité est conçue comme une unité qui se déploie et se contracte. L'Esprit-Saint apparaît alors comme l'*epistrophè* qui réunit. Mais cette réunion n'est pas réduction et abolition de la diversité dans l'unité : la ré-union est don de soi, c'est-à-dire affirmation des hypostases par leur renoncement même ; l'Un ne peut être que Trois, et aucun ne peut être sans les autres. Cette tendance aurait son expression la plus conséquente dans la doctrine trinitaire du théologien orthodoxe contemporain Boulgakov pour qui la conversion trinitaire est en Dieu même mort et résurrection de chaque personne, par l'amour : kénose et Gloire [3].

La même polarité entre *epistrophè* et *metanoia* se retrouve dans les conceptions de l'histoire du salut comme révélant, dans le temps humain, le procès trinitaire : l'Incarnation historique de Jésus correspond à un mouvement de sortie, d'extase, d'anéantissement de la divinité, et le retour de Jésus au sein du Père avec toute l'humanité dans l'Esprit-Saint correspond à un mouvement de retour

---

1. *Apocal.* 21, 5.
2. *Strom.* IV 6 (P.G. 8, 1240 b.).
3. S. Boulgakov, *Le Paraclet*, Paris, Aubier, 1946, p. 174.

à soi et d'autoglorification de la Divinité anéantie [1]. On trouverait un écho d'une telle conception dans certaines pages du Testament philosophique de Ravaisson [2].

Ainsi la polarité instaurée entre *metanoia* et *epistrophè* engage la pensée occidentale sur une nouvelle voie, en continuité toutefois avec le passé. On peut donc affirmer que, dans l'histoire de la philosophie occidentale, la philosophie elle-même s'est toujours présentée comme un acte de conversion lié à la structure même de la réalité. Acte de conversion, c'est-à-dire acte d'inversion par rapport à un premier mouvement d'extériorisation, – c'est-à-dire acte de retour à l'origine, – c'est-à-dire finalement, et c'est ici que l'apparition de la *metanoia* joue un rôle décisif, – acte dans lequel l'être humain revit ou vit sa propre genèse [3].

II

Inversion d'une inversion, tel est bien le retournement des prisonniers dans la caverne platonicienne, le recueillement du sage stoïcien se retirant des choses extérieures, l'extase plotinienne, le doute cartésien, la conversion de la conscience qui constitue pour Hegel l'expérience de la *Phénoménologie* [4], la torsion bergsonienne de la conscience pour saisir la durée.

C'est que la direction première de l'homme vers le monde est une inversion, parce qu'elle paraît naturelle et familière à l'homme alors qu'aux yeux du philosophe, elle est anormale, violente et mortelle pour l'être véritable de l'homme : chute de l'âme, péché originel, procession, connaissance du premier genre, aliénation, intelligence fabricatrice, autant de noms et de descriptions différentes de la

1. *Cf.* P. Hadot, « TYPUS », *Recherches de théologie ancienne et médiévale*, vol. 18, 1951, p. 187.
2. F. Ravaisson, *Testament philosophique*, Paris, Boivin, 1933, p. 121.
3. *Cf.* H. Bergson, *L'évolution créatrice*, Paris, Félix Alcan, 1927, p. 209 : « l'intelligence se résorbant dans son principe revivra à rebours sa propre genèse ».
4. G.W.F. Hegel, *La Phénoménologie de l'Esprit*, trad. fr. J. Hyppolite, Paris, Aubier, 1939, t. I, p. 76.

structure « quotidienne » de l'être humain, dans laquelle l'essence humaine est comme retournée.

Retournée, parce qu'oublieuse, parce qu'arrachée à sa propre origine, ἀγνοίᾳ τοῦ γένους [1] : le mot est de Plotin, mais il a son sens aussi bien chez Hegel ou chez Marx que chez Bergson. « Qui donc nous a ainsi retournés, s'écrie Rilke dans la 8ᵉ Élégie de Duino, que quoique nous fassions, nous soyons toujours dans l'attitude de quelqu'un qui s'en va... Ainsi nous vivons et prenons toujours congé. » [2] Ce thème de l'oubli me semble tributaire de la représentation stoïcienne de la τονικὴ κίνησις : le premier mouvement vital est mouvement d'extériorisation, tout orienté vers la détermination; l'homme se tourne vers les objets, vers le monde des formes, le considère comme solide et immuable, s'éprouve comme séparé de lui, le désire, veut le posséder, et se meut ainsi dans le monde de l'avoir, c'est-à-dire du tout fait. Il oublie ainsi que les choses et lui-même ont origine et devenir, qu'elles échappent ainsi sans cesse à l'avoir. Premier mouvement indispensable, mais mortel pour l'homme si ce mouvement ne se convertit pas, car la substance humaine risque de s'y dissiper.

La philosophie apparaît donc comme un salut par la conversion, c'est-à-dire par le retour à l'origine. L'être humain doit convertir son premier mouvement : arrachement pénible qui suppose un acte volontaire de détachement des choses, au moins en esprit, qui suppose un changement total de la vision, dont la difficulté a été soulignée par Platon et par Bergson; arrachement aussi au milieu social, capable de se payer de la mort, chez un Socrate. Cet arrachement au milieu social est d'ailleurs une des constantes de l'histoire sous la forme du mouvement de *retraite-retour* analysé par Toynbee et considéré par lui comme condition indispensable du développement des personnalités ou des communautés créatrices [3].

Le sens du nouveau mouvement peut se définir comme *Er-innerung*, c'est-à-dire retour à l'antérieur, temporel ou

---

1. *Enn.* V 1, 1, 12.
2. R.M. Rilke, *Les Élégies de Duino*, Paris, Aubier, 1943, p. 88.
3. A.J. Toynbee, *L'histoire*, trad. fr. É. Julia, Paris, Gallimard, 1951, p. 242 *sq.*

ontologique, mais aussi retour à l'intérieur, ré-intériorisation :
retour à la source, retour au moi ; citons entre mille autres, ce texte
de Husserl à la fin de ses *Méditations cartésiennes* : « La science
positive est une science qui s'est perdue dans le monde. Il faut
d'abord perdre le monde par l'*epochè* pour le retrouver ensuite dans
une prise de conscience universelle de soi-même. » Et il ajoute :
« *Noli foras ire, dit Saint Augustin, in te redi, in interiore homine
habitat ueritas.* » [1]

Il s'agit exactement d'une re-coïncidence du moi avec l'unité
primordiale. Qu'il s'agisse de préexistence de l'âme, d'innocence
primitive, ou de fondement absolu de l'être humain et de la vérité
de la pensée, ces termes ne sont que des expressions mythiques ou
critiques du même vœu fondamental de rejoindre un commencement
absolu. Plus que la définition de l'*origine* qui, si elle est réellement
origine, ne peut être définie, ce qui nous intéresse ici, c'est l'attitude
constante de la philosophie ; cet effort vers l'origine implique la
possibilité pour l'être humain d'un renversement de son mouvement
premier, la possibilité d'une ressaisie de soi. Comment nier que
l'image stoïcienne de l'ἐπὶ τὴν ἰδίαν ἀρχὴν ὁδὸν ne soit pour ainsi
dire devenue constitutionnelle dans la conscience occidentale ?

Finalement cet effort vers l'origine est désir de revivre sa propre
genèse. La conversion philosophique sera renaissance, répétition,
renouvellement de soi. Déjà l'*epistrophè* néoplatonicienne comme
le souligne Bergson à propos de Spinoza suppose « la coïncidence
entre l'acte par lequel l'esprit connaît parfaitement la vérité et
l'opération par laquelle Dieu l'engendre » [2]. L'âme qui rentre dans
l'Un revit sa sortie de l'Un. Le retour est un aller.

Mais la *metanoia* introduit dans la conscience l'idée de
recommencement absolu : comme le Christ est principe aussi bien
de ce qui était avant lui que de ce qui est après lui et transmue ainsi
toutes choses, ainsi l'homme converti devient principe de son passé
comme de son avenir. La conversion opère un saut décisif qui devient

1. E. Husserl, *Méditations cartésiennes*, Paris, Vrin, 1947, p. 134.
2. H. Bergson, *La pensée et le mouvant*, Paris, Félix Alcan, 1939, p. 143.

la nouvelle origine : *Sprung-Ursprung* [1]. Le temps se révèle alors, et la liberté humaine comme pouvoir de commencement absolu. Ainsi s'opère peu à peu, dans la philosophie, une conversion par laquelle l'homme lui-même se découvre comme origine : il prend en main sa propre genèse en découvrant le mouvement temporel qui l'engendre. Les conceptions dialectiques de l'histoire telles qu'on les trouve chez Hegel et chez Marx attestent la polarité de l'*epistrophè* et de la *metanoia*; chez elles la conversion est *Er-innerung* : « le communisme, écrit par exemple Marx, *retour* de l'homme pour soi... réalisé à l'*intérieur* de la richesse entière de l'évolution accomplie jusqu'ici » [2], mais elle est aussi *Er-neuerung*; c'est le mouvement lui-même qui devient générateur; d'où le caractère tragique en même temps que créateur de la dialectique : « l'histoire conçue (forme) la *récollection* et le *calvaire* de l'esprit absolu, l'effectivité, la vérité et la certitude de son trône, sans lequel il serait la solitude sans vie » [3].

L'homme apparaît alors comme la vivante conversion de soi et du monde. Il opère une transmutation que certains considèrent comme réalisable par le savoir et par l'art, disons par l'*expression* : « Terre, n'est-ce pas ce que tu veux : invisible en nous renaître. N'est-ce pas ton rêve d'être une fois invisible ? ... Quelle mission m'imposes-tu, si ce n'est la transformation ? » [4], et que d'autres conçoivent comme une création par le *travail* : « Les philosophes n'ont fait jusqu'ici qu'interpréter le monde, maintenant il faut le transformer. » [5]

Quoiqu'il en soit, c'est, semble-t-il, en se considérant elle-même comme une conversion, que la philosophie a été conduite à reconnaître que l'homme et l'univers sont en train d'accomplir leur propre genèse : de la réminiscence à la naissance.

---

1. K. Jaspers, *Philosophie*, Berlin, Springer Verlag, 1948, p. 298.
2. K. Marx, *Économie politique et philosophie*, Marx-Engels, Hist-krit. Ges. Ausg. III, Berlin, 1930-1931, p. 114, 14-21.
3. G.W.F. Hegel, *La Phénoménologie de l'Esprit*, *op. cit.*, t. II, p. 313.
4. RM. Rilke, *Les Élégies de Duino*, *op. cit.*, 9ᵉ Élégie, p. 95.
5. K. Marx, *Thèses sur Feuerbach*, XI.

CHAPITRE III

LES PREMIERS PHILOSOPHES *

Pour nous autres modernes (ou postmodernes), la philosophie est essentiellement un discours, écrit ou oral, portant sur des notions ou des concepts, en quelque sorte un discours sur le discours, donc une théorie, une construction conceptuelle ; c'est d'ailleurs, pense-t-on, ce qu'elle a été dès l'origine, depuis les premiers penseurs de la Grèce, au VIᵉ siècle avant J.-C. N'est-elle pas d'ailleurs une spécificité occidentale, qui a son origine dans le génie grec, particulièrement doué pour la spéculation, la discussion et l'abstraction ? Toutes les philosophies de l'Antiquité et les œuvres qu'elles ont produites ne se présentent-elles pas comme des exposés de théories et de savoirs abstraits ?

Telle est donc la représentation courante que l'on se fait aujourd'hui de la philosophie en général, et particulièrement de la philosophie antique. Mais correspond-elle à la réalité ? La philosophie, au cours des âges, n'aurait-elle pas oublié ses origines ? Car des faits troublants pourraient ébranler notre tranquille assurance. Tout d'abord, pourquoi donc un certain nombre de philosophes antiques se sont-ils volontairement abstenus d'écrire ? Parce que, précisément, ils refusaient de construire des théories et de les enseigner. C'est le cas, par exemple, de Socrate, de Pyrrhon, d'Arcésilas, de Carnéade et, en un certain sens, d'Épictète. Pourquoi surtout certains personnages qui n'ont jamais enseigné dans une

---

* Publié dans *Le Nouvel Observateur*, Hors-série n° 31, « La quête des origines. De la Genèse au big-bang », 1997.

école philosophique ni écrit d'ouvrage philosophique, mais ont été des hommes d'action, tels Dion de Syracuse ou Caton d'Utique, étaient-ils, dans l'Antiquité, considérés comme des philosophes? Théorie et philosophie sont-elles alors vraiment inséparables?

Il nous faut donc revenir sur l'origine et sur la signification du mot *philosophie*. Si l'on avait dit aux premiers penseurs grecs qu'ils étaient des philosophes, ils n'auraient pas très bien compris de quoi il s'agissait. Le mot n'existait même pas à leur époque. Mais ils auraient accepté qu'on les nommât des « sages » (*sophoi*), le mot « sagesse » signifiant alors l'habileté, l'expérience, le savoir-faire en toutes sortes de domaines. Cette sagesse, ce savoir ou savoir-faire des premiers penseurs de la Grèce est né à la périphérie du monde grec, dans ces colonies d'Asie Mineure qui étaient en contact avec les sagesses plus anciennes encore de l'Égypte et du Proche-Orient. Avec l'essor de la démocratie athénienne au Ve siècle avant J.-C., cette activité intellectuelle va venir, au moins en partie, se fixer désormais au cœur de la Grèce, à Athènes, et prendre une tout autre forme, avec ce que l'on appelle le mouvement des sophistes. Ceux-ci se présentaient comme des professionnels de l'enseignement de la sagesse, se déclarant prêts, moyennant finance, à fournir à la jeunesse avide de pouvoir l'habileté à raisonner, à parler, à convaincre et finalement à gouverner. Ce sont les premiers « professeurs » de notre civilisation occidentale. Le mot *philosophia*, qui fait son apparition à cette époque, a encore un sens très vague : il englobe tout ce qui se rapporte à la culture intellectuelle et générale.

Mais un événement déterminant va se produire : c'est, dans les dernières années du Ve siècle avant J.-C., la vie et la mort de Socrate. Grâce surtout à l'interprétation qu'en a donnée Platon, la vie et la mort de Socrate vont devenir les modèles de la vie et de la mort du philosophe en général, et la philosophie, se distinguant de l'antique sagesse-savoir, va prendre conscience de son essence véritable. Dans *Le Banquet*, Socrate est comparé à Éros : de même que celui-ci, privé de beauté, aime celle-ci et cherche à l'atteindre, de même Socrate est privé de sagesse mais s'efforce de l'atteindre. La sagesse, désormais conçue comme un mode d'être parfait, divin et inaccessible, se distingue radicalement de la philosophie (amour ou recherche de la sagesse), qui sera un effort sans cesse renouvelé pour vivre concrètement selon cette norme transcendante de la sagesse. Socrate n'est pas un théoricien, il prétend ne rien savoir, et s'il interroge les autres, c'est pour les obliger à s'examiner et à changer de vie. Et finalement son seul véritable enseignement, c'est sa vie : « Je ne cesse pas de faire voir ce qui me parait être juste ; à défaut de discours, je le fais voir par mes actes. » Désormais, la *vraie* philosophie ne sera plus conçue comme un pur savoir, une habileté ou une culture, mais comme une manière de vivre, une manière d'être au monde, engageant toute la vie, un exercice de la vie et un « exercice de la mort », selon l'expression de Platon.

Cela ne veut pas dire qu'il n'y a plus de discours philosophique. Mais il n'est jamais purement théorique, malgré les apparences ; il est toujours lié et subordonné à la décision fondamentale du philosophe de choisir un certain mode de vie, qui sera d'ailleurs très différent s'il est platonicien, ou aristotélicien, ou cynique, ou épicurien, ou stoïcien, ou sceptique, et qui impliquera chaque fois une certaine vision du monde. Le discours philosophique aura pour tâche d'inviter à prendre cette décision et à la justifier, ou encore d'exposer la vision du monde qui lui correspond. D'une manière générale, le discours philosophique visera moins à informer qu'à former ; il sera moins un exposé qu'un exercice intellectuel ou spirituel destiné à la transformation de l'individu. C'est le cas aussi bien des dialogues de Platon, des traités d'Aristote, des lettres d'Épicure ou des écrits de Plotin. Par suite, dans l'Antiquité, l'école philosophique n'est pas seulement une certaine tendance doctrinale ou théorique, mais la communauté vivante où l'on pratique un certain mode de vie et dans laquelle, ainsi chez les épicuriens, maîtres et disciples se soucient mutuellement de leur état intérieur. Car toutes les écoles de philosophie antiques se présentent comme des thérapeutiques, commençant par diagnostiquer les causes de l'état habituel de souffrance, de désordre et d'inconscience dans lequel se trouvent les hommes et proposant ensuite une méthode de guérison.

On entrevoit la distance qui sépare la représentation que l'on se fait de nos jours de la philosophie comme discours théorique et abstrait et celle que s'en faisaient les philosophes antiques. Comment un tel oubli a-t-il pu se produire ? Tout d'abord, il y aura toujours une tendance, chez les philosophes, à se satisfaire de leur discours, sans éprouver le besoin de passer à l'acte. Les philosophes de l'Antiquité dénonçaient déjà ce danger, qu'ils qualifiaient de « sophistique ». Platon décelait en lui-même ce risque : « Je craignais de passer à mes yeux pour un beau parleur incapable de s'attaquer résolument à une action. » Mais, historiquement, c'est l'essor du christianisme qui a joué un rôle décisif. Celui-ci étant en soi un mode de vie, la philosophie n'eut plus que le rôle d'un instrument théorique au service de la théologie et elle resta théorique, lorsqu'elle s'émancipa, très tardivement d'ailleurs, de la tutelle chrétienne. Enfin, les institutions universitaires, issues du Moyen Âge, ont conduit à faire de la philosophie un métier et du philosophe un fonctionnaire formant d'autres fonctionnaires.

Oubli donc, mais qui n'est peut-être pas si profond. En fait, l'inspiration socratique de la philosophie reste toujours vivante. Déjà au XVIIIᵉ siècle, on entrevoit un effort pour revenir à ce que Kant appelait l'Idée du philosophe, à laquelle, disait-il, les philosophes antiques étaient restés fidèles plus que tous les autres. Un premier pas vers ce retour à l'essentiel ne devrait-il pas être aujourd'hui une nouvelle éthique du discours philosophique, qui, parce qu'il s'est pris lui-même pour fin, est devenu trop souvent une sophistique obscure et prétentieuse ?

Chapitre IV

LA PHILOSOPHIE HELLÉNISTIQUE *

Hellénistique ?

Ce mot a été utilisé à partir de la fin du XIXᵉ siècle pour désigner la période de l'histoire grecque qui s'étend d'Alexandre le Grand jusqu'à la domination romaine, donc de la fin du IVᵉ siècle avant J.-C. à la fin du Iᵉʳ siècle avant J.-C. La fantastique expédition d'Alexandre, qui crée un empire s'étendant de l'Égypte jusqu'à Samarcande et Tachkent et aussi jusqu'à l'Indus, marque une époque nouvelle de l'histoire du monde. La Grèce s'ouvre à l'Orient et celui-ci subit l'influence de la pensée et de la culture grecques : brassage sans précédent de traditions, de religions, de langages et d'idées, qui a marqué d'une empreinte indélébile la culture de l'Occident. La Grèce commence alors à découvrir l'immensité du monde. C'est le début d'échanges commerciaux intenses, non seulement avec l'Asie centrale, mais aussi avec la Chine, l'Afrique et également avec l'ouest de l'Europe.

Six écoles

Dans le courant de la période hellénistique, toute l'activité philosophique, après le foisonnement socratique, s'est concentrée finalement dans six écoles. Trois d'entre elles existaient déjà à Athènes au début de l'époque hellénistique : l'école de Platon (liée

---

* Publié dans J. Russ (dir.), *Histoire de la philosophie*, t. I : *Les pensées fondatrices*, Paris, Armand Colin, 1993, p. 68-79 et 83-84.

au gymnase de l'Académie), celle d'Aristote (liée au gymnase du Lycée), celle d'Antisthène, considéré comme le fondateur du cynisme (située au gymnase appelé Cynosarges). Deux écoles nouvelles furent fondées, également à Athènes : l'école stoïcienne de Zénon et l'école d'Épicure. Pyrrhon, considéré comme le fondateur du scepticisme, vivait à Élis.

Si pour les sophistes et pour Platon, l'enseignement philosophique était destiné à préparer les jeunes gens à leur vie de citoyens en leur apprenant à maîtriser leur discours extérieur et leur discours intérieur par les méthodes dialectique ou rhétorique et tous les principes rationnels qu'elles peuvent impliquer, à l'époque hellénistique, l'enseignement philosophique est plutôt destiné à préparer à la vie tout court, qui peut être celle d'un homme public ou d'un homme privé, mais toujours, d'une manière ou d'une autre, par la maîtrise du discours. Cela veut dire que la méthode d'enseignement consistait avant tout, au moins chez les platoniciens, les aristotéliciens et les stoïciens, en des exercices dialectiques, grâce auxquels les auditeurs apprenaient à dialoguer – avec d'autres, mais aussi avec eux-mêmes. Toutefois, il existait aussi des cours magistraux (la *Physique* ou la *Métaphysique* d'Aristote en sont des exemples), mais, même alors, le monologue du philosophe n'était pas l'exposé de tout un système, car il répondait, toujours, sinon à une question d'un auditeur, du moins à un problème précis. Pendant toute la période hellénistique, l'enseignement comprenait trois domaines distincts. Le premier était celui qui correspond à la fois à notre « logique » et « épistémologie » actuelles ; il était appelé « logique », par les stoïciens, « canonique », par les épicuriens, « dialectique », par les platoniciens et les aristotéliciens, bien que ces deux écoles aient donné un contenu très différent à cette dialectique ; le deuxième était appelé « physique » et le troisième « éthique » par toutes les écoles.

Cette activité scolaire s'inscrivait dans le cadre d'une institution, régie par une règle commune, qui fixait le mode d'élection du chef d'école ou, par exemple, l'ordonnance de certains repas pris ensemble. Maîtres et disciples vivaient en commun, d'une façon plus ou moins étroite. L'amitié qui liait maître et élèves dans l'école d'Épicure était célèbre. Plus qu'à nos universités, les écoles philosophiques de l'Antiquité feraient plutôt penser à des sortes de communautés monastiques qui se seraient vouées aux exercices philosophiques.

Dans le courant du Ier siècle avant J.-C., c'est-à-dire à la fin de l'époque hellénistique, après la disparition des institutions scolaires athéniennes consécutive aux destructions et bouleversements provoqués par la conquête romaine, les enseignements de Platon, d'Aristote, des stoïciens, d'Épicure, ont continué à être enseignés dans d'autres villes, puis à nouveau à Athènes. Au IIe siècle aprèsJ.-C., l'empereur Marc Aurèle fonda à Athènes quatre chaires officielles, dont les titulaires, rétribués par l'État, enseignaient la doctrine de ces quatre écoles. À côté de ces quatre écoles, qui ont joui jusqu'aux environs du Ier siècle d'un support institutionnel fortement structuré et qui se sont maintenues ensuite à Athènes et ailleurs, le cynisme et le scepticisme paraissent être des écoles moins organisées, soit que la tradition scolaire s'y interrompe à certains moments, soit que, dans le cas du cynisme, la tradition philosophique ne s'incarne parfois que dans tel ou tel individu isolé.

PHILOSOPHIE VÉCUE ET DISCOURS PHILOSOPHIQUE

Toutes les philosophies hellénistiques partent du principe socratique que le malheur des hommes vient de leur ignorance, de leurs fausses opinions sur ce qu'est le Bien ou ce qu'est le Mal. Mais pour Socrate comme pour toutes ces philosophies, changer d'opinion et de manière de penser, c'est changer de vie; c'est se convertir au sens le plus fort du mot. Elles se présentent donc, chacune à leur manière, comme des choix de vie, elles exigent une option existentielle, et quiconque adhère à l'une de ces écoles doit accepter ce choix et cette option. On se représente trop souvent le stoïcisme ou l'épicurisme comme un ensemble de théories abstraites sur le monde inventées par Zénon ou Chrysippe ou Épicure. De ces théories découlerait, comme par hasard, pourrait-on dire, une morale. Mais c'est l'inverse qui est vrai. Ce sont les théories abstraites qui sont destinées à justifier l'attitude existentielle. On pourrait dire, pour s'exprimer autrement, que toute attitude existentielle implique une représentation du monde, qui doit nécessairement s'exprimer dans un discours. Mais ce discours seul n'est pas la philosophie, il n'en est qu'un élément, car la philosophie, c'est avant tout l'attitude existentielle elle-même, accompagnée des discours intérieurs et extérieurs ; ceux-ci ont pour rôle d'exprimer la représentation du monde qui est impliquée dans telle ou telle attitude existentielle et ils permettent à la fois de la justifier rationnellement et de la communiquer à autrui.

LE CYNISME OU LA LIBERTÉ

Dans le cynisme, le discours philosophique est presque inexistant. Il est vrai qu'Antisthène, disciple de Socrate et fondateur du mouvement, argumentait contre Platon : « Je vois un cheval, mais pas la cabbaléité », parce que toute dénomination doit viser un référent visible. Par ailleurs, du moment qu'on dit quelque chose, on dit vrai, puisque ce quelque chose est nécessairement quelque chose qui existe ; donc il est impossible de contredire autrui [1]. Chez les autres cyniques comme Diogène ou Cratès, le discours philosophique est pratiquement inexistant. Ils enseignent, dans la rue et non dans des salles de cours, par leur attitude excentrique, leur mode de vie ou leurs apophtegmes, et non par des leçons magistrales. Ils ne gardent, de l'enseignement d'Antisthène, que son choix de vie : le bonheur réside dans la vertu, dans l'effort, et non dans le plaisir. Il consiste à n'avoir besoin de rien et à rejeter tout ce dont on peut être esclave : les richesses, le confort, les contraintes sociales, la pudeur. Indifférents au plaisir et à la douleur, les cyniques s'exercent par l'ascèse à supporter toutes les épreuves. Ils vivent dans la Cité, comme des dénonciations vivantes des fausses valeurs de celle-ci, comme les défenseurs des valeurs naturelles contre les

---

1. L. Paquet, *Les cyniques grecs. Fragments et témoignages*, Ottawa, Presses de l'Université d'Ottawa, 1988, p. 21-23.

valeurs de convention : ils se disent citoyens du monde. Le tonneau de Diogène, son apostrophe à Alexandre qui lui demandait ce qu'il désirait – « Ôte-toi de mon soleil » [1] – sont les symboles de cette liberté, que bien des cyniques s'efforceront d'imiter jusqu'à la fin de l'Antiquité.

L'ÉPICURISME OU LE PLAISIR D'EXISTER

Pour Épicure, le malheur des hommes vient du fait que, recherchant le plaisir, ou bien ils ne l'atteignent pas, parce qu'ils ne peuvent se satisfaire de ce qu'ils ont et qu'ils recherchent toujours ce qui est hors de leur portée, ou bien ils gâchent ce plaisir en craignant sans cesse de le perdre. Le choix premier et l'expérience fondamentale de l'épicurisme consistent à se détourner de la poursuite insatiable des plaisirs, en ne recherchant pas n'importe quelle jouissance, mais un état dans lequel la peine et la douleur soient supprimées, de manière à ce que l'âme et le corps soient parfaitement paisibles et sans trouble. Tout être vivant est originellement privé de ce dont il a besoin : c'est cet état d'insatisfaction et de peine qui le met en mouvement vers ce qu'il recherche. Mais lorsque la douleur de la privation cesse, que le désir est assouvi, l'être vivant s'installe alors dans un état d'équilibre, de repos stable, de détente, de satisfaction. Le plaisir stable épicurien, dont le concept remonte aux discussions menées dans l'école de Platon, dépasse donc l'opposition entre la douleur violente et le plaisir violent et insatiable, qui est mélangé de douleur. Pour leur permettre d'atteindre à cet état de tranquillité, Épicure conseille à ses disciples une discipline du désir, qui consistera à distinguer dans leurs désirs ceux qui sont naturels et nécessaires, comme la faim et la soif, ceux qui sont naturels mais non nécessaires, comme le désir sexuel, ceux enfin qui ne sont ni naturels ni nécessaires, comme celui d'avoir tel ou tel vêtement [2]. Le plaisir paisible s'obtiendra

1. *Ibid.*, p. 59.
2. Epicuro, *Opere*, Torino, U.T.E.T., 1973, p. 110.

par la satisfaction des premiers, par la suppression des troisièmes et, parfois, des deuxièmes. Ce plaisir paisible est donc d'abord plaisir de la « chair ». C'est chez les épicuriens qu'apparaît pour la première fois la notion philosophique de la « chair », entendue non pas au sens médical mais, en quelque sorte, dans un sens presque phénoménologique, comme le sujet de la douleur et du plaisir. À ce plaisir de la chair, vient s'ajouter le plaisir de l'âme, heureuse d'être à elle-même, de se suffire à elle-même, de ne dépendre de rien. Celui qui apaise le « cri de la chair » peut rivaliser en bonheur avec Zeus lui-même [1]. Mais le plaisir humain peut-il être parfait, si la crainte de la mort et du caprice divin vient le troubler ?

C'est ici qu'entre en jeu la physique épicurienne. Elle répond non pas à une interrogation scientifique sur la Nature elle-même, mais à un besoin moral : chasser la crainte des dieux et de la mort et, d'une manière générale, développer une vision du monde qui corresponde à l'attitude existentielle propre à l'épicurisme : « Si nous n'étions pas troublés au sujet des phénomènes célestes, nous n'aurions pas besoin de l'étude de la nature » [2]. Pour répondre à ce besoin, il suffira à Épicure de reprendre, en grande partie, les principes de la physique de Démocrite : tout s'explique par les atomes et le vide. Mais à la différence de Démocrite, Épicure refuse une nécessité absolue. Si les corps inanimés ou vivants apparaissent, c'est que les atomes peuvent dévier légèrement de leur chute éternelle et verticale dans le vide et qu'ils peuvent ainsi s'accrocher les uns aux autres. Dans ce monde entièrement matériel, où l'âme et l'intellect eux-mêmes sont formés d'atomes, il faut qu'il y ait, dans la matière elle-même, un principe de spontanéité interne, finalement un principe de liberté, qui permette de « dévier » (*parenklisis* [3]) de la nécessité et d'agir

---

1. A.-J. Festugière, *Épicure et ses dieux*, Paris, G. Crès, 1968, p. 44 ; Epicuro, *Opere, op. cit.*, p. 562, fr. 22.

2. Epicuro, *Opere, op. cit.*, p. 124, XI ; A.-J. Festugière, *Épicure et ses dieux, op. cit.*, p. 52 et 120.

3. Epicuro, *Opere, op. cit.*, p. 512, fr. 156-157.

librement et moralement. Comme le dit Lucrèce [1] : « Si l'esprit n'est pas régi par la nécessité dans tous ses actes, s'il échappe à la domination et n'est pas réduit à une totale passivité, c'est à cause de cette légère déviation (*clinamen*) des atomes, en un lieu, en un temps que rien ne détermine. »

L'homme n'a donc pas à craindre les dieux, puisque les mondes se sont produits par un processus purement matériel et par pur hasard. Il serait indigne de l'excellence des dieux de s'occuper du monde et des affaires humaines. Retirés dans des espaces étrangers aux mondes, doués de corps diaphanes, ils contemplent l'infinité des mondes qui apparaissent et disparaissent dans l'infinité du temps et du vide, et ils sont dans une parfaite sérénité. Ils sont ainsi les modèles du sage. Lui aussi ne s'occupera pas des affaires humaines, mais contemplant avec une sorte de pur amour la beauté des dieux et l'infinité des mondes, il jouira paisiblement du plaisir d'exister. Et l'homme n'a pas non plus à craindre la mort, puisque l'âme, composée d'atomes, se désagrège comme le corps lors de la mort et perd toute sensibilité. La mort n'est donc rien pour nous, puisque nous ne sommes plus nous-mêmes dès qu'elle survient. Nous n'avons, par conséquent, rien à craindre ni des dieux ni de la mort.

La théorie de la connaissance (canonique) découle de cette physique matérialiste. Tous les objets matériels émettent des flux de particules qui viennent frapper nos sens et, par la continuité de ce flux, nous donnent l'impression de la solidité, de la résistance des corps. À partir des sensations multiples qui nous viennent de corps qui se ressemblent, par exemple celles qui nous viennent des différents individus humains, se produisent dans l'âme des images et notions générales (*prolepseis* [2]) qui nous permettent de reconnaître les formes et de les identifier, d'autant plus qu'à ces notions sont liés les mots et le langage. Avec le langage apparaît la possibilité de l'erreur. Pour reconnaître la vérité d'un énoncé, il

---

1. Lucrèce, *De rerum natura*, II, 289-293, éd. et trad. fr. A. Ernout, « Universités de France », Paris, Les Belles Lettres, 1923.
2. *Ibid.*, p. 22.

faudra donc voir s'il est en accord avec ces critères de la vérité que sont les sensations et les notions générales. La pensée pourra aussi, comme disent les épicuriens, « se projeter » en avant pour saisir ce qui n'est pas présent, par exemple pour affirmer l'existence du vide, qui par définition est invisible, mais dont l'existence est nécessaire pour expliquer celle du mouvement. Cette projection devra toujours être contrôlée par l'expérience, donc par la sensation.

Les raffinements du discours théorique de la philosophie n'avaient qu'un rôle secondaire pour les épicuriens. Car ces philosophes retirés du monde étaient aussi des missionnaires qui voulaient convertir les hommes de toute condition au message de salut annoncé par Épicure, le sage égal à Dieu. Ils résumaient ce message en quatre formules qu'ils appelaient le « quadruple remède » : « Dieu n'est pas redoutable ; la mort est sans risque ; le bien est facile à acquérir ; le mal est facile à endurer avec courage » [1]. Ils invitaient les hommes à venir rejoindre ce cercle d'amis qu'était l'école d'Épicure. La vie philosophique, menée en commun dans l'amitié et les échanges de discours philosophiques, était pour eux à la fois un plaisir et un chemin vers la perfection : par la confession mutuelle de leurs fautes, par la liberté de parole, ils s'efforçaient de parvenir à la sérénité. L'existence, à leurs yeux, n'était pas un don de Dieu, mais un pur hasard, inexorablement unique. Mais c'est précisément pourquoi ils accueillaient chaque moment de la vie (*Carpe diem !*) avec une immense gratitude, comme une sorte de miracle grâce auquel, dans leur vie limitée, ils avaient eu accès à l'infinité de l'espace et du temps et à la merveille de l'existence.

LES STOÏCIENS OU LA PURETÉ DE L'INTENTION MORALE

À la détente épicurienne s'oppose la tension stoïcienne ; à la discontinuité des atomes et à la pluralité des mondes, la continuité d'un cosmos unique cohérent avec lui-même ; à l'inertie des dieux séparés du monde, l'activité d'une Raison organisatrice agissant

---

1. Lucrèce, *De rerum natura*, *op. cit.*, p. 548, fr. 196 ; A.-J. Festugière, *Épicure et ses dieux*, *op. cit.*, p. 46.

dans tout le cosmos ; au plaisir, la pureté d'une intention morale que ternirait la recherche du plaisir ou de l'intérêt ; à l'isolement du sage épicurien, l'immersion du sage stoïcien dans la société humaine et dans le cosmos.

Le stoïcisme propose un choix de vie qui lie immédiatement l'indépendance de l'homme à l'égard des choses extérieures – recherchées par toutes les écoles – et l'exigence de pureté morale qui faisait le fond du socratisme. Pour cela, il faut que nous recherchions non pas notre plaisir ou notre intérêt, mais ce qui est bien moralement, c'est-à-dire ce qui est conforme au point de vue universel et désintéressé que représente la raison, le *logos*. C'est la seule chose qui dépende de notre liberté, donc de nous-mêmes. En effet, ce n'est pas de nous uniquement qu'il dépend d'avoir la beauté, la richesse, la force, la santé, le plaisir. Tout cela suppose une cause extérieure à nous. Mais la seule chose qui dépend de nous, c'est la possibilité d'agir d'une manière conforme à la raison : c'est cela le bien moral, la pureté d'intention, c'est-à-dire la volonté de n'agir pour aucun autre motif que le bien, de ne reconnaître aucune autre valeur que la vertu. Tout ce qui ne dépend pas de nous ne sera donc ni bon ni mauvais et devra donc nous être, en principe, indifférent.

La physique va donc justifier ce choix de vie stoïcien et expliciter la manière d'être au monde qu'il implique. La démarche stoïcienne est ici analogue à celle des épicuriens. Ceux-ci fondaient la liberté humaine dans la spontanéité des particules atomiques qui peuvent dévier de leur trajectoire dans leur chute éternelle et nécessaire. Les stoïciens, pour leur part, fondent la raison humaine dans la Nature qu'ils conçoivent comme la Raison universelle. Le *logos* humain n'est qu'une partie du *Logos* universel. Si vivre moralement, c'est vivre selon la raison, vivre selon la raison, ce sera donc vivre selon la Nature, c'est-à-dire se conformer à la Loi universelle qui meut de l'intérieur l'évolution du monde.

Cette loi fondamentale, intérieure à tout être et à l'ensemble de tous les êtres, c'est un principe et une force de cohésion et d'intériorité à soi-même. Pour les épicuriens, tout était hors de tout, et si les corps étaient formés d'agrégats d'atomes, ils ne formaient pas une véritable unité, mais seulement une juxtaposition d'éléments : chaque être était, en quelque sorte, atomisé, isolé par rapport aux autres. Pour les stoïciens, au contraire, tout est dans tout ; les corps sont eux-mêmes des touts, des unités organiques bien déterminées et, en même temps, ils sont les parties d'un Tout, qui est lui-même une unité organique (comme la feuille a son individualité, tout en étant une partie de l'arbre). En tant qu'unité organique, chaque être, même la pierre, mais aussi le cosmos, est dominé par une force de tension qui lui donne sa cohésion interne. D'emblée, dès le premier instant de son existence, le vivant est instinctivement accordé à lui-même : il tend à se conserver lui-même et à aimer sa propre existence et tout ce qui peut la conserver [1].

Ce cosmos unifié, les stoïciens le conçoivent à l'aide de représentations qui existaient déjà chez les présocratiques. Les stoïciens revendiquent l'héritage d'Héraclite, en identifiant comme lui le *Logos* avec le principe de toutes choses, le Feu « rationnel », le Feu pensant, qui, par ses transformations, engendre toutes les formes des êtres. Il faut concevoir ce Feu en liaison avec la représentation de la chaleur, du « souffle » (*pneuma*) vital et de la semence. Le *Logos* est ainsi la force formatrice, la « semence » (*logos spermatikos*), le « programme », de tous les êtres [2]. Le *pneuma*, ou chaleur vitale, a en lui une tension (*tonos*) qui engendre un mouvement qui se dirige simultanément vers l'extérieur et vers l'intérieur, assurant ainsi à la fois la croissance et l'unité du cosmos et de tout être vivant. Le cosmos est de cette manière un continuum dynamique, en qui toutes choses sont liées entre elles. Le *Logos*, principe actif, pénètre, en se mélangeant totalement à elle, la matière passive et il engendre ainsi tous les êtres. Car il contient en lui tous les *logoi*-semences des êtres, qui se déploient au fur et à mesure qu'il poursuit son

---

1. É. Bréhier et P.-M. Schuhl, *Les stoïciens*, « Bibliothèque de la Pléiade », Paris, Gallimard, 1964, p. 267.
2. *Ibid.*, p. 59 ; H. von Arnim, *Stoicorum Veterum Fragmenta*, 4 vol., Leipzig, B.G. Teubner, 1903-1924, vol. II, § 580.

expansion. Le mouvement du cosmos part du Feu et revient au Feu, dans la conflagration finale. Mais il renaît éternellement identique à lui-même à partir du Feu. C'est la fameuse doctrine du « Retour éternel » [1]. Si le cosmos se répète éternellement identique, c'est qu'il est rationnel, « logique », comme le Feu, c'est qu'il est le seul cosmos à la fois possible et nécessaire que la Raison puisse produire. La Raison ne peut ni ne veut en produire un meilleur ou un pire, mais elle ne peut que le répéter éternellement, et le mouvement de concentration et de dilatation du Feu ne peut que se renouveler sans cesse, identique à lui-même. Mais, s'il en est ainsi, le sage, lui aussi, ne peut vouloir un autre monde : consentant à la Raison universelle, dont sa raison est une partie, il s'insère intensément dans le cosmos et veut que toutes ces choses arrivent de la manière exacte dont elles arrivent.

Que l'homme le veuille ou non, d'ailleurs, les choses arrivent nécessairement comme elles arrivent. La Raison universelle est pour les stoïciens identique à la Loi universelle, au Destin, à la Providence, à la Volonté de Dieu. Pour les stoïciens, cette doctrine se fonde dans l'affirmation du principe de causalité : « Il n'y a pas de mouvement sans cause ; s'il en est ainsi, tout arrive par les causes qui donnent l'impulsion ; s'il en est ainsi, tout arrive par le destin » [2]. Le moindre événement implique l'enchaînement des événements antécédents et finalement tout l'univers (encore une fois tout est dans tout).

Mais, dans un univers de corporéité et de nécessité, où la moralité va-t-elle pouvoir trouver place, puisqu'elle suppose la liberté ? Pour les stoïciens, la liberté elle-même est inscrite dans le plan de l'univers. Au fur et à mesure que l'on s'élève dans la hiérarchie des forces de cohésion, depuis la pierre, en passant par la plante, puis l'animal, pour arriver à l'homme, on voit apparaître

---

1. H. von Arnim, *Stoicorum Veterum Fragmenta*, *op. cit.*, vol. II, § 596 ; É. Bréhier et P.-M. Schuhl, *Les stoïciens*, *op. cit.*, p. 125-127.
2. H. von Arnim, *Stoicorum Veterum Fragmenta*, *op. cit.*, vol. II, § 952 ; É. Bréhier et P.-M. Schuhl, *Les stoïciens*, *op. cit.*, p. 481.

une autonomie de mouvement de plus en plus grande, liée à une capacité de plus en plus précise de représentation et de perception de l'univers extérieur. On pourrait dire, en un certain sens, que le mouvement de l'univers se dirige vers un point culminant qui n'est autre que la moralité. Mais le prix à payer pour cela, c'est la liberté, c'est-à-dire la possibilité pour l'homme de refuser l'ordre du monde et d'agir et de penser contre le *logos* et contre la nature. Ce refus ne changera d'ailleurs rien à l'ordre du monde. Selon la formule de Cléanthe, reprise notamment par Sénèque : « Les destins guident celui qui les accepte, ils forcent à les suivre celui qui leur résiste » [1]. La Raison inclut dans le plan du monde les résistances et les oppositions.

Dans ce monde plein et compact, l'homme introduit donc, à cause de la forme de logos *qui lui est propre et qui est discursive, une sorte d'îlot d'incorporéité et de liberté.* La sensation est, sans doute, en elle-même, pour les stoïciens, un processus matériel, aussi bien que les sons qu'utilise le langage. Mais parce qu'il peut énoncer par un langage intérieur ou extérieur les sensations qui le frappent, l'homme engendre, si l'on peut dire, un univers différent de celui de la corporéité ; c'est l'univers du sens. Le sens n'est pas une réalité matérielle. C'est un « incorporel », disaient les stoïciens [2], et qui n'a de réalité que « pour » un sujet qui sent et qui juge. Ce ne sont pas les choses qui nous troublent, disait Épictète, mais les jugements que nous portons sur les choses, c'est-à-dire le sens que nous leur donnons [3]. La liberté de l'homme consiste ainsi à pouvoir donner aux choses et au monde le sens qu'il veut. Ici nous pénétrons dans le domaine de la *logique*. La théorie stoïcienne de la connaissance a donc un double aspect. D'une part, elle affirme que les objets

---

1. H. von Arnim, *Stoicorum Veterum Fragmenta, op. cit.*, vol. I, § 527 ; Sénèque, *Lettres à Lucilius*, 107, 10, éd. et trad. fr. F. Préchac et H. Noblot, « Universités de France », Paris, Les Belles Lettres, 1959-1964.

2. H. von Arnim, *Stoicorum Veterum Fragmenta, op. cit.*, vol. II, § 166 ; Sextus Empiricus, *Contre les logiciens*, II, 12, dans *Sextus Empiricus*, 4 vol., London, Loeb Classical Library, 1967, t. II, p. 246.

3. É. Bréhier et P.-M. Schuhl, *Les stoïciens, op. cit.*, p. 1113.

sensibles marquent de leur empreinte notre faculté de sensation, en sorte que nous ne pouvons douter de certaines représentations qui portent une marque d'évidence indiscutable (ce sont les représentations compréhensives, *phantasiai kataleptikai* [1]). En ce sens, ces représentations se produisent involontairement. Mais nous nous énonçons à nous-mêmes le contenu de cette représentation et nous donnons ou non notre assentiment à cet énoncé : cet assentiment est donc volontaire [2]. Selon la fameuse comparaison de Chrysippe, le destin, l'enchaînement des causes, met en mouvement le cylindre, c'est-à-dire notre assentiment ; mais celui-ci roule selon sa forme propre, selon son mode propre de mouvement, qui est un mouvement indépendant et libre [3]. C'est donc là que s'introduit la liberté, c'est-à-dire à la fois la possibilité de l'erreur et la possibilité de la critique de l'erreur... Comme le dit Épictète [4], nous devons dire à chaque représentation : « Tiens-tu de la nature la marque que doit posséder la représentation pour être approuvée ? » Cet interrogatoire ne s'adresse pas à la représentation objective et compréhensive, à laquelle nous ne pouvons pas ne pas donner notre adhésion, mais aux autres représentations, c'est-à-dire aux autres jugements, aux autres discours intérieurs que nous pourrions ajouter, non pas au sujet de la réalité de l'objet, mais au sujet de ses qualités, et surtout de sa valeur, de son sens. Si je constate qu'Un tel est en prison, dit Épictète [5], je peux me dire intérieurement sans erreur : Un tel est en prison. Je donne ainsi mon assentiment à une représentation compréhensive. Mais si je me dis : « Il lui est arrivé malheur », j'ajoute quelque chose d'étranger à la représentation compréhensive, quelque chose de faux, puisque le principe même du stoïcisme est que le seul malheur est le mal moral.

1. H. von Arnim, *Stoicorum Veterum Fragmenta*, *op. cit.*, vol. II, § 53 ; É. Bréhier et P.-M. Schuhl, *Les stoïciens*, *op. cit.*, p. 31, § 46.

2. H. von Arnim, *Stoicorum Veterum Fragmenta*, *op. cit.*, vol. II, § 91 ; Sextus Empiricus, *Contre les logiciens*, II, 397, *op. cit.*, t. II, p. 347.

3. É. Bréhier et P.-M. Schuhl, *Les stoïciens*, *op. cit.*, p. 489.

4. *Ibid.*, p. 986-987.

5. *Ibid.*, p. 978-979.

Pour les stoïciens, la proposition est formée d'un sujet et d'un prédicat qui n'expriment pas un concept (comme c'était le cas chez Aristote), mais un fait, un événement : Socrate philosophe (c'est-à-dire : il accomplit l'action de philosopher). La logique a donc pour objet l'enchaînement des propositions, donc l'enchaînement d'événements, comme dans la logique moderne.

Telles étaient dans leurs lignes essentielles les trois parties (éthique, physique, logique) du discours philosophique stoïcien. Toutefois, pour les stoïciens, la philosophie ne consistait pas à développer ce discours, mais à pratiquer la logique, la physique et l'éthique comme des vertus [1], chacune impliquant toutes les autres. La vie philosophique se ramène en effet à la pratique d'une *logique* vécue, s'il est vrai que, pour les stoïciens, comme pour Socrate, tout est affaire de jugement. Pour vivre conformément à la raison, il faudra critiquer ses jugements et ses assentiments, à l'aide du principe fondamental : il n'y a de bien que le bien moral, de mal que le mal moral, s'en tenir à l'objectivité des représentations compréhensives, afin de ne pas se laisser entraîner aux passions qui ne sont que des faux jugements, d'avoir de justes principes d'action, et d'accepter la volonté de la Nature universelle. Et toute la vie philosophique se ramène à la pratique de la *physique*, s'il est vrai que la physique nous fait prendre conscience de notre place dans le Tout, de citoyen de cette grande Cité du monde, à la volonté de laquelle nous devons nous soumettre, et de la grande Cité de ces êtres raisonnables que nous devons aimer comme nos parents et à l'égard desquels nous devons agir avec justice. La vie philosophique consiste aussi bien à mettre en pratique les principes de l'*éthique*, c'est-à-dire, d'une part, considérer comme indifférent tout ce qui n'est pas le bien et le mal moral, mais, d'autre part, admettre, à l'intérieur de ces choses indifférentes, une hiérarchie de valeurs relatives, dans la mesure où l'amour inné, l'accord initial que nous avons avec nous-mêmes et avec l'humanité, nous révèle des « devoirs » envers nous-mêmes, envers l'humanité, issue tout entière de la même Raison, donc envers

1. É. Bréhier et P.-M. Schuhl, *Les stoïciens, op. cit.*, p. 289.

les autres hommes, nos frères, et plus particulièrement envers nos parents, nos concitoyens, et la Cité. Il en résulte que, dans notre action, nous devrons préférer certaines choses à d'autres, en vertu de leur utilité pour notre conservation et celle des autres hommes.

La grande figure du sage, égal à Dieu, domine le stoïcisme, mais comme un idéal transcendant presque inaccessible. De ce point de vue, tous les hommes, même le philosophe, sont des non sages. Mais les philosophes se distinguent des autres hommes du fait qu'ils sont conscients de n'être pas sages. C'est ce qui leur permet de s'efforcer de progresser spirituellement et de se rapprocher, comme une courbe asymptote, de la sagesse dont le modèle les guide [1].

PYRRHON ET LES SCEPTIQUES
OU INDIFFÉRENCE ET CONFORMISME

Chez Pyrrhon, que l'on considère généralement comme le fondateur du scepticisme, le discours philosophique est presque inexistant. Il se contente de vivre d'une certaine manière qui, apparemment, ne se distingue pas de celle des autres hommes, mais qui en même temps en est profondément différente, parce que, quoi qu'il arrive, il ne se laisse pas émouvoir, il reste dans l'indifférence absolue, car il lui est impossible de dire si ce qui lui arrive est un bien ou un mal. Dans cette incertitude, tout lui est indifférent et le laisse dans la sérénité, ce qui conduit apparemment à un conformisme total à l'égard de la vie vécue par le commun des hommes.

Il semble bien qu'il y ait eu une évolution dans l'attitude sceptique. Les sceptiques postérieurs à Pyrrhon – Énésidème, Agrippa, Sextus Empiricus – développent des argumentations qui tendent à démontrer l'impossibilité de toute connaissance philosophique : il n'y a pas de critère de la vérité, qui serait la sensation ou l'intellection ; les impressions varient avec les hommes, les différents peuples, les circonstances, les dispositions intérieures [2]. Ces sceptiques

---

1. *Ibid.*, p. 782-792.
2. J.-P. Dumont, *Les sceptiques grecs*, Paris, P.U.F., 1966, 3ᵉ éd. 1992, p. 49-92.

consacrent tous leurs efforts à réfuter les théories de ceux qu'ils appellent les dogmatiques, c'est-à-dire surtout les épicuriens et les stoïciens. Ils deviennent de cette façon, en quelque sorte, historiens de la philosophie, et grâce à eux beaucoup de renseignements sur ces deux écoles nous sont parvenus. Ainsi apparaissent deux univers : d'une part, celui du langage « quotidien » qui dit ce qui apparaît dans nos perceptions (le « phénomène »), donc celui de la « vie » de tout le monde, dans lequel le sceptique vit, parle comme tout le monde ; d'autre part, celui des philosophes qui prétendent atteindre ce qui est en soi, affirmer avec certitude l'existence en soi d'un bien, d'un mal, d'un critère de la vérité. Le sceptique s'abstient de juger de ces entités. Ainsi, « il ne vit pas conformément à une doctrine philosophique » [1] et reste dans la sérénité. Mais « parce qu'il aime les hommes, il veut les guérir par son discours [...] de la présomption et de la prévention dogmatiques » [2]. L'attitude d'un Wittgenstein, considérant que la philosophie est une « maladie du langage », n'est pas très éloignée de celle du scepticisme antique.

L'ARISTOTÉLISME OU LA RECHERCHE SCIENTIFIQUE

L'idéal de la vie, pour Aristote, était la recherche scientifique. Les aristotéliciens, ou péripatéticiens, de l'époque hellénistique s'y sont plus intéressés qu'aux recherches métaphysiques. Théophraste continue les grandes enquêtes et les efforts de classification d'Aristote qui avaient porté sur le système des végétaux et des animaux. L'astronome Aristarque de Samos, « le Copernic de l'Antiquité », se rattache lui aussi à cette école. Il émit l'hypothèse que le Soleil et les étoiles étaient immobiles et que les planètes et la Terre tournaient autour du Soleil, tout en tournant chacune sur leur axe. Par ailleurs, on trouve chez Straton de Lampsaque, qui professe une physique matérialiste, certaines tentatives de physique expérimentale (notamment à propos du vide). La logique d'Aristote

---

1. J.-P. Dumont, *Les sceptiques grecs, op. cit.*, p. 212.
2. *Ibid.*

fut remarquablement développée par Théophraste et Eudème de Rhodes. L'école cultiva aussi les sciences humaines : théorie de la musique (Aristoxène de Tarente), histoire de la littérature, de la philosophie, des formes de vie, des mœurs et des croyances populaires, caractérologie. Les aristotéliciens polémiquent aussi avec les stoïciens à propos de la définition du bonheur, qui, selon Aristote, ne consiste pas dans la seule vertu, mais suppose également un minimum de bien-être.

L'ACADÉMIE PLATONICIENNE
OU LES AVENTURES DE LA DIALECTIQUE

La tradition issue de Platon a connu quatre états successifs. Tout d'abord l'« Ancienne Académie » : après la mort de Platon, l'école fut dirigée par ses disciples immédiats, notamment Speusippe et Xénocrate, et leurs successeurs. Tous les écrits de ces philosophes sont perdus et l'on ne peut reconstituer leur doctrine que par des témoignages postérieurs, très fragmentaires. L'école semble avoir continué à discuter des mêmes problèmes qu'au temps de Platon, notamment au sujet des rapports entre les Idées platoniciennes et les Nombres idéaux, évoqués dans les derniers livres de la *Métaphysique* d'Aristote.

Vers le milieu du IIIe siècle avant J.-C., pour des raisons qui sont difficiles à analyser (rapports avec Pyrrhon ? volonté de s'opposer au dogmatisme des épicuriens et des stoïciens ? influence de la logique des Mégariques ?), Arcésilas revient à ce qu'il considère comme la vraie méthode platonicienne héritée de Socrate [1] : la dialectique, entendue comme un exercice de discussion dans lequel on s'exerce à attaquer aussi bien une thèse que sa contradictoire. La philosophie n'enseigne donc rien, elle refuse tout dogmatisme, elle est une pure critique. C'est la « Moyenne Académie ». Les sceptiques, par exemple Sextus Empiricus, n'ont pas manqué

---

1. Cicéron, *De finibus*, II, 1, 2, éd. et trad. fr. J. Martha, 2 vol., Paris, Les Belles Lettres, 1961.

d'insister sur la parenté qu'il y avait entre leur propre position et celle d'Arcésilas [1], mais ils ont aussi souligné la différence : Arcésilas affirme qu'il est impossible de trouver la vérité et que cette pure activité dialectique qui conduit à la suspension du jugement est le bien en soi ; les sceptiques refusent pour leur part toute affirmation.

Avec les successeurs d'Arcésilas, Carnéade et Philon de Larisse, l'Académie a évolué dans le sens du probabilisme. C'est le mouvement que l'on a appelé la « Nouvelle Académie ». Ses adeptes admettaient que, si l'on ne pouvait trouver le vrai, on pouvait au moins trouver des solutions qui parussent raisonnablement vraies, aussi bien dans le domaine scientifique que dans le domaine de la pratique morale. Cette philosophie, qui laisse à l'individu le soin de juger ce qu'il doit faire à chaque instant, pour chaque cas particulier, après qu'il a pesé le pour et le contre et retenu la solution la plus raisonnable à ses yeux, en s'inspirant, par exemple, tantôt du stoïcisme, tantôt de l'épicurisme, a joué un grand rôle dans la découverte moderne de la liberté et de l'autonomie de l'individu, notamment grâce à Cicéron qui l'a fait connaître à toute la tradition occidentale : « Nous autres, les Académiciens, nous vivons au jour le jour (c'est-à-dire nous jugeons en fonction des cas particuliers), et c'est pourquoi nous sommes libres » [2].

Avec Antiochus d'Ascalon (aux environs de 80 avant J.-C.), s'effectue un retour au dogmatisme, lié à l'idée selon laquelle le platonisme, l'aristotélisme et le stoïcisme diraient, au fond, la même chose. C'est également à partir de ce moment que, dans ces trois écoles, l'enseignement va prendre la forme d'un commentaire sur les œuvres des fondateurs. On voit ici apparaître un mouvement de pensée et une méthode d'enseignement qui trouveront leur point culminant dans le triomphe du néoplatonisme, à la fin de l'Antiquité.

1. J.-P. Dumont, *Les sceptiques grecs, op. cit.*, p. 31.
2. Cicéron, *Tusculanes*, V, 33, éd. et trad. fr. G. Fohlen et J. Humbert, 2 vol., Paris, Les Belles Lettres, 1931.

CONCLUSION

Ce sont moins des concepts que des idéaux et des expériences morales que l'époque hellénistique a légués à notre civilisation occidentale : le modèle du sage, transcendant la condition humaine, l'idée d'humanité, de fraternité entre les hommes, de cosmopolitisme, l'expérience de la liberté morale, c'est-à-dire de la pureté d'intention, de l'indépendance à l'égard des biens extérieurs, de la tranquillité d'âme, du consentement au destin, mais aussi l'expérience de la liberté de jugement, de la remise en cause des opinions dogmatiques, de l'activité critique.

BIBLIOGRAPHIE

On peut ajouter aux textes cités

Lettres d'Épicure : *à Hérodote, à Pythoclès, à Ménécée*, et *Pensées Maîtresses*, dans Lucrèce, *De rerum natura*, éd. A. Ernout et L. Robin, commentaire exégétique et critique, t. I, Paris, Les Belles Lettres, 1925.

Fragments des aristotéliciens : F. Wehrli, *Die Schule des Aristoteles. Texte und Kommentar*, 10 Hefte und 2 Supplem., Bâle, 1944-1959 ; 2e éd., 1967-1969 et 1974-1978 (texte grec et commentaire allemand).

Textes concernant l'Académie platonicienne : *Der Platonismus in der Antike*, t. I, éd. H. Dörrie et M. Baltes, Stuttgart, 1987 (texte grec et trad. allemande).

Ouvrages (outre les ouvrages cités à propos des textes)

É. BRÉHIER, *La théorie des incorporels dans l'ancien stoïcisme*, 3e éd., Paris, Vrin, 1962.

V. BROCHARD, *Les sceptiques grecs* (1887), Paris, Vrin, 1923, réimp. 1969.

J.-J. DUHOT, *La conception stoïcienne de la causalité*, Paris, Vrin, 1989.

A.-J. FESTUGIÈRE, *La révélation d'Hermès Trismégiste*, t. II : *Le Dieu cosmique*, Paris, J. Gabalda, 1949.

J. GLUCKER, *Antiochus and the Late Academy*, Göttingen, Vandenhoeck und Ruprecht, 1978, surtout p. 13-90.

M.-O. GOULET-CAZÉ, *L'ascèse cynique*, Paris, Vrin, 1986.

I. Hadot, « Du bon et du mauvais usage du terme "éclectisme" dans l'histoire de la philosophie antique », dans R. Brague et J.-F. Courtine (dir.), *Herméneutique et ontologie. Hommage à Pierre Aubenque*, Paris, P.U.F., 1990, p. 147-162.

P. Hadot, *Exercices spirituels et philosophie antique*, Paris, Études augustiniennes, 3 e éd., 1992.

L. Robin, *Pyrrhon et le scepticisme grec*, Paris, P.U.F., 1944.

H.-G. Romeyer-Dherbey, « La parole archaïque. La théorie du langage chez Antisthène », *Argumentation*, vol. 5, 1991, p. 171-186.

G. Rodis-Lewis, *Épicure et son école*, Paris, Gallimard, 1975.

S. Sambursky, *Physics of the Stoics*, London, Hutchinson, 1971.

A. Vœlke (dir.), « Le scepticisme antique. Perspectives historiques et systématiques », *Cahiers de la Revue de théologie et de philosophie*, n° 15, Genève, 1990.

– *L'idée de volonté dans le stoïcisme*, Paris, P.U.F., 1973.

– *La philosophie comme thérapie de l'âme*, Fribourg, Éditions universitaires, 1993.

CHAPITRE V

MARC AURÈLE, *PENSÉES* *

« Bientôt tu auras tout oublié ! Bientôt tous t'auront oublié [1] ! »
« Tout est éphémère : ce qui se souvient et ce dont il se souvient [2] ! »
« Bientôt toi aussi tu fermeras les yeux et celui qui t'aura porté en
terre, un autre déjà le pleurera [3] ! » « Hier, un peu de glaire, demain,
momie ou cendres [4]. » « Dans un instant, cendre ou squelette !
Un simple nom ! Même pas un nom ! Un nom : un vain bruit, un
écho [5] ! » « Combien d'hommes ignorent jusqu'à ton nom ! Combien
l'oublieront bientôt [6] ! » « Tout ce dont on fait tant de cas dans la
vie, vide, pourriture, mesquinerie : petits chiens qui s'entremordent,
gamins qui se querellent, qui rient et se mettent à pleurer [7] ! »

Si l'on ouvre au hasard les *Pensées* de Marc Aurèle, on a
toutes chances de rencontrer une de ces formules frappantes, qui
évoquent la précarité de la condition humaine et émeuvent encore
le lecteur moderne. Cet ouvrage, toujours vivant, n'est pourtant pas
intemporel. Pour mieux le comprendre et pour mieux s'en nourrir, il
est nécessaire de le replacer dans son contexte historique et spirituel.

---

* Publié dans L. Jaffro et M. Labrune (dir.), *Gradus philosophique*, Paris, GF-
Flammarion, 1994, p. 482-490.
1. Marc Aurèle, *Pensées*, VII, 21.
2. *Ibid.*, IV, 35.
3. *Ibid.*, X, 34, 6.
4. *Ibid.*, IV, 48, 3.
5. *Ibid.*, V, 33.
6. *Ibid.*, IX, 30.
7. *Ibid.*, V, 33.

Marc Aurèle a gouverné l'Empire romain pendant près de vingt ans, de 161 à 180 après J.-C. L'historien romain Cassius Dion a excellemment résumé en ces termes ce que furent ces années de règne : « Il n'eut pas la chance qu'il aurait méritée, [...] mais il se trouva confronté, pendant tout son règne à une multitude de malheurs. C'est la raison pour laquelle je l'admire plus que tout autre, car dans ces difficultés extraordinaires et hors du commun, il parvint à survivre et à sauver l'Empire. »

Ces « difficultés extraordinaires », ce furent tout d'abord deux invasions, très dangereuses pour Rome, celle des Parthes en Orient (161-166), celle de peuples germaniques sur le Danube (166-180). Cette dernière l'obligera à passer plus de huit ans dans les opérations militaires en Europe centrale. À cela s'ajouta une terrible épidémie de peste, ramenée d'Asie par les régions romaines qui avaient combattu contre les Parthes, et aussi la révolte d'un usurpateur, Avidius Cassius (175). Si Dion Cassius déplore que Marc Aurèle n'ait pas eu la chance qu'il aurait méritée, c'est qu'il le considère, comme l'ont fait d'ailleurs les historiens et les juristes de l'Antiquité, comme un empereur exceptionnellement juste, soucieux du bien public et consciencieux jusqu'au scrupule en matière de droit. C'est que, cas rarissime, qui ne se reproduira qu'avec l'empereur Julien au IVe siècle, Marc Aurèle est un empereur qui fait profession d'être philosophe, et plus précisément d'être un philosophe stoïcien. Il faut le rappeler, un philosophe, dans l'Antiquité, ce n'est pas nécessairement quelqu'un qui invente ou enseigne une théorie philosophique, mais c'est toujours un homme qui pratique un certain mode de vie, qui vit conformément aux règles de vie d'une école philosophique déterminée. Marc Aurèle, pour sa part, a essayé de vivre en stoïcien sa vie d'empereur.

Que cet empereur philosophe ait écrit les *Pensées*, on ne le sut que tardivement dans l'Antiquité. Il semble bien qu'à partir du IVe siècle après J.-C. certains auteurs aient entendu parler d'un tel ouvrage, mais ils ne l'eurent probablement pas dans les mains. C'est seulement au Xe siècle, dans l'Empire byzantin, que l'œuvre de Marc Aurèle est lue, citée, recopiée. Quelques manuscrits parviennent en

Occident, mais ce sera seulement au XVI ᵉ siècle qu'il sera imprimé à Zurich, en 1559.

Dès leur parution, les *Pensées* ont dérouté leurs éditeurs aussi bien que leurs lecteurs. L'ouvrage se présente sous la forme de douze livres. Le premier à indiscutablement une unité de contenu et de forme. L'empereur y énumère brièvement les exemples et les conseils qu'il a reçus de ses parents, de ses maîtres, de ses amis, de l'empereur Antonin. Mais, dans les livres II-XII, on ne peut distinguer apparemment aucun plan, aucun fil conducteur. On est en présence de textes qui se succèdent sans liaison, les uns très courts, d'autres un peu plus longs, sans que l'on puisse expliquer pourquoi ils sont placés à tel endroit plutôt qu'à un autre. De plus, il y a de fréquentes répétitions, parfois littérales, qui se retrouvent dans des livres très éloignés les uns des autres. Du XVI ᵉ au XVIII ᵉ siècle, à une époque où l'on cherchait l'idéal de la composition littéraire dans la belle ordonnance d'un dialogue de Platon ou d'un traité de Cicéron, on s'est imaginé que les *Pensées* n'étaient que des extraits décousus et incomplets d'un grand traité philosophique et systématique disparu, rédigé par Marc Aurèle. Pourtant, au XVII ᵉ siècle, Meric Casaubon et Thomas Gataker, deux traducteurs de Marc Aurèle, reconnaissent très précisément le genre littéraire auquel appartiennent les *Pensées*. Ce sont des notes personnelles, ce que l'on appelait dans l'Antiquité, en grec des *hypomnèmata*, en latin des *commentaria* ou *adversaria*. Ces notes sont classées purement et simplement dans l'ordre de leur rédaction.

Mais pour comprendre les *Pensées*, il ne suffit pas de dire que ce sont des notes personnelles. Car elles ne sont ni des constats de faits observés, ni des comptes rendus de lecture, ni les effusions d'une âme inquiète ou sans illusion. Ce sont des exercices spirituels, les exercices spirituels de quelqu'un qui a accompli le choix de vie stoïcien. En les écrivant, Marc Aurèle ne faisait que pratiquer le conseil qu'avait donné à ses disciples le stoïcien Épictète, qui l'a fortement influencé. Pour assimiler les règles de vie fondamentales du stoïcisme, c'est-à-dire pour être en mesure de les pratiquer constamment, de vivre conformément à son choix de vie, il fallait

« les écrire tous les jours » [1]. C'est ce qu'a fait Marc Aurèle, en rédigeant les sentences qui composent son livre.

En fait, elles reproduisent un enseignement traditionnel, des règles de vie codifiées, les dogmes stoïciens qu'Épictète recommandait de méditer. C'est pourquoi les thèmes qui apparaissent dans les *Pensées* sont relativement peu nombreux. Parfois, Marc Aurèle rassemble les dogmes stoïciens, sans le moindre commentaire, comme des évidences, dans des listes laconiques, qui sont en quelque sorte des aide-mémoire. Par exemple : « Si tu t'irrites de quelque chose, c'est que tu as oublié : – que tout arrive conformément à la Nature universelle – que la faute commise ne te concerne pas – et, de plus, que tout ce qui arrive est toujours arrivé ainsi et arrivera toujours ainsi et, en ce moment même, arrive partout de cette manière – à quel point la parenté de l'homme avec tout le genre humain est étroite, car ce n'est pas communauté de sang ou de semence, mais communauté d'intellect ; et tu as oublié aussi : – que l'intellect de chacun est Dieu et qu'il s'est écoulé en descendant de là-haut – et qu'à chacun de nous, rien n'appartient en propre, mais que l'enfant, le corps, l'âme elle-même viennent d'en haut – que tout est affaire de jugement de valeur – que chacun ne vit et ne perd que le seul présent. » [2] Tous les points ici énumérés se retrouvent tout au long des *Pensées*, soit dans d'autres listes tout aussi laconiques, soit séparés les uns des autres, mais formulés de manière très frappante, soit enfin étayés par une courte démonstration. Il s'agit là des dogmes fondamentaux du stoïcisme : il n'y a de bien que le bien moral, de mal que le mal moral ; donc, je ne puis subir aucun dommage de la part d'autrui ; mon jugement et mon assentiment ne dépendent que de moi-même ; tout est affaire de jugement, c'est-à-dire que ce ne sont pas les choses, mais nos jugements de valeur sur les choses qui nous troublent ; tout arrive conformément à l'ordre voulu par la Raison qui dirige le monde ; c'est de cette Raison que provient la raison qui est commune à tous les hommes, c'est pourquoi les hommes, issus de la même origine, sont faits les uns pour les autres.

1. Épictète, *Entretiens*, I, 1, 25 et III, 24, 103.
2. Marc Aurèle, *Pensées*, XII, 26.

Par ailleurs, on trouve d'un bout à l'autre des *Pensées* trois règles de vie qui constituent le schéma essentiel de la philosophie d'Épictète. Or nous savons par Marc Aurèle, qui le raconte dans ses *Pensées*, que l'empereur avait eu accès aux notes prises par un auditeur au cours d'Épictète, que cet auditeur soit Arrien, qui avait écrit des *Entretiens d'Épictète*, ou Junius Rusticus, le précepteur stoïcien de Marc Aurèle.

Épictète avait distingué trois actes de l'âme : jugement ou assentiment, désir, volonté d'agir, trois actes qui se référaient aux relations de l'homme avec l'ensemble de la réalité ; le jugement ou assentiment correspondant à la représentation que nous nous faisons des choses et au sens que nous leur donnons, la volonté d'agir correspondant au domaine de l'action, à l'accomplissement des devoirs de la vie sociale exigés par notre nature humaine, le désir, enfin, correspondant au domaine de l'affectivité, de la passivité, de ce que nous éprouvons du fait de l'enchaînement des causes et des effets qui constituent le Destin et notre destin. Épictète avait proposé trois exercices, trois disciplines, donc trois règles de vie, se rapportant à ces trois actes de l'âme. Elles consistaient, pour les jugements ou assentiments, à ne rien ajouter de subjectif et d'émotionnel à notre perception objective de la réalité et des événements ; pour la volonté, à agir au service de la communauté, tout en pensant calmement à la possibilité de l'échec ; pour le désir, enfin, à ne désirer que ce qui dépend de nous, en acceptant les événements voulus par le Destin [1].

Ce schéma ternaire représente vraiment le fil d'Ariane qui permet de se retrouver dans l'apparent désordre des *Pensées*. Beaucoup de sentences se contentent simplement d'énoncer, sous des formes variées, ces trois règles de vie. Nous n'en citerons qu'un exemple : « La nature raisonnable suit bien la voie qui lui est propre, si, en ce qui concerne les représentations, elle ne donne son assentiment ni à ce qui est faux, ni à ce qui est obscur, si elle dirige ses impulsions seulement vers les actions qui servent la communauté humaine, si

---

1. Épictète, *Manuel*, 1, 1 ; *Entretiens*, III, 2, 1-2 ; II, 14, 7.

elle n'a de désir et d'aversion que pour ce qui dépend de nous, tandis qu'elle accueille avec joie tout ce qui lui est donné en partage par la Nature universelle. » [1] Il y en a bien d'autres dans lesquels trois, ou deux, ou une seule de ces règles de vie sont formulées.

Mais surtout, c'est autour de ces règles de vie que s'organisent tous les dogmes stoïciens que Marc Aurèle s'applique à se remémorer. Autour de la discipline du jugement se regroupent ceux qui affirment la liberté de juger, la possibilité qu'a l'homme de critiquer et de modifier sa propre pensée, autour de la discipline du désir, tous les théorèmes sur la causalité de la Nature universelle, autour de la discipline de la volonté, toutes les propositions théoriques relatives à l'attraction mutuelle des êtres raisonnables.

C'est donc dans la perspective de ce choix de vie stoïcien et de la vision du monde qui en résulte qu'il faut comprendre ce que représentent au point de vue littéraire les *Pensées* de Marc Aurèle. Pour le stoïcien, tout le bonheur et tout le malheur des hommes viennent du sens qu'ils donnent aux choses. Ceux-ci doivent donc transformer leur discours intérieur pour donner aux choses leur vrai sens. Mais, pour cela, il ne suffit pas de connaître théoriquement le système stoïcien. C'est à chaque instant de la vie quotidienne qu'il faut avoir présents à l'esprit les principes et les règles de vie, devenus en quelque sorte consubstantiels à l'âme, de manière à donner aux choses leur juste valeur et à choisir l'action qui doit être faite. Le philosophe doit savoir et vouloir pleinement ce qu'il fait à chaque instant. Épictète avait dit : « Tu ne dois te séparer de ces principes ni dans ton sommeil, ni à ton lever, ni quand tu manges, ou bois, ou converses avec les hommes. » [2] Les *Pensées* correspondent à un effort de Marc Aurèle pour renouveler sans cesse en lui l'attitude intérieure stoïcienne. C'est pourquoi on y trouve beaucoup de répétitions, les mêmes exhortations étant souvent reprises sous des formes diverses, et on n'y trouve qu'un nombre relativement restreint de thèmes, ceux qui correspondent

---

1. Marc Aurèle, *Pensées*, VIII, 7.
2. Épictète, *Entretiens*, IV, 12, 7.

aux dogmes fondamentaux du stoïcisme. Par ailleurs, il n'y a pas de lien systématique entre les sentences, qui se présentent ainsi comme des aphorismes, car elles ne sont pas un exposé théorique complet ou partiel du système stoïcien, mais sont destinées à jouer un rôle d'inducteur, à réactiver tout un ensemble de représentations et des dispositions intérieures que Marc Aurèle connaît bien par ailleurs, et qu'il n'a pas besoin de détailler. Nous sommes donc en présence d'un ouvrage littéraire qui est peut-être unique dans la littérature universelle. Marc Aurèle ne l'écrit pas pour autrui, mais pour lui-même, et il ne l'écrit pas pour consigner sur un support quelque chose qui lui servira par la suite, mais ce qui compte, au contraire, c'est le moment présent, c'est l'acte d'écrire à tel instant, au moment où il a besoin de se remettre dans telle ou telle disposition, de réveiller sa vigilance, son choix de vie stoïcien, de redonner aux choses et aux événements le sens qui correspond à la raison.

Marc Aurèle ne se contente pas d'ailleurs de formuler les dogmes et les règles de vie, il fait souvent appel à des exercices de l'imagination qui renforcent la puissance persuasive des dogmes. Il ne se contente pas, par exemple, de dire que toutes choses sont dans une perpétuelle métamorphose, mais il se met devant les yeux toute la cour d'Auguste, engloutie par le temps, toute une génération, comme celle du temps de Vespasien. Ainsi abondent, dans les *Pensées*, les images qui font choc, les descriptions brutales de la réalité toute nue. Elles ont frappé les historiens, qui se sont plu à dénoncer le pessimisme, la résignation, la tristesse de l'empereur-philosophe. Leur erreur a été de ne pas replacer ces formules dans le contexte des exercices spirituels de la philosophie stoïcienne. Ces déclarations prétendument pessimistes n'expriment pas des expériences ou des impressions de Marc Aurèle lui-même, et elles cessent d'être pessimistes si on les interprète dans la perspective du stoïcisme. La note personnelle, il faudrait plutôt la chercher dans certaines phrases dans lesquelles Marc Aurèle exprime sa solitude et sa lassitude : « La seule chose, si cela était possible, qui serait capable de te retenir dans la vie, ce serait s'il t'était permis de vivre en société avec des hommes qui auraient adopté les mêmes principes de vie que toi. Mais maintenant tu vois à quelle lassitude tu es arrivé dans cette discordance de la vie en commun, au point que tu en viens à dire : "Hâte-toi, ô mort, de peur que, moi aussi, je ne m'oublie moi-même." » [1] Ces notations émouvantes expriment avant tout la passion dévorante et exclusive – peut-être trop exclusive – de Marc Aurèle pour ce qui, à ses yeux, était l'unique valeur : l'absolu de la conscience morale.

BIBLIOGRAPHIE

Éditions de référence : Texte grec : *Marci Aurelii Antonini Ad seipsum libri XII*, éd. J. Dalfen, Leipzig, Teubner, 1987. Texte grec et allemand : *Kaiser Marc Aurel Wege zu sich selbst*, Herausz. von N. Theiler, Zürich, Artemis Verlag, 1974.

Traduction française : *Pensées pour moi-même*, trad. fr. M. Meunier, Paris, GF-Flammarion n° 16, 1964.

Commentaires : V. Goldschmidt, *Le système stoïcien et l'idée de temps*, Paris, Vrin, 1977. P. Hadot, *La citadelle intérieure. Introduction aux « Pensées » de Marc Aurèle*, Paris, Fayard, 1992.

---

1. Marc Aurèle, *Pensées*, IX, 3, 5.

CHAPITRE VI

MARC AURÈLE,
PENSÉES POUR MOI-MÊME, LIVRE VI [*]

PRÉFACE

L'ouvrage de l'empereur Marc Aurèle, auquel on peut donner le titre *Écrits pour lui-même*, nous est parvenu divisé en douze livres, qui se présentent tous sous la forme d'une succession soit d'aphorismes, soit de paragraphes plus longs, mais discontinus. Les mentions de Carnuntum (base militaire) et du fleuve Gran, au début des livres II et III, permettent de situer au moins une partie de la rédaction de l'ouvrage pendant les campagnes de l'empereur sur le Danube de 170 à 173 de notre ère. Il s'agit de notes personnelles, ce que l'on appelait alors des *hypomnèmata*, des observations, ou réflexions, dont on voulait conserver le souvenir. Journal intime ? Oui, mais pas au sens romantique d'une effusion d'états d'âme. Les notes personnelles de Marc Aurèle ont pour but de l'influencer lui-même, de l'exhorter à vivre en stoïcien. Elles énoncent des dogmes stoïciens, le mot « dogmes » signifiant ici des règles de vie.

Ces dogmes stoïciens, ce sont ceux qui sont formulés dans l'œuvre d'Épictète et on peut les reconnaître dans le livre VI. Tout d'abord, il n'y a de bien et de mal que le bien et le mal moral qui se situent dans la volonté de l'homme, dans ce qui dépend de nous. Le reste, ce qui ne dépend pas de nous, mais du destin ou des autres hommes, n'est ni bien ni mal, mais est « indifférent »

[*] Publié comme supplément de *Philosophie magazine*, n° 39, 2010.

(paragraphes 32, 41). Le second dogme fondamental, c'est qu'il y a dans l'univers un « principe directeur », la Raison universelle, personnifiée parfois par « le destin », ou par « les dieux », qui produit êtres et événements selon un plan rigoureusement rationnel, un plan qui peut inclure d'ailleurs des éléments désagréables, ou répugnants, ou qui essaient de s'opposer à lui (paragraphes 1, 5, 9, 36a, 42, 44, 58). De ce principe découle en l'homme un principe directeur, la raison, ou faculté de réflexion, qui donne à l'homme la possibilité d'être tel qu'il veut et de voir les choses telles qu'il le veut (paragraphes 8, 52). De ces principes résultent des règles de vie dans les trois domaines de la vie humaine ainsi définis : ce que l'homme pense, fait ou subit. Ce que l'homme subit, c'est tout ce qui ne dépend pas de lui, les événements indépendants de sa volonté, le lot que lui réserve le destin ; ce que l'homme fait et doit faire, c'est tout ce qui dépend de lui, englobant ainsi tous les devoirs, le service de la communauté humaine ; en troisième lieu, ce que l'homme pense, ce sont les représentations de la réalité et les jugements de valeur qu'il dépend de lui de porter.

Les règles de vie correspondant à ces trois domaines de la vie humaine se retrouvent dans le livre VI. Tout d'abord, dans le domaine de la pensée, il faut dénuder les choses et les événements de leur fausse valeur, les voir dans leur réalité physique, qu'il s'agisse par exemple de l'union des sexes ou des mets ou étoffes renommés (paragraphe 13) et aussi ne pas les juger bons ou mauvais s'ils ne dépendent pas de nous (paragraphes 41, 52). Dans le domaine de ce que l'homme subit, il faut accepter et même aimer les événements que la Raison universelle nous a attribués comme lot par l'enchaînement nécessaire des causes qui est le destin. En effet, ces événements résultent d'un plan rationnel qui a pour but l'utilité du Tout qui est aussi l'utilité de chacun (paragraphes 1, 9, 16, 36a, 39, 40, 44, 45, 54). Enfin, dans le domaine de l'action et des devoirs envers les autres, il faut aimer « vraiment » autrui (paragraphe 39), agir au service de la communauté humaine (paragraphes 7, 23), traiter autrui avec bienveillance et délicatesse (paragraphes 20, 21, 27, 48, 50).

Dans tout le livre, il n'y a que trois passages autobiographiques (paragraphes 12, 30, 44a) qui laissent entrevoir le conflit entre la fonction d'empereur et la vocation du philosophe. C'est la philosophie qui lui permet de rester simplement un homme, un citoyen du monde, et l'empêche de se confondre avec sa fonction, de se laisser « césariser » et absorber par les fastes de l'empire. Le modèle de Marc Aurèle est l'empereur Antonin, son père adoptif, qui a vécu une vie simple, semblable à celle d'un citoyen ordinaire, et est resté ouvert aux critiques et aux conseils.

Voir la réalité telle qu'elle est, aimer les hommes et se mettre au service de la communauté humaine, accepter son destin, les trois règles de vie de Marc Aurèle sont toujours actuelles. Quand on lit ces lignes de Nietzsche (*Ecce Homo*, II, 10), ne croirait-on pas entendre l'empereur-philosophe : « Ne rien vouloir d'autre que ce qui est […], ne pas se contenter de supporter l'inéluctable […], mais l'aimer » ?

MARC AURÈLE,
PENSÉES POUR MOI-MÊME, LIVRE VI [1]

Les Pensées pour moi-même *(ou* Écrits pour lui-même*) de Marc Aurèle se composent de douze livres, sans que l'on sache avec certitude si cette partition était voulue par son auteur. Il ne s'agit pas d'un ouvrage unifié avec une progression théorique linéaire. Excepté le livre I (probablement rédigé en dernier et dans lequel l'empereur-philosophe rend hommage aux hommes qui l'ont marqué), les autres livres exposent des méditations avec des différences de ton et d'intérêt parfois notables. Le livre VI permet d'avoir une vue d'ensemble du stoïcisme de Marc Aurèle : les considérations relèvent aussi bien de la physique que de l'éthique ou de la politique. Ces réflexions correspondent surtout à des règles d'art de vivre que Marc Aurèle s'efforce d'observer pour se transformer lui-même.*

---

1. Traduction et notes de Pierre Hadot.

1. La substance de l'univers est docile et malléable, mais la Raison, qui la gouverne, n'a en elle-même aucun motif de faire du mal : elle n'a en elle aucune méchanceté, elle ne fait rien d'une manière mauvaise et rien ne subit de dommage à cause d'elle. Or toutes choses naissent et s'accomplissent conformément à cette Raison.

2. Qu'il te soit égal, quand tu fais ce qui convient, si tu frissonnes de froid ou si tu es réchauffé, si tu as besoin de dormir ou si tu as bien dormi, si on dit du bien ou du mal de toi, si tu es en train de mourir ou de faire autre chose. Car elle est aussi une des actions de la vie, l'action par laquelle nous mourons. Dans cette action-là aussi, il suffit de bien savoir user de ce qui se présente à nous.

3. Regarde à l'intérieur. Que la qualité propre et la valeur d'aucune chose ne t'échappent.

4. Tous les objets se transforment rapidement et, ou bien, dans l'hypothèse où la substance est unifiée, ils s'évaporeront, ou bien ils se disperseront [1].

5. La Raison qui gouverne sait dans quelle disposition elle produit et ce qu'elle produit et sur quelle matière elle agit.

6. Se venger ? La meilleure manière est de ne pas ressembler.

7. Ta seule joie, ton seul repos : passer d'une action accomplie au service de la communauté à une autre action accomplie au service de la communauté, accompagnée du souvenir de Dieu.

8. Le principe directeur est ce qui s'éveille lui-même, se change lui-même et qui, d'une part, se fait lui-même tel qu'il veut et, d'autre part, fait que tout événement lui apparaisse tel qu'il le veut.

9. Tout s'accomplit conformément à la nature du Tout. Car ce n'est certainement pas conformément à une autre nature qui envelopperait tout de l'extérieur ou qui se trouverait enfermée à l'intérieur ou qui se tiendrait à l'extérieur, séparée de tout.

10. Ou bien mélange informe, accrochage réciproque, dispersion, ou bien union, ordre, providence. Dans la première hypothèse, pourquoi désirerais-je demeurer dans ce mélange absurde et ce

---

1. Première hypothèse : stoïcisme ; 2 [e] : épicurisme.

pêle-mêle? Alors pourquoi me soucier d'autre chose sinon de
« devenir terre » [1]? Et pourquoi me troubler? Quoi que je fasse, la
dispersion m'atteindra. Dans la seconde hypothèse, je suis rempli
de vénération, je suis calme, j'ai confiance dans ce qui dirige tout.

11. Lorsque tu es contraint par les circonstances à éprouver
une sorte de trouble, reviens vite à toi-même et ne sors pas du
rythme, plus longtemps que tu n'y es contraint. Car, en revenant
constamment à l'harmonie, tu la maîtriseras de mieux en mieux.

12. Si tu avais en même temps une marâtre et une mère, tu
honorerais la première, mais tu reviendrais constamment à ta mère.
Telles sont pour toi actuellement la cour et la philosophie. Reviens
souvent à la philosophie et repose-toi en celle grâce à laquelle la
cour te paraît supportable et tu parais supportable à la cour.

13. Comme il est important de se représenter à propos des mets
recherchés et d'autres nourritures de ce genre : « Ceci est du cadavre
de poisson, ceci est du cadavre d'oiseau ou de porc », et aussi :
« Ce Falerne [2], c'est du jus de raisin », « Cette pourpre [3], c'est du
poil de brebis mouillé d'un sang de coquillage ». Et à propos de
l'union des sexes : « C'est un frottement de ventre avec éjaculation,
dans un spasme, d'un liquide gluant. » Comme sont importantes
ces représentations qui atteignent les choses elles-mêmes et les
traversent de part en part, en sorte que l'on voit ce qu'elles sont en
réalité. C'est ainsi qu'il faut faire tout au long de la vie et lorsque
les choses paraissent trop séduisantes, les dénuder, voir leur peu de
valeur et les dépouiller de ce que l'on raconte à leur sujet et dont
elles s'enorgueillissent.

13a. C'est un terrible sophiste que l'orgueil : c'est au moment où
tu penses te consacrer aux choses sérieuses qu'il t'ensorcelle le plus.
Vois ce que Cratès dit au sujet d'un homme comme Xénocrate [4].

1. Allusion à Homère (*Iliade*, VII, 99).
2. Vin fameux de Campanie.
3. Le laticlave, bande de pourpre ornant le costume des patriciens.
4. Allusion à un propos perdu du cynique Cratès au sujet de son contemporain,
le platonicien Xénocrate (début du IVe siècle avant J.-C.).

90 RÉORIENTER LA PHILOSOPHIE ANTIQUE

14. La plupart des choses que la foule admire se ramènent à des genres très généraux, à des choses qui tiennent ensemble grâce à la force de cohésion ou grâce à la force de croissance, comme les pierres, les bois, les figuiers, les vignes, les oliviers. Les choses admirées par les gens un peu supérieurs se ramènent à ce qui tient ensemble par l'âme, comme les troupeaux de moutons ou de bœufs. Ce qui est admiré par des gens plus raffinés se ramène à ce qui tient ensemble par l'âme raisonnable, mais pourtant pas par l'âme raisonnable en tant que raisonnable, mais en tant que capable d'exercer un art ou encore habile en quelque domaine ou encore, pour le dire simplement, ce qu'ils admirent, c'est posséder beaucoup d'esclaves. Mais celui qui accorde de la valeur à l'âme raisonnable, raisonnable et soucieuse du bien de la cité, ne s'intéresse plus aux autres choses, mais, avant tout, il garde son âme dans une disposition et un mouvement conformes à la raison et le souci du bien commun, et il collabore pour cela avec son semblable.

15. Certaines choses se hâtent pour naître, les autres, pour n'être plus : mais, de ce qui est né, déjà quelque chose est éteint ; flux et changements renouvellent sans cesse le monde, comme la marche infatigable du temps rend toujours nouvelle la durée infinie. À quel objet parmi ceux qui sont entraînés dans ce fleuve pourrait-on donc reconnaître de la valeur, puisqu'on ne peut s'arrêter à aucun ? C'est comme si l'on se mettait à aimer l'un de ces moineaux qui passent en volant : déjà on ne le voit plus. La vie elle-même, pour chacun de nous, est en fait quelque chose comme l'évaporation du sang et l'aspiration de l'air. Car aspirer une fois l'air, puis le rendre, chose que nous faisons tous, c'est une chose tout à fait comparable à rendre à ce d'où tu l'avais d'abord tirée cette force de respiration que tu as reçue hier ou avant-hier en naissant.

16. Ce qui a de la valeur, ce n'est pas de transpirer comme les plantes, ni de respirer comme les animaux domestiques ou sauvages, ni de recevoir des impressions, pour ce qui est de la représentation, ni d'être tiraillé comme un pantin, pour ce qui est des impulsions, ni de s'attrouper, ni de se nourrir ; car cette dernière chose est du même ordre que d'expulser les résidus de la nourriture. Qu'est-ce donc qui

a de la valeur? D'être applaudi? Non! Donc ce n'est pas non plus d'être applaudi par les langues. Car les éloges qui viennent de la foule sont des bruits de langue. Ainsi tu as éliminé la gloriole. Que reste-t-il donc qui ait de la valeur? Je pense que c'est se mouvoir et être disposé d'une manière conforme à sa propre constitution, ce à quoi visent aussi les activités et les arts. Car tout art a pour but que ce qu'il produit soit approprié à la fonction pour laquelle il a été produit : c'est ce que cherche l'agriculteur qui prend soin de la vigne, et celui qui élève des chevaux et celui qui prend soin du chien. Et les éducations, et les instructions, à quoi tendent-elles? C'est là que se trouve ce qui a de la valeur. Et cette chose-là, si tu la tiens bien, tu ne t'intéresseras plus à aucune des autres choses. Ne cesseras-tu pas d'accorder aussi aux autres choses de la valeur? Dans ce cas, tu ne seras ni libre, ni indépendant, ni impassible. Car, nécessairement, tu envieras, tu jalouseras, tu craindras ceux qui peuvent t'enlever ce qui, pour toi, a de la valeur, tu tendras des embûches à ceux qui le possèdent; en somme, il est nécessaire que soit dans le trouble celui qui est privé d'une de ces choses et, en outre, qu'il adresse beaucoup de reproches aux dieux. Mais le respect et l'estime pour ta propre faculté de pensée feront que tu sois content de toi, bien accordé avec ceux qui vivent avec toi et en harmonie avec les dieux, c'est-à-dire que tu approuveras tout ce que ceux-ci donnent en partage et ce qu'ils ont ordonné.

17. Vers le haut, vers le bas, en cercle : courses des éléments. Mais le mouvement de la vertu n'est semblable à aucun de ces mouvements physiques, mais il est quelque chose de divin et, par un chemin qui nous est difficile à concevoir, il suit la bonne voie.

18. Comme est étrange ce qu'ils font! Ils ne veulent pas louer ceux qui vivent en même temps qu'eux et avec eux, mais eux, ils attachent beaucoup d'importance à être loués par des gens qui vivront après eux, qu'ils n'ont jamais vus et ne verront jamais. C'est à peu près la même chose que de s'attrister parce que tes ancêtres n'ont pas fait de discours élogieux à ton sujet.

19. Si quelque chose te semble difficile à maîtriser, ne juge pas que cela soit impossible à l'homme, mais si quelque chose est

possible et propre à l'homme, pour toi aussi, il est possible d'y parvenir.

20. Dans les exercices du gymnase, quelqu'un, avec ses ongles, nous a griffé et, avec sa tête, en se ruant, nous a porté un coup. Pourtant, nous ne lui témoignons aucun mécontentement, nous ne nous brouillons pas avec lui, nous ne le soupçonnons pas, par la suite, d'intentions hostiles. Pourtant avec lui, nous sommes sur nos gardes, mais pas comme s'il s'agissait d'un ennemi, sans suspicion à son égard, mais nous l'évitons amicalement. Qu'il y ait quelque chose de semblable dans les autres parties de la vie. Ne prêtons pas attention à beaucoup de choses qui nous viennent de ceux qui sont en quelque sorte nos compagnons de gymnase. Car on peut, comme je l'ai dit, à la fois les éviter et ne pas les soupçonner, ni les haïr.

21. Si quelqu'un peut me convaincre avec des preuves que mon action ou mon jugement ne sont pas corrects, je les changerai avec joie. Car ce que je cherche, c'est la vérité, elle qui n'a jamais nui à personne. Mais il se nuit à lui-même, celui qui persévère dans son erreur et son ignorance.

22. Mais moi, je fais mon devoir, et les autres choses ne me détournent pas de ce but, car ce sont des êtres ou dépourvus d'âme ou dépourvus de raison ou égarés et ignorant le chemin.

23. Avec les animaux qui ne possèdent pas la raison et, en général, avec les choses et les objets sensibles, comporte-toi comme un être doué de raison doit le faire avec d'autres qui en sont dépourvus, avec élévation de l'âme et liberté ; mais avec les hommes, puisqu'ils possèdent la raison, comporte-toi en outre dans un esprit de communauté ; en toutes choses, invoque les dieux. Et ne t'inquiète pas de savoir combien de temps tu feras cela : car même trois heures vécues de cette manière suffisent.

24. Alexandre de Macédoine [1] et son muletier, après leur mort, se sont retrouvés dans le même état : ou bien ils ont été repris dans les mêmes raisons séminales de l'univers, ou bien ils ont été, de la même manière, dispersés dans les atomes.

---

1. Alexandre le Grand (début du IVe siècle avant J.-C.).

25. Pense à ceci : combien de choses, dans le même instant minuscule, se produisent en même temps en chacun de nous, à la fois dans le domaine du corps et dans le domaine de l'âme. Et ainsi tu ne t'étonneras pas, si beaucoup plus d'événements, ou plutôt tous les événements se produisent simultanément dans cet Un et ce Tout que nous appelons le monde.

26. Si on te proposait comme devoir : comment s'écrit le nom d'Antonin [1], est-ce que tu ne prononcerais pas, en t'appliquant, le nom de chaque lettre ? Qu'arriverait-il alors si l'on s'en fâchait ? Te fâcherais-tu à ton tour ? Est-ce que tu n'énumérerais pas tranquillement chaque lettre en allant de l'une à l'autre ? Il en va donc de même dans le cas présent ; souviens-toi que chaque devoir se compose d'un nombre d'éléments bien définis. Il faut, en se tenant à ces éléments bien définis, sans se troubler, sans se fâcher à son tour contre ceux qui se fâchent, mener méthodiquement à son terme la tâche que l'on s'est proposé d'accomplir.

27. Combien il est inhumain de ne pas permettre aux hommes de se porter vers des actions qui leur paraissent appropriées et avantageuses. Pourtant, d'une certaine manière, tu ne leur permets pas de le faire quand tu t'irrites parce qu'ils commettent des fautes. Car ils se portent à ces fautes comme à des actions qui, pour eux, sont appropriées et avantageuses. – Mais ce n'est pas le cas. – Instruis-les donc, montre-leur, mais sans t'irriter.

28. La mort est la cessation des impressions sensorielles, du tiraillement des impulsions, de la divagation de la pensée et de la servitude de la chair.

29. Il est honteux que, dans cette vie où le corps, pour toi, ne renonce pas à sa tâche, l'âme soit la première à y renoncer.

30. Prends garde de te césariser. Ne te laisse pas imprégner <par la pourpre>, car cela arrive… Conserve-toi donc simple, bon, pur, grave, naturel, ami de la justice, révérant les dieux, bienveillant, affectueux, ferme dans l'accomplissement de tes devoirs. Combats

---

1. C'est l'un des noms de Marc Aurèle à cause de son adoption par l'empereur Antonin, auquel il devait succéder.

pour rester tel que la philosophie a voulu te faire. Honore les dieux, secoure les hommes ; car brève est la vie, et le seul fruit de cette vie terrestre, c'est une disposition de piété et des actions accomplies au service de la communauté. Tout, comme un disciple d'Antonin [1] ! Sa fermeté dans l'accomplissement des actions décidées selon un motif raisonnable, et son égalité en toutes circonstances, et sa piété, et la sérénité de son visage, et sa douceur, et son mépris de la vaine gloire, et son zèle à bien comprendre les affaires, et comme il ne laissait absolument rien passer avant de l'avoir bien examiné à fond et de l'avoir saisi clairement, et comme il supportait ceux qui le critiquaient injustement, sans les critiquer à son tour, et comme il ne se hâtait pour rien, et comme il ne prêtait pas l'oreille aux calomnies, et comme il était un examinateur scrupuleux des caractères et des actions, tout en n'étant pas enclin à faire des reproches blessants, comme il n'avait pas peur des racontars, comme il n'était pas soupçonneux, comme il n'était pas un sophiste, et comme il se contentait de peu, par exemple dans l'habitation, le lit, les habits, la nourriture, la domesticité, et comme il était laborieux et patient, et capable <de demeurer dans le même lieu> jusqu'au soir, grâce à la simplicité de son régime, sans avoir besoin de rejeter le superflu des aliments avant l'heure habituelle, et la solidité et l'égalité dans ses amitiés, et le fait qu'il supportait que l'on s'opposât à ses idées en usant de la liberté de parole et qu'il se réjouissait quand quelqu'un lui proposait quelque chose de meilleur, et comme il était pieux, sans superstition ; puisses-tu avoir une aussi bonne conscience que lui, quand viendra ta dernière heure.

31. Reviens au bon sens, rappelle-toi à toi-même et, sorti à nouveau du sommeil, ayant réalisé que c'étaient des rêves qui te troublaient, de nouveau éveillé, vois ces choses comme tu les voyais auparavant.

32. Je suis composé d'un corps et d'une âme. Au corps, tout est indifférent, car il ne peut faire de différence. Pour la faculté de réflexion, sont indifférentes toutes choses qui ne sont pas ses activités propres. Mais toutes les choses qui sont ses activités

---

1. L'empereur Antonin, père adoptif de Marc Aurèle.

propres sont en son pouvoir. Pourtant, même parmi ces activités, elle ne se soucie que du présent. Car ses activités futures ou passées, celles-là aussi déjà, en ce moment présent, lui sont indifférentes.

33. Ni pour la main, ni pour le pied, la peine n'est contre nature, tant que le pied remplit les tâches propres au pied, et la main, les tâches propres à la main. De même, donc, pour l'homme en tant qu'homme, la peine n'est pas contre nature, tant qu'il remplit ses tâches d'homme. Si elle n'est pas pour lui contre nature, elle n'est pas non plus un mal pour lui.

34. Quels plaisirs ont goûté les brigands, les débauchés, les parricides, les tyrans?

35. Ne vois-tu pas que ceux qui exercent un art manuel, s'ils s'accommodent jusqu'à un certain point aux profanes, ne s'en tiennent pas moins à la raison de leur art et ne supportent pas de s'en éloigner? N'est-il pas étonnant que l'architecte et le médecin respectent la raison de leur art mieux que l'homme ne respecte sa raison, qui lui est pourtant commune avec les dieux?

36. L'Asie, l'Europe, tout petits coins du monde! La mer, gouttelette du monde! L'Athos [1], petite motte du monde! Tout le temps présent, point dans la durée infinie! Toutes choses, petites, fragiles, évanescentes.

36a. Tout vient de là-haut, ou bien de ce grand principe directeur universel donnant l'impulsion, ou bien par voie de conséquence. Ainsi, la gueule béante du lion et le poison et tout ce qui est désagréable: les épines, la fange ne sont que des conséquences accessoires de ces choses d'en haut, vénérables et sacrées. Ne te représente donc pas ces choses qui viennent par voie de conséquence comme étrangères à ce que tu vénères, mais prends en considération la source de tout.

37. Qui a vu le présent a tout vu, tout ce qui a été produit de toute éternité et tout ce qui se produira à l'infini, car tout est d'origine et d'aspect identiques.

---

1. Montagne (de 2034 m d'altitude) du nord de la Grèce, située dans une péninsule qui s'avance dans la mer Égée.

38. Pense souvent à la liaison de toutes les choses qui sont dans le monde et à leur relation réciproque. Car, d'une certaine manière, toutes les choses sont entrelacées les unes avec les autres et toutes, de ce point de vue, sont amies entre elles : en effet, c'est à cause du mouvement résultant de la tension, de la communauté de souffle et de l'unité de la substance que telle chose suit telle autre.

39. Les choses auxquelles tu es lié par le lot du destin, harmonise-toi avec elles. Les hommes auxquels tu es lié par le lot du destin, aime-les, mais vraiment.

40. Tout instrument, outil ou équipement, s'il accomplit la tâche pour laquelle il a été construit est en bon état. Pourtant, celui qui l'a construit en est éloigné. Mais quand il s'agit des choses qui reçoivent leur cohésion de la nature, la force qui les construit se trouve en elles et y demeure. C'est pour cette raison qu'il faut aussi la vénérer davantage et bien admettre que, si tu te comportes et que tu vis conformément à sa volonté, tout va pour toi selon ton désir. De la même manière aussi pour le Tout, ce qui est sien va selon son désir.

41. Parmi les choses qui échappent à notre volonté, quelle que soit celle que tu te représentes comme un bien ou un mal, il est nécessaire que, tombant dans ce mal ou étant privé de ce bien, tu blâmes les dieux et que tu haïsses les hommes qui sont responsables ou que tu soupçonnes de pouvoir une fois être responsables de cette perte ou de cet accident fâcheux. Et nous commettons aussi beaucoup d'injustices, à cause de l'intérêt que nous portons à ces choses. Mais si nous jugeons que seules sont bonnes ou mauvaises les choses qui dépendent de nous, il n'y aura plus aucun motif ni d'accuser Dieu, ni de se tenir dans une attitude hostile à l'égard de l'homme.

42. Tous nous collaborons à l'achèvement d'une seule œuvre, les uns le savent et en ont conscience, les autres ne le savent pas, comme Héraclite [1] le dit, je crois : ceux qui dorment sont les ouvriers et les collaborateurs de ce qui arrive dans le monde. Chacun collabore à

---

1. Héraclite d'Éphèse, philosophe présocratique (fin du VIe siècle avant J.-C.) qui a beaucoup inspiré les stoïciens.

une tâche différente, même aussi, en surplus, celui qui critique et qui s'efforce de s'opposer et de détruire ce qui se fait. Car l'univers a aussi besoin de quelqu'un de ce genre. Maintenant, rends-toi compte avec lesquels tu te ranges. Il saura bien t'employer, en tout cas, celui qui gouverne l'univers, et il t'admettra à une certaine place parmi ses collaborateurs et coopérateurs. Mais toi, ne sois pas une partie semblable à ce vers vulgaire, qui fait rire, dans la pièce de théâtre, auquel fait allusion Chrysippe [1].

43. Est-ce que le soleil prétend accomplir les tâches propres à la pluie, Asclépios [2], celles de la Carpophoros [3] ? Et qu'en est-il de chacun des astres ? Tous, bien qu'ils soient différents, ne collaborent-ils pas à la même œuvre ?

44. Si les dieux ont pris des décisions à mon sujet et au sujet de ce qui devait m'arriver, ils ont pris de bonnes décisions. Car un dieu qui ne serait pas sage, on ne peut même pas s'en faire l'idée. Et pour quelle raison auraient-ils dû se porter à me faire du mal ? Quel intérêt tireraient-ils de cela pour eux ou pour l'univers qui est l'objet majeur de leur providence ? Mais s'ils n'ont pas délibéré en particulier sur moi, ils ont en tout cas délibéré sur les choses communes d'intérêt général et, ce qui en résulte ici-bas, par voie de conséquence, je dois aussi l'accepter avec bienveillance et l'aimer. Si les dieux ne délibèrent sur rien – le croire serait une impiété, ou alors ne faisons plus de sacrifices, de prières, de serments ni les autres rites, que nous pratiquons comme si les dieux étaient présents et vivaient avec nous –, si donc ils ne délibèrent sur rien de ce qui nous concerne, j'ai bien le droit, moi, de délibérer sur moi-même, c'est mon affaire de réfléchir sur ce qui est utile. Or ce qui est utile

1. On sait par Plutarque (*Des notions communes*, 1065 D) que Chrysippe, un des premiers chefs de file de l'école stoïcienne (fin du IIIe siècle avant J.-C.), comparait les aspects mauvais du monde aux plaisanteries grossières qu'un auteur peut introduire dans une pièce de théâtre pour lui donner du relief. Déformée par Plutarque, la pensée de Chrysippe n'est pas très claire. Pour Marc Aurèle, ce vers vulgaire et risible est une dissonance nécessaire finalement à l'harmonie du drame de l'univers. Mais il vaut mieux n'être pas soi-même cette dissonance.

2. Dieu de la médecine.

3. « Porte-fruit », nom de Déméter, déesse de la Terre.

à chacun, c'est ce qui est conforme à sa constitution et à sa nature. Mais ma nature est raisonnable et vouée au service du bien commun.

44a. Ma cité et ma patrie à moi, en tant que je suis Antonin [1], c'est Rome. Ma cité et ma patrie à moi, en tant que je suis homme, c'est le Monde. Tout ce qui est utile à ces deux cités, c'est, pour moi, le seul bien.

45. Ce qui arrive à chacun est utile au tout. Cela pourrait suffire. Mais si tu y prêtes attention, tu verras en général également ceci : tout ce qui est utile à un homme est aussi utile aux autres hommes. Mais il faut prendre ici « utile », selon l'opinion commune, comme se rapportant au domaine des choses indifférentes.

46. Ce que tu vois dans l'amphithéâtre et dans des lieux analogues t'écœure : toujours les mêmes choses, l'uniformité rend le spectacle fastidieux. Éprouver la même impression devant l'ensemble de la vie. Du haut en bas, tout est toujours la même chose faite des mêmes choses. Jusqu'à quand ?

47. Pense constamment aux hommes de tout genre, appartenant aussi bien aux professions les plus variées qu'aux classes les plus diverses, qui sont morts, en sorte que cela descende jusqu'à Philistion [2], Phoibos et Origanion [3]. Passe maintenant aux autres catégories d'hommes. Il faut que nous nous transportions donc là où il y a tant de puissants rhéteurs, tant de graves philosophes : Héraclite, Pythagore, Socrate, mais aussi tant de héros avant eux, tant de généraux et de tyrans après eux. En outre, Eudoxe [4], Hipparque [5], Archimède [6]. Et d'autres natures, perspicaces, orgueilleuses, amies

1. C'est-à-dire en tant qu'empereur de la dynastie des Antonins.

2. Mime célèbre qui faisait rire les spectateurs au temps de l'empereur Auguste (fin du Ier siècle avant J.-C.).

3. Vraisemblablement des noms de mimes. Le nom d'Origanion apparaît dans cette perspective chez certains auteurs chrétiens.

4. Eudoxe de Cnide (aux environs de 391-337 avant J.-C.), philosophe, mathématicien, astronome et géographe.

5. Hipparque (IIe siècle avant J.-C.), philosophe, mathématicien, astronome et géographe.

6. Archimède (287-212 avant J.-C.), auteur d'ouvrages de mathématiques et de physique, et inventeur de machines et d'appareils de physique.

de l'effort, rusées, arrogantes, qui se sont même raillées de la fragilité et de la brièveté de la vie humaine, comme Ménippe [1] et tous ses pareils. Au sujet de tous ceux-là, pense qu'ils gisent depuis longtemps dans la tombe. Pourquoi serait-ce terrible pour eux ? Et que dire de ceux que l'on ne nomme même pas ? Une seule chose ici-bas a de la valeur : passer sa vie dans la vérité et la justice, tout en gardant sa bienveillance aux menteurs et aux injustes.

48. Quand tu veux te rendre heureux, pense aux mérites de ceux qui vivent avec toi, par exemple, chez l'un, l'énergie dans l'action, chez l'autre, la réserve, chez celui-ci, la libéralité, chez celui-là, telle autre qualité. Car rien ne donne tant de joie que les images des vertus, quand elles se révèlent et se rencontrent ensemble dans les dispositions morales de nos compagnons. C'est pourquoi, cela aussi il faut l'avoir présent à l'esprit.

49. Est-ce que tu te fâches du fait que tu ne pèses que tant de livres et pas trois cents ? Il en va de même aussi, pour ce qui est du fait qu'il te faut vivre jusqu'à tel âge et pas plus. De même que tu te contentes de la quantité de substance qui a été définie pour toi, il doit en être de même avec la quantité de temps.

50. Essaie d'abord de les persuader, mais agis, même si c'est contre leur volonté, si l'ordre raisonnable de la justice l'exige ainsi. Mais si quelqu'un, usant de violence, te fait obstacle, passe alors à la disposition de consentement joyeux et de sérénité, et utilise cet obstacle pour pratiquer une autre vertu. Et rappelle-toi aussi que tu avais l'intention d'agir, avec une clause de réserve [2], et que tu ne désirais pas des choses impossibles. Que désirais-tu alors ? Tu ne désirais rien d'autre que d'avoir cette intention-là. Tu l'as eue. Ce que nous avions choisi, c'est cela qui se réalise.

51. Celui qui est amoureux de la gloire juge que le bien qui lui est propre est l'activité d'autrui, l'amoureux du plaisir, que c'est sa propre jouissance passive, l'homme sensé, que c'est sa propre activité.

---

1. Ménippe, philosophe cynique (fin du IVe siècle avant J.-C.), auteur de nombreuses œuvres satiriques.

2. C'est-à-dire : si le destin n'y fait pas obstacle.

52. Au sujet de cette chose, il est possible de ne pas émettre de jugement de valeur et d'éviter le trouble à ton âme. Car les choses elles-mêmes ne sont pas de nature à produire nos jugements.

53. Habitue-toi à te préoccuper sans la moindre inattention de ce qui est dit par autrui et, autant que possible, pénètre dans l'âme de celui qui parle.

54. Ce qui n'est pas utile à la ruche n'est pas utile à l'abeille.

55. Si les matelots critiquaient le capitaine ou les malades le médecin, de quoi d'autre se préoccuperaient le pilote et le médecin sinon de la manière dont il doit agir pour opérer le salut pour l'équipage ou la guérison pour les patients ?

56. Combien de ceux avec lesquels je suis entré dans le monde sont déjà partis !

57. À ceux qui ont la jaunisse, le miel paraît amer, à ceux qui ont été mordus par un chien enragé, l'eau paraît épouvantable, et aux enfants, la petite balle paraît belle. Pourquoi me mettre maintenant en colère ? Ou bien te semble-t-il que l'opinion fausse a moins de force que la bile chez celui qui a la jaunisse, ou le poison chez celui qui a été mordu par une bête enragée ?

58. Personne ne t'empêchera de vivre en conformité avec la raison de ta propre nature. Rien ne t'arrivera qui aille contre la raison de la Nature commune.

59. Ce que sont ceux à qui ils veulent plaire et pour quels résultats et par le moyen de quelles actions ! Avec quelle rapidité la durée infinie ensevelit toutes choses et combien d'entre elles elle a déjà ensevelies !

CHAPITRE VII

NOTE SUR L'ESTHÉTIQUE DE PLOTIN *

Le portrait de Plotin qui figure sur la couverture du présent ouvrage a été identifié par H.P. L'Orange [1]. Ce portrait nous est connu par trois répliques, dérivant certainement d'un même original : deux d'entre elles, découvertes à Ostie, sont conservées au musée de cette ville (c'est l'une d'entre elles que nous reproduisons); la troisième, de provenance inconnue, se trouve au musée du Vatican. Pour justifier son identification, H.P. L'Orange apporte les arguments suivants. En premier lieu, l'original et les répliques datent de l'époque de Plotin. En effet, le style général de cette œuvre d'art est très caractéristique. Il correspond à la tendance « impressionniste » qui se fait jour dans l'art romain du portrait au milieu du IIIe siècle. Ce phénomène très curieux dans l'histoire de l'art apparaît pour la première fois avec le portrait de Philippe l'Arabe (244-249) et disparaît complètement à la fin du IIIe siècle, sous Dioclétien, pour laisser place à l'abstraction hiératique de la basse Antiquité. Selon cette tendance propre au IIIe siècle, l'artiste cherche à saisir l'homme dans un mouvement concret, dans une attitude caractéristique, dans un geste révélateur, « au moment où l'âme affleure à la surface du corps » [2]. H.P. L'Orange fait remarquer ainsi que, dans le portrait de Plotin, il y a en quelque sorte un mouvement qui part de la bouche,

---

* Publié dans P. Hadot, *Plotin ou la simplicité du regard*, Paris, Plon, 1963, p. 161-169.

1. H.P. L'Orange, « The Portrait of Plotinus », *Cahiers archéologiques*, vol. 5, 1951, p. 15-30.

2. *Ibid.*, p. 20.

entrouverte pour parler, et qui rayonne à travers les rides des joues et les ombres du front [1]. Étant donné ce que nous savons par ailleurs sur le style du portrait au III e siècle, on peut supposer que l'original de ces trois répliques a été sculpté aux environs de 250 et que les trois répliques elles-mêmes datent des années 250-260. Second argument : le personnage représenté est un philosophe et le visage porte des traits qui caractérisent un Oriental. Troisième argument, enfin : le fait que nous possédions trois répliques de ce portrait suppose que nous sommes en présence d'un personnage extrêmement important. Pour cette époque, en effet, nous ne possédons un tel nombre de répliques que lorsqu'il s'agit de portraits d'empereurs. Que deux de ces répliques se trouvent dans un centre commercial comme Ostie laisse entendre que le personnage représenté avait alors une position de premier plan. Plotin est seul, en toute cette époque, à répondre à cet ensemble de caractéristiques.

H.P. L'Orange souligne combien le portrait correspond aux descriptions données par Porphyre dans sa *Vie de Plotin* [2]. On y reconnaît ce visage « illuminé par l'intelligence », cette présence à soi et à autrui, tant admirés par le disciple. La bouche parle, tandis que le regard semble fixé dans une intense contemplation inté-rieure ; le visage est ascétique et pourtant exprime la douceur et la bienveillance. Il y a un profond contraste entre la sérénité du front et la nervosité des traits de la partie inférieure du visage ; la bouche est sinueuse et sensible, avec la lèvre inférieure détendue et rentrée [3].

Cette identification du portrait de Plotin n'a pas simplement un intérêt anecdotique. Elle nous permet d'entrevoir l'atmosphère spirituelle qui régnait à Rome au temps de Plotin. Ce mouvement impressionniste du III e siècle correspond en effet à certaines dispo-sitions intérieures auxquelles l'enseignement plotinien répondra ou s'accordera. Lorsque le philosophe dira que la laideur d'un être vivant est plus belle que la beauté d'une statue [4], il sera parfaitement

---

1. H.P. L'Orange, « The Portrait of Plotinus », art. cit., p. 19.
2. *Cf.* P. Hadot, *Plotin ou la simplicité du regard*, op. cit., p. 117-118.
3. H.P. L'Orange, « The Portrait of Plotinus », art. cit., p. 18.
4. *Cf.* P. Hadot, *Plotin ou la simplicité du regard*, op. cit., p. 65.

compris par ces artistes qui cherchent à saisir dans un visage la lumière intérieure et la vie qui l'animent. Nous possédons d'ailleurs, outre notre portrait de Plotin, un autre spécimen de cette rencontre entre l'idéal plotinien et les tendances artistiques de cette époque. C'est la scène philosophique qui est représentée sur un sarcophage du Latran. On y voit un personnage central assis, tenant entre ses mains un rouleau, et parlant à un auditoire composé de philosophes, hommes et femmes, qui l'écoutent attentivement. On retrouve dans le personnage central l'expression de concentration intérieure que nous avons rencontrée dans notre portrait de Plotin. G. Rodenwaldt [1] avait d'ailleurs cru reconnaître Plotin lui-même dans le personnage central. Mais H.P. L'Orange [2], tout en reconnaissant le caractère en quelque sorte plotinien de la scène, montre que nous ne pouvons pas être en présence du sarcophage de Plotin lui-même, car le style général de l'œuvre correspond au style propre au début du règne de Gallien ; il est donc antérieur à la mort de Plotin. Mais c'est un témoignage important concernant la vie spirituelle à Rome à l'époque de Plotin.

Il est peu probable que l'esthétique plotinienne ait eu une influence directe sur les artisans de cette époque et sur leurs successeurs. Mais elle nous aide à comprendre l'évolution qui aboutira à l'art médiéval. C'est ce qu'a montré admirablement A. Grabar dans son article « Plotin et les origines de l'esthétique médiévale » [3] : « Plotin nous donne une explication idéologique des recherches que les artistes, empiriquement, avaient commencées de son temps. » Tout d'abord, dans l'œuvre d'art, artiste et spectateur doivent découvrir la forme intelligible, plus vivante, au-delà de l'objet sensible. L'œuvre d'art rend présente en quelque sorte cette forme transcendante. L'œil doit transformer sa manière de voir, la vision doit devenir intérieure [4].

1. G. Rodenwaldt, « Zur Kunstgeschichte der Jahre 220 bis 270 », *Jahrbuch des deutschen archäologischen Instituts*, vol. 51, 1936, p. 104-105.
2. H.P. L'Orange, « The Portrait of Plotinus », art. cit., p. 28-30.
3. A. Grabar, « Plotin et les origines de l'esthétique médiévale », *Cahiers archéologiques*, vol. 1, 1945, p. 15-36.
4. *Ibid.*, p. 20.

L'œuvre d'art doit nous procurer une connaissance immédiate et intuitive de la réalité spirituelle, être une sorte d'hiéroglyphe de la forme intelligible. D'autre part, Plotin, dans son traité consacré à la vision des objets éloignés (II 8), affirme que pour connaître la vraie grandeur et la vraie distance, il faut voir tous les détails, toutes les couleurs distinctes qui se trouvent dans l'objet. La vision d'ailleurs a lieu à l'endroit même où se trouve l'objet ; ce n'est pas une impression que nous recevons en nous (IV 6, 1, 15). La vision amorce donc déjà le mouvement d'absorption qui se réalisera dans la contemplation, lorsque, toutes choses devenant transparentes au regard intérieur, on ne pourra plus « fixer ses propres limites de manière à dire : jusque-là, c'est moi ». A Grabar résume toute cette doctrine dans la phrase suivante : « Sera idéale la vision qui sera "transparente", c'est-à-dire où les objets ne seront ni autonomes ni impénétrables, où l'espace sera absorbé, où la lumière traversera sans encombre les objets solides et où le spectateur lui-même pourra ne plus discerner les limites qui le séparent de l'objet contemplé. »[1] Analysant alors un certain nombre d'œuvres d'art de l'Antiquité finissante et du début du Moyen Âge, A. Grabar montre que leur apparente gaucherie prend un sens si on suppose cette vision idéale et transparente. L'image y est souvent ramenée à un plan unique, parce que, pour saisir la vraie grandeur, il faut que l'objet soit vu en quelque sorte immédiatement et avec l'accumulation de tous les détails. La perspective est hésitante : elle est tantôt renversée, le plus proche de l'œil étant le plus petit, tantôt rayonnante, à partir de l'objet représenté. L'artiste semble, comme Plotin, supposer que nous sommes transportés par la vision à la place de l'objet même. Enfin, les nimbes qui entourent les personnages, la transparence de certains objets, leur non-pesanteur, semblent correspondre à une vision spirituelle de la réalité, dont Plotin a été le théoricien.

Tout récemment, G. Duthuit[2] a utilisé, lui aussi, l'esthétique plotinienne pour comprendre l'art de la fin de l'Antiquité, mais

---

1. A. Grabar, « Plotin et les origines de l'esthétique médiévale », art. cit., p. 25.
2. G. Duthuit, *Le feu des signes*, Genève, Éditions Skira, 1962.

aussi l'art moderne : « Si l'objet de votre vision peut être partout – si son ubiquité se fonde également dans cette énergie que nous dépensons à le voir tel qu'il est, "réellement, à chacun des points où il est" –, l'écart devient la voie par laquelle il nous est donné, sans que nous nous évertuions à le saisir, à le cerner. Restituée, la "vraie grandeur", la "grandeur totale" de l'objet, telle qu'une sympathie l'appréhende, nous parvient effectivement dans le rayon même de l'étendue qu'il nous a fallu traverser. Cet acheminement à la faveur duquel un objet magnifié, accru, transfiguré, englobe finalement la distance émouvante qui, à tout moment, le sépare de nous, ne peut manquer de diverger de l'itinéraire prescrit par la perspective conventionnelle » [1]. Par ces lignes, G. Duthuit interprète à la lumière de la doctrine de Plotin l'ouverture de l'espace, accomplie par l'art de la fin de l'Antiquité. Cet espace est ouvert, « non pas à des spectateurs », mais à des hommes qui sont dans une sorte « d'état de grâce psychique et mental ». L'art byzantin, celui qui produira Sainte-Sophie, « réceptacle de la lumière », ne prend tout son sens que par cette métaphysique de la lumière que nous avons rencontrée chez Plotin : « Une onde lumineuse part maintenant de celui qui voit : ce n'est pas l'interférence des objets adventices traversant le champ de sa vision qui intéressera l'illuminé. Formes et substances n'entreront dans l'art que dans la mesure où cette onde lumineuse les enveloppe… Les objets ici ne prennent de valeur que dans la mesure où ils concrétisent, où ils colorent l'onde lumineuse qui vient de les rencontrer : autant que les figures représentées, fabuleuses ou véritables, compte le flot qui les éclaire et les enveloppe, le ravissement spirituel suscité dans les voies de l'entrelacs. Et elles sont toujours véritables au regard de la lumière » [2]. Mais on retrouve dans la peinture moderne un sens de l'espace total, de la présence universelle, qui rappelle certains aspects de l'art de la fin de l'Antiquité. L'esthétique plotinienne peut encore servir à comprendre cette conception de l'art. Citant

1. *Ibid.*, p. 73.
2. *Ibid.*, p. 76.

certaines remarques de Matisse [1], G. Duthuit est tout naturellement amené à les commenter par des phrases de Plotin. Matisse nous dit, par exemple, que le peintre cherche à traduire « un état d'âme créé par les objets qui m'entourent et m'influencent depuis l'horizon jusqu'à moi-même ». Il retrouve ainsi la notion d'espace spirituel partout présent, chère à Plotin. Ou encore il parle d'identification avec l'objet, identification qui se réalise en prenant appui « sur les intervalles par lesquels la lumière fait irruption » [2]. Comme le dit excellemment G. Duthuit : « L'œuvre ne devient présence que si les formes renoncent à la priorité illusoire qu'elles ne cessent de revendiquer sur ce milieu que crée la couleur, et dont les vivants participent, que si elles consentent à surgir sous le pinceau comme elles le font à nos yeux en vérité : dans la lumière. » [3] Cette lumière est à la fois intérieure et extérieure : « Car c'est de nous que jaillit ce feu dont parle Plotin et qui va se mêler au feu du jour ; en nous, et non pas dans l'air, que viennent se mêler et s'ordonner les contrastes de l'image, et que reprend vie cette image, fruit d'un accord absolu entre deux subjectivités, celle de l'artiste, la nôtre. » [4]

Il peut sembler étrange que G. Duthuit, citant, comme A. Grabar, ce texte de Plotin : « Il n'y a pas un point où l'on puisse fixer ses propres limites de manière à dire : jusque-là, c'est moi », trouve tout naturellement pour le commenter, pour résumer sa propre pensée et celle de Plotin, une expression toute moderne, en parlant de « certitude d'être au monde » [5]. Cette formule résume, en effet, toute la doctrine de la phénoménologie contemporaine, et rien, apparemment, ne peut sembler plus éloigné de la pensée plotinienne. Mais de même que l'on peut déceler de subtiles analogies entre l'art moderne et l'art de la fin de l'Antiquité, on peut aussi, peut-être, entrevoir entre la philosophie plotinienne et la philosophie

---

1. G. Duthuit, *Le feu des signes, op. cit.*, p. 174 et 176.
2. *Ibid.*, p. 177.
3. *Ibid.*, p. 179.
4. *Ibid.*, p. 207.
5. *Ibid.*, p. 73.

contemporaine, toutes deux « idéologies » d'un art nouveau, de non moins subtiles correspondances. L'expérience picturale contemporaine rejoint certaines tentatives de la phénoménologie, comme le soulignait récemment R. Klein [1]. Pour ne citer qu'un exemple, M. Merleau-Ponty a montré toute la signification de la recherche de la profondeur chez Cézanne : « La profondeur ainsi comprise est plutôt l'expérience d'une "localité" globale où tout est, à la fois, d'une voluminosité qu'on exprime d'un mot en disant qu'une chose est là. Quand Cézanne cherche la profondeur, c'est cette déflagration de l'Être qu'il cherche et elle est dans tous les modes de l'espace, dans la forme aussi bien. » [2] Pour Merleau-Ponty, la peinture devient donc expérience de la vision. Cézanne, par exemple, est un peintre du « percevoir » plus que du perçu. La peinture « n'imite plus le visible, elle rend visible, elle est l'épure d'une genèse des choses, le tableau montre comment les choses se font choses, et le monde monde » [3].

C'est ici que nous retrouvons Plotin. Nous avons montré, dans le présent ouvrage, l'importance de la métamorphose du regard chez Plotin ; nous avons dit qu'il fallait que la vision transformée saisisse, au travers du visible, la Forme vivante qui se pose elle-même, et, au travers de cette Forme, la lumière, dont la vision elle-même émane, en sorte que, finalement, la lumière devînt regard et le regard lumière. Le problème de la peinture moderne, qui est aussi celui de la phénoménologie, était donc déjà le problème même de la pensée plotinienne : la genèse du visible – comment les choses peuvent-elles nous apparaître ? Et à ce problème Plotin répondait en disant : les choses naissent dans notre vision et nous naissons, par notre vision, au milieu d'elles, parce que la lumière elle-même est douée d'auto-vision, parce que la simplicité de la lumière originelle entre, en quelque sorte, en rapport avec elle-même.

1. R. Klein, « Peinture et phénoménologie », *Critique*, n° 191, 1963, p. 336-353.
2. M. Merleau-Ponty, « L'œil et l'esprit », *Les Temps Modernes*, vol. 27, 1961, p. 216.
3. *Ibid.*, p. 217 et 219.

Chapitre VIII

LES NIVEAUX DE CONSCIENCE
DANS LES ÉTATS MYSTIQUES SELON PLOTIN *

Chez Plotin, le problème de la conscience de soi se pose presque exclusivement à propos d'états psychologiques que l'on nous permettra de qualifier de « mystiques ». Le terme est en effet assez commode, mais il faut reconnaître aussi qu'il présente beaucoup d'inconvénients. Tout d'abord, il est anachronique, lorsqu'on l'emploie à propos de Plotin. Lui-même utilise ce terme pour désigner un enseignement secret, symbolique, que l'exégèse allégorique est chargée de dévoiler [1]. Une telle acception n'a aucun rapport avec les expériences non conceptuelles qui caractérisent les phénomènes mystiques. D'autre part, il règne en général une confusion complète chez les auteurs contemporains dans l'usage de ce qualificatif. Notamment, on confond très facilement, sous l'influence du vocabulaire de Lévy-Bruhl, « mystique » et « magie » [2]. Quoi qu'il en soit, nous définirons pour l'instant le terme « mysticisme » en reprenant les formules mêmes du *Vocabulaire philosophique* de Lalande : « Croyance à la possibilité d'une union intime et directe de l'esprit humain au

---

* Publié dans *Journal de psychologie normale et pathologique*, n° 2-3, « Thèmes de pensée religieuse », 1980, p. 243-265.

1. Plotin, *Ennéades*, III, 6, 19, 26 (26 = ligne de l'édition Bréhier reproduite plus ou moins exactement dans toutes les éditions modernes de Plotin).

2. *Cf.* P. Hadot, « Bilan et perspectives sur les Oracles chaldaïques », dans H. Lewy, *Chaldaean Oracles and Theurgy*, nouvelle édition par M. Tardieu, Paris, Études augustiniennes, 1978, p. 718.

principe fondamental de l'être, union constituant à la fois un mode d'existence et un mode de connaissance étrangers et supérieurs à l'existence et à la connaissance normales. » Dans cette définition, il faudrait peut-être remplacer « union » par « unité », pour marquer le caractère d'immédiateté de l'expérience mystique. D'autre part, il faudrait ajouter une dimension extrêmement importante, celle de la répercussion affective de l'expérience : tous les mystiques parlent d'une expérience qui procure un bonheur inexprimable, ou d'une souffrance qui est en même temps une joie. Plotin ne fait pas exception : « La jouissance que l'âme éprouve ne la trompe pas : car elle ne dit pas cela à cause d'un chatouillement du corps, mais parce qu'elle a retrouvé le bonheur originel. » [1] Ou encore : « Pour ceux qui ignorent cet état, qu'ils imaginent d'après les amours d'ici-bas ce que doit être la rencontre de l'être le plus aimé. » [2]

En ce qui concerne l'« union » ou l'« unité » avec « le principe fondamental de l'être », il faut tout de suite préciser que, chez Plotin, ce principe se situe à deux niveaux hiérarchisés. Selon une première approximation, l'être se fonde dans la Pensée, dans une perspective platonico-aristotélicienne. C'est la Pensée de la Pensée qui est la cause dernière de toute réalité, Pensée qui se pense comme un univers de Formes, qui se posent, se justifient et se pensent elles-mêmes dans le processus d'autodétermination de la Pensée. L'univers matériel n'est que la manifestation visible de ces Formes. Mais cette Pensée de la Pensée est une uni-multiplicité supposant à son tour une unité radicale et absolue qui la fonde et l'engendre. Au-delà de

---

1. Plotin, *Enn.*, VI, 7, 34, 30. Les traductions des textes de Plotin dans le présent article sont originales. Je me suis efforcé, pour les rendre accessibles à des lecteurs éventuellement peu familiarisés avec cette littérature, de concilier le plus possible la littéralité avec une discrète paraphrase, lorsque le style de Plotin était trop concis. J'ai traduit *noûs* par « Pensée » ; il faut entendre par là la Pensée substantialisée : un sujet éternel pensant le monde des Idées. J'ai voulu éviter le mot « Intellect », qui n'évoque peut-être pas suffisamment l'idée de pensée pure et d'intuition immédiate, et le mot « Esprit », chargé de trop de résonances particulières. Mais ces autres traductions possibles seraient tout aussi bonnes. Le texte grec traduit est en général celui d'Henry Schwyzer. Voir la bibliographie à la fin de l'article.

2. *Enn.*, VI, 9, 9, 39.

la Pensée de la Pensée, il y a donc l'Un ou le Bien qui rend possibles la Pensée et l'Être. À ces deux niveaux ontologiques correspondent deux niveaux de l'expérience mystique. L'âme humaine en effet, pour Plotin, utilise normalement la connaissance rationnelle, qui se déploie dans la discursivité et la temporalité. Elle s'élève à un « mode d'existence et de connaissance étranger et supérieur à l'existence et à la connaissance normales », lorsque abandonnant la connaissance rationnelle elle pense avec la Pensée de la Pensée, avec la Pensée universelle, autrement dit, lorsqu'elle passe de la discursivité à l'immédiateté de l'intuition intellectuelle. Mais elle peut aussi dépasser ce niveau de la Pensée pour devenir « un avec l'Un » dans une expérience qui transcende toute dualité d'un objet et d'un sujet. Plus précisément, ces deux degrés de l'expérience mystique ne sont autres que les directions du mouvement de pensée de la Pensée universelle. Autrement dit, l'expérience mystique consiste pour l'âme à épouser les mouvements de la Pensée universelle. Celle-ci, nous dit Plotin, « a un double pouvoir : l'un, le pouvoir de penser, grâce auquel elle voit ce qui est en elle (c'est-à-dire les Formes qu'elle engendre), l'autre, par lequel elle est en contact avec ce qui est au-delà d'elle (c'est-à-dire l'Un) par une sorte d'intuition et de réception... Le premier de ces pouvoirs est la contemplation d'une Pensée pleine de sagesse ; le second, au contraire, celle d'une Pensée devenue amoureuse, lorsqu'elle perd toute sagesse "dans l'enivrement du nectar" ; car alors elle devient amoureuse, devenue entièrement simple, pour atteindre ainsi le bien-être (*eupatheia*) dans le rassasiement : être ivre d'une telle ivresse est bien meilleur que toute gravité décente » [1]. Or, comme le souligne Plotin, l'âme ne parvient elle-même à l'expérience de l'Un qu'en devenant elle-même la Pensée. Ce que nous appelons l'expérience mystique selon Plotin est donc le mode de connaissance propre à la Pensée de la Pensée, se perdant dans l'ivresse de l'Un puis se retrouvant dans la rigueur de la nécessité intelligible.

---

1. *Enn.*, VI, 7, 35, 19. L'allusion à l'ivresse du nectar (souvenir de Platon, *Banquet*, 203 b 5) est une allusion à l'état mystique.

C'est une erreur assez fréquente des interprètes de Plotin de penser qu'il n'y a d'états mystiques plotiniens que dans le contact unitif avec l'Un. Il est préférable de dire que l'expérience mystique consiste pour l'âme à penser selon le mode de pensée propre à la Pensée pure.

I. LES DEUX NIVEAUX DU MOI

Les lignes qui précèdent ont pu donner l'impression que la mystique plotinienne arrache l'âme à son état habituel pour l'élever à un état qui lui est totalement étranger, la pensée selon le mode de la Pensée pure en son double mouvement d'extase unitive et d'intériorité. Mais en fait il n'est pas exact de dire que pour Plotin la Pensée pure soit quelque chose d'étranger à l'âme. En effet, selon la tradition platonicienne à laquelle se rattache Plotin, il y a différentes parties de l'âme qui tendent d'ailleurs à devenir en quelque sorte des âmes superposées et qui constituent par leur groupement la réalité humaine. La partie inférieure de l'âme exerce les activités de l'âme animale (sensation et mouvement) et de l'âme végétative (croissance). La partie centrale de l'âme est l'âme rationnelle, qui déploie son discours intérieur ou extérieur dans le temps. Enfin, il y a une partie supérieure de l'âme qui exerce l'activité de la Pensée pure. Cette affirmation d'un exercice continuel de la pensée par l'âme, Plotin la considérait comme une caractéristique, presque paradoxale, de sa propre doctrine :

> S'il faut oser dire clairement ce qui nous paraît juste, contrairement à l'opinion des autres : notre âme non plus n'est pas totalement enfoncée dans la vie sensible, mais il y a une partie de notre âme qui demeure toujours dans le monde de la Pensée [1].

Cette situation s'explique par le fait que, pour Plotin, originellement, l'âme est une des Formes intérieures à la Pensée, qui se pense à l'intérieur de la Pensée. Cette affirmation est d'ailleurs

---

1. *Enn.*, IV, 8, 8, 1-4.

étroitement liée au problème, que nous ne pouvons traiter ici, de l'existence d'une Forme éternelle de chaque individu.

S'il en est ainsi, on se demandera où se trouve le centre de l'activité psychique, on se demandera où se situe le moi humain. Est-ce dans la partie sensible, dans la partie rationnelle ou dans la partie transcendante, que l'on pourrait appeler selon un terme des mystiques chrétiens le « sommet de l'âme » ?

Le problème est complexe et la réponse de Plotin n'est pas entièrement claire. Mais il a le mérite de poser la question avec une très grande netteté :

> Mais nous... Qui « nous » ? Sommes-nous « celui-là » [Plotin veut dire la partie supérieure de l'âme, elle-même partie de la Pensée] ou bien sommes-nous celui qui s'est ajouté à « celui-là », ce qui est soumis au devenir du temps ? Mais ne faut-il pas dire qu'avant que se produise la naissance actuelle, nous étions alors d'autres hommes – certains d'entre nous étaient même des dieux –, nous étions purement âmes et Pensée, unis à la totalité de l'être, parties du monde de la Pensée, sans séparation, sans division : nous appartenions au Tout (et même encore maintenant nous n'en sommes pas séparés).
>
> Mais il est vrai que maintenant à cet homme-là s'est ajouté un autre homme : il voulait être et nous ayant trouvés [...] il s'est attribué à nous, et il s'est ajouté à cet homme-là que nous étions originellement [...] et ainsi nous sommes devenus les deux et plus d'une fois nous ne sommes plus celui que nous étions auparavant et nous sommes celui que nous nous sommes ajoutés ensuite : l'homme que nous étions cesse d'agir et en quelque sorte d'être présent [1].

Ce texte est très intéressant. On y voit le rôle que joue dans cette théorie du moi le mythe platonicien de la préexistence des âmes. Le vrai moi, c'est en effet l'âme dans son état de préexistence. Mais, ontologiquement, la description que fait Plotin de cet état de préexistence est très significative. L'accent, en effet, n'est pas mis sur l'individualité, mais au contraire sur le caractère universel de cet

---

1. *Enn.*, VI, 4, 14, 16. *Cf.* I, 1, 13, 7 : « La Pensée est une partie de nous-mêmes vers laquelle nous cherchons à nous élever. »

état : l'homme était pure Pensée, plongée dans la totalité de l'être, faisant partie d'un Tout; il participait à l'universalité de la Pensée. L'autre pôle de la réalité humaine, c'est « cet autre homme » qui s'est ajouté à cette Forme-Pensée transcendante. Plotin, dans le contexte, propose, pour expliquer ce processus, l'image du son unique et total qui est capté par une oreille et qui devient « son-entendu-par-cette-oreille » [1]. Individualisation, localisation, limitation, telles sont donc les conséquences de cette addition d'une âme inférieure à la Forme-Pensée transcendante.

Dans le texte que nous venons de citer, Plotin ne dit pas où se situe le moi, il dit seulement que nous sommes « les deux », tantôt l'un, tantôt l'autre, selon le type d'activité qui prédomine en nous.

II. LA CONSCIENCE ET LE MOI AU NIVEAU MÉDIAN

Tout un ensemble de textes plotiniens situe le moi dans la conscience et dans l'âme rationnelle, c'est-à-dire au niveau intermédiaire entre la Pensée pure et la sensation, entre la partie supérieure de l'âme et sa partie sensible.

> C'est *nous* qui raisonnons et pensons les concepts qui se trouvent dans la raison discursive (*dianoia*). *C'est cela que nous sommes.* [...] Nous sommes la partie principale de l'âme, au milieu de deux puissances, l'une inférieure, la sensation, l'autre supérieure, la Pensée [2].

Il en résulte que cette activité de pure Pensée, qui est propre à la partie supérieure de l'âme, ne peut être *nous-mêmes*, ne peut être nôtre que si elle parvient à être perçue au niveau de la raison et de la conscience : « Ce qui est pensé (par la partie supérieure de l'âme) ne parvient à *nous* que lorsque ce contenu de pensée descend jusqu'à notre *conscience*. » [3]

---

1. *Enn.*, VI, 4, 14, 26.
2. *Enn.*, V, 3, 3, 34.
3. *Enn.*, IV, 8, 8, 6.

Qu'est-ce donc que la conscience pour Plotin ? L'idée qu'il s'en fait est très influencée par la théorie aristotélicienne du « sens commun » (*koinè aisthesis*). Cette dernière avait été précisément élaborée par Aristote pour expliquer l'expérience de l'unité intérieure du sujet [1], difficilement conciliable avec la variété et la dispersion des instruments sensoriels et des niveaux différents et simultanés de l'activité humaine. Pour Aristote, c'est le sens commun ou universel qui élabore la synthèse des données sensibles, qui perçoit les sensibles communs comme l'étendue, la forme et le mouvement, et surtout qui assure la conscience des différents processus : c'est une perception de la perception, un sentir du sentir, mais aussi un penser du penser. Il « sent et pense tout à la fois », il « apparaît dans son activité synthétique comme sens et intelligence en même temps » [2]. C'est grâce à lui que nous avons conscience d'exister.

Plotin reprend cette conception aristotélicienne. Il y fait allusion d'une manière presque littérale, lorsqu'il l'utilise pour prouver l'immatérialité de l'âme. En effet, le fonctionnement du sens commun, son activité synthétique, ne peuvent s'expliquer que par l'intériorité réciproque, donc l'immatérialité, des éléments psychiques, par opposition à l'extériorité réciproque des éléments matériels [3].

Cette conscience plotinienne est étroitement liée, comme chez Aristote, à l'activité discursive et imaginative. Plotin décrit avec précision le processus par lequel l'activité de pensée pure, propre à la partie supérieure, devient consciente, grâce à l'intervention du discours intérieur :

1. *Cf.* R. Mondolfo, « L'unité du sujet dans la gnoséologie d'Aristote », *Revue philosophique*, 1953, p. 359-378.
2. *Ibid.*, p. 374.
3. Plotin, *Enn.*, IV, 7, 6, 1-49. *Cf.* P. Henry, « Une comparaison chez Aristote, Alexandre et Plotin », dans *Entretiens sur l'Antiquité classique*, t. V : *Les sources de Plotin*, Fondation Hardt, Vandœuvres-Genève, 1960, p. 429-444. En ce qui concerne Platon, voir *Théétète*, 184 d.

La pensée est indivisible ; si elle ne se déploie pas en quelque sorte à l'extérieur, elle reste cachée à l'intérieur.

Mais le discours (*logos*), la déroulant et la faisant ainsi sortir de son état de pensée pure pour la mener jusqu'à la faculté imaginative (*phantastikon*), le discours donc fait apparaître cette pensée comme dans un miroir. Il y a alors prise de conscience de cette pensée ; il en résulte sa permanence et son souvenir.

C'est pourquoi, bien que l'âme exerce continuellement une activité de pensée, nous ne prenons conscience de cette activité que lorsque cette activité pénètre dans l'imagination (*phantastikon*). Car *autre chose est la pensée, autre chose la prise de conscience de cette pensée. Nous pensons sans cesse, mais nous n'en avons pas toujours conscience* [1].

Ici apparaît clairement le rôle objectivant du langage. En étalant la pensée dans des mots, il permet l'apparition d'images qui s'emmagasinent dans l'imagination et deviennent matière du souvenir. Tant que la pensée n'a pas été objectivée dans le *logos*, tant que l'activité transcendante de la pensée n'a pas été traduite dans un discours intérieur, elle reste inconsciente.

Cette sorte de descente dans le langage et l'image est donc nécessaire pour qu'ait lieu la prise de conscience de l'activité de la partie supérieure de l'âme et pour qu'elle devienne « nous-même ». Le moi se situe dans la partie médiane de l'âme qui se caractérise par une étroite liaison entre la discursivité rationnelle, l'activité imaginative, la mémoire et la conscience. La conscience est un pouvoir d'objectivation qui permet de « manier » (*procheirisis*) [2] les contenus psychiques.

Plotin fait allusion plusieurs fois à cette prise de conscience de l'activité transcendante de la partie supérieure de l'âme :

Ce qui est pensé (par la partie supérieure de l'âme) ne parvient à *nous* que lorsque ce contenu de pensée descend jusqu'à notre *conscience*. Car tout ce qui se produit dans une partie quelconque

1. *Enn.*, IV, 3, 30, 7-14.
2. *Enn.*, III, 8, 6, 22. *Cf.* M.I. Santa Cruz de Prunes, *La genèse du monde sensible dans la philosophie de Plotin*, Paris, P.U.F., 1979, p. 38-39.

de l'âme, nous ne le connaissons pas avant qu'il ne soit parvenu à l'*âme totale*. Par exemple nos désirs, s'ils restent dans la partie de l'âme qui désire, ne nous sont pas connus, à moins que nous ne les percevions par la conscience intérieure ou par la faculté rationnelle ou par les deux [1].

Tout ce qui se trouve dans l'âme n'est pas conscient pour autant, mais parvient à *nous* en parvenant à la *conscience*. Lorsqu'une partie de l'âme agit sans permettre à la conscience de participer à cette activité, cette activité ne parvient pas à l'*âme totale*. Il s'ensuit que nous ne savons rien alors de cette activité, car nous ne sommes nous-mêmes qu'avec la conscience et nous ne sommes pas une partie de l'âme, mais l'*âme totale* [2].

L'âme totale correspond bien ici à la conscience dans la mesure où celle-ci assure par son activité synthétique l'uni-totalité de la vie psychique. Il y a peut-être dans le choix de cette expression un souvenir de l'« âme totale » dont parle *La République* de Platon [3] : l'œil de l'âme, y est-il dit, doit se retourner vers les réalités véritables avec l'âme totale, comme un œil qui ne pourrait passer de l'obscurité à la lumière que par le retournement du corps tout entier. Dans cette perspective, l'âme totale représente l'engagement de tout l'être, corps et âme ; la conversion n'est pas une simple modification des idées abstraites, mais une transformation de tout l'être. La conscience plotinienne assure elle aussi cette participation de tout l'individu à l'activité transcendante qu'elle objective.

Plotin a bien vu le rapport étroit qui lie conscience et attention, et attention et intérêt vital :

Quand la perception n'a pas d'importance, quand elle ne signifie rien pour l'individu, ou généralement quand elle est provoquée involontairement par une simple variation qui se produit dans les

1. *Enn.*, IV, 8, 8, 6-11. Le mot *aisthesis*, qui normalement signifie « sensation », doit souvent être traduit, à cause du contexte, par « conscience » : cet usage plotinien vient évidemment de la *koinè aisthesis* d'Aristote, qui, nous l'avons vu, en tant que « sens universel », assure la conscience et l'unité du sujet.

2. *Enn.*, V, 1, 12, 5.

3. Platon, *Rép.*, IV, 436 b 1 (qui pose le problème de l'unité du sujet) et VII, 518 c 8.

choses qu'on voit, alors seul le sens l'éprouve et l'âme ne l'admet
pas à l'intérieur d'elle-même, puisqu'elle ne trouve aucun intérêt,
ni à cause d'un besoin, ni à cause de quelque utilité, à la variation
en question. En outre, lorsque l'activité de l'âme est dirigée vers
d'autres choses et qu'elle y est absorbée entièrement, elle n'aura
aucun souvenir, lorsqu'ils seront passés, de certains détails dont,
même lorsqu'ils étaient présents, elle n'avait pas conscience [1].

Et Plotin continue en observant que, si nous percevons un
certain acte comme un tout, les détails de l'acte en question restent
inconscients, surtout s'il est machinal et habituel [2]. Il n'y a donc
conscience que lorsqu'il y a volonté de percevoir et attention.

Dans le problème qui nous occupe, l'attention va donc jouer un
rôle décisif :

Il faut donc, si l'on veut qu'il y ait conscience des choses
transcendantes ainsi présentes (dans le sommet de l'âme), que la
conscience se tourne vers l'intérieur et qu'elle oriente son attention
(*prosochè*) vers le transcendant. Il en est ici comme d'un homme qui
serait dans l'attente d'une voix qu'il désire entendre : il écarterait
tous les autres sons, il tendrait l'oreille vers le son qu'il préfère
pour savoir s'il s'approche ; de la même manière, il nous faut laisser
de côté les bruits sensibles, à moins de nécessité, pour garder la
puissance de conscience de l'âme, pure et prête à entendre les sons
qui viennent d'en haut [3].

On voit ici que l'attention est essentiellement critique : elle
consiste à attendre en refusant tout ce qui pourrait distraire cette
attente. Il s'agit pour Plotin d'une attitude d'ascèse et de purification
morales qui consiste à ne pas prêter attention aux choses sensibles.
Nous retrouvons la liaison entre moi et conscience dans le texte
suivant :

1. *Enn.*, IV, 4, 8, 9-16.
2. *Enn.*, IV, 4, 8, 30-33. *Cf.* également IV, 4, 25, 7 : « Si nous sommes tournés
entièrement vers une chose, les autres choses nous échappent. »
3. *Enn.*, V, 1, 12, 12-20. Dans ce texte, le mot *antilepsis*, qui normalement
signifie « perception », peut être traduit par « conscience » précisément parce qu'il
s'agit d'une perception intérieure.

> Lorsque la partie supérieure de l'âme n'exerce pas d'activité sur nous, c'est que son activité est tout entière dirigée vers le haut; mais elle exerce une activité sur *nous*, lorsqu'elle descend jusqu'à la *partie médiane* de l'âme [1].

Cette « partie médiane » de l'âme, c'est un autre nom de la conscience, qui correspond bien à sa situation intermédiaire entre la Pensée et les sens.

> Mais *est-ce que nous ne sommes pas aussi ce qui est supérieur à la partie médiane de l'âme?* Oui, mais il faut en avoir conscience. Car de tout ce que nous possédons, nous ne faisons pas toujours usage. Mais lorsque nous orientons la *partie médiane* de l'âme ou vers le haut ou dans l'autre sens, nous actualisons ce qui était à nous inconsciemment [2].

On pourrait penser en lisant ces textes que l'expérience mystique plotinienne consiste dans l'invasion de la conscience par l'activité transcendante de la Pensée. Mais une telle conception est tout à fait impossible. En effet, le mode d'activité propre à la Pensée pure est incompatible avec le mode d'activité propre à la conscience. Cette dernière, nous l'avons vu, est discursivité, imagination, objectivation; la première est immédiateté, intuition, indivisibilité. L'invasion de l'activité transcendante de Pensée serait donc la suppression de la conscience. Tout ce que la conscience peut faire, c'est traduire en mots et en images une expérience qui se produit sans mots et sans images, et ne se situe pas dans la conscience.

III. L'OPPOSITION ENTRE LA CONSCIENCE ET L'ACTIVITÉ

Pour Plotin, la conscience, comme la mémoire, n'est pas la meilleure des choses [3]. Sa critique de la conscience se développe notamment dans la description de la figure du sage.

---

1. *Enn.*, I, 1, 11, 2-4.
2. *Enn.*, I, 1, 11, 4-8.
3. *Enn.*, IV, 4, 4, 6.

Plotin se pose la question suivante : le sage, s'il perd la raison, peut-il être considéré comme sage [1] ? Le sage, dément, est-il encore un sage ? Plotin commence par poser un principe ontologique : la sagesse du sage lui appartient par essence [2]. Elle ne peut donc être détruite par une circonstance accidentelle. S'il en est ainsi, l'activité de la sagesse, c'est-à-dire la participation à la pensée de la Pensée pure, continue pour le sage, même lorsque ayant perdu la raison il n'a plus conscience de lui-même :

> Si cette essence de la sagesse ne disparaît pas quand le sage dort ou en général en celui dont on dit qu'il n'a pas conscience de lui-même, si l'activité propre à cette essence est en lui et qu'un tel acte est toujours en éveil, s'il en est ainsi, le sage, en tant qu'il est sage, poursuit son activité même en cet état. Cette activité ne lui échappe pas totalement, mais seulement à une partie de lui-même [3].

Pour mieux faire comprendre ce qu'il veut dire, Plotin donne l'exemple d'une activité qui ne parvient pas immédiatement à notre conscience : l'activité végétative, celle qui assure la croissance et l'équilibre biologique de notre corps :

> C'est comme pour l'activité végétative : elle est en activité, et pourtant la conscience d'une telle activité ne parvient pas, par l'intermédiaire de la faculté de sentir, aux autres parties de l'homme ; pourtant, si notre être consistait uniquement en notre faculté végétative, ce serait nous qui exercerions cette activité. Mais, pour le moment (c'est-à-dire dans l'hypothèse du sage), ce n'est pas cela que nous sommes, mais l'activité de ce qui pense. En sorte que si ce qui pense exerce son activité, c'est nous qui l'exerçons [4].

L'activité de pensée du sage se déroule d'une manière ininterrompue, de la même manière que l'activité végétative en tout homme, mais avec cette différence que l'activité de pensée est

1. *Enn.*, I, 4, 9, 1 *sq.*
2. *Enn.*, I, 4, 9, 18.
3. *Enn.*, I, 4, 9, 20-25.
4. *Enn.*, I, 4, 9, 25-30.

propre au sage, qu'elle est l'activité propre de son moi. Mais Plotin
ajoute explicitement que la présence ou l'absence de la conscience [1]
ne change rien à la qualité de cette activité de pensée :

> Il semble bien qu'il y ait conscience lorsque l'acte de pensée est
> réfracté et lorsque la pensée agissant conformément à la vie propre
> de l'âme est réfléchie, comme cela arrive dans un miroir sur la
> surface polie et brillante si elle est en repos.
>
> Donc, comme dans tous les cas de réflexion, si le miroir est là,
> l'image se produit, mais si le miroir n'est pas là ou qu'il n'est pas
> dans l'état voulu pour réfléchir les images, ce dont il y aurait pu
> avoir image n'en existe pas moins en pleine activité, de la même
> manière, dans l'âme, si ce qui en nous est analogue au miroir
> (c'est-à-dire la conscience), si ce en quoi apparaissent les reflets de
> l'activité de pensée et de l'intellection n'est pas troublé, ces reflets
> peuvent y être vus et ils y sont connus par une sorte de perception,
> accompagnée de la connaissance, obtenue auparavant, qu'il s'agit
> bien de l'activité de l'intellect et de la pensée. Mais si la conscience
> est comme un miroir brisé, parce que l'harmonie du corps est
> troublée, pensée et intellect exercent leur activité sans reflet et
> l'intellection se produit alors sans image [2].

On voit ici le changement radical de perspective par rapport aux
textes que nous avions cités plus haut : ils semblaient affirmer la
nécessité d'une prise de conscience pour qu'une activité appartienne
réellement au moi ; l'activité de la Pensée pure se déroulant dans
le sommet de l'âme n'était rien pour nous si nous n'en avions
conscience. Ici, au contraire, le sage reste sage, c'est-à-dire reste
lui-même, s'il a perdu la conscience. On notera en passant la théorie
de la conscience-miroir, qui, précisément, se contente de refléter,
sans rien modifier de la réalité. L'état de cette conscience-miroir
dépend de l'état du corps, ce qui montre combien le fonctionnement
de la conscience est lié à la partie sensible et irrationnelle de l'âme.

---

1. Plotin fait allusion à l'opinion inverse (qu'il refuse) en *Enn.*, I, 4, 9, 14 : « À
moins que quelqu'un n'affirme qu'il faut qu'il y ait dans la sagesse une perception
et une conscience de soi… Cela serait vrai si pensée et sagesse étaient quelque chose
d'ajouté à la nature (mais elles sont l'essence même). »
2. *Enn.*, I, 4, 10, 6-21.

Non seulement la conscience n'ajoute rien à la réalité de l'activité noétique du sage, mais elle risque même d'être un obstacle à la pureté de cette activité :

> D'ailleurs on trouverait facilement, même dans l'état de veille, alors que nous pensons ou que nous agissons, de belles activités, soit dans l'ordre de la pensée, soit dans l'ordre de l'action, qui ne sont pas accompagnées de la conscience que nous pourrions avoir d'elles. Car il n'est pas nécessaire que celui qui lit ait conscience qu'il lit, surtout lorsqu'il est absorbé dans sa lecture ; et de même celui qui agit avec courage n'a pas nécessairement conscience, tant qu'il agit, qu'il agit avec courage et conformément à la vertu de force. Et il y a mille autres exemples.
>
> Ainsi les prises de conscience risquent d'affaiblir les actes qu'elles accompagnent, alors que, s'ils ne sont pas accompagnés de conscience, les actes sont plus purs, ont plus d'intensité et de vie ; pour des sages qui se trouvent dans cet état, la vie est plus intense, parce qu'elle ne s'écoule pas dans la conscience, mais qu'elle est concentrée en elle-même en un seul point [1].

Nous sommes en présence ici d'une intéressante remarque psychologique qui corrige la théorie de la conscience-miroir précédemment développée par Plotin. En fait, loin d'être un miroir purement passif, reflétant ou non une activité qui lui est étrangère, la conscience modifie le phénomène psychologique qu'elle prétend analyser objectivement. Elle ne reproduit pas un autre état psychologique, mais elle construit un état nouveau, différent de celui auquel elle s'applique. « Être absorbé dans sa lecture » représente un certain état psychologique. Prendre conscience du fait que l'on est absorbé dans sa lecture, c'est précisément mettre fin à cet état, détourner l'attention de son objet, ne plus penser à ce qu'on lit, mais au fait qu'on lit. C'est donc modifier et troubler l'activité première. Dans le cas qui intéresse Plotin, cela est d'autant plus grave que l'activité de contemplation qui se déroule dans le sommet de l'âme correspond à un mode de pensée radicalement différent du mode de pensée discursif et imaginatif propre à la conscience. Prendre

---

1. *Enn.*, I, 4, 10, 21-34.

conscience de cette activité de contemplation, c'est donc y mettre fin en la traduisant en mots, en images et en souvenirs.

Pourtant, Plotin le laisse entendre, on ne peut dire que l'activité pure et intense, dont nous n'avons pas « conscience », soit totalement inconsciente. Si on veut entendre par « conscient » ce qui est *présent* pour le moi, on devra admettre que cette activité nous est « présente ». Plotin parle d'une « vie concentrée en elle-même au même point ». Ailleurs il parle d'un « avoir » ou d'un « être » :

> Il faut se rappeler que lorsqu'on exerce une activité de pensée, surtout lorsqu'elle est très intense, on ne se retourne pas vers soi-même par la pensée, mais on se *possède soi-même* : toute notre activité est dirigée vers l'objet de pensée [1].

> Il est possible que l'on *possède* une chose sans en avoir conscience et qu'on la *possède* beaucoup plus fortement que si l'on en était conscient. Car celui qui sait possède ce qu'il a comme si c'était quelque chose de différent de lui, mais s'il ignore ce qu'il a, il se peut qu'il *soit* lui-même ce qu'il a [2].

Surtout, Plotin cherche à imaginer ce type de présence sur le modèle de la cœnesthésie, du sentiment indistinct de bien-être que l'on éprouve lorsqu'on est en bonne santé. Se demandant si le monde a conscience de lui-même, il répond : « Il en est comme pour nous lorsque notre état est conforme à la nature : c'est une sorte de calme. » [3]

Nous sommes donc en présence de deux types ou de deux niveaux de conscience : d'une part, la conscience que l'on pourrait appeler « centrale », parce qu'elle est située dans la partie médiane de l'âme, et « dédoublée », parce qu'elle objective le contenu de conscience à l'aide de mots et d'images; d'autre part, la « présence » irréfléchie des activités intenses. À ces deux niveaux de conscience correspondent les deux niveaux du moi dont nous avons parlé plus haut : d'une part, le moi « central », conscient à la fois de la vie rationnelle et de la vie sensible de l'âme; d'autre

1. *Enn.*, IV, 4, 2, 3.
2. *Enn.*, IV, 4, 4, 10-13.
3. *Enn.*, III, 4, 4, 11.

part, le moi transcendant, habituellement inconscient, mais qui peut devenir « présent » au sens que nous avons défini. On peut définir l'expérience mystique plotinienne comme le surgissement de la « présence » de ce moi transcendant. Mais il faut reconnaître que Plotin n'explique pas clairement comment ce moi transcendant qui, nous venons de le dire, est habituellement inconscient, devient subitement « présent », concentrant alors en lui toute la vie psychique, au point que la conscience centrale cesse son activité. Pour décrire cette expérience, Plotin parle d'illumination de l'âme par la Pensée, il fait appel aussi à l'analogie des phénomènes d'inspiration et de possession. Mais l'énigme reste entière. En revanche, Plotin décrit avec beaucoup de précision, dans un texte que nous allons étudier maintenant, le va-et-vient, l'oscillation entre la présence irréfléchie et la conscience réfléchie, qui se produit dans les états mystiques.

IV. L'OSCILLATION ENTRE L'UNITÉ ET LA DUALITÉ DANS LES ÉTATS MYSTIQUES

Nous prendrons pour base de cette analyse un texte tiré du long traité dans lequel Plotin réfute les doctrines des Gnostiques [1]. Ce texte, est-il besoin de le rappeler, suppose évidemment que Plotin lui-même se situe, pour décrire l'expérience transcendante, au niveau de la conscience « centrale », au niveau du raisonnement, puisqu'il doit utiliser le langage discursif et traduire en concepts et en images une activité qui transcende concepts et images. Cette remarque nous laisse entrevoir déjà l'une des fonctions de la conscience « centrale » par rapport à l'expérience mystique.

Le texte en question est précédé d'un développement qui fait allusion au mythe du *Phèdre* [2], dans lequel Platon raconte comment les âmes, dans leur vie préexistante, contemplent, à la suite des dieux astres, le monde des Formes éternelles, le « lieu supracéleste », au-delà de la voûte céleste. C'est pourquoi, maintenant qu'elles sont

1. Ce long traité est formé d'*Enn.*, III, 8 ; V, 8 ; V, 5 ; II, 9 (arbitrairement dispersés par le disciple et éditeur de Plotin, Porphyre).
2. Platon, *Phèdre*, 246 e-253 c.

venues dans un corps, la vision de la beauté d'un corps humain éveille en elles le souvenir de la Beauté éternelle qu'elles ont alors contemplée. Plotin va décrire l'expérience mystique dont il veut parler en utilisant d'une manière allégorique ces images mythiques de Platon. Mais, pour Plotin, ces images platoniciennes qui évoquent des relations d'extériorité (le monde des Formes y semble localisé dans le lieu « supracéleste », les âmes sont extérieures au monde corporel) doivent être radicalement intériorisées. Le lieu « supracéleste » est en nous, la contemplation de ce monde des Formes se produit actuellement et sans cesse dans le sommet de l'âme. Ceci est conforme à la doctrine plotinienne que nous connaissons bien maintenant :

> Les âmes sont là-bas (*ekei*) (c'est-à-dire elles font elles-mêmes partie de la Pensée pure), dans la mesure où c'est leur nature même d'en faire partie. Souvent même, elles sont dans la Pensée pure en leur totalité, lorsqu'elles ne sont pas divisées [1].

Ceci correspond à l'état dont nous avons parlé plus haut, état dans lequel toute la vie, toute l'énergie de l'âme sont concentrées en son sommet. Pour décrire cette expérience, il faut corriger l'image de la vision, que Platon emploie dans le mythe du *Phèdre*, car l'image de la vision ferait penser à un spectateur différent du spectacle qu'il contemple. L'expérience mystique consiste au contraire à découvrir que la Pensée pure, universelle et transcendante, n'est autre que nous-même, ou à l'inverse que nous ne sommes rien d'autre qu'elle :

> Ceux qui sont en quelque sorte enivrés et remplis de nectar [2] [Plotin souligne bien par cette allusion qu'il s'agit d'une expérience mystique], ceux-là donc ne sont plus seulement des spectateurs, puisque la Beauté en soi s'étend à travers l'âme tout entière. Car il n'y a plus d'un côté ce qui est à l'extérieur, de l'autre celui qui le voit de l'extérieur, mais celui qui a la vue perçante voit en lui-même ce qu'il voit. [...] Car tout ce qu'on regarde comme un spectacle visible, on le voit à l'extérieur. Mais il faut désormais le transporter

---

1. *Enn.*, V, 8, 10, 20 (Henry Schwyzer).
2. Cf. *supra*, p. 111, n. 1 (à propos de l'extase de la Pensée, « enivrée de nectar »).

en soi et le regarder comme un (avec nous) et le regarder comme son propre soi [1].

Pour Plotin, il ne s'agit plus de « voir », mais de « devenir » réellement, effectivement, la Pensée, qui, pour Platon et pour lui, s'identifie à la Beauté. Plotin essaie de mieux faire comprendre ce qu'il veut dire, en évoquant, tout en la corrigeant, l'image de la possession et de l'inspiration divines : « C'est comme si quelqu'un possédé par un dieu, inspiré par Apollon ou par une Muse, parvenait à produire en lui-même la vision de ce dieu, s'il avait la puissance de voir ce dieu en lui-même. » [2] Cet inspiré ou possédé se verrait lui-même identifié avec le dieu qui est le principe de son action et qui lui fait exercer une activité qui transcende ses possibilités habituelles.

C'est ici que commence chez Plotin la description de l'oscillation entre les deux niveaux du moi, inhérente à l'expérience mystique. Les états de dualité et d'unité se succèdent, dans la description, selon un rythme régulier :

> *Dualité* : « Mais si quelqu'un d'entre nous, encore incapable de se voir lui-même, et pourtant possédé par ce dieu, extériorise sa vision pour le voir, il s'extériorise alors lui-même et il ne voit que sa propre image, d'ailleurs embellie. » [3]

Plotin garde le langage mythique utilisé dans les lignes précédentes. La présence de la Pensée pure dans le sommet de l'âme est analogue à celle d'un dieu qui inspirerait et posséderait l'âme. L'expérience mystique consisterait alors à éprouver l'unité de l'âme avec ce dieu. Mais, pour celui qui n'est pas en état d'atteindre cette expérience, le seul mode de connaissance accessible reste la rationalité et la prise de conscience. Nous avons vu que la conscience objectivait, c'est-à-dire extériorisait, le contenu de conscience qu'elle voulait percevoir, en le traduisant en mots et en images. Le

---

1. *Enn.*, V, 8, 10, 32 *sq.*
2. *Enn.*, V, 8, 10, 40-43.
3. *Enn.*, V, 8, 11, 1-3.

moi se projette donc dans une image de lui-même en développant un discours sur la présence transcendante qui est en lui.

> *Unité* : « Mais s'il écarte cette image, pourtant belle, il parvient à l'*unité* avec le dieu. Sans plus se séparer de lui, il est *un* en même temps que tout, avec ce dieu qui est présent en silence et il est avec lui autant qu'il le peut et qu'il le veut. » [1]

Cette fois, abandonnant la conscience et les images, l'âme éprouve son unité avec la Pensée pure et universelle. La vie de l'âme se concentre alors dans le sommet de l'âme qui se reconnaît, en une présence immédiate, comme identique à la Pensée.

> *Dualité* : « Mais si ensuite il se retourne pour redevenir *deux*, il reste près du dieu dans la mesure où il demeure pur, en sorte qu'il peut lui être présent de nouveau, de la manière dont nous venons de parler, s'il se retourne vers le dieu. » [2]

Dans cette phase, l'expérience d'unité cesse, il y a retour à la dualité, donc retombée au niveau de la conscience « centrale ». Comme le souligne Plotin en d'autres endroits, il faut que l'âme se trouve alors dans des dispositions morales très particulières, si elle veut espérer le retour de l'expérience unitive. Elle doit rester dans l'attente, détourner son attention des choses sensibles.

> *Unité* : « Mais dans ce retournement, voilà ce qu'il gagne : au début, il a *conscience* de lui-même, tant qu'il reste différent du dieu. Mais, ensuite, revenant en hâte vers l'intérieur, il possède le Tout et laissant la *conscience* en arrière, par crainte de rester différent, il est *un*, dans cet état transcendant. » [3]

L'opposition entre conscience et « présence » est ici particulièrement bien marquée. Au début, on est encore dans la conscience distincte qui garde le souvenir de l'expérience, mais cette conscience implique que le moi est encore « différent » de la Pensée avec laquelle il faisait un. Puis, en un deuxième moment,

---

1. *Enn.*, V, 8, 11, 4-7.
2. *Enn.*, V, 8, 11, 7-9.
3. *Enn.*, V, 8, 11, 9-12.

dans le mouvement d'intériorisation et de conversion, il y a perte de conscience, le moi n'est plus différent, mais il redevient « un » avec la Pensée.

> *Dualité* : « Mais si au contraire on désire le voir comme quelque chose de différent de soi, on se place soi-même à l'extérieur. Il faut que celui qui l'étudie discursivement, se contentant alors de l'une des formes particulières dans lesquelles il se manifeste, parvienne à apprécier sa valeur à la fin de sa recherche. » [1]

On revient encore une fois à la connaissance discursive et au besoin qu'éprouve la conscience centrale d'objectiver les contenus de conscience. Pour parvenir à saisir la Pensée comme un objet posé en face du sujet, il faut soi-même sortir de l'unité avec la Pensée. À ce moment, on ne peut plus l'éprouver d'une manière totale et globale comme dans l'expérience mystique, mais on doit détailler discursivement les formes particulières qui sont incluses dans la Pensée et qui la manifestent. Dans un autre texte, Plotin note qu'il y a une sorte de chute, pour la connaissance, à passer de la Beauté en soi aux beautés particulières : « Dans le discours rationnel, nous disons qu'une chose est différente d'une autre, par exemple que la justice et la tempérance sont différentes l'une de l'autre, bien qu'elles soient toutes deux belles (et donc fondues dans la Beauté). La pensée s'amoindrit en pensant ainsi à des choses particulières. » [2] Ce qui caractérisait l'expérience unitive, c'est la totalité et l'unité. Ce qui caractérise au contraire la conscience, c'est la perception de formes distinctes, que le discours énumère et détaille. Par rapport à la contemplation unitive, c'est la méditation discursive. C'est ce que Plotin lui-même fera dans les chapitres suivants lorsqu'il cherchera à décrire le contenu de l'expérience de la Pensée. Il introduira sa description par les mots : « Ce voyant, qu'il soit devenu un autre ou qu'il demeure lui-même, qu'annonce-t-il ? » [3] Et le voyant, c'est-à-dire Plotin, annoncera ce qu'il a vu, en utilisant la discursivité non

---

1. *Enn.*, V, 8, 11, 12-15.
2. *Enn.*, VI, 7, 33, 5-8.
3. *Enn.*, V, 8, 12, 2.

pas du discours rationnel, mais du discours mythique. Plotin fera appel en effet au mythe d'Ouranos, Kronos et Zeus pour décrire l'expérience de la Pensée. La Pensée pure, ce sera Kronos avalant ses enfants, c'est-à-dire, selon l'interprétation allégorique, la Pensée retenant en elle l'univers des Formes et restant intérieure à elle-même. Quant à Zeus échappant à Kronos, ce sera l'Âme entrant dans le dédoublement de la rationalité et révélant au monde sensible la splendeur des Formes éternelles.

À la fin du texte que nous avons cité ci-dessus, Plotin laisse entendre que cette réflexion discursive sur la Pensée conduira à découvrir la valeur sublime de la Pensée et du monde des Formes. Cette découverte va ramener l'âme au désir de l'unité :

> *Unité* : « Apprenant ainsi par persuasion rationnelle en quel noble objet l'on pénètre, à savoir que l'on pénètre dans ce qu'il y a de plus heureux, il faut désormais se plonger soi-même à l'intérieur et *au lieu d'être celui qui regarde, devenir soi-même le spectacle d'un autre qui nous regarde.* […] Mais comment peut-on être dans le Beau sans le voir ? Ne faut-il pas dire que si on voit le Beau comme autre que soi, on n'est plus dans le Beau, mais que lorsqu'on est *devenu* le Beau, c'est alors que l'on est au suprême degré dans le Beau ? » [1]

Conduite par la connaissance discursive qui ne peut procurer qu'une *pislis*, une persuasion par des raisons, non une intuition immédiate, l'âme, découvrant la grandeur de la Pensée dans les formes particulières qu'elle aura analysées, l'âme donc sera disposée à retrouver l'unité avec la Pensée. L'expression utilisée par Plotin pour exprimer le changement de niveau du moi dans ce retour à l'unité est extrêmement frappante. Tant qu'il y a connaissance discursive et conscience distincte, le moi est « celui qui regarde ». À partir du moment où l'activité du sommet de l'âme prédomine et où l'activité de la Pensée pure absorbe l'énergie de l'âme, le moi n'est plus celui qui regarde, mais « celui qui est regardé » ; il n'est plus lui-même, en quelque sorte, mais il devient un autre, la Pensée pure,

1. *Enn.*, V, 8, 11, 15-21.

et il coïncide avec cette Pensée qui le pense. Le moi se voit alors par et dans la Pensée, comme objet et spectacle de la Pensée. C'est ce qu'exprime aussi la fin du texte : être dans le Beau (entendons dans la Pensée transcendante), c'est devenir le Beau.

> *Les deux niveaux de conscience* : « Mais cette identité est une sorte de sens immédiat (*sunesis*) et de conscience du *moi* qui, lui-même, *doit bien prendre garde de ne pas trop s'éloigner* de lui-même, en voulant trop avoir conscience de soi. » [1]

Dans cette phrase est remarquablement résumé le problème de la conscience dans les états mystiques. L'identité avec la Pensée, donc l'intense activité de l'âme absorbée par cette expérience, est en quelque sorte l'intensité maximum de l'existence du moi. Et le moi ne peut être dans cet état sans l'éprouver, donc sans un sentiment immédiat de lui-même. Le mot *sunesis* que nous avons traduit par « sens immédiat » évoque pour Plotin l'idée d'un « être-avec-soi », d'une relation immédiate à soi-même. Nous retrouvons cette « présence » dont nous avons parlé plus haut à propos des activités intenses. Mais si le moi s'attache à ce sentiment immédiat, à cette conscience non réfléchie, s'il veut la retenir et l'objectiver, en un mot, s'il veut la transformer en conscience réfléchie et dédoublée, il s'éloignera de lui-même ; croyant se saisir, il se perdra, comme Narcisse contemplant son visage dans les eaux [2]. Dans l'expérience mystique plotinienne, le moi ne se perd pas totalement en se plongeant dans la Pensée universelle, puisqu'il a ce sentiment immédiat de soi ; mais s'il désire se voir dans cet état, il perd aussitôt l'état d'unité et d'identité, et retombe dans la dualité. Il ne lui reste que le souvenir de l'expérience ; il peut en reconstruire une image dans le discours rationnel ou dans le mythe. Mais cette traduction dans la conscience dédoublée est irrémédiablement différente de la véritable expérience vécue.

---

1. *Enn.*, V, 8, 11, 23-24.
2. *Cf.* P. Hadot, « Le mythe de Narcisse et son interprétation par Plotin », *Nouvelle Revue de Psychanalyse*, vol. 13, 1976, p. 98-109.

Pour éclairer l'opposition qu'il vient d'introduire entre *sunesis* et *aisthesis*, c'est-à-dire entre la lucidité du sentiment immédiat de soi et la conscience réfléchie, Plotin reprend un thème que nous avons déjà rencontré, à savoir l'idée que la conscience trouble l'activité ou est un symptôme de trouble. Ce qui laisse entendre que, pour l'expérience mystique, la conscience réfléchie ne peut qu'être un obstacle et un danger.

> Il faut bien penser à ceci : les phénomènes de conscience qui sont engendrés par des choses mauvaises provoquent des chocs plus violents, mais ils amoindrissent les connaissances, parce que les chocs en question les troublent. La maladie produit plutôt un ébranlement émotionnel, la santé au contraire, qui est avec nous (*sunousa*) d'une manière paisible, donne plutôt un sentiment immédiat de sa présence (*sunesis*). Car elle se tient près de nous, parce qu'elle est conforme à notre nature et elle est unie à nous, tandis que la maladie est pour nous quelque chose d'étranger, qui ne convient pas à notre nature et, à cause de cela, elle se distingue nettement parce qu'elle nous paraît être quelque chose de tout à fait différent de nous.
> Mais précisément *en ce qui concerne ce qui est nôtre et ce qui est nous-mêmes, nous ne sommes pas conscients*. Pourtant, c'est précisément dans cet état que nous sommes le plus *lucides* (*sunetoi*), parce que notre savoir de nous-mêmes et nous-mêmes ne font qu'un pour nous [1].

Nous avons déjà rencontré cette liaison entre lucidité et santé : Plotin, se demandant si l'univers avait conscience de lui-même, avait répondu : « Il en est comme pour nous lorsque notre état est conforme à la nature : c'est une sorte de calme. » Ce calme lucide de la santé contraste avec le trouble de la conscience. Dans la perspective plotinienne, notre véritable moi participe à la Pensée, est une Forme dans le monde des Formes. L'activité de la Pensée pure lui est donc naturelle ; cette activité normale et intense s'accompagne donc d'une transparence et d'une lucidité analogue à celle qui accompagne l'état de santé. Au contraire, la conscience

---

1. *Enn.*, V, 8, 11, 24-33.

réfléchie correspond à un état anormal : l'âme est plongée dans le trouble du monde sensible; elle est consciente précisément parce qu'elle subit des chocs anormaux, étrangers à sa vraie nature. Cette conscience réfléchie et dédoublée, habituée à manipuler les objets, soumise à la tyrannie des mots et des images, ne peut que troubler la pureté de l'expérience de la Pensée pure. Elle ne comprend pas la certitude tranquille de l'intuition immédiate.

> Et dans l'état transcendant, quand notre savoir est à son plus haut point parce qu'il s'exerce selon la Pensée, c'est alors qu'il nous semble que nous sommes ignorants. C'est que nous attendons l'impression de la conscience et celle-ci déclare qu'elle n'a rien vu. C'est vrai qu'elle n'a rien vu, car elle ne saurait voir de pareilles choses.
>
> *Ce qui doute, c'est donc la conscience. Mais celui qui voit, c'est un autre* (c'est-à-dire la Pensée). Car si cet autre se mettait à douter, il faudrait qu'il doute même de son être [1].

Ici l'on peut entrevoir un discret aveu concernant les problèmes psychologiques de l'expérience mystique. L'expérience elle-même procure, sur le moment même, un sentiment de certitude immédiate et d'évidence. Comme le dit ailleurs Plotin : « Pas d'erreur possible en cet état ; où trouverait-on plus vrai que le vrai ? [...] En éprouvant ce bien-être, elle ne peut se tromper sur le fait qu'elle éprouve ce bien-être (*eupatheia*). » [2] Au contraire, lorsque l'âme redescend de l'unité à la dualité, de l'intuition au raisonnement, de la lucidité simple à la conscience réfléchie, elle essaie d'énoncer dans le discours le contenu de son expérience. Mais le mode de fonctionnement du raisonnement et de la conscience est tout à fait différent de celui de l'intuition immédiate. La raison et la conscience ne connaissent de certitude qu'à la suite d'une démonstration qui persuade et après un maniement de concepts et d'images objectivés. « Nous autres hommes, nous préférons être convaincus par la persuasion que de contempler le vrai avec la Pensée pure. Tant que nous étions en

---

1. *Enn.*, V, 8, 11, 36-40.
2. *Enn.*, VI, 7, 34, 27.

haut, dans la réalité même de la Pensée, nous étions satisfaits, nous pensions, et ramenant toutes choses à l'unité nous contemplions. Car c'était la Pensée elle-même qui pensait et qui parlait elle-même, tandis que l'âme restait en repos, en cédant la place à l'activité de la Pensée. Mais lorsque nous retombons ici-bas, nous cherchons à nouveau des moyens de nous persuader, comme si nous voulions voir le modèle dans une image. » [1] C'est pourquoi Plotin nous a dit que la conscience était ce qui « doutait », parce qu'elle veut être persuadée. Il y a donc une certaine insatisfaction dans l'expérience mystique et elle s'explique par la condition humaine : celle-ci peut en effet se définir, dans la perspective plotinienne, comme l'union d'un homme « intelligible » et d'un homme « sensible » [2]. À ces deux hommes correspondent les deux niveaux du moi et de la conscience que nous avons distingués. L'homme concret, celui qui est les deux – « intelligible » et « sensible » –, est privé de conscience réfléchie et de certitude rassurante dans l'expérience mystique et il est privé de l'expérience transcendante, qui est sa vraie vie, lorsqu'il retombe au niveau de la conscience. C'est ce qui explique l'oscillation décrite par Plotin.

La condition humaine selon Plotin condamne l'homme à ressentir toujours un sentiment d'étrangeté : étrangeté pour l'homme intelligible à être lié à une conscience sensible et à vivre dans le « quotidien », étrangeté pour l'homme sensible et « quotidien » à vivre ces expériences transcendantes :

> Souvent, m'éveillant de mon corps à moi-même, devenu alors extérieur à tout le reste et intérieur à moi-même, contemplant alors une beauté merveilleuse, sûr alors d'appartenir au plus haut point au monde supérieur, ayant vécu la vie la plus noble, étant devenu identique au divin, m'étant fixé en lui, étant parvenu à cette activité suprême et m'étant établi au-dessus de tout autre objet de pensée, après ce séjour dans le divin, quand je *retombe de la Pensée au raisonnement*, je me demande comment j'ai pu jamais, et cette fois

---

1. *Enn.*, V, 3, 6, 12.
2. Cf. *supra*, p. 113, n. 1.

encore, descendre ainsi, comment mon âme a pu jamais venir à l'intérieur d'un corps, si déjà, lorsqu'elle est dans un corps, elle est telle qu'elle m'est apparue [1].

Ce sentiment d'étrangeté provient de la dualité insurmontable de l'être humain. Pour l'homme « sensible » qui est en quelque sorte envahi par l'intensité de l'expérience de l'homme « intelligible », il se produit une tension psychique extrêmement aiguë. On raconte que ce fut cette tension qui provoqua la crise psychologique dans laquelle Porphyre, le disciple de Plotin, fut tenté de se suicider [2]. Plotin l'en détourna en lui conseillant de voyager. Dans cette situation de dualité et de tension dramatiques, la conscience centrale et la raison ont une fonction extrêmement importante. Tout d'abord elles contribuent à réduire le divorce entre la partie supérieure et la partie inférieure en traduisant en quelque sorte, pour l'homme tout entier, dans un langage discursif et imagé, l'expérience transcendante. Elles sont ainsi l'organe de la vie morale. En effet, pour Plotin, la vie morale consiste dans une attention continuelle au divin qui détourne l'âme du souci des choses sensibles. C'est précisément la conscience qui, faisant attention « aux choses d'en haut », établit l'âme dans la vertu et la libère de la domination tyrannique des désirs. L'effort de méditation de la conscience et de la raison prolonge, dans les moments de « sécheresse mystique », l'intuition lumineuse et transcendante du sommet de l'âme. C'est ainsi que, grâce à la conscience « centrale », le mystique peut supporter de vivre dans le « quotidien ». Conscience et raison habituent ainsi peu à peu l'homme « sensible » à vivre avec l'homme « intelligible ». Enfin, elles permettent de traduire, autant que faire se peut, dans un langage discursif, à l'intention des autres, l'expérience transcendante. Elles rendent ainsi possible l'œuvre du philosophe.

---

1. *Enn.*, IV, 8, 1, 1 *sq.*
2. J. Bidez, *Vie de Porphyre*, Gand, E. van Goethem, 1913 ; rééd. Hildesheim, G. Olms, 1964, p. 52.

BIBLIOGRAPHIE
SUR LA CONCEPTION PLOTINIENNE DE LA CONSCIENCE

1) H.J. Blumenthal, *Plotinus' Psychology*, La Haye, M. Nijhoff, 1971.
2) A. Drews, *Plotin und der Untergang der antiken Weltanschauung*, Iena, E. Diederichs, 1907 (p. 226-234); rééd. Aalen, 1964.
3) J.P. O'Daly, *Plotinus' Philosophy of the Self*, Shannon, Irish University Press, 1973.
4) H.R. Schwyzer, « Bewusst und Unbewusst bei Plotin », dans *Entretiens sur l'Antiquité classique*, t. V : *Les sources de Plotin*, Fondation Hardt, Vandœuvres-Genève, 1960, p. 343-378.
5) A. Smith, « Unconsciousness und Quasiconsciousness in Plotinus », *Phronesis*, vol. 23, 1978, p. 292-301.
6) H. Van Zandt Cobb, « The Concept of Consciousness in Plotinus », *Transactions and Proceedings of the American Philological Association*, vol. 69, 1938, p. XXXII.
7) E.W. Warren, « Consciousness in Plotinus », *Phronesis*, vol. 9, 1964, p. 83-97.

Éditions de Plotin

Avec trad. française : É. Bréhier, *Plotin. Les Ennéades*, t. I-VI, 2, Paris, Les Belles Lettres, 1924-1938.

Avec trad. allemande : R. Harder, R. Beutler et W. Theiler, *Plotins Schriften*, t. I-VI, Hambourg, F. Meiner, 1956-1971.

Avec trad. anglaise : A.H. Armstrong, *Plotinus*, London (Loeb Cl. Libr.), t. I-III, 1966-1967.

Édition critique développée : P. Henry et H.R. Schwyzer, *Plotini Opera*, Paris, Desclée de Brouwer, 1951-1973, 3 tomes; un quatrième tome forme l'index.

CHAPITRE IX

LA PRÉHISTOIRE DES GENRES LITTÉRAIRES PHILOSOPHIQUES MÉDIÉVAUX DANS L'ANTIQUITÉ [*]

Les genres littéraires philosophiques du Moyen Âge reflètent dans une large mesure les formes de l'enseignement oral. Les historiens de la méthode scolastique s'accordent en effet à reconnaître que les pratiques scolaires principales étaient, au moins à partir du XIIe siècle, la *lectio*, c'est-à-dire la lecture commentée de textes faisant autorité, et la *disputatio*, c'est-à-dire la discussion syllogistique se rapportant à une *quaestio* [1]. C'est bien de ces deux pratiques pédagogiques qu'émanent d'une part les *expositiones*, ou commentaires, d'autre part les *quaestiones*, qui, comme l'a montré M.-D. Chenu [2], en devenant les *articuli*, forment l'armature des Sommes Théologiques.

C'est précisément ce qui explique la continuité profonde qui unit les genres littéraires philosophiques du Moyen Âge à ceux de l'Antiquité. En effet, les formes littéraires philosophiques de

---

[*] Publié dans *Les genres littéraires dans les sources théologiques et philosophiques médiévales* (Actes du Colloque international de Louvain-la-Neuve, 25-27 mai 1981), Louvain-la-Neuve, Publications de l'Institut d'Études Médiévales, 1982, p. 1-9.

1. M.-D. Chenu, *Introduction à l'étude de saint Thomas d'Aquin*, 2e éd., Paris, Vrin, 1954, p. 67-83. On trouvera beaucoup de renseignements sur les genres littéraires philosophiques médiévaux dans M. Grabmann, *Die Geschichte der scholastischen Methode*, t. I-II, Fribourg en Brisgau, 1909-1911. Sur les genres littéraires philosophiques antiques, *cf.* M. Untersteiner, *Problemi di filologia filosofica*, Milano, Cisalpino-Goliardica, 1980.

2. M.-D. Chenu, *Introduction à l'étude de saint Thomas d'Aquin, op. cit.*, p. 78.

l'Antiquité sont, elles aussi, étroitement dépendantes des méthodes
de l'enseignement oral et celles-ci ont évolué peu à peu vers un type
d'enseignement qui préfigure tout à fait la méthode scolastique.

La dispute dialectique telle qu'elle se pratiquera au Moyen Âge
avec un attaquant qui fait des syllogismes et un défendeur de la
thèse qui utilise des distinctions, est un exercice scolaire qui, on
le sait bien, a été codifié par Aristote lui-même dans le huitième
livre de ses *Topiques* [1] : Jean de Salisbury, dans son *Metalogicon*,
souligne l'importance de ce texte pour connaître les règles de la
disputatio [2]. Mais, avant Aristote déjà, la dispute dialectique,
menée d'une manière moins formelle, constituait l'essentiel de la
pratique pédagogique de certains sophistes, de Socrate, de Platon
et des Académiciens. Cet exercice correspondait évidemment à
la finalité de la philosophie de cette époque, destinée avant tout à
préparer les citoyens à leur vie dans la cité et tout spécialement à
leur enseigner à prendre la parole dans les assemblées. E. Kapp a
bien montré comment la théorie logique est sortie de cette pratique
du dialogue et de la dialectique [3]. Cet exercice scolaire de la dispute
dialectique s'est maintenu, semble-t-il, pendant toute l'Antiquité [4].
En tout cas, des auteurs aussi différents qu'Aulu Gelle [5] et Proclus [6]
en connaissent très bien les règles. La dispute dialectique n'a pas été
seulement un exercice scolaire, mais une méthode d'enseignement,
tout au moins dans l'Académie jusqu'à l'époque de Cicéron [7].
Nous savons en effet que les leçons de Polémon et d'Arcésilas [8]

1. *Cf.* P. Moraux, « La joute dialectique d'après le huitième livre des Topiques »,
dans G.E.L. Owen (dir.), *Aristotle, on Dialectic. The Topics*, Oxford, Clarendon
Press, 1968.

2. Jean de Salisbury, *Metalog.*, III, 5-10.

3. E. Kapp, *Greek Foundations of Traditional Logic*, New York, Columbia
University Press, 1942.

4. *Cf.* P. Hadot, « Philosophie, dialectique, rhétorique dans l'Antiquité », *Studia
Philosophica*, vol. 39, 1980, p. 146-147.

5. Aulu Gelle, *Noct. Att.*, XVI, 2.

6. Proclus, *In Alcibiadem*, éd. G. Westerink, p. 283, 1.

7. P. Hadot, « Philosophie, dialectique, rhétorique dans l'Antiquité », art. cit.,
p. 147 *sq.* ; H.J. Krämer, *Platonismus und hellenistische Philosophie*, Berlin, W. de
Gruyter, 1971, p. 14-58.

8. Diogène Laërce, IV, 19 ; Cicéron, *De finibus*, II, 1, 1-3.

consistaient dans une argumentation dialectique, donc dans une dispute menée de façon syllogistique contre les thèses posées par un auditeur. Mais d'autres Académiciens avaient donné à leur enseignement une forme plus rhétorique : contre la thèse soutenue par un auditeur, ils argumentaient en développant soit deux discours continus antithétiques, soit un discours continu « dogmatique » [1]. Comme on peut le voir par la description de Cicéron au début du second livre de son *De finibus*, on se trouvait alors dans une situation analogue à celle des « questions quodlibétiques » : « Gorgias le Sophiste osa le premier demander qu'on lui proposât un thème quelconque sur lequel on voulait l'entendre parler. Entreprise hardie, je dirais même téméraire, si cette pratique ne s'était transmise ensuite à nos philosophes. » [2] Il est très important de constater que l'enseignement philosophique dans l'Antiquité est dominé par la structure « question réponse » (les termes techniques pour désigner ce procédé étaient : *aporiai kai luseis*). Les leçons de philosophie ne consistent pas à exposer successivement les différentes parties d'un système, mais à répondre à des questions. On le voit très bien dans les traités d'Aristote qui sont souvent l'écho immédiat de son enseignement oral. Comme l'a dit I. Düring : « Ce qui caractérise la manière d'Aristote, c'est qu'il est toujours en train de discuter un problème. Chaque résultat important est presque toujours une réponse à une question posée d'une manière bien déterminée et ne vaut que comme réponse à cette question précise. » [3] Peu à peu, d'ailleurs, une sorte de liste stéréotypée des questions, de répertoire des problèmes auxquels doit répondre l'enseignement philosophique, se constitua dans la tradition scolaire [4].

---

1. *Cf.* P. Hadot, « Philosophie, dialectique, rhétorique dans l'Antiquité », art. cit., p. 149.

2. Cicéron, *De finibus*, II, 1, 2.

3. I. Düring, « Aristoteles und das platonische Erbe », dans *Aristoteles in neueren Forschung*, Darmstadt, 1968, p. 247.

4. Par exemple, pour les questions concernant l'âme, *cf.* A.-J. Festugière, *La révélation d'Hermès Trismégiste*, t. III, Paris, J. Gabalda, 1953, p. 3 *sq.* et surtout p. 14, n. 1.

Nous sommes donc ici en présence d'une pratique scolaire qui consiste à chercher la réponse qu'il faut donner à un problème théorique. Mais la question peut aussi se rapporter au sens qu'il faut donner à un texte. Très tôt, dans l'école platonicienne, on a discuté sur l'interprétation qu'il fallait donner de certains dialogues de Platon. Fallait-il par exemple admettre que Platon, dans le *Timée*, avait assigné une origine temporelle au monde [1] ? En fait le problème exégétique avait une portée théorique : fallait-il admettre que le monde est éternel ou non ? Discussion théorique et discussion exégétique se sont ainsi mêlées étroitement et très souvent on a traité des problèmes de fond à propos de problèmes exégétiques. Peu à peu la discussion exégétique a pris le pas sur la discussion dialectique. On va voir ainsi se développer, à partir du Ier siècle après J.-C., à côté du traitement dialectique ou rhétorique d'une « question », une autre forme d'enseignement : la « lecture », c'est-à-dire le commentaire de texte. Au Moyen Âge on distinguait plusieurs situations différentes dans l'exercice de la lecture ; la lecture privée : *legere auctorem* ; la lecture par le maître : *legere librum illi* ; l'audition par le disciple : *legere librum ab aliquo* [2]. Dans l'Antiquité également on distingue : *anagignoskein* qui peut signifier ou bien faire une lecture publique, une conférence que l'on lit [3], ou bien surtout commenter un texte pendant le cours de philosophie, soit qu'il s'agisse du maître expliquant le texte à l'élève, soit qu'il s'agisse de l'élève commentant devant le maître [4] ; *epanagignoskein* qui signifie pour le maître surveiller le commentaire fait par un élève [5] ; *sunanagignoskein* qui signifie entendre le commentaire d'un maître [6].

---

1. *Cf.* M. Baltes, *Die Weltentstehung des platonischen Timaios nach den antiken Interpreten*, Leiden, Brill, 1976.
2. *Cf.* M.-D. Chenu, *Introduction à l'étude de saint Thomas d'Aquin*, *op. cit.*, p. 67, n. 4 (citant Hugues de Saint-Victor, *Didascalicon*, III, 8).
3. Épictète, *Entretiens*, III, 23, 26.
4. Épictète, *Entretiens*, I, 10, 8 ; I, 4, 9 et 14 ; Marinus, *Vita Procli*, éd. J.F. Boissonade, § 12, p. 157, 15.
5. Épictète, *Entretiens*, I, 10, 8 ; *Enchiridion*, § 49 (diriger la lecture).
6. Marinus, *Vita Procli*, éd. J.F. Boissonade, § 10, p. 155, 54.

Il faut bien souligner que le commentaire de texte est une technique pédagogique qui trouve son origine dans le genre de la *quaestio*. C'est ce qu'a bien mis en évidence H. Gadamer : la lecture et la compréhension d'un texte sont une sorte de dialogue avec le texte, dans lequel le texte est pour ainsi dire questionné [1]. Beaucoup d'ouvrages exégétiques de l'Antiquité portent d'ailleurs le titre de « Questions » (*Zètèmata*).

Ce développement de la place donnée au commentaire exégétique dans l'enseignement aura d'importantes conséquences dans l'idée que l'on se fera de la formation philosophique. Nous pouvons repérer deux témoins de cette évolution. Au IIIe siècle avant J.-C., l'Académicien Polémon disait qu'il valait mieux s'exercer dans les difficultés de la vie que dans les questions dialectiques et il critiquait ceux dont on admire les argumentations dialectiques, mais qui se contredisent dans leurs dispositions intérieures [2]. Cinq siècles plus tard, le stoïcien Épictète semble dire la même chose, mais, cette fois, ce qu'il critique, ce n'est plus la dialectique, mais l'exégèse. Au lieu d'être fier de bien expliquer le traité de Chrysippe sur la tendance, il vaudrait mieux diriger raisonnablement ses propres tendances [3]. Polémon et Épictète avertissent donc leurs disciples pour qu'ils ne confondent pas la pratique scolaire de la philosophie avec sa pratique réelle et effective. Mais Polémon parle de dispute dialectique et Épictète d'explication de texte. À la fin de l'Antiquité, la formation du philosophe est assurée avant tout par le commentaire de texte. On en vient à un *cursus* des études correspondant à un programme de lecture qui commence par les œuvres d'Aristote pour s'achever par les dialogues de Platon, selon un ordre commandé par la hiérarchie des parties de la philosophie et des degrés de vertu, dans la perspective du progrès spirituel [4].

1. H. Gadamer, *Wahrheit und Methode*, 2e éd., Tübingen, J.C.B. Mohr, 1965, p. 351 *sq.*
2. Diogène Laërce, IV, 18.
3. Épictète, *Entretiens*, I, 4, 13-14 (il faut entendre : « Regarde comment j'ai bien expliqué le traité de Chrysippe sur la tendance »).
4. *Cf.* P. Hadot, « La division des parties de la philosophie dans l'Antiquité », *Museum Helveticum*, vol. 36, 1979, p. 213 *sq.*

Le dialogue et la discussion ne disparaissent pourtant pas du cours de philosophie. Après l'explication de texte, les auditeurs peuvent poser des questions, non seulement sur le texte expliqué, mais sur tout problème qu'ils désirent entendre traiter. Aulu Gelle raconte ainsi qu'il entendit le philosophe platonicien Taurus répondre par un long discours continu à un auditeur qui lui avait demandé si le sage pouvait se mettre en colère [1]. Les *Entretiens* d'Épictète correspondent à ces questions posées librement par les auditeurs à la fin du cours [2].

Pour compléter ce tableau des formes de l'enseignement philosophique, il faut évoquer enfin une autre situation, à laquelle nous avons déjà fait une brève allusion : celle de la lecture publique, de la conférence d'apparat, déjà en honneur chez les sophistes et à l'époque de Platon. Philon d'Alexandrie marque bien la différence qu'il y a entre l'enseignement régulier (*didaskalia*) de la philosophie et la conférence mondaine (*epideixis*) : « Le conférencier produit au grand jour le fruit des longs efforts qu'il a poursuivis en privé, comme les peintres et les sculpteurs, avec leurs œuvres, poursuivent ainsi les applaudissements de la foule. » [3] Au contraire, le maître adapte son enseignement aux possibilités de ses élèves, comme le médecin qui ne développe pas tout son art lorsqu'il soigne un malade, mais qui cherche ce qui convient à tel patient : l'enseignement implique un dialogue avec les élèves. La conférence publique se rapproche donc, par ses caractéristiques, des œuvres écrites, bien que l'effet « oral » soit toujours recherché.

Nous venons de voir les formes de l'enseignement oral de la philosophie dans l'Antiquité. Nous pouvons donc en conclure que d'une manière générale l'enseignement oral s'inscrit dans le schéma « question réponse », qu'il se présente donc habituellement comme une recherche concernant la réponse à une question ou le sens d'un

---

1. Aulu Gelle, *Noct. Att.*, I, 26, 1-11.
2. Cf. J. Souilhé, « Introduction », dans Épictète, *Entretiens*, Paris, Les Belles Lettres, 1948, p. xxix.
3. Philon, *De post. Caini*, § 141.

texte. Il est toujours, au moins virtuellement, « dialectique », dans la mesure où il fait référence à un auditeur qui a certains besoins et certaines possibilités déterminées. On pourrait donc dire que cet enseignement est surtout de type « zététique ».

Une grande partie de la production littéraire philosophique, celle qui est la plus proche de l'enseignement oral, va reproduire cette situation. Elle sera de type zététique, se présentant sous la forme d'une recherche. Mais, en face d'elle, nous aurons aussi une littérature qui ne recherche pas, mais qui expose. Elle ne s'efforce pas de remonter à des principes de solution pour une question précise, mais elle pose d'emblée des principes et en déduit les conséquences. Elle n'est plus analytique, mais systématique. Ce type de littérature est beaucoup plus éloigné des méthodes de l'enseignement oral.

Le premier type, que nous avons appelé « zététique », peut se rapporter soit à un problème théorique, soit à un texte. Si la recherche porte sur un problème théorique, elle correspond à cette forme de l'enseignement oral qui utilisait la dispute dialectique et d'une manière générale la recherche d'une réponse à une question. Dans ce genre littéraire rentrent non seulement les œuvres qui sont censées rapporter le déroulement d'une dispute dialectique, comme les dialogues de Platon, de Cicéron ou d'Augustin, mais aussi les ouvrages du type « Apories et Solutions » comme ceux d'Aristote, certains traités de Plotin, certaines œuvres de Damascius et enfin toute cette littérature que les modernes ont appelée « diatribique », mais qui en fait, comme l'a bien montré H. Throm [1], correspond au genre dialectico-rhétorique de la « thèse ». En effet, Aristote précise dans les *Topiques* que l'on peut appeler « thèse » tout problème dialectique, c'est-à-dire toutes les questions auxquelles on peut répondre par oui ou par non [2]. Ces problèmes sont précisément l'objet de la dispute dialectique, mais ils deviendront par la suite l'objet d'un traitement dialectico-rhétorique dans l'ensemble de la littérature gréco-latine, par exemple dans les *Tusculanes* de Cicéron, dans les œuvres de Plutarque ou de Sénèque. Dans toutes les formes

---

1. H. Throm, *Die Thesis*, Paderborn, 1932.
2. Aristote, *Top.*, I, 11, 104 b 35.

particulières que nous venons d'énumérer (dialogues, traités, apories et solutions, thèses) on retrouve une même structure : une question initiale, donc un problème déterminé, une discussion réelle ou fictive, présentant en général des arguments *in utramque partem* : pour le oui, comme pour le non, enfin une conclusion qui apporte la réponse. Ces écrits sont donc l'écho de la pratique scolaire de la discussion, de ce que nous pourrions appeler la *disputatio*, ou la *quaestio*.

Tout un autre groupe d'écrits reflète l'activité scolaire exégétique : les questions portant sur les textes et les explications de texte faites pendant les cours, nous pourrions dire la *lectio*. Il y a tout d'abord des écrits de réfutation, s'attaquant aux difficultés que l'on dénonce dans le texte des adversaires. C'est ainsi que les traités de Plutarque contre les Stoïciens mettent en relief les contradictions qui se trouvent dans les écrits de Chrysippe. Il y a ensuite les écrits qui posent une question particulière concernant un passage précis d'un écrit philosophique. Par exemple, les *Platonica Zetemata* de Plutarque cherchent à expliquer certaines difficultés du texte de Platon. De même, certains traités de Plotin ou de Porphyre commencent eux aussi par une question concernant le sens de tel ou tel passage platonicien. Il y a enfin les commentaires continus se rapportant à toute une œuvre. À partir du IIe siècle après J.-C., ces commentaires deviennent des œuvres considérables, de véritables monuments alliant la précision dans l'analyse à la profondeur de la réflexion philosophique. Tels sont, pour Aristote, les commentaires d'Alexandre d'Aphrodise, de Syrianus, de Simplicius, d'Ammonius, de Philopon ; pour Platon, les commentaires de Proclus et de Damascius. On sait le rôle que les commentaires grecs sur Aristote joueront dans la formation de la pensée du Moyen Âge et dans l'élaboration de l'orthodoxie aristotélicienne.

Ainsi, dans l'Antiquité, dispute dialectique et commentaire exégétique ont donné naissance à des genres littéraires qui se caractérisent par la forme « zététique », c'est-à-dire par le mouvement de recherche d'une réponse à une question donnée. À ce type zététique s'oppose, nous l'avons dit, une forme littéraire qui s'attache cette fois à présenter d'une manière systématique une doctrine philosophique, en allant des principes aux conséquences. Le meilleur exemple de ce genre d'écrit est la *Stoicheiosis Theologikè* de Proclus. Le titre même de cet ouvrage en exprime le sens. Comme les *Stoicheia* d'Euclide sont une mise en ordre qui tend à ranger les théorèmes géométriques en allant des principes aux conséquences [1], de même la *Stoicheiosis Theologikè* ordonne les théorèmes théologiques selon le degré de complexité des notions auxquelles ils se rapportent. Le livre de Proclus est le point d'aboutissement d'une longue tradition qui commence avec Platon. Proclus lui-même remarque d'ailleurs, dans son commentaire sur le *Timée*, que Platon pose au début du mythe du *Timée* des définitions qui sont tout à fait analogues à celles que les géomètres placent au début de leurs ouvrages [2]. Et l'œuvre d'Euclide elle-même supposait tous les efforts d'axiomatisation qui avaient été entrepris dans l'Académie de Platon [3]. Plus tard on trouvera des tentatives analogues, par exemple dans la *Lettre à Hérodote* d'Épicure [4]. De telles œuvres, qui s'efforcent de suivre l'ordre logique des propositions et de parcourir l'itinéraire qui va des principes aux conséquences, sont assez éloignées de l'enseignement oral : elles exigent l'écriture qui leur assure en quelque sorte un support intemporel.

Entre les formes zététique et systématique, il existe une forme mixte, qui reste zététique, dans la mesure où elle commence par poser une question déterminée, mais qui procède de manière systématique, dans la mesure où des définitions et des axiomes sont posés ensuite d'une manière générale, de façon à ce que la solution de la question posée apparaisse comme un cas particulier, une application des principes généraux que l'on a définis. Le meilleur exemple de cette

1. *Cf.* W. Buckert, « Stoicheion. Eine semasiologische Studie », *Philologus*, vol. 103, 1959, p. 167-197.

2. Proclus, *In Tim.*, t. I, p. 236, 15 (éd. W. Diehl).

3. H. Stachowiak, *Rationalismus im Ursprung. Die Genesis des axiomatischen Denkens*, Wien, Springer Verlag, 1974.

4. *Cf.* M.N. De Witt, *Epicurus and His Philosophy*, 2e éd., Minneapolis, University of Minnesota Press, 1964, p. 25 et 45 ; P.H. Schruvers, *Horror ac divina voluptas. Étude sur la poétique et la poésie de Lucrèce*, Amsterdam, 1970, p. 327.

forme est le *De Hebdomadibus* de Boèce, mais cette forme mixte est en fait très ancienne : plusieurs traités d'Aristote sont rédigés de cette manière, notamment le traité *Sur la marche des animaux* et certains passages de la *Physique* et du traité *Du ciel*.

Nous avons donc pu distinguer dans l'Antiquité deux grandes formes littéraires : le genre zététique et le genre systématique, le genre zététique se subdivisant en discussion dialectique d'une part et exégèse des textes d'autre part. Nous retrouvons exactement cette classification au Moyen Âge, par exemple dans ce texte de saint Thomas, dans lequel il justifie son projet d'écrire une Somme Théologique : « Dans l'enseignement oral (*traduntur*), les choses qu'il est nécessaire de savoir sont présentées, non pas dans l'ordre propre à la science (*ordo disciplinae*), mais selon les exigences de l'exégèse des textes (*librorum expositio*) ou selon les hasards de la dispute dialectique (*occasio disputandi*). » [1] Nous avons donc ici tout d'abord l'opposition entre l'ordre systématique (*ordo disciplinae*), inhérent à la science elle-même, et les procédés zététiques, qui correspondent à des nécessités extérieures : les questions posées par un auditeur ou par un texte. Et nous retrouvons également la subdivision antique du genre zététique. L'*occasio disputandi*, c'est la *quaestio disputata*, c'est-à-dire, pour reprendre le vocabulaire aristotélicien, la *thèse* contre laquelle il faut argumenter. Rappelons à cette occasion que la situation de la *dispute quodlibétique* se retrouve également dans l'Antiquité dans la mesure où le maître permet aux élèves de lui poser n'importe quelle question, dans certaines circonstances. Quant à la *librorum expositio*, c'était, dans l'Antiquité, l'explication de textes d'Aristote, ou de Platon, ou de Chrysippe, qui constituait la principale activité d'enseignement. À partir de ces méthodes de l'enseignement oral, se sont développés, dans l'Antiquité comme au Moyen Âge, différents genres d'écrits : dialogues, thèses, « questions » ou commentaires, qui restent toujours très proches de l'enseignement oral. En face de ces écrits

---

1. Thomas d'Aquin, *Summa Theologiae*, Prologus. *Cf.* M.-D. Chenu, *Introduction à l'étude de saint Thomas d'Aquin*, *op. cit.*, p. 257.

de forme zététique, saint Thomas envisage une manière d'écrire qui permettra de sauvegarder l'ordre systématique des notions, l'*ordo disciplinae*. Les modèles antiques de ce genre littéraire étaient dans l'Antiquité, nous l'avons vu, des ouvrages du type des *Stoicheia* d'Euclide. Le *De hebdomadibus* de Boèce servira aussi de modèle à quelques écrits de type axiomatique [1]. Mais les *Sommes* médiévales inventent une forme originale par rapport à ces modèles antiques. Elles allient en effet la forme systématique, qui apparaît dans le plan général de l'ouvrage et ses subdivisions, à la forme zététique, qui est conservée dans chaque article, puisque chaque *articulus* est construit comme une *quaestio* particulière et traité selon la méthode dialectique.

---

1. Par exemple Alain de Lille, *Regulae de sacra theologia*.

CHAPITRE X

ENSEIGNEMENT ANTIQUE ET ENSEIGNEMENT MODERNE DE LA PHILOSOPHIE *

Si j'ai intitulé mon exposé « Enseignement antique et enseignement moderne de la philosophie », cela ne signifie pas évidemment que je vais proposer maintenant une histoire détaillée de cet enseignement, mais que je vais m'efforcer de bien marquer les oppositions, mais aussi les continuités entre les deux phénomènes. Et, en parlant de continuité, je veux insister sur le fait que certains aspects de l'enseignement antique annoncent déjà des traits que l'on pourrait considérer comme caractéristiques de l'enseignement moderne. Je veux dire également qu'il ne faudrait pas penser que tout discours philosophique dans l'Antiquité ait été inspiré uniquement par le souci d'apprendre à vivre une vie philosophique, puisque, d'un bout à l'autre de l'Antiquité, on peut constater une constante dénonciation, par les philosophes, des professeurs qui se contentent de briller par leurs discours, sans vivre de manière philosophique. Cela suppose bien que la tendance à se contenter du discours existait déjà chez les philosophes antiques.

En ce qui concerne les présocratiques, il est difficile de savoir s'il existait des écoles philosophiques. Quand Diogène Laërce parle du rapport entre Phérécyde et Pythagore ou Thalès et Anaximandre, il

---

* Conférence inédite prononcée à l'Université Paris Nanterre en mars 2006.

pense sans doute plutôt à une relation personnelle qu'à une relation vécue au sein d'une institution [1].

Quant aux communautés pythagoriciennes qui ont existé au VIe et encore au Ve siècle avant notre ère, elles ont été abondamment décrites dans l'Antiquité tardive. On insistait sur les épreuves auxquelles étaient soumis les futurs membres de la confrérie : discipline du silence, pratique de différentes sciences avant d'être admis à prendre la parole. Mais il est difficile de distinguer ce qui est tradition authentique et projection d'un idéal plus récent d'organisation de la vie philosophique [2]. Quoi qu'il en soit, dans la *République* de Platon (600 b), Pythagore est présenté comme un maître qui a dirigé l'éducation (*paideia*) de nombreux disciples ; il a été aimé par eux à cause de la vie commune (*sunousia*) qu'ils ont mené ensemble et il a laissé à la postérité un mode de vie (*hodos, tropos tou biou*) que les pythagoriciens du temps de Platon continuaient à pratiquer – mode de vie, dit Platon, qui les distingue de tous les autres hommes.

En définissant ainsi l'éducation pythagoricienne, Platon formule par avance deux caractéristiques qui se retrouveront dans toutes les écoles de philosophie de l'Antiquité : d'une part, la vie commune avec le maître, d'autre part, la pratique d'un certain mode de vie qui distingue le philosophe des non-philosophes.

Dans la seconde moitié du Ve siècle avant J.-C., le mouvement sophistique a eu une grande influence sur l'évolution des méthodes d'éducation. Il répondait au besoin créé par l'essor de la démocratie qui obligeait les hommes libres à prendre la parole dans les

---

1. Diogène Laërce, *Vies et doctrines des philosophes illustres*, Paris, Librairie générale française, 1999, I, 13 ; I, 15 ; VIII, 2, p. 73 et 940 (cité désormais : Diogène Laërce). Dans les notes, les traductions des auteurs suivants : Alexandre d'Aphrodie (*Du destin*), Apulée, Aulu Gelle, Cicéron, Épictète (*Entretiens*), Jamblique (*Mystères d'Égypte*), Plutarque, Sénèque, sont citées (parfois avec quelques modifications) d'après la traduction de la Collection des Universités de France. Aristote et Platon (dont il existe de multiples traductions) sont cités selon la manière traditionnelle.

2. Voir, par exemple, Jamblique, *Vie de Pythagore*, introduction, traduction et notes par L. Brisson et A.-Ph. Segonds, Paris, Les Belles Lettres, 1996, § 93-111, p. 54-65.

assemblées politiques. Des professeurs itinérants, qu'on appelle les sophistes, moyennant des honoraires très élevés, et en recrutant leurs élèves par des moyens publicitaires, enseignaient les recettes nécessaires à la maîtrise de parole ainsi que la culture générale. Ils faisaient de l'éducation un métier.

Les contemporains de Socrate le considéraient peut-être comme un des sophistes. Pourtant, du moins si l'on admet ce que dit Platon dans l'*Apologie de Socrate*, entre son enseignement et le leur de grandes différences. Socrate ne demande pas d'honoraires, considère son enseignement, non pas comme un métier, mais comme une mission divine. Par d'habiles interrogations, il conduit ses interlocuteurs à s'interroger sur ce qu'ils sont vraiment, à prendre souci d'eux-mêmes. La figure de ce Socrate de l'*Apologie* sera, dès l'Antiquité, l'antithèse de la figure du professeur de philosophie. Par exemple, Plutarque [1] écrit, au Ier siècle de notre ère : « La plupart des gens s'imaginent que la philosophie consiste à discuter du haut d'une chaire et à faire des cours sur les textes. Mais Socrate, lui, ne s'asseyait pas sur une chaire professorale, il n'avait pas d'horaire fixe, mais c'est en vivant la vie de tous les jours qu'il a philosophé. » De lui, on peut vraiment dire que sa philosophie était un mode de vie.

Sous l'influence du modèle socratique, plusieurs écoles de philosophie se créent à Athènes. Avec elles commence la première période de l'histoire de l'enseignement philosophique : elle s'étend du Ve siècle avant notre ère jusqu'à la disparition des institutions scolaires athéniennes vers 43 avant J.-C. La seconde s'étend depuis la fin du Ier siècle de notre ère jusqu'à la fin de l'Antiquité : elle correspond à la conquête du monde grec par les Romains, à la période impériale et à la profonde transformation du monde antique qu'elle a provoquée.

Voyons donc les caractéristiques de la première période. Les deux plus importantes institutions sont l'Académie, fondée par Platon, et le Lycée, fondé par Aristote. Ces écoles ont servi de modèles aux

---

1. Plutarque, *Si la politique est l'affaire des vieillards*, 796 D.

écoles philosophiques dans toute l'histoire de l'Antiquité. Leur principale caractéristique consiste dans le fait que choisir telle ou telle école, c'est choisir un mode de vie. On peut comparer cela avec la situation du moderne apprenti philosophe. Celui-ci ne devient pas philosophe en choisissant un mode de vie. Il fait de la philosophie, parce que cela fait partie du programme de terminale et c'est un hasard s'il rencontre un professeur partisan de telle ou telle école philosophique. Au contraire, l'apprenti philosophe dans l'Antiquité cherche l'école philosophique qui lui convient. C'est pour cela que Platon écrit ses dialogues et les lit en public. C'est ainsi qu'une femme, Axiothea, s'introduit dans le groupe des élèves de Platon, parce qu'elle a lu le dialogue *La République* [1]. Autre exemple de choix délibéré : Plotin [2], encore étudiant à Alexandrie, est déçu par les différents philosophes qui y enseignent, jusqu'au jour où un ami, « ayant compris ce que désirait son âme », lui fait découvrir Ammonius : « Voilà l'homme que je cherchais ! », s'écrie Plotin. L'adhésion à une école impliquait en principe une conversion à la vie philosophique. La manière inattendue dont le philosophe platonicien Polémon [3] s'était converti à la philosophie était restée célèbre. Après une nuit de débauche, il entra par bravade, avec une bande de fêtards, dans la salle de cours du platonicien Xénocrate et décida de changer de vie en entendant le discours de celui-ci. Il devint ensuite son successeur. C'est peut-être une légende, mais qui pouvait paraître vraisemblable dans la perspective des pratiques des écoles philosophiques. La conversion philosophique correspondait donc à un changement de vie et cela impliquait une rupture avec les cadres habituels de la vie quotidienne, avec les valeurs usuelles des gens ordinaires. C'est évident quand on considère le mode de vie cynique. Mais, on peut aussi dire qu'il en va de même quand il s'agit du mode de vie platonicien. De ce point de vue, la fameuse

---

1. Voir la notice de R. Goulet, « Axiothea », dans *Dictionnaire des philosophes antiques*, Paris, CNRS Éditions, 1999, t. I, p. 690.

2. Porphyre, *Vie de Plotin*, 3, 8, éd. L. Brisson *et alii*, Paris, Vrin, 1992, t. II, p. 136.

3. Diogène Laërce, IV, 16, p. 503.

description du philosophe dans le *Théétète* (174-176) est très significative. Le mode de vie choisi par l'apprenti philosophe, aussi bien dans l'école de Platon que dans l'école d'Aristote, c'est la vie théorétique, consacrée à la dialectique et à la recherche scientifique ainsi qu'à la contemplation. La vie théorétique implique une dimension éthique. Tout d'abord, c'est une étude désintéressée et c'est ce qui, aux yeux d'Aristote, distingue le choix de vie philosophique du choix de vie sophistique [1]. Aristote emploie, dans ce contexte, l'expression *prohairesis tou biou* (choix de vie). Pour lui, le choix de vie sophistique consiste à tirer un profit pécuniaire d'une sagesse apparente et sans réalité. Par ailleurs, dialectique platonicienne et recherche scientifique aristotélicienne exigent une ascèse assez difficile à pratiquer, qui consiste à dépasser le point de vue partial et partiel de l'individu, pour se hausser au niveau du *Logos*, de la Raison objective [2]. Cette recherche désintéressée de la connaissance pour elle-même a quelque chose de surhumain, dira Aristote [3]. Il faut ajouter à cela que les deux écoles, tout en prônant la vie contemplative, n'excluent pas que les disciples ne soient appelés à jouer un rôle politique et elles exigent alors de l'homme politique des qualités morales.

L'enseignement de la philosophie, pendant la première période de son histoire, se caractérise tout d'abord par l'existence d'institutions scolaires bien localisées en différents points d'Athènes : l'Académie et le Lycée, respectivement fondées par Platon et Aristote, et quand apparaîtront l'épicurisme et le stoïcisme : le Jardin et le Portique. Je parle d'institutions, en ce sens que les fondateurs d'école fixent eux-mêmes les règles de fonctionnement du groupe formé par le maître et les élèves, les responsables de certaines tâches et, tout spécialement, la manière dont doit se faire la désignation du directeur de l'école. On s'est longtemps représenté, et même encore aujourd'hui, que, pour avoir un statut légal à Athènes, ces institutions scolaires avaient

---

1. Aristote, *Métaph.*, 1004 b 24 et *Réfut. Soph.*, 171 b.
2. *Cf.* P. Hadot, *Qu'est-ce que la philosophie antique ?*, Paris, Gallimard, 1995, p. 103.
3. Aristote, *Éthique à Nicomaque*, 1177 b 27.

dû se constituer en confréries religieuses, en thiases, vouées au culte des Muses. J.-P. Lynch [1] a montré d'une manière définitive que la législation athénienne sur le droit d'association n'exigeait pas de statut particulier pour les institutions scolaires. Cette prédominance d'Athènes ne signifie pas d'ailleurs qu'il n'existait pas d'écoles de philosophie en dehors de cette ville. Par exemple, le stoïcien Posidonius enseigna à Rhodes au début du Ier siècle avant notre ère.

L'enseignement philosophique, pendant cette période, se caractérise aussi par un trait, hérité, nous l'avons dit, des communautés pythagoriciennes, qui se retrouvera d'ailleurs dans les autres périodes de l'histoire de l'enseignement philosophique antique : la communauté de vie entre maîtres et élèves. D'une part, l'école philosophique, même dogmatique, est une communauté de libre recherche. Les disciples de Platon, par exemple – Aristote, Eudoxe, Xénocrate, Speusippe –, sont considérés comme des égaux [2], et il a toujours existé une grande liberté de pensée et d'expression de la part des disciples. D'autre part, ils vivent dans une étroite communauté, et cette communauté de vie est un mode de formation. Comme dit Sénèque : « La parole vivante et la vie en commun te profiteront plus que le discours écrit » [3], et il cite les exemples des écoles platonicienne, aristotélicienne, stoïcienne et épicurienne qui montrent que c'est la vie en commun avec le maître qui a donné leur valeur aux disciples. Il arrive que les disciples vivent dans la même maison que le maître, comme cela semble avoir été le cas dans l'école épicurienne – à en croire le témoignage de Cicéron : « Dans la seule maison d'Épicure, une toute petite maison, quelle troupe d'amis rassemblés par lui, unis de sentiments par quelle conspiration d'amour » [4] –, ou qu'ils construisent des huttes pour

---

1. J.P. Lynch, *Aristotle's School*, Berkeley, University of California Press, 1972, p. 110 *sq.*

2. K. Gaiser, *Philodems Academica*, Stuttgart, Frommann-Holzboog, 1988, p. 153.

3. Sénèque, *Lettres à Lucilius*, 6, 6.

4. Cicéron, *Des termes extrêmes des biens et des maux*, I, 20, 65. Voir R. Goulet, « Épicure », dans *Dictionnaire des philosophes antiques, op. cit.*, t. III, p. 168.

être plus près de lui, ainsi qu'on le raconte à propos des disciples du platonicien Polémon [1]. En tout cas, l'usage était établi dans presque toutes les écoles, et jusqu'à la fin de l'Antiquité, de prendre fréquemment des repas en commun. D'un bout à l'autre de l'histoire de l'enseignement philosophique antique, le maître joue le rôle d'un directeur de conscience. On l'entrevoit déjà dans le cas de Platon. Dans la *Lettre VII* (330 c-331 a), il parle de l'état d'esprit dans lequel il se trouve quand on lui demande conseil, et certaines anecdotes à son sujet montrent qu'il était très attentif aux qualités ou aux défauts de ses disciples, conseillant par exemple à Xénocrate, qui était toujours sévère et grave, de sacrifier aux Grâces [2]. Ce rôle de directeur spirituel apparaît dans les lettres qu'Épicure adresse à ses disciples. Cela est évident aussi dans le cas de Sénèque et d'Épictète. J'ai une certaine prédilection pour un assez obscur néoplatonicien du IVe siècle de notre ère, Aidésius, dont Eunape raconte ceci : « Aidésius avait une manière d'être affable et proche du peuple. Après les joutes dialectiques, il sortait se promener dans Pergame avec ses disciples les plus distingués. Il voulait que ses disciples aient dans l'âme un sentiment d'harmonie et de responsabilité à l'égard du genre humain ; lorsqu'il voyait qu'ils étaient insultants et hautains à cause de l'orgueil qu'ils tiraient de leurs opinions, il les faisait tomber comme Icare, non pas dans la mer, mais sur la terre et au sein de la vie humaine. S'il rencontrait une vendeuse de légumes, il y prenait plaisir, il s'arrêtait pour discuter avec elle sur les prix, sur l'argent qu'elle gagnait, sur la production de légumes. Il agissait de même façon avec un tisserand, un forgeron, un charpentier. » [3] Cette direction spirituelle ne plaisait pas toujours aux auditeurs, comme le remarque Plutarque [4] : ils apprécient les philosophes quand ils parlent de toutes sortes de sujets, mais si le philosophe leur parle, en

---

1. Diogène Laërce, IV, 19, p. 505.
2. Diogène Laërce, IV, 6, p. 495.
3. G. Giangrande (éd.), *Eunapii Vitae sophistarum*, Roma, Accademia dei Lincei, 1956, p. 57, 10. Voir R. Goulet, « Aidesius de Sardes », dans *Dictionnaire des philosophes antiques, op. cit.*, t. I, p. 74.
4. Plutarque, *Comment écouter ?*, 45 E.

particulier avec franchise, des choses qui sont importantes pour eux et les leur rappelle, ils le supportent mal et ils le trouvent indiscret. Ce traité, *Comment écouter ?*, fournit beaucoup de détails sur les aspects concrets de l'enseignement philosophique dans l'Antiquité.

Nous avons dit que ce sont les communautés pythagoriciennes qui ont été le modèle de cette communauté de vie. Mais un problème se pose : comment mener cette communauté de vie avec de nombreux auditeurs ? Car la salle de cours de philosophie était ouverte à tout le monde. Diogène Laërce raconte par exemple que Théophraste, le successeur d'Aristote, aurait eu jusqu'à 2000 auditeurs, et d'ailleurs, dans une lettre, Théophraste se plaint qu'il soit difficile de trouver un local pour enseigner. Pourtant, dit Théophraste, ses leçons procurent un redressement à ses auditeurs, mais, déplore-t-il, ses contemporains ne tolèrent plus que l'on se dégage de tout et que l'on vive sans souci [1]. Il s'agit là, notons-le en passant, de l'idéal de vie philosophique et de l'opposition entre philosophes et non-philosophes. En fait une distinction s'établissait entre les disciples fervents (*zélôtai*) et les simples auditeurs (*akrôatai*). Selon Jamblique [2], une telle distinction existait déjà dans l'école de Pythagore. Les lecteurs de Platon, dit le platonicien Albinus [3], lisent différemment Platon selon leurs dispositions subjectives, par exemple selon le choix qu'ils font : le lire pour la philosophie, ou bien *historias heneka*, c'est-à-dire seulement pour s'informer. Les disciples fervents sont aussi appelés amis (*philoi*), familiers (*gnôrimoi*), compagnons (*hetairoi*) et peuvent être aussi divisés en jeunes et en anciens [4].

Par ailleurs, surtout pendant cette première période, l'enseignement peut prendre deux formes : soit l'exercice dialectique, soumis

---

1. Diogène Laërce, V, 37, p. 595.
2. Jamblique, *Vie de Pythagore*, VI, 29-30, p. 18-19.
3. Traduction française par R. Le Corre, « Le prologue d'Albinus », *Revue philosophique*, vol. 81, 1956, p. 36, § 5. René Le Corre traduit *historia* par « recherche scientifique », terme qui me semble un peu anachronique sans ce contexte.
4. On trouvera une étude remarquable concernant notamment ces catégories d'auditeurs dans l'article de M.-O. Goulet-Cazé, « L'arrière-plan scolaire de la *Vie de Plotin* », dans Porphyre, *Vie de Plotin, op. cit.*, t. I, p. 232-236.

à des règles précises, soit l'exposé continu, comme on le voit chez Aristote, dont la plupart des écrits sont des textes destinés à être lus devant les auditeurs (même s'ils ont été ensuite remaniés ou retouchés par Aristote ou des élèves). Mais même dans le cas d'Aristote, ce ne sont pas des cours magistraux, mais des textes destinés à être discutés avec les auditeurs. Ce point a été particulièrement souligné par Richard Bodéüs à propos des écrits d'Aristote [1]. L'enseignement philosophique consiste très souvent à répondre, soit par une argumentation dialectique, soit par un exposé continu, à une question déterminée (parfois posée par un auditeur), mais aussi à montrer la méthode qu'il faut suivre pour donner telle ou telle solution. Ce que Wolfgang Wieland a dit au sujet d'Aristote peut nous aider à comprendre tout un aspect de l'enseignement philosophique antique : « Il est tellement essentiel à la pensée aristotélicienne de répondre à des questions déterminées que l'explication détaillée du sens de la question devient elle-même une tâche philosophique. » [2] Et Ingmar Düring a écrit : « Ce qui caractérise la méthode d'Aristote, c'est le fait qu'il est toujours en train de discuter un problème. Chaque résultat important est presque toujours une réponse à une question posée d'une manière bien déterminée et ne vaut que comme réponse à cette question précise. » [3] Cet état de choses se retrouve dans presque toute la philosophie antique. On pourrait faire ainsi une sorte d'inventaire des types de questions auxquelles les philosophes antiques se sont efforcés de répondre.

Avec l'école d'Épicure et celle de Zénon, qui sont fondées à la fin du IVe siècle, un certain nombre d'aspects nouveaux apparaissent. Sans doute les exercices dialectiques continuent à avoir leur importance, surtout chez les stoïciens. Mais aussi bien Épicure que Zénon et Chrysippe exigent de leurs disciples qu'ils mémorisent un

---

1. R. Bodéüs, *Le philosophe et la cité*, Paris, Les Belles Lettres, 1982, p. 162-163.
2. W. Wieland, *Die aristotelische Physik*, 2e éd., Göttingen, Vandenhoeck und Ruprecht, 1970, p. 325.
3. I. Düring, « Aristoteles und das platonische Erbe », dans *Aristoteles in der neueren Forschung*, Darmstadt, 1968, p. 247.

noyau doctrinal constitué par un petit nombre de dogmes, proposés soit sous la forme de sentences faciles à retenir, soit sous la forme de résumés fortement structurés et présentés sous forme déductive. La *Lettre* d'Épicure à Hérodote en est un bon exemple. Les disciples doivent les assimiler, les avoir toujours présents à l'esprit, les méditer jour et nuit, avant d'entreprendre quelque recherche que ce soit sur des points de détail. Les *Pensées* de Marc Aurèle, par exemple, témoignent de cet effort pour garder toujours vivants à l'esprit les dogmes qui dirigent l'action. On voit ainsi apparaître dans l'histoire de la philosophie l'idée de système. Cicéron, par exemple, admirera la cohérence et l'enchaînement nécessaire des dogmes stoïciens [1]. Mais cette présentation systématique n'a pas pour fin de construire un édifice théorique, mais, pourrait-on dire, il s'agit, grâce à une argumentation contraignante, de justifier et d'affermir la résolution en faveur du choix de vie épicurien ou stoïcien. Cette rigueur a une valeur psychagogique.

Dans de nombreux textes, les philosophes antiques se sont attaqués aux philosophes qui se contentent de briller par des discours, sans s'occuper de la formation éthique de leurs disciples et sans s'engager eux-mêmes dans un mode de vie philosophique. Déjà Platon, dans la *Lettre VII* (328 b-329 c), explique que s'il a cherché à jouer un rôle politique à Syracuse, c'était pour ne pas passer à ses propres yeux pour un beau parleur incapable d'agir. Le platonicien Polémon, à la fin du IVᵉ siècle avant notre ère, se moque des professeurs qui cherchent à se faire admirer pour leur habileté dans l'argumentation syllogistique, mais qui se contredisent dans la conduite de leur vie [2]. Une sentence épicurienne dit : « Vain est le discours du philosophe s'il ne guérit aucune passion humaine. » [3] Sénèque parle des maîtres qui enseignent à disputer et non à vivre, et des élèves qui se présentent à leurs maîtres avec l'intention de se

---

1. Cicéron, *Des termes extrêmes des biens et des maux*, III, 22, 74.
2. Diogène Laërce, IV, 18, p. 504.
3. Citée par Porphyre, *Lettre à Marcella*, § 31, cité par D. Arrighetti dans Epicuro, *Opere*, Torino, U.T.E.T., 1973, p. 570; trad. fr. A.-J. Festugière, *Trois dévots païens*, t. II : Porphyre, *Lettre à Marcella*, Paris, La Colombe, 1944, p. 40.

cultiver l'esprit et non l'âme [1]. C'est pourquoi, dit-il, la *philosophia* (amour de la sagesse) est devenue maintenant *philologia* (amour du discours) [2]. Plutarque appelle « sophistes » les philosophes « qui, une fois qu'ils se sont levés de leur chaire et qu'ils ont déposé leurs livres et leurs traités d'initiation, apparaissent à la foule comme insignifiants dans les actes réels de la vie. » [3] Pour le *Manuel* d'Épictète (§ 49), philosopher, ce n'est pas expliquer le texte de Chrysippe, mais vivre conformément à lui. Aulu Gelle parle d'un philosophe nommé Macedo, qui disait : « Il n'y a rien de plus indigne et de plus intolérable que des hommes incapables et lâches, couverts d'une barbe et d'un manteau grec, tournant la morale et les acquis de la philosophie en recettes de langue et de mots et dénonçant les vices avec la plus grande éloquence, alors qu'ils regorgent eux-mêmes de vices encastrés sous leur peau. » [4] Plotin dira de Longin que c'est un philologue et non un philosophe [5]. Et ce petit détail a une importance capitale, car Longin avait fondé une école platonicienne à Athènes, qui fêtait chaque année l'anniversaire de Platon. Porphyre avait été son élève, avant de venir à l'école de Plotin. Cela signifie que Plotin considérait comme un pur philologue (amoureux du discours) quelqu'un qui était un maître platonicien. On peut en conclure que, dans l'Antiquité, il y avait une certaine hostilité entre les tenants d'une philosophie conçue avant tout comme exercice dialectique et comme discours théorique et éloquent, et les tenants d'une philosophie conçue avant tout comme mode de vie. Je pense que l'on peut expliquer cette différence en fonction des intérêts des disciples. Il y avait ceux qui étaient attirés par le genre de vie platonicien ou épicurien ou stoïcien, mais il y en avait aussi beaucoup qui fréquentaient les écoles philosophiques

---

1. Sénèque, *Lettre 108*, 23.
2. Sur ce thème, *cf.* J. Pépin, « Philologos/philosophos », dans Porphyre, *Vie de Plotin, op. cit.*, t. II, p. 479-501.
3. Plutarque, *Comment écouter*, 43 F.
4. Aulu Gelle, *Nuits attiques*, XIII, 8, 5.
5. Porphyre, *Vie de Plotin*, 14, 18-20, *op. cit.*, p. 156. Cf. *ibid.*, 27, 13 ; J. Pépin, « Philologos/philosophos », art. cit., p. 479-499 ; I. Männlein-Roberts, *Longin, Philologe und Philosoph*, Leipzig, 2001, p. 146-150.

dans la perspective d'une carrière politique ou administrative. Cette distinction correspondrait assez bien à la distinction entre disciples fervents et simples auditeurs dont nous venons de parler. Beaucoup de gens venaient écouter les philosophes surtout pour acquérir la maîtrise de la parole et la culture générale, et s'intéressaient donc surtout à la formation dialectique et rhétorique. Certains philosophes, à la fois par leur évolution personnelle et sous l'influence du public nombreux qu'ils voulaient satisfaire, ont donc été amenés à privilégier l'exercice de la parole aux dépens de l'ascèse. Et il faut bien reconnaître qu'il a toujours existé et existera toujours chez les philosophes, anciens et modernes, la tentation de développer un discours pour lui-même, la construction d'un bel édifice conceptuel apparaissant comme une fin en soi. Bien des philosophes devaient essayer de concilier discours et mode de vie, comme au IIe siècle de notre ère, Apulée, qui, critiquant les cyniques qui négligent l'art de bien parler, définit la philosophie comme la discipline royale inventée en vue de bien parler et de bien vivre [1].

La seconde période de l'histoire de l'enseignement philosophique dans l'Antiquité s'étend du premier siècle avant J.-C. jusqu'au IVe siècle de notre ère. Son début coïncide plus ou moins avec l'apparition de l'Empire romain et sa domination sur tout le monde grec. De profondes transformations s'opèrent aussi bien dans le domaine institutionnel que pédagogique. Tout d'abord, dans le courant du Ier siècle avant J.-C., trois grandes institutions athéniennes – Académie, Lycée, Portique – disparaissent, à cause des dévastations qui eurent lieu lors du siège d'Athènes par Sylla. Seule l'école épicurienne subsistera. Les écoles philosophiques, qui existaient déjà en dehors d'Athènes, tendent à devenir de plus en plus nombreuses.

Surtout, l'enseignement tend à changer de forme. Alexandre d'Aphrodise [2], au IIe siècle de notre ère, a bien décrit cette évolution.

1. Apulée, *Florides*, VIII.
2. Alexandre d'Aphrodise, *In Aristotelis Topica comment.*, 13 Wallies, dans *Commentaria in Aristotelem Graeca*, t. II, 2, Berlin, 1891, p. 27 ; trad. angl. J.M. Van Ophuiisen, *Alexander of Aphrodisias, On Aristotle Topics*, London, Duckworth, 2001, p. 30.

Il dit que l'enseignement des Anciens avait une forme dialectique (il consistait essentiellement à discuter au sujet de questions, appelées thèses), mais que, maintenant (cela signifie depuis la fin du premier siècle avant notre ère), l'enseignement a pour objet principal des commentaires sur des livres. Ce que veut dire Alexandre, ce n'est pas qu'il existe des commentaires de textes – il en existait depuis des siècles –, mais que l'activité exégétique devient la méthode privilégiée de l'enseignement. Ce changement peut avoir plusieurs causes. Tout d'abord, la tradition orale conservée dans les différentes institutions athéniennes a été interrompue. Il faut recourir désormais aux textes des fondateurs pour exposer la doctrine. D'autre part, cette transformation de la méthode d'enseignement est aussi le résultat de la forme dogmatique de l'enseignement des écoles épicurienne et stoïcienne qui s'appuyait sur des textes que l'on devait plus ou moins retenir par cœur pour diriger sa vie. Cette forme dogmatique s'est étendue au platonisme et à l'aristotélisme. On a commencé à rassembler les dogmes des fondateurs d'école et surtout on a voulu prouver que ces dogmes avaient bien été formulés dans les écrits des fondateurs. Il est possible aussi que l'on ait eu besoin d'explications pour comprendre des écrits vieux de plusieurs siècles. À partir de la fin du premier siècle avant J.-C., on trouve donc des commentaires complets des différents dialogues de Platon et des écrits d'Aristote. La partie théorique du cours de philosophie consiste essentiellement dans une explication de textes, et cette lecture se fait dans un certain ordre qui correspond en principe au progrès des disciples dans la connaissance et la pratique de la philosophie. Des commentaires des écrits d'Épicure ou de Chrysippe ne nous ont pas été conservés. Mais nous savons par Épictète que des textes de Chrysippe et des anciens stoïciens étaient commentés dans son école [1].

Cette activité exégétique a eu beaucoup de conséquences dans l'évolution de l'enseignement de la philosophie. Désormais, on ne traite plus des problèmes eux-mêmes, mais de la question de savoir

1. Épictète, *Entretiens*, I, 10, 8 ; III, 21, 7 ; *Manuel*, chap. 49 ; voir P. Hadot, « Introduction », dans Arrien, *Manuel d'Épictète*, Paris, Libraire générale française, 2000, p. 27.

ce que Platon ou Aristote ou Chrysippe ont dit de tel ou tel problème. C'est le début de ce que l'on appellera la méthode scolastique du Moyen Âge. Par ailleurs, en commentant, on essaie de montrer la cohérence de l'enseignement du fondateur de l'école. Il se dégage peu à peu par exemple un système platonicien, que l'on expose dans de petits manuels. On introduit un ordre de lecture dans les œuvres de Platon et d'Aristote, ordre qui correspond aux étapes du progrès spirituel; et l'on écrit des manuels sur la manière de lire ces œuvres.

Dans le domaine institutionnel, on assiste à une progressive fonctionnarisation de l'enseignement de la philosophie. Le mouvement avait commencé dans l'Athènes du IIe siècle avant J.-C., lorsque l'institution officielle de l'éphébie avait mis au programme de son enseignement des leçons de philosophes, choisis très probablement en raison de leur appartenance aux quatre écoles athéniennes[1]. On peut supposer que la Cité donnait une rétribution pour cet enseignement. À l'époque impériale, un enseignement philosophique municipal rétribué par les différentes cités tend à se généraliser. Ce mouvement trouve son apogée et sa consécration dans la fondation par Marc Aurèle en 176, à Athènes, de quatre chaires de philosophie, correspondant à chacune des quatre grandes sectes et rétribuées par le trésor impérial[2]. Les chaires créées par Marc Aurèle n'avaient aucun rapport de continuité avec les anciennes institutions athéniennes, mais, aux yeux de l'empereur, c'était une tentative pour faire à nouveau d'Athènes un centre de culture philosophique. On s'étonnera d'ailleurs du fait que Marc Aurèle s'en soit remis à Hérode Atticus, dont la vie n'était pas du tout celle d'un philosophe, pour le choix des titulaires de ces chaires[3]. À vrai dire, Hérode avait

---

1. Sur tout le problème institutionnel, *cf.* I. Hadot, *Arts libéraux et philosophie dans la pensée antique*, Paris, Vrin, 2005, p. 215-262.

2. Lucien, *Eunuque*, § 3 (trad. du texte dans I. Hadot, *Arts libéraux et philosophie dans la pensée antique*, *op. cit.*, p. 247); Philostrate, *Vie des sophistes*, II, 2, 566 (*Philostratus and Eunapius*, trad. angl. W.C. Wright, Loeb Classical Library, p. 182); Dion Cassius, *Histoire romaine*, LXXII, 31, 3 (*Dio's Roman History*, trad. angl. E. Cary, t. IX, Loeb Classical Library, p. 54); *cf.* I. Hadot, *Arts libéraux et philosophie dans la pensée antique*, *op. cit.*, p. 246-248.

3. Philostrate, *Vie des sophistes*, II, 2, 566, p. 182.

fréquenté les cours du platonicien Taurus [1] et il était capable de citer les *Entretiens* d'Épictète [2]. Je me demande si Marc Aurèle, bien qu'il ait pratiqué le stoïcisme, ne considérait pas que l'enseignement donné dans ces chaires avait surtout pour fin de permettre aux étudiants de connaître les quatre doctrines traditionnelles, sans qu'il soit question de communauté et de pratique, ce qui peut se comprendre puisque le nombre des étudiants devait vraisemblablement être considérable. On pourrait dire que, à partir de l'époque impériale, deux types d'enseignement de la philosophie se sont développés. D'une part, il y avait un enseignement fonctionnarisé s'adressant à un grand nombre d'élèves sans cette relation personnelle qui existait dans les communautés de la période précédente. Les élèves de cet enseignement fonctionnarisé, comme le disait Albinus, n'étudiaient la philosophie que pour l'*historia*, pour avoir des renseignements sur la philosophie. D'autre part, il existait, comme dans la période précédente, des écoles privées, destinées avant tout à ceux qui se convertissaient par un choix personnel à la vie philosophique, écoles dans lesquelles étaient donc pratiquées la communauté de vie et l'ascèse philosophique, au moins chez les *zélôtai*, les disciples fervents, écoles qui souvent se référaient explicitement au modèle des antiques communautés pythagoriciennes. Les initiatives municipales ou impériales n'ont pas eu pour résultat un essor particulier et un renouveau spectaculaire de la philosophie. À ma connaissance, le seul grand philosophe antique qui ait occupé une chaire impériale a été Alexandre d'Aphrodise, au début du IIIe siècle [3]. Les grandes œuvres philosophiques de l'Antiquité émanent presque toutes de maîtres ou disciples des écoles privées. Il faut ajouter que, surtout dans les écoles privées, la forme dialogique de l'enseignement ne disparaît pas. Mais celui-ci prend la forme d'une discussion entre maître et élève qui a lieu après la partie exégétique, comme on le

---

1. Philostrate, *Vie des sophistes*, II, 2, 564, p. 178.
2. Aulu Gelle, *Nuits attiques*, I, 2, 7-13.
3. Alexandre d'Aphrodise, *Traité du destin*, 1, 17 Thillet.

voit par les *Entretiens* d'Épictète [1] et par ce que Aulu Gelle [2] dit des rapports de Taurus avec ses élèves. C'est l'occasion pour le maître de jouer son rôle de directeur spirituel.

Dernière caractéristique qui concerne surtout les platoniciens : ils ont tendance à interpréter certains textes du *Banquet* ou du *Phèdre* dans le sens d'une expérience mystique grâce à laquelle l'âme entre en contact avec le principe premier. Cela apparaît chez Philon d'Alexandrie, chez Numénius et chez Plotin. Le discours philosophique se dépasse alors dans une expérience indicible.

J'ajouterais une troisième période, celle de l'enseignement de la philosophie à l'époque de l'Empire chrétien, à partir de la première moitié du IVᵉ siècle de notre ère jusqu'au VIᵉ siècle. En effet, l'environnement politique et social est complètement modifié. Le christianisme se présente lui-même comme une philosophie avec des écoles, qui ont la même structure que les écoles philosophiques païennes et un mode de vie qui inclut des exercices spirituels empruntés à la tradition philosophique antique. En même temps, les enseignements municipaux et impériaux tendent à disparaître. Les derniers néoplatoniciens ouvrent des écoles privées souvent subventionnées par de riches païens. Apparemment l'enseignement est tout à fait semblable à celui de la période précédente dans ses méthodes et dans sa finalité. L'activité exégétique devient même encore plus intense. Les commentaires sur Aristote serviront de modèles aux commentaires du Moyen Âge, par l'intermédiaire des Arabes. La finalité reste la même : comme l'a bien montré Ilsetraut Hadot [3], à propos du commentaire de Simplicius sur le *Manuel* d'Épictète, les commentaires sont conçus comme de véritables exercices spirituels. Mais, à mon avis, des corps étrangers à la conception traditionnelle du mode de vie philosophique

---

1. *Cf.* P. Hadot, « Introduction », art. cit., p. 27-28 ; B. Wehner, *Die Funktion der Dialogstruktur in Epiktets Diatriben*, Stuttgart, Franz Steiner Verlag, 2000.

2. Aulu Gelle, *Nuits attiques*, I, 26. Sur Taurus, *cf.* M.-L. Lakmann, *Der Platoniker Taurus in der Darstellung des Aulus Gellius*, Leiden, Brill, 1994.

3. Simplicius, *Commentaire sur le Manuel d'Épictète*, éd. I. Hadot, Leiden, Brill, 1996, p. 51-60.

s'introduisent dans le mode de vie philosophique. Pour Jamblique, Proclus et les autres néoplatoniciens tardifs, le salut de l'âme, c'est-à-dire son retour dans la patrie originelle, ne peut se réaliser qu'en accomplissant des rites que les dieux ont prescrits, notamment dans les *Oracles chaldaïques* [1]. Les pratiques religieuses et théurgiques viennent donc s'insérer dans la vie du philosophe.

On peut donc dire que, depuis Socrate au moins, sinon Pythagore, jusqu'à la fin du monde antique, l'enseignement de la philosophie a toujours été intimement lié, du moins chez la plupart des philosophes qui nous ont laissé des écrits, à la pratique d'un mode de vie qui correspond à la fois à la transformation de la vision du monde et à la transformation de soi. L'enseignement moderne de la philosophie dans les Universités ne correspond plus à cette représentation. À quel moment la rupture s'est-elle produite? Michel Foucault pensait que Descartes et sa théorie du bon sens en étaient responsables pour la raison suivante. Avant Descartes, le sujet devait réaliser un travail sur soi pour connaître la vérité, mais pour Descartes, « il suffit que je sois n'importe quel sujet capable de voir ce qui est évident » : « L'évidence se substitue à l'ascèse » [2]. Je crois que cette représentation est inexacte. La théorie de Descartes sur le bon sens et l'évidence est tout à fait traditionnelle. Si Descartes affirme que la raison est naturellement égale chez tous les hommes, il ajoute tout de suite que « ce n'est pas assez d'avoir l'esprit bon, mais le principal est de l'appliquer bien » [3], c'est-à-dire de l'appliquer avec méthode, ce qui est une affaire de volonté. Étienne Gilson [4], dans son commentaire du *Discours de la Méthode*, parle, à ce sujet, d'une transformation de la méthode morale du stoïcisme en méthode scientifique. Par exemple, lorsque, dans la deuxième partie du *Discours* [5], Descartes dit qu'il

1. Jamblique, *Les Mystères d'Égypte*, II, 11, p. 96 des Places.
2. Cité dans H. Dreyfus et P. Rabinow, *Michel Foucault, un parcours philosophique*, Paris, Gallimard, 1984, p. 345.
3. R. Descartes, *Discours de la Méthode*, Première partie, dans *Œuvres philosophiques*, éd. F. Alquié, t. I, Paris, Garnier, 1963, p. 568.
4. R. Descartes, *Discours de la Méthode*, éd. É. Gilson, Paris, Vrin, 1939, p. 85.
5. R. Descartes, *Discours de la Méthode*, Seconde partie, *op. cit.*, p. 485.

faut éviter, dans les jugements, la précipitation et la prévention, et ne rien admettre qui ne soit évident, il ne fait que reprendre les règles stoïciennes de la discipline de l'assentiment. Cicéron dit par exemple que les stoïciens ont raison de donner le nom de vertu à la dialectique, puisqu'en tout la précipitation du jugement et l'ignorance sont choses vicieuses [1]. Je crois d'ailleurs que, d'une manière générale, la recherche de la vérité, même scientifique, implique une éthique : il faut parvenir à un point de vue objectif et, pour cela, il faut s'efforcer de renoncer, autant que possible, à son point de vue subjectif. Quoi qu'il en soit, il me semble indiscutable que les *Méditations* de Descartes, conformément à leur titre, font une place considérable à des exercices spirituels [2].

Pour ma part, je penserais que la rupture n'a pas été provoquée par une sorte de passage de l'ascèse à l'évidence qui aurait été opéré par Descartes, mais qu'elle s'est produite bien plus tôt : elle commençait à s'esquisser dès l'Antiquité, comme je l'ai laissé entrevoir, mais le tournant décisif s'est opéré avec le développement du christianisme et de sa théologie. Dans une première étape, pour rivaliser avec les philosophies antiques, la propagande chrétienne a présenté le christianisme comme un mode de vie philosophique, sur le modèle des philosophes antiques. Pendant plusieurs siècles, le mot *philosophia* a notamment désigné le mode de vie monastique, mode de vie qui, en fait, empruntait d'ailleurs tacitement beaucoup d'exercices spirituels à la philosophie antique [3]. Les meilleurs exemples de ces larcins sont les adaptations chrétiennes du *Manuel* d'Épictète qui reproduisent le texte d'Arrien, sans indiquer ni son nom ni celui d'Épictète, en remplaçant à l'occasion le nom de Socrate par celui de Paul [4]. Le résultat de cette identification a été le suivant : les chrétiens n'avaient pas à chercher dans les

1. Cicéron, *Des termes extrêmes des biens et des maux*, III, 21, 72.
2. P. Hadot, « L'expérience de la méditation », *infra*, p. 193-200.
3. *Cf.* P. Hadot, « Exercices spirituels et philosophie chrétienne », dans *Exercices spirituels et philosophie antique*, Paris, Albin Michel, 2002, p. 74-98.
4. On trouvera le texte grec de ces adaptations dans G. Boter, *The Encheiridion of Epictetus and Its Three Christians Adaptations*, Leiden, Brill, 1999.

philosophies antiques un mode de vie ; le mode de vie chrétien que leur proposaient les écrits des Pères et des moines leur suffisait. Mais les penseurs chrétiens se sont intéressés, on peut dire très intensément, à la philosophie antique, non pas comme mode de vie, mais comme dialectique et comme ontologie, c'est-à-dire comme discours rationnel permettant de résoudre les problèmes logiques que posaient les dogmes de l'Incarnation, de la Trinité, de la transsubstantiation. La philosophie, entendue au sens de discours théorique abstrait, a donc été mise au service de la théologie, elle est devenue la servante de la théologie, quelle que soit l'origine et le sens de l'expression *ancilla theologiae* [1]. Non seulement on met ce discours philosophique au service de la théologie, mais on l'étudie pour lui-même, dans les Facultés des Arts, en tant qu'il peut se présenter comme une science de la nature, une dialectique, une ontologie. Ce discours philosophique est de plus en plus, à partir du XIII e siècle, celui d'Aristote, que l'on commente abondamment. Évidemment cette philosophie n'est pas choisie en fonction du mode de vie qu'elle implique – car il n'y a qu'un seul mode de vie, le mode chrétien, avec peut-être les nuances que lui ajoutent les différentes formes de la vie monastique –, mais en fonction des concepts (être, existence, substance, relation) qui peuvent servir dans la discussion théologique. La « philosophie », au Moyen Âge, n'est donc plus cet engagement de l'être qu'elle était dans l'Antiquité.

Il y a pourtant une exception, limitée, mais importante : ce sont des penseurs, comme Aubry de Reims ou Boèce de Dacie, influencés d'ailleurs par l'averroïsme et condamnés en 1270 par l'évêque de Paris. En bons aristotéliciens, ils considèrent que la contemplation philosophique de la cause première est un mode de vie qui procure le plaisir suprême auquel l'homme puisse atteindre en ce monde [2]. Mais, il faut le préciser, ils ne renient pas pour autant le mode de vie chrétien.

---

1. Voir à ce sujet J.L. Solère et Z. Kaluza, *La servante et la consolatrice*, Paris, Vrin, 2002.

2. *Cf.* P. Hadot, *Qu'est-ce que la philosophie antique ?*, *op. cit.*, p. 393.

D'une manière générale, au Moyen Âge, la philosophie reste donc une discipline abstraite. Il y a à cela des raisons religieuses que nous venons de voir, mais il y a aussi des raisons historiques : le Moyen Âge a connu la philosophie antique avant tout sous la forme de commentaires ; il a hérité de la scolastique de l'époque impériale. Mais il y a également des raisons institutionnelles. C'est en effet au Moyen Âge qu'apparaît le système universitaire. Dans le Haut Moyen Âge, jusqu'à la fin du IXe siècle, l'éducation avait été dispensée dans les écoles monastiques, puis du Xe siècle au XIIe siècle, dans les écoles cathédrales. Au XIIIe siècle apparaissent les Universités, qui sont des corporations (*universitas* signifiant corporation), ayant une personnalité juridique, reconnue par le roi et par le pape, et se composant de différentes Facultés – Faculté de Théologie évidemment, mais aussi Faculté de Droit, Faculté des Arts, cette dernière étant le lieu où l'on étudie la philosophie. La plupart étudiants s'efforcent d'accéder aux grades universitaires délivrés par la Faculté de Théologie, qui leur permettront d'obtenir des bénéfices ecclésiastiques très confortables [1]. Ce système ne les incite donc pas à un total désintéressement et à une vie qui serait proprement philosophique.

Ce système universitaire subsistera jusqu'à la fin du XIXe siècle, soit qu'il soit dominé par l'Église seule au XIIIe et XIVe siècle, soit qu'il soit dominé par le pouvoir politique et l'Église, du XVe au XIXe siècle. Peu à peu, l'objectif des étudiants ne sera plus d'obtenir des bénéfices ecclésiastiques, mais de faire carrière, soit dans l'Université, soit dans l'administration ou la politique. Dans ce système, la philosophie, toujours subordonnée à la théologie, ne retrouvera plus ce caractère d'engagement existentiel et de conversion qu'elle avait dans l'Antiquité. La notion de la philosophie reste, dans ces Universités, ce que Kant appelle une notion « scolastique », c'est-à-dire que la philosophie, ainsi conçue,

---

1. Il faut lire à ce sujet l'excellente mise au point d'Alain de Libera, *Penser au Moyen Âge*, Paris, Seuil, 1991, p. 143-148.

ne recherche rien d'autre que l'unité systématique de la construction philosophique [1].

Toutefois, du XVIe siècle, c'est-à-dire à partir de la Renaissance, jusqu'au XVIIIe siècle, parallèlement à ce système universitaire, on voit se développer un retour à l'idéal de vie philosophique antique, qui s'était déjà esquissé au Moyen Âge chez Aubry de Reims et Boèce de Dacie. D'une part – mais ce n'est pas là le phénomène le plus significatif –, la réflexion philosophique s'exerce dans des institutions extra-universitaires, comme l'Académie platonicienne de Florence fondée par Marcile Ficin, mais aussi dans de nombreuses Sociétés Savantes. Mais surtout, il y a les penseurs isolés qui développent des philosophies qui, d'une part, retrouvent peu à peu leur autonomie par rapport à la théologie, et, d'autre part, exigent, d'une manière ou d'une autre, une transformation de soi et une conversion. On peut énumérer ainsi, tout d'abord, des figures comme Érasme ou Montaigne, mais aussi des penseurs comme Descartes, Malebranche ou Spinoza. On est, sans doute, loin de la communauté de vie, du dialogue oral, de la pratique quotidienne de la vie philosophique qui existaient dans l'Antiquité. Mais ces philosophes publient des œuvres écrites qui invitent l'homme égaré et inconscient à une libération et à une conversion. On pourra même parler de direction « spirituelle » à propos des Lettres de Descartes à la Princesse Palatine.

Au XVIIIe siècle, c'est hors des Universités que se développe la philosophie des Lumières, l'*Aufklärung*, qui achève le mouvement de libération de la pensée par rapport aux autorités religieuses et politiques. On assiste à une transformation complète du concept de philosophie ou plutôt de philosophe. On pourrait dire que s'effectue alors un retour à Socrate, Socrate qui fut d'ailleurs particulièrement admiré tout au cours du siècle [2], comme un homme qui a réglé sa vie par la raison, qui a été une victime de la superstition et un exemple

---

1. I. Kant, *Critique de la Raison pure*, le chapitre « Architectonique de la Raison pure », traduction sous la direction de F. Alquié, Paris, Gallimard, 1980, p. 695.

2. *Cf.* B. Bohm, *Sokrates im achzehnten Jahrhundert. Studien zum Werdegang des modernen Persönlichkeitsbewusstseins*, Leipzig, 1929.

d'esprit critique. Comme lui, on veut ramener des choses divines aux choses humaines les préoccupations du philosophe, les choses humaines étant d'ailleurs, pour les philosophes des Lumières, non seulement la vie quotidienne, mais les progrès scientifiques et techniques, et aussi et surtout les problèmes sociaux et politiques. Le philosophe n'est pas quelqu'un qui développe une scolastique abstraite, mais quelqu'un qui, comme le dira Kant [1], pense par lui-même et non en se conformant à une autorité, qui pratique la vertu pour elle-même, tel le *Philosophe sans le savoir* de Sedaine, quelqu'un qui s'engage et milite pour défendre les droits de l'homme. Comme le voulaient épicuriens et stoïciens, la philosophie doit être accessible à tous, elle doit, disent les philosophes des Lumières, être « populaire » [2]. Il y a donc là un retour, tout au moins partiel, à l'idéal de la philosophie antique. Et Kant exprimera finalement l'idéal des Lumières quand il écrira : « Une Idée cachée de la philosophie a depuis longtemps été présente parmi les hommes. Mais soit ils ne l'ont pas comprise, soit ils l'ont considérée comme une contribution à l'érudition. Si nous prenons les anciens philosophes grecs comme Épicure, Zénon, Socrate, etc., nous découvrons que l'objet principal de leur science a été la destination de l'homme et les moyens de l'atteindre. Ils sont donc restés plus fidèles à l'Idée vraie du philosophe, que cela n'est arrivé dans les temps modernes, où l'on ne rencontre de philosophes que comme artistes de la raison. » [3] En parlant d'« artistes de la raison », Kant [4] pense aux professeurs qui enseignent ce qu'il appelle une philosophie scolaire ou scolastique,

---

1. I. Kant, « Qu'est-ce que les Lumières ? », dans *Vers la paix perpétuelle*, Paris, Flammarion, 1991, p. 43-44.

2. Sur le problème de la philosophie populaire, *cf.* H. Holzhey, « Der Philosoph für die Welt. Eine Chimäre der deutschen Aufklärung? », dans H. Holzhey et W.C. Zimmerli (dir.), *Esoterik und Exoterik der Philosophie*, Bâle-Stuttgart, Schwabe, 1977, p. 117-138 ; Ph. Beck et D. Thouard (dir.), *Popularité de la philosophie*, Paris, ENS Éditions, 1995.

3. I. Kant, « Vorlesungen über die philosophische Enzyclopädie », dans *Kants gesammelte Schriften*, XXIX, Berlin Akademie, p. 9.

4. I. Kant, *Critique de la Raison pure*, *op. cit.*, p. 696.

notion qu'il oppose [1] à celle de philosophie cosmique, c'est-à-dire « philosophie du monde », ce qui veut dire, selon Kant, « ce qui intéresse nécessairement chacun » [2]. Cette philosophie cosmique est personnifiée pour Kant dans l'idéal du philosophe [3].

Le XIXe siècle connaîtra un violent affrontement entre partisans et adversaires de la philosophie universitaire [4]. Ce que nous venons de dire de l'opposition que Kant avait établie entre la philosophie scolaire et la philosophie cosmique permet de le ranger dans la deuxième catégorie, bien qu'il ait été professeur à l'Université de Königsberg. Il représente en quelque sorte à la fois la fin de l'époque des Lumières et la nouvelle génération de ces philosophes-professeurs comme Fichte, Schelling et Hegel, qui seront, pour leur part, d'ardents défenseurs de la philosophie universitaire. À ce propos, Miguel Abensour et Pierre-Jean Labarrière, dans leur préface à leur édition de Schopenhauer, *Contre la philosophie universitaire* [5], ont parlé d'« une floraison étonnante de textes sur l'organisation de l'Université qui vont de Schelling (1803) à Fichte (1807), jusqu'à Hegel (1816), en passant par Schleiermacher et Humboldt ». Ils évoquent aussi un « véritable corpus de philosophies de l'Université, c'est-à-dire de philosophies qui font de l'Université le lieu de réalisation du philosophique comme tel ». Cette défense de la philosophie universitaire est étroitement liée à l'idée selon laquelle la philosophie est essentiellement une construction de système. C'est contre cette idée de philosophie universitaire, systématique, mais aussi étatisée et fonctionnarisée,

---

1. *Ibid.*, p. 695-696. *Cf.* J.R. Lindgren, « Kant's Conceptus Cosmicus », *Dialogue*, vol. 2, 1962-1964, p. 280-300; F. Marty, « Le concept cosmique de la philosophie. Recherches sur l'idée de monde chez Kant », *Les Cahiers de la philosophie* (Lille), vol. 15-16, 1992-1993, p. 13-34; K. Düsing, *Die Teleologie in Kants Weltbegriff*, Kant-Studien Ergânzungsheft 96, Bonn, 1986.

2. I. Kant, *Critique de la Raison pure*, *op. cit.*, p. 696, note.

3. *Ibid.*, p. 695.

4. *Cf.* L. Ferry, J.-P. Pesron et A. Renaut, *Philosophies de l'Université*, Paris, Payot, 1979.

5. M. Abensour et P.-J. Labarrière, « Préface », dans A. Schopenhauer, *Contre la philosophie universitaire*, Paris, Payot-Rivages, 1993, p. 22.

que s'insurge le pamphlet de Schopenhauer écrit en 1851 dont nous venons de parler. Schopenhauer oppose philosophes et professeurs de philosophie : « Très peu de philosophes ont été professeurs de philosophie et moins de professeurs de philosophie encore ont été philosophes. » [1] Il est intéressant de constater que trois ans plus tard, aux États-Unis, sans qu'il y ait vraisemblablement d'influence de Schopenhauer sur lui, Henry David Thoreau écrira : « De nos jours, il existe des professeurs de philosophie, mais pas de philosophes. » [2] Schopenhauer remarque d'ailleurs qu'il n'y a rien de plus pernicieux que l'obligation ou la contrainte d'avoir par profession des réponses prêtes pour toutes les situations imaginables [3]. Wittgenstein a dit quelque chose d'analogue, sans doute à cause de l'influence considérable que Schopenhauer a exercée sur lui. Il parle du prix que le philosophe a à payer personnellement pour ce qu'il croit pouvoir penser et dire [4]. Pour sa part, penseur isolé et libre, Schopenhauer invitera le lecteur de ses livres à une conversion, à une transformation de soi, qui consiste dans la négation du vouloir-vivre.

À cette époque, partisans et adversaires de la philosophie universitaire étaient parfaitement conscients des différences profondes qui séparaient l'enseignement philosophique antique et l'enseignement philosophique moderne. Par exemple, Hegel, dans le prologue aux *Principes de la Philosophie du droit* [5], s'attaque violemment à son collègue et néanmoins ennemi, G.L. Fries, en parlant de sa bêtise. G.L. Fries avait deux défauts majeurs aux yeux de Hegel. D'une part, il était libéral et soutenait les idées libérales et populaires des jeunes étudiants – il fut d'ailleurs suspendu par

---

1. A. Schopenhauer, *Contre la philosophie universitaire, op. cit.*, p. 64.

2. H.D. Thoreau, *Walden ou la vie dans les bois*, trad. fr. G. Landré-Augier, Paris, Aubier, 1967, p. 89.

3. A. Schopenhauer, *Contre la philosophie universitaire, op. cit.*, p. 65.

4. N. Malcolm, *Ludwig Wittgenstein. A Memoir*, Oxford, Blackwell, 1958, p. 55, cité et commenté par J. Bouveresse, *Wittgenstein : la rime et la raison*, Paris, Minuit, 1973, p. 74.

5. M. Abensour et P.-J. Labarrière, « Préface », art. cit., p. 22, note, citant L. Ferry et A. Renaut, « Université et système », *Archives de philosophie*, vol. 42, 1979, p. 68.

l'État de son enseignement à cause de cela. D'autre part, il n'était pas un philosophe systématique, mais donnait comme tâche à la philosophie l'observation intérieure. Pour Hegel, philosophie systématique et enseignement au service de l'État allaient de pair. Il écrit donc : « Chez nous, la philosophie n'est pas exercée, comme chez les Grecs, en tant qu'art privé, mais son existence manifeste qui touche le public est avant tout ou uniquement au service de l'État. » [1] Dans son pamphlet *Contre la philosophie universitaire*, Schopenhauer énumère certains textes antiques importants depuis Socrate jusqu'à Apollonius de Tyane [2], qui affirment que l'enseignement de la philosophie ne doit pas être un métier lucratif, parce que le philosophe doit toujours rester libre. C'est de cet enseignement libre et privé de la philosophie, propre à la Grèce antique, que rêvera Nietzsche. Dans une lettre à Rohde, qui date du 15 décembre 1870, Nietzsche fait part à son correspondant de la lassitude qu'il éprouve à l'égard de l'enseignement universitaire qu'il donne à Bâle : « À la longue, je comprends tout ce qu'implique la doctrine de Schopenhauer sur la sagesse des universités. » [3] Pour que nous devenions de vrais professeurs, dit-il à Rohde, il faut que nous ne soyons plus seulement des hommes plus savants, mais des hommes meilleurs. Il a hâte, dit-il, d'être vrai. Il pense pouvoir fonder une nouvelle Académie hellénique. « Hellénique », il ne dit pas platonicienne. Comme le remarque Horst Hutter [4], dans son ouvrage remarquable consacré aux pratiques ascétiques de Nietzsche, il s'agit d'ailleurs plutôt d'une Académie épicurienne. Ce sera le rêve de Nietzsche pendant toute sa vie : vivre en commun avec un petit groupe de philosophes pour, dans le dialogue et l'amitié, s'élever à une vie supérieure. Nietzsche, remarque encore Horst Hutter,

---

1. G.W.F. Hegel, *Principes de la Philosophie du droit*, « Prologue », trad. fr. J.-L. Vieillard-Baron, Paris, Flammarion, 1999, p. 69.

2. A. Schopenhauer, *Contre la philosophie universitaire*, *op. cit.*, p. 70-73.

3. F. Nietzsche, « Lettre à Rohde, 15 décembre 1870 », dans *Sämtliche Briefe*, éd. G. Colli et M. Montinari, t. III, München, Deutscher Taschenbuch Verlag, 2003, p. 165-167.

4. H. Hutter, *Shaping the Future. Nietzsche's New Regime of the Soul and Its Ascetic Practices*, Lanham, Lexington Books, 2006, p. 35.

considère que la philosophie doit être avant tout une thérapie, et il veut proposer, par ailleurs, une thérapie de la philosophie. Il cite un texte intéressant de l'essai de Nietzsche intitulé *Schopenhauer éducateur* : « On n'a jamais enseigné dans les universités l'unique méthode critique, et la seule probante, que l'on puisse appliquer à une philosophie, celle qui consiste à se demander si l'on peut vivre selon ses principes ; on n'y enseigne que la critique des mots par les mots. »[1] Dans un fragment posthume de l'été et automne 1873, il écrit : « Le philosophe a deux côtés : il tourne l'un vers les hommes, tandis que l'autre, par où il est philosophe pour lui-même, reste caché… »[2] Et il ajoute tout de suite que les philosophes de notre temps ne sont pas des philosophes pour eux-mêmes. Pour lui, les philosophes grecs sont avant tout des gens qui vivaient d'une vie philosophique. Critiquant la manière selon laquelle on enseigne les études classiques, il demande : « Avons-nous appris la moindre des choses que les Anciens enseignaient à leur jeunesse ? Avons-nous appris le moindre trait de l'ascétisme pratique de tous les philosophes grecs ? »[3]

Dans notre survol de l'histoire de l'enseignement de la philosophie, nous arrivons ainsi à la fin du XIXe siècle, qui voit en France, en 1885, la suppression de la Faculté de Théologie. On est loin désormais, du moins en principe, des contraintes que l'Église et l'État faisaient peser sur la Faculté de Philosophie. Mais il est évident que, de toutes manières, l'enseignement de la philosophie se présente d'une manière tout à fait différente de ce qu'il était dans l'Antiquité. Dans l'Antiquité, il s'agissait de *former*. Le philosophe sera, dans la Cité, un « sculpteur d'hommes », écrivait Simplicius au VIe siècle de notre ère[4]. De nos jours, le professeur d'Université

---

1. F. Nietzsche, « Schopenhauer éducateur », dans *Considérations intempestives*, t. I, trad. fr. G. Bianquis, Paris, Aubier, 1966, § 8, p. 151.

2. F. Nietzsche, « Fragments posthumes », été-automne 1873, 29[213], dans *Œuvres complètes*, t. II, 1, Paris, Gallimard, 1990, p. 442.

3. F. Nietzsche, « Aurore », III, § 195, dans *Œuvres complètes*, t. IV, Paris, Gallimard, 1970, p. 149.

4. Simplicius, *Commentaire sur le Manuel d'Épictète*, XXXII, ligne 163, *op. cit.*, p. 313.

informe ses auditeurs des connaissances nécessaires aux examens qui donneront le droit d'exercer le métier de professeur. L'enseignement se fait donc dans une tout autre atmosphère. Ceci étant dit, on doit reconnaître que la philosophie universitaire, au XXᵉ siècle, sans doute sous l'influence de Schopenhauer et de Nietzsche, s'est éloignée de plus en plus de la construction de systèmes, chère aux philosophes universitaires du XIXᵉ siècle, et s'est présentée de plus en plus comme un acte transformateur de la vision du monde et de l'être de l'individu. Cela est vrai tout d'abord de Bergson. Sa philosophie exige un travail intérieur, une véritable conversion. Cela est vrai aussi de la phénoménologie allemande de Husserl et de Heidegger. Cela est vrai enfin de l'existentialisme engagé de Sartre et de Merleau-Ponty.

Quant au XXIᵉ siècle, je dirais seulement que le phénomène le plus inattendu de cette période contemporaine est le retour à la philosophie populaire, non seulement dans la littérature, mais aussi dans les cabinets philosophiques et les cafés philosophiques. D'autre part, les traductions d'ouvrages stoïciens ou épicuriens sont très à la mode. On admet volontiers que la philosophie soit pour une grande part un mode de vie.

Pourtant, je crains que l'on ne puisse plus, malgré le rêve de Nietzsche, ressusciter les communautés philosophiques de l'Antiquité. Comment vivre une vie philosophique aujourd'hui ? Ce serait là le sujet d'une autre conférence, et surtout d'une longue réflexion.

DEUXIÈME PARTIE

RELIRE L'HISTOIRE DE LA PENSÉE

CHAPITRE XI

LA PHILOSOPHIE
COMME ÉDUCATION DES ADULTES *

> La philosophie ne s'occupe pas seulement de changer nos idées, elle veut aussi changer notre sensibilité. Les philosophes sont, idéalement, des éducateurs – pas simplement des éducateurs de la jeunesse, mais des éducateurs d'eux-mêmes et de leurs pairs. Stanley Cavell a proposé une fois une définition de la philosophie – « l'éducation des adultes ». Je pense que c'est la définition que j'aime le mieux.
>
> « An Interview with Hilary Putnam »,
> *Cogito*, n° 3, 1989, p. 90.

Ces réflexions du philosophe américain Hilary Putnam expriment une conception de la philosophie qui va à l'encontre de bien des courants de la philosophie morale contemporaine. Pour Putnam, philosopher, ce n'est pas construire une théorie abstraite, mais construire une personne humaine. Une telle conception peut s'inscrire dans une très longue tradition qui remonte à Socrate et à Platon et qui a été en honneur jusqu'à la fin de l'Antiquité, puisqu'au VIᵉ siècle de notre ère, le philosophe néoplatonicien Simplicius [1], commentant Épictète, et cherchant à définir le rôle, le

---

* Ce texte, rédigé en prévision d'un volume consacré à Hilary Putnam dans la « Library of Living Philosophers », a été publié dans S. Laugier (dir.), *La voix et la vertu. Variétés du perfectionnisme moral*, Paris, P.U.F., 2010, p. 439-447.

1. Simplicius, *Commentaire sur Épictète*, XXXII, 164 (éd. I. Hadot, Leiden, Brill, 1996); XI, 90 (éd. I. Hadot, Paris, Les Belles Lettres, 2001, p. 69).

métier, du philosophe dans la cité, n'hésite pas à déclarer : c'est celui d'un « sculpteur d'hommes ». Le philosophe n'apprend pas aux hommes un métier particulier, il ne les prépare pas à une profession particulière, mais il cherche à transformer leur sensibilité, leur caractère, leur manière de voir le monde ou d'être en rapport avec les autres hommes. On pourrait dire qu'il leur apprend le métier d'homme. De même, dit Épictète [1], que l'on sait si un charpentier a profité de son éducation de charpentier lorsqu'on le voit construire une maison, on sait si un philosophe a profité de son éducation de philosophe lorsqu'on le voit vivre comme doit vivre un homme. Déjà le Socrate de l'*Apologie* avait reproché aux Athéniens de s'occuper de leur fortune, de leur réputation, de leurs honneurs, au lieu de chercher à s'améliorer eux-mêmes dans leur pensée, leur vérité, leur âme [2]. Bien des siècles plus tard, Nietzsche décèlera le danger de la vie sociale et professionnelle qui risque de nous faire oublier de vivre notre vie humaine : « Sous cent masques divers, jeunes gens, adultes, vieillards, pères, citoyens, prêtres, fonctionnaires, marchands, font la parade et ne songent qu'à la comédie qu'ils donnent sans penser le moins du monde à eux-mêmes [...]. Toutes les institutions humaines ne sont-elles pas destinées à empêcher les hommes de sentir leur vie, grâce à la dispersion constante de leurs pensées ? » [3] Pour Aristote, vivre en homme, c'est même paradoxalement dépasser la condition humaine, puisqu'il considère que la philosophie, dans la mesure où elle consiste dans un mode de vie consacré à la pensée, nous conduit aux limites de l'humain. Quand l'homme se consacre entièrement à l'activité de l'esprit, « alors, il ne vit plus seulement en tant qu'homme, mais en tant que possédant en lui quelque chose de divin » [4].

---

1. Épictète, *Entretiens*, III, 21, 4-6.
2. Platon, *Apologie de Socrate*, 29 d-e.
3. F. Nietzsche, « Considérations inactuelles III » (1874), trad. fr. H.-A. Baatsch, dans *Considérations inactuelles III et IV*, Paris, Gallimard, 1990, p. 49 (trad. modifiée).
4. Aristote, *Éthique à Nicomaque*, X, 1177 b 27.

Quoi qu'il en soit, tous les philosophes antiques, chacun à leur manière, cherchent à s'immiscer dans la conduite de la vie quotidienne de leurs disciples, afin de changer leur mode de vie. Platon, dans sa *Lettre VII* (331 a-b), dit par exemple :

> Voilà l'état d'esprit qui est le mien quand quelqu'un vient me demander conseil sur un des points les plus importants de sa vie, par exemple sur la possession de richesses ou le soin à donner au corps ou à l'âme : si sa vie quotidienne me semble avoir pris une certaine tournure ou s'il paraît être d'accord pour obéir à mes conseils sur ce pourquoi il me consulte, je mets tout mon zèle à le conseiller et ne m'arrête qu'après m'être religieusement acquitté de ma tâche.

Et, au dernier livre de la *République* (618 c), Platon affirme que ce qui importe avant toutes choses, c'est de chercher l'homme qui nous donnera à la fois le pouvoir et le savoir de discerner et de choisir le mode de vie le meilleur. Épicure, lui aussi, était un remarquable directeur de conscience, et d'ailleurs, dans l'école épicurienne, il existait un traité, écrit par Philodème, et qui s'intitulait *Sur la liberté de parole* [1]. Le maître, y lisait-on, doit chercher à redresser la conduite de son disciple, tout en compatissant à ses difficultés. Ce qui guérira le disciple, c'est son courage à avouer ses erreurs, et le franc-parler du maître, qui fera comprendre au disciple la finalité de ses réprimandes. Pour les épicuriens, comme d'ailleurs pour les philosophes des autres écoles, il existait donc une valeur thérapeutique de la parole, que ce soit l'aveu des fautes, le dialogue ou l'exhortation. On connaît évidemment les fameuses *Lettres* de Sénèque à Lucilius, qui correspondent à tout un programme d'éducation s'adressant à un adulte. Quant à Marc Aurèle, il raconte que son maître Rusticus s'efforçait de corriger le caractère du futur empereur.

Cette pratique de la direction de conscience est d'ailleurs liée à la prise de conscience de la difficulté que présente tout choix d'une

---

1. Sur ce traité, voir M. Gigante, « Philodème : Sur la liberté de parole », dans *Actes du VIIIᵉ Congrès de l'Association Guillaume Budé*, Paris, Les Belles Lettres, 1970, p. 196-217.

conduite ou d'une attitude dans la vie quotidienne. Selon Philodème, le franc-parler du maître est un art stochastique, aléatoire, dans la mesure où il doit tenir compte des moments et des circonstances. De leur côté, les stoïciens insistaient beaucoup sur le fait que les choix justifiés rationnellement ne pouvaient être que vraisemblables, puisque nous ne connaissons pas ce que sera réellement le résultat de notre action [1].

On pourrait objecter à ce que nous venons de dire que Putnam, en parlant d'éducation des adultes, pense surtout à l'éducation de l'adulte par lui-même, tandis que la direction de conscience antique représentait une relation entre des personnes inégales, le maître et le disciple, celui qui sait et celui qui ne sait pas.

Cela est vrai pour les philosophes dogmatiques, mais Socrate lui-même, en proclamant qu'il ne savait rien, proposait un modèle de relation dans lequel, comme le disait Kierkegaard, « être maître, c'est être disciple ». Le Socrate du *Théétète*, en effet, prétend n'être qu'un accoucheur, qui aide ceux qu'il assiste à penser et décider par eux-mêmes. En fait l'Antiquité a parfaitement connu l'idée d'une éducation de l'adulte par lui-même. Cette auto-éducation, on la voit par exemple à l'œuvre dans les aphorismes de Marc Aurèle que les manuscrits appellent *Écrits pour lui-même*. Cet ouvrage n'est pas, comme on l'a cru trop souvent, un journal intime dans lequel l'empereur épancherait ses impressions personnelles, mais il s'agit d'un travail sur soi-même, qui consiste, en se formulant à soi-même, de manière personnelle et imaginative, les dogmes du stoïcisme, à essayer de se transformer soi-même, pour créer en soi telle ou telle attitude éthique, afin de refréner la colère, ou la crainte de la mort, ou de retrouver la paix de l'âme, ou de se disposer à agir au service de la communauté humaine. Les *Exercices* de Shaftesbury auront la même finalité.

Mais il n'en reste pas moins que, dans l'Antiquité, l'éducation, et même l'éducation de soi par soi, est conçue comme l'action d'un

---

1. Voir sur ce thème P. Hadot, *La citadelle intérieure. Introduction aux « Pensées » de Marc Aurèle*, Paris, Fayard, 1992, p. 206-209.

supérieur sur un inférieur, d'un adulte sur un enfant. Simplicius, par exemple, définit l'éducation en ces termes : « L'éducation, c'est proprement le redressement de l'enfant qui est en nous par le pédagogue qui est en nous », et il explique ensuite qu'il veut désigner par là l'éducation de notre sensibilité par notre discours rationnel. Cette représentation de l'« enfant qui est en nous » est inspirée par le fameux passage du *Phédon* (77 e), où un personnage du dialogue répond à Socrate : « Il y a peut-être au-dedans de nous un enfant qui craint ces sortes de choses : c'est lui que tu dois essayer de convaincre, pour l'empêcher d'avoir peur de la mort comme d'un épouvantail. » À quoi Socrate répond : « Il lui faut alors une incantation chaque jour, jusqu'à ce qu'il soit délivré de sa crainte. » Mais, ajoute Socrate, pour faire des incantations, il faut un enchanteur, et un bon enchanteur. C'est donc finalement ce bon enchanteur qu'il faut trouver. On ne cherche donc pas un savoir théorique, mais un homme qui nous « enchante », c'est-à-dire qui a le pouvoir de nous transformer intérieurement. Aux yeux de Platon, quel pouvait être cet enchanteur, sinon Socrate lui-même ?

Pour Hilary Putnam et Stanley Cavell, qu'il cite, la notion d'« enfant en nous » a un tout autre sens. Selon Cavell, l'« enfant en nous » ne représente pas du tout la partie irrationnelle de notre être, mais, au contraire, ce qui en nous pose des questions et remet en question ce qui semble acquis, de même qu'un enfant peut remettre en question ce sur quoi l'adulte ne se pose plus de questions : « "Pourquoi mangeons-nous les animaux ?", "Pourquoi y a-t-il des gens qui sont pauvres et d'autres qui sont riches ?", "Qu'est-ce que Dieu ?" » [1], etc. C'est finalement cette remise en question qui est le point de départ de la philosophie, et essayer de répondre à l'enfant qui est en nous, c'est commencer à nous éduquer nous-mêmes et à penser par nous-mêmes. Tel est aux yeux de Putnam toute l'espérance de la philosophie : « Nous avons tous la potentialité

---

1. S. Cavell, *Les voix de la raison* (1979), trad. fr. S. Laugier et N. Balso, Paris, Seuil, 1996, p. 198.

de penser par nous-mêmes par rapport à la question : comment vivre ? » [1].

Il y a dans cette phrase deux notions importantes. Tout d'abord la question : « Comment vivre ? » apparaît comme le problème philosophique par excellence. Ensuite, la possibilité de penser par nous-mêmes est considérée comme une possibilité qui nous est inhérente.

Si la question : « Comment vivre ? » est le problème philosophique par excellence, il faut en conclure que la philosophie est précisément une éducation des adultes parce qu'elle intéresse tout le monde, chaque homme en particulier. Cette notion d'intérêt de la raison évoque immédiatement la fameuse distinction kantienne entre deux concepts de la philosophie, la philosophie qui intéresse les spécialistes et la philosophie qui intéresse chaque homme, distinction que Hilary Putnam a eu le grand mérite de remettre en honneur (notamment dans *Le réalisme à visage humain* et *Words and Life*).

Pour Kant, le premier concept – *i.e.* la philosophie qui intéresse les spécialistes –, c'est la philosophie « scolaire » ou « scolastique ». Elle vise à réaliser un système de la connaissance rationnelle. Celui qui la pratique est, comme dit Kant, un « artiste de la raison », ou, comme il le dit aussi en reprenant une expression de Platon dans la *République* (480 a 6), un « philodoxe » [2]. Par ce terme, Platon voulait désigner celui qui s'intéresse à la multitude des choses belles, mais sans s'intéresser à la beauté en soi. Pour Platon, le philodoxe n'est pas vraiment philosophe, parce qu'il ne s'intéresse pas à l'essentiel. Ce que Kant transpose en disant que le philodoxe ignore le rapport du savoir aux fins dernières de la raison, c'est-à-dire finalement la recherche du bien et de la sagesse. C'est pourquoi, en réalité, il n'est pas vraiment systématique, puisque, restant au plan de la pure théorie et de l'habileté logique, il ne voit pas que ce

---

1. H. Putnam, *The Many Faces of Realism*, LaSalle (Ill.), Open Court, 1987, p. 50 : « *We all have the potential of thinking for ourselves with respect to the question of How to Live.* »

2. I. Kant, *Logique* (1800), trad. fr. P. Guillermit, Paris, Vrin, 1970, « Introduction », III, p. 24.

qui unifie la philosophie, c'est l'intérêt universellement humain qui anime l'ensemble de l'effort philosophique.

La philosophie qui intéresse chaque homme, c'est ce que Kant appelle la philosophie « cosmique », c'est-à-dire du « monde », par opposition à l'« école ». Ce qui intéresse chaque homme, c'est « Comment vivre ? », c'est donc sa destination d'homme, qui, aux yeux de Kant, est finalement la sagesse. L'Idée de la sagesse, ou plutôt l'Idée du sage idéal est le fondement de la philosophie. Si l'Idée du sage idéal n'a jamais été réalisée, il n'en reste pas moins que toutes les lois que la raison se donne à elle-même impliquent cette Idée. Et Kant souligne fortement que ce sont les Anciens qui ont été les plus proches de ce modèle de la philosophie.

Les relations que soutiennent entre elles, chez Kant, philosophie scolaire et philosophie cosmique sont complexes. La philosophie scolaire a son utilité. Elle nous apprend à émettre des jugements meilleurs. Mais la philosophie scolaire, à elle seule, n'est pas vraiment philosophie. En effet, si la philosophie commence bien par la spéculation, elle doit s'élever ensuite jusqu'à devenir le guide de la raison vers ce qui l'intéresse au plus haut point, la destination de l'homme. Il faut d'ailleurs bien préciser que la philosophie spéculative que Kant pratique lui-même est en réalité une critique, qui permet de fixer les limites de la raison et ouvrira la voie à la « philosophie du monde ». Si elle reste pure spéculation, elle se dégrade. Par exemple, Kant déclare que Wolff, qui incarne pour lui la philosophie scolaire, n'était pas proprement un philosophe [1]. Tout intérêt est finalement pratique et même celui de la raison spéculative se réfère finalement à l'usage pratique. Putnam se situe explicitement dans la tradition de cette distinction kantienne, lorsqu'il se refuse à voir dans la philosophie une discipline purement technique et considère comme essentielle la question : « Comment vivre ? ».

Il est encore fidèle à Kant quand il identifie la philosophie à l'effort de penser par soi-même. « Penser par soi-même », telle était en effet la définition que Kant donnait de l'Aufklärung, mais aussi

---

1. I. Kant, « Leçons sur l'encyclopédie philosophique », dans *Kants gesammelte Schriften*, t. XXIX, Berlin, Akademie Verlag, 1980, p. 8.

de l'acte de philosopher. Penser par soi-même, c'est précisément devenir adulte, remettre en question les préjugés, les modes, mais aussi les arguments d'autorité des religions et des philosophies. En définissant l'*Aufklärung* par la capacité de « penser par soi-même », Kant reprenait d'ailleurs une revendication de la « philosophie populaire » allemande du XVIIIe siècle [1]. On glorifiait alors l'éclectisme, que l'on comprenait comme une liberté de choisir entre les différentes opinions. Penser par soi-même, ce n'était pas rejeter toute la culture traditionnelle, mais c'était ou critiquer ou assimiler personnellement telle ou telle doctrine ou telle ou telle attitude qui paraissait la meilleure dans telle circonstance donnée. La philosophie des Lumières était ici l'héritière de Cicéron, lui-même témoin des idées de l'école platonicienne du IIe siècle avant notre ère, l'Académie probabiliste d'Arcésilas et de Carnéade :

> Nous autres, les Académiciens, nous vivons au jour le jour [c'est-à-dire nous jugeons en fonction des cas particuliers], c'est pourquoi nous sommes libres. Nous jouissons d'une plus grande liberté, sommes plus indépendants ; notre pouvoir de juger ne connaît pas d'entraves, nous n'avons à obéir à aucune prescription, à aucun ordre. [...] Nulle obligation ne s'impose à nous de défendre une cause quelconque [2].

Si l'enfant en nous veut devenir adulte, comment pourra-t-il oser penser par lui-même ? Il faut bien reconnaître que cela n'est possible que s'il pense qu'il a les moyens de le faire, c'est-à-dire s'il a confiance en lui-même, c'est-à-dire dans son discours rationnel. Il ne pourra peut-être pas répondre tout seul aux questions. Il réactualisera alors peut-être d'anciennes réponses, mais qu'il aura faites siennes.

« La révolution la plus importante dans le monde intérieur de l'homme se produit quand "il quitte cette minorité dont il est lui-même le responsable". Ce ne sont plus les autres qui pensent

---

1. Voir H. Holzhey, « Der Philosoph für die Welt. Eine Chimäre der deutschen Aufklärung ? », dans H. Holzhey et W.C. Zimmerli (dir.), *Esoterik und Exoterik der Philosophie*, Bâle-Stuttgart, Schwabe, 1977, p. 133.

2. Cicéron, *Tusculanes*, V, 11, 33 ; *Lucullus*, 3, 7-8.

pour lui. » En disant cela, Kant, dans son *Anthropologie du point de vue pragmatique* [1], identifie l'*Aufklärung* à la maturité de l'esprit, et il définit cette pensée adulte en trois maximes : penser par soi-même, se mettre en pensée à la place des autres (dans la communication avec les autres) et, en tout temps, penser en accord avec soi-même – trois maximes dont la pratique, selon un autre passage de l'*Anthropologie*, conduit à être l'auteur de sa propre sagesse.

La première maxime correspond finalement à cet esprit socratique auquel nous avons déjà fait allusion. Le savoir ne consiste pas dans des formules qui se transvaseraient toutes faites du maître au disciple. Le maître doit apprendre au disciple à penser par lui-même. La seconde maxime nous semble capitale. Elle complète et corrige en quelque sorte la première. On pourrait craindre en effet que penser par soi-même ne consiste à affirmer que son point de vue individuel. Mais il faut aussi se mettre à la place des autres. Kant dit que c'est la maxime de la « pensée libérale, qui s'accommode des concepts des autres ». Cette attitude consiste à reconnaître que les autres ont le droit, eux aussi, de penser par eux-mêmes et de penser d'une manière différente de nous. Ce qui ne nous empêchera pas, si nous jugeons qu'ils ne pensent pas « en accord avec eux-mêmes », c'est-à-dire, dit Kant, d'une manière logique, de leur exprimer notre opinion et d'essayer de rectifier leur jugement. On pourrait dire qu'il s'agit de libéralisme et de tolérance. Mais ces mots – surtout le second, très critiquable – ne suffiront peut-être pas à faire percevoir la « révolution intérieure » que représente cette attitude. Car la vraie maturité, c'est être capable de se mettre à la place des autres, ce n'est pas seulement les respecter, c'est se libérer de son propre point de vue qui est toujours partial et partiel, pour venir se situer dans la perspective de l'autre, comprendre les raisons pour lesquelles il peut penser autrement que nous. Se mettre à la place des autres, c'est finalement se mettre au point de vue universel que représente le discours rationnel, c'est donc se détacher de soi pour atteindre

1. I. Kant, *Anthropologie du point de vue pragmatique* (1798), préface et trad. fr. M. Foucault, Paris, Vrin, 1964, I, § 59, p. 148.

l'objectivité, l'impartialité, la justice, c'est savoir dialoguer en respectant le point de vue de l'autre.

On pourrait aussi se demander si se mettre à la place des autres, ce n'est pas se placer dans la perspective de ce qui intéresse tout homme – c'est, nous l'avons vu, le point de vue de la philosophie cosmique –, mais aussi peut-être se placer, en pensant par soi-même, dans une perspective universelle – on pense ici à cette formulation de l'impératif catégorique : « Agis uniquement d'après la maxime qui fait que tu peux vouloir en même temps qu'elle devienne une loi universelle. »

Ce concept d'universalité paraît très important. On pourrait dire, semble-t-il, que s'éduquer, devenir adulte, c'est s'« universaliser », à la fois se mettre à la place des autres, mais, peut-être aussi, se resituer dans l'univers. Kant, lui encore, reconnaît deux composantes de la conscience de l'existence humaine : le ciel étoilé au-dessus de nous et la loi morale en nous. L'éducation des adultes est-elle seulement une éducation morale, n'est-elle pas aussi un changement radical dans notre manière de voir le monde ?

Ces quelques réflexions sur la définition de la philosophie proposée par Hilary Putnam voudraient montrer comment l'originalité et la modernité de sa pensée lui permettent de redonner une nouvelle jeunesse à l'antique tradition d'une philosophie qui donne un sens à notre vie.

Chapitre XII

PRÉFACE À ERNST BERTRAM,
NIETZSCHE. ESSAI DE MYTHOLOGIE *

[Q]ue faut-il penser, en général, de la valeur de la méthode scientifique inspirée par [Stefan] George ? H.G. Gadamer semble penser que la réaction contre la méthode historique du XIXe siècle qui se développe autour de George a eu une influence bénéfique sur la science allemande. Il faut distinguer, remarque Gadamer, deux sens du mot « histoire ». D'une part, l'histoire que le cercle de George critique, c'est ce que l'on peut appeler l'historisme, compris comme une attitude selon laquelle l'historien pourrait exclure de sa vision historique sa propre vie et son propre point de vue. Pour le cercle de George, l'objectivité historique est une illusion. Mais, d'autre part, la véritable histoire, celle qui est pratiquée dans les grandes biographies qui émanent de ce cénacle, la véritable histoire donc, est une histoire qui se perçoit comme historique, qui prend conscience du fait que la vision historique implique en elle la vie même de l'historien, les valeurs qui lui tiennent à cœur, le présent dans lequel il pense ; c'est donc une vision historique qui « édifie », au sens étymologique du mot, c'est-à-dire qui construit, enrichit, qui « enthousiasme », finalement qui a une valeur pédagogique formante et formatrice, qui s'approprie existentiellement le legs du passé – Gadamer emploie le terme de « fusion des horizons » (*Horizontverschmelzung*), cette fusion se réalisant entre l'horizon historique et l'horizon du présent.

---

* Extrait de la Préface de Pierre Hadot à E. Bertram, *Nietzsche. Essai de mythologie*, trad. fr. R. Pitrou, Paris, Éditions du Félin, 2007², p. 31-34.

Gadamer laisse entendre d'ailleurs que si le souci pédagogique avait tant d'importance dans ces conceptions propres au milieu de George, c'est parce que l'on y revivait en quelque sorte l'expérience de l'Académie platonicienne, celle du dialogue vivant entre maître et disciple. Cela expliquerait aussi, à ses yeux, le renouveau des études platoniciennes qui s'est réalisé grâce aux travaux du cercle, notamment ceux de Paul Friedländer. À ce sujet, il me faut quand même dire qu'il y a, me semble-t-il, un abîme entre l'Académie platonicienne où Platon n'était que le *primus inter pares*, où la discussion était ouverte et libre, et le milieu de George, où celui-ci pontifiait devant des admirateurs soumis auxquels il imposait ses jugements et ses volontés.

De toute manière, ici encore, comme dans le cas de l'Allemagne comme nouvelle Hellas, il faut reconnaître que cette conception de l'histoire s'inscrit, en fait, dans une longue tradition, et qu'elle n'est pas aussi nouvelle qu'on pourrait le croire. L'Antiquité connaissait déjà cette opposition entre l'histoire simplement curieuse de connaître et l'histoire maîtresse de vie, éducatrice et formatrice. On retrouve le problème chez Goethe, dans la *Seconde considération intempestive* de Nietzsche, chez Dilthey, et enfin dans les philosophies de la vie. Au fond, cette tendance était déjà présente en quelque sorte dans l'air du temps.

Gadamer ne cache pas sa sympathie pour cette conception « georgienne » de l'histoire. Sa propre théorie de l'interprétation en a certainement subi l'influence. Je ne puis évidemment traiter ici de ce problème d'une manière approfondie. On me permettra pourtant de livrer très brièvement une réflexion inspirée par plus de quarante ans d'expérience du travail historique et philologique.

Que l'historien soit lui-même un être historique, que le passé ne puisse être pensé que dans le présent, par un être vivant qui a nécessairement une perspective particulière, il est difficile de le contester. Qu'il y ait une urgence existentielle à donner un sens personnel, vivant, formateur, à nos recherches sur le passé, les historiens et philosophes de l'Antiquité l'avaient déjà enseigné. Il suffit, pour le comprendre, de lire les *Vies* de Plutarque et de penser à l'écho qu'elles ont trouvé chez Montaigne et d'autre hommes de la Renaissance et des temps modernes. Cette conception pragmatique de l'histoire avait été refoulée par le développement de la méthode historique rigoureuse dont la découverte fait l'honneur du XIXᵉ siècle et qui a voulu faire de la science et non de l'hagiographie. Mais malheureusement, pendant tout le XXᵉ siècle, on a vu se développer, sous l'influence de Nietzsche, de George, de Heidegger, de Gadamer, des *pratiques* de l'interprétation qui ont abouti à de véritables aberrations. La phrase de Nietzsche citée par Bertram dans son Introduction en est le principe fondamental : « Un même texte tolère d'innombrables exégèses. Il n'y a pas d'exégèse exacte. » Partant du principe que l'objectivité historique est illusoire et que, pour des raisons diverses, il est impossible de savoir ce que l'auteur a voulu dire, et d'ailleurs que cela n'a aucune importance, puisque le texte écrit doit être traité comme une réalité autonome, on s'est permis toutes les libertés dans l'exégèse ou même la traduction, ou, bien plus, dans l'établissement des textes, et l'on est arrivé ainsi à des interprétations absolument fantasmagoriques. Il s'agit là d'une régression malheureuse aux procédés les plus artificiels et les plus arbitraires de l'allégorie, telle qu'on la pratiquait à la fin de l'Antiquité. Si l'on continue dans cette voie, si ces méthodes se généralisent, nous en viendront à nous couper de nos racines historiques et nous remplacerons la mémoire du passé par une mythologie ou une phraséologie fantastiques. Nietzsche a tort. Il faut poser fermement le principe opposé : « Un même texte ne tolère pas toutes les exégèses. Il y a des exégèses valides et des exégèses inadmissibles. »

Les dangers inhérents à ces nouvelles méthodes historiques, qu'elles aient été prônées par George ou par d'autres, me semblent donc considérables. Pourtant, dans leur intention originelle, elles ont été une réaction salutaire contre le positivisme desséchant d'une attitude purement scientifique. Dans leur intention, elles étaient d'ailleurs encore une fois, inconsciemment, par rapport à la méthode scientifique du XIXᵉ siècle, une régression, un retour à la conception que l'on s'est faite de l'histoire depuis l'Antiquité jusqu'à la

Renaissance et même jusqu'aux temps modernes, régression cette fois salutaire, dans la mesure où l'on retrouvait ainsi, sous des expressions nouvelles, l'idée d'une vérité que l'on ne peut atteindre qu'en se transformant soi-même.

Disons donc, pour mettre un terme à ces réflexions, que finalement l'écriture de l'histoire (comme probablement d'ailleurs toute activité humaine) devra être *coincidentia oppositorum* en s'efforçant de répondre à deux exigences contraires, aussi urgentes l'une que l'autre : pour percevoir et évaluer la réalité historique, il faudra d'une part un engagement conscient et total du moi et, d'autre part, un détachement total du moi, une objectivité et une impartialité voulues. À mes yeux, c'est seulement l'ascèse de la rigueur scientifique, ce détachement de soi, qu'exige un jugement objectif et impartial, qui pourra nous donner le droit de nous impliquer nous-mêmes dans l'histoire, de lui donner un sens existentiel.

CHAPITRE XIII

L'EXPÉRIENCE DE LA MÉDITATION *

On accorde la plupart du temps peu d'attention au fait que Descartes ait tenu à donner le titre de *Meditationes* à l'un de ses ouvrages, écrit originellement en latin. Le titre complet en français est : *Méditations de philosophie première, dans lesquelles l'existence de Dieu et la distinction entre l'âme humaine et le corps sont démontrées.* Habituellement, on s'intéresse surtout aux démonstrations que développe Descartes, à l'ordre des raisons auquel il se tient rigoureusement, et l'on ne s'étonne pas du fait que ces démonstrations s'appellent *Méditations*. On pourrait pourtant en être surpris, car il semble bien qu'il n'y ait eu, dans la littérature philosophique antérieure, aucun ouvrage philosophique qui ait porté ce titre.

À vrai dire, pour Descartes, ancien élève du collège des Jésuites de La Flèche, comme pour ses amis religieux, Mersenne, Bérulle ou Gibieuf, ce qui pouvait venir tout naturellement à l'esprit en utilisant ce mot de « méditation », c'était une pratique bien précise et bien définie, très en vogue au XVIIe siècle, celle précisément de la méditation discursive, c'est-à-dire d'un exercice, on peut dire, à la fois logique et rhétorique, dans lequel on utilisait toutes les ressources, aussi bien du raisonnement que de l'imagination, pour faire revivre dans l'âme les principes et les règles de la vie chrétienne et la décider à y conformer sa vie. Le fondateur des Jésuites, Ignace de Loyola, en avait fixé les méthodes et, à l'époque

* Publié dans *Magazine littéraire*, n° 342, 1996, p. 73-76.

de Descartes, les clercs et les pieux laïcs, chaque jour, pendant une demi-heure ou une heure, se consacraient, intérieurement et silencieusement, à ce discours rationnel chrétien. Surtout, chaque année au moins, beaucoup d'entre eux faisaient des « récollections », des « retraites », c'est-à-dire qu'ils suspendaient leurs occupations habituelles pour se consacrer uniquement, pendant plusieurs jours, au parcours ordonné et méthodique des *Exercices* ignatiens.

Descartes peut avoir retenu de ce modèle la représentation d'une sorte de cure psychologique et spirituelle grâce à laquelle le sujet parvient, en une suite d'étapes bien définies, à se transformer progressivement lui-même. Pas plus que les *Exercices spirituels* d'Ignace de Loyola, les *Méditations* de Descartes ne sont en effet destinées à être lues d'un seul trait, comme un roman (à la différence de ce que Descartes dira de ses *Principes de la Philosophie*), mais chacune d'entre elles est conçue comme un effort et un exercice pour franchir un degré déterminé dans le progrès spirituel, qu'il est indispensable d'avoir effectivement dépassé avant de pouvoir s'élever aux niveaux ultérieurs. Elle doit donc être méditée, c'est-à-dire pratiquée tout le temps qu'il faudra, jusqu'à ce que l'on en ait assimilé parfaitement le contenu. Il dira ainsi à propos de la première Méditation, consacrée au doute méthodique : « Je n'ai pu me dispenser de lui donner une Méditation tout entière ; et je voudrais que les lecteurs n'employassent pas seulement le peu de temps qu'il faut pour la lire, mais quelques mois ou du moins quelques semaines, à considérer les choses dont elle traite, auparavant que de passer outre. » Il en va de même pour la seconde Méditation, dit Descartes. Il est indispensable d'avoir réellement pris conscience du moi comme réalité pensante, pour pouvoir passer à une étape ultérieure.

Les *Méditations* apparaissent d'ailleurs comme une sorte de retraite, de mouvement de retrait du monde (qui permettra d'ailleurs de revenir, ensuite, vers ce monde avec un regard renouvelé, puisque la vision métaphysique qu'elles procurent va permettre de fonder une nouvelle physique). Cette retraite, le texte latin des

Méditations, plus nerveux que la traduction française, la décrit ainsi : « Aujourd'hui j'ai libéré mon esprit de tous soins, je me suis procuré un loisir délivré des soucis, je me suis retiré dans la solitude. » On retrouve ici l'atmosphère du « poêle », c'est-à-dire de la chambre chauffée par un poêle de faïence, dans laquelle médite le Descartes du *Discours de la méthode*. Dans les *Méditations*, il évoque la robe de chambre qu'il porte, le feu devant lequel il est assis. Descartes est jeune, mais l'on ne peut s'empêcher d'évoquer le vieux *Philosophe* peint par Rembrandt, qui médite dans la lumière du soir, près de l'escalier dont la spirale semble symboliser l'ascension spirituelle de sa pensée, tandis que, dans la pénombre, la servante ranime le feu.

Retraite donc, retraite et conversion vers soi, mais qui, à la différence des *Exercices* ignatiens, n'est pas dirigée premièrement et principalement vers les vérités révélées et les réalités divines, mais vers la prise de conscience du sujet philosophique, une prise de conscience que d'ailleurs Descartes veut faire partager à son lecteur, et cette prise de conscience du sujet philosophique s'effectue grâce à une méthode logique très particulière. Il ne s'agit pas d'une méthode synthétique, qui exposerait une théorie, en allant des principes aux conséquences, mais d'une méthode analytique, qui fait parcourir au lecteur un itinéraire qui lui fait découvrir lui-même les vérités, en s'en tenant rigoureusement à l'ordre des raisons, comme s'il les avait inventées. Ce mouvement est analogue à celui du dialogue platonicien, dans lequel Platon, loin d'imposer un savoir tout fait, conduit par ses questions habiles l'interlocuteur (et le lecteur) à conquérir lui-même son savoir, à penser par lui-même. En un certain sens, sous leur apparence de monologue, les *Méditations* sont aussi un dialogue. Descartes parle à la première personne, avec l'intention d'associer le « Je » du lecteur à sa propre aventure intérieure. Ici le « Je » des *Méditations* est en fait un « Tu » qui s'adresse au « Je » du lecteur. Comme l'a remarqué Michel Butor, lorsque Descartes écrit : « La méditation que je fis hier... », le « Je » correspond en fait à une seconde personne, car ce n'est pas Descartes qui l'a faite, mais le lecteur « qui doit docilement, jour après jour, se soumettre à l'un de ces exercices spirituels ». Descartes veut que son lecteur fasse la même expérience que lui, qu'il doute avec lui, qu'il saisisse l'indubitable présence de son moi pensant au sein même du doute.

Ce faisant, Descartes était conscient, en introduisant le genre littéraire de la Méditation, de la rupture qu'il effectuait par rapport à la philosophie en usage dans les écoles de son époque. On était loin des procédés de la scolastique, de l'impersonnalité de l'argumentation par questions et réponses et de ses arguments d'autorité, loin de cette philosophie qui n'était qu'un instrument théorique au service de la théologie. Nouveauté donc, mais nouveauté toute relative, car cette démarche n'était finalement qu'une renaissance, qu'un retour à l'inspiration qui animait la philosophie antique. Descartes connaissait suffisamment la tradition de la philosophie de l'Antiquité, soit par des lectures directes de Cicéron, de Sénèque, d'Épictète, par exemple, soit par l'intermédiaire du puissant mouvement qui, depuis le XVᵉ et le XVIᵉ siècles, ressuscitait le platonisme et le stoïcisme, et avait retrouvé, avec Montaigne notamment, la conception de la philosophie comme expérience vécue, pour être bien conscient du fait que la *meditatio* n'était pas seulement la méditation discursive codifiée par Ignace de Loyola, mais, par excellence, l'exercice philosophique de l'Antiquité. J'ai essayé ailleurs de retracer l'histoire des exercices spirituels, pratiqués depuis Socrate jusqu'à la fin des écoles philosophiques, puis repris par le christianisme, lorsqu'il s'est présenté au monde gréco-romain comme un mode de vie philosophique, enfin intégrés dans la tradition monastique. Les *Exercices spirituels* ignatiens, qui font appel surtout à l'imagination et l'argumentation rhétorique, ne sont en fin de compte qu'un lointain héritage, passablement déformé, de cette grande histoire. C'est donc moins dans le cadre de la méditation discursive du XVIIᵉ siècle que dans celui, bien plus vaste, de la tradition philosophique antique qu'il faut replacer les *Méditations* cartésiennes.

On pourrait définir cette tradition en disant que, pour elle, depuis Socrate, la philosophie est un « exercice », une « expérience » vécue, avant d'être « discours » et « proposition », un exercice qui consiste d'ailleurs finalement à prendre conscience (et souci) de soi comme pensant et voulant.

Précisément, il ne faut pas l'oublier – et Descartes le savait –, *meditatio* en latin signifie originellement « exercice », « préparation », « apprentissage », et correspond au grec *mélété*. On pourrait traduire le titre *Meditationes* par « Exercices ». Deux aspects caractérisent la méditation antique, c'est-à-dire l'exercice philosophique authentique. Elle est tout d'abord, dans toutes les écoles, une méthode, qui consiste à acquérir la maîtrise du discours intérieur et à conduire par ordre ses pensées. C'est encore ainsi que la définira Kant dans sa *Logique* (§ 120). Mais elle est aussi une expérience et un exercice par lequel, grâce à cette maîtrise du discours intérieur, le moi prend conscience de lui-même et se découvre comme autonome. Lorsque Platon définit dans le *Phédon* la philosophie comme un exercice (*mélété*) de la mort, il s'agit en fait d'un exercice par lequel le moi pensant se retourne et se convertit vers soi, suspend toute connaissance sensible, se sépare et s'isole du corps et de toutes choses, en s'identifiant au *logos* et à la pensée. Cette séparation se retrouve également dans le *Phédon*, dans ce propos de Socrate mourant : « Mes amis, je n'arrive pas à convaincre Criton que je suis, moi, ce Socrate qui s'entretient avec vous en cet instant même et qui dispose en ordre tous ses arguments. Il croit que moi, c'est cet autre qu'il verra tout à l'heure, ce cadavre. » On retrouvera le même exercice, quelques siècles plus tard, chez Plotin : pour penser l'incorporéité de l'âme, il ne suffit pas d'aligner des arguments pour prouver qu'elle est différente du corps, mais il faut effectuer, il faut opérer soi-même la distinction, en se purifiant de l'attachement au corps ; il faut effectivement devenir soi-même incorporel. Exercice que l'on retrouve au début de la troisième Méditation : « Je fermerai maintenant les yeux, je boucherai mes oreilles, je détournerai tous mes sens, j'effacerai même de ma pensée toutes les images des choses corporelles ou du moins [...] je les réputerai comme vaines et comme fausses ; et ainsi m'entretenant seulement moi-même, et considérant mon intérieur, je tâcherai de me rendre peu à peu plus connu et plus familier à moi-même : Je suis une chose qui pense... » La tradition stoïcienne n'ignorait pas, elle non plus, cette expérience. Il existe par exemple une pensée de Marc Aurèle (XII, 3, 1) dans laquelle il s'exhorte lui-même à séparer de « lui-même », c'est-à-dire, dit-il, de « sa pensée », ce que disent et font les autres, ce qu'il a lui-même dit et fait dans le passé ou dira et fera dans le futur, à séparer aussi de lui-même son corps, également les événements qui proviennent des causes qui constituent le destin et tout le passé et le futur. C'est le sens de la fameuse opposition stoïcienne entre ce qui dépend de nous, c'est-à-dire notre pensée qui peut juger des événements comme elle le veut, et ce qui ne dépend pas de nous. Il y a dans les *Méditations* un mouvement analogue à celui qui, nous venons de le voir, se retrouve aussi bien chez Platon que chez Sénèque, Épictète ou Marc Aurèle, ou Plotin : l'individu qui se croyait identique à son corps se découvre comme pensée, c'est-à-dire comme moi pensant s'élevant à l'universel et à l'idée de l'infini. Il y a un dépassement de l'individualité dans l'universalité.

En évoquant cette tradition, je ne veux pas dire que la démarche de Descartes dans ses *Méditations* ne soit pas originale. Ce serait d'ailleurs une vaine entreprise de chercher à identifier le ou les modèles antiques qu'il aurait imités dans ses *Méditations*. Parce qu'il est tout simplement extrêmement difficile de savoir ce que Descartes a lu et ce qu'il a appris dans ses conversations. On constate effectivement la présence chez Descartes de nombreuses formules platoniciennes ou stoïciennes. Mais il est presque impossible de savoir s'il les a trouvées dans des auteurs antiques ou chez des néo-stoïciens de son époque. On sait aussi combien il est hasardeux de préciser ce que Descartes a connu exactement de saint Augustin et si c'est chez lui qu'il a trouvé le fameux : « Si je doute, je suis », qui s'y trouve effectivement, bien que dans un contexte très différent de celui du *Cogito* cartésien. En fait, le doute universel, la prise de conscience du caractère absolument indubitable de la pensée, la garantie que Dieu apporte à la certitude de la pensée, tout cela est proprement cartésien. Mais ce que je veux dire, c'est que, si Descartes a choisi la forme littéraire des *Méditations*, cela ne signifie pas qu'il a voulu simplement exposer une pure théorie philosophique en la présentant artificiellement sous l'aspect de soliloques à la première personne, mais c'est qu'il a voulu conduire son lecteur à une véritable expérience de soi, qui, conformément à l'inspiration profonde de la tradition de la philosophie antique, prend sa source dans une décision, dans le choix initial d'un mode d'être et d'un mode de vie, et qui aboutit à une transformation de soi-même. Loin d'être un simple discours philosophique correspondant à un savoir analysable en propositions, le dépassement du doute dans la découverte de l'indubitable existence de la pensée est une expérience dans laquelle, d'une manière qui échappe au discours, le sujet prend conscience de lui-même et devient réellement sujet, et dans laquelle la pensée éprouve effectivement et sans discours sa propre présence immédiate. Par ailleurs, d'une manière analogue à ce que l'on trouve chez Aristote, dans le livre XII de la *Métaphysique* et le livre X de l'*Éthique à Nicomaque*, le discours peut parfois se dépasser dans le silence de l'illumination, comme c'est le cas lorsqu'à la fin de la troisième Méditation, Descartes s'exhorte lui-même à suspendre le mouvement discursif : « Il me semble très à propos de m'arrêter quelque temps à la contemplation de ce Dieu tout parfait […] au moins autant que la force de mon esprit, qui en demeure en quelque sorte ébloui, me le pourra permettre. » « Une semblable méditation […] nous fait jouir du plus grand contentement que nous soyons capables de ressentir en cette vie. »

BIBLIOGRAPHIE

R. Descartes, *Méditations métaphysiques*, présentées par J.-M. et M. Beyssade, Paris, GF-Flammarion, 1979.

L.J. Beck, *The Metaphysics of Descartes. A Study of the « Meditations »*, Oxford, Clarendon Press, 1965, p. 28-38.

J.-M. Beyssade, *La Philosophie première de Descartes*, Paris, Flammarion, 1979.

M. Butor, « L'usage des pronoms personnels dans le roman », *Problèmes de la personne*, éd. I. Meyerson, Paris-La Haye, Mouton, 1973, p. 288-289.

P. Hadot, *Qu'est-ce que la philosophie antique ?*, Paris, Gallimard, 1995.

A. Oksenberg Rorty (dir.), *Essays on Descartes' « Meditations »*, University of California Press, 1986.

C. Schildknecht, « Erleuchtung und Tarnung. Überlegungen zu literarischen Form bei René Descartes », dans G. Gabriel et C. Schildknecht (dir.), *Literarische Formen der Philosophie*, Stuttgart, Metzler, 1990, p. 92-120.

CHAPITRE XIV

LA TERRE VUE D'EN HAUT ET LE VOYAGE COSMIQUE
LE POINT DE VUE DU POÈTE, DU PHILOSOPHE
ET DE L'HISTORIEN *

Dans une lettre à Schiller, datée du 12 mai 1798, Goethe écrivait ceci : « Votre lettre m'est parvenue hier lors d'une lecture de l'*Iliade*, poème auquel je reviens toujours volontiers, parce qu'on y est élevé, comme dans une montgolfière au-dessus de tout le terrestre et qu'on se trouve véritablement dans cet espace intermédiaire dans lequel planent en tous sens les dieux. »[1] Dans ce texte, Goethe établit une liaison entre un événement, qui était pour lui encore tout récent et qui l'avait beaucoup impressionné, et une représentation archaïque, celle du vol des dieux. Pour la première fois en effet, en 1783, l'homme s'était arraché à la pesanteur terrestre et s'était élevé dans les airs. C'est à cette expérience que Goethe se réfère pour faire comprendre l'impression qu'il éprouve en lisant Homère. Il est vrai que la poésie d'Homère nous élève en quelque sorte de terre en nous faisant voir d'en haut les choses humaines. En effet, l'auditeur archaïque ou le lecteur moderne des poèmes d'Homère, qui est en imagination le spectateur des événements décrits par le poète, apprend par celui-ci qu'il y a des êtres qui, du haut des airs, ou du haut des montagnes, assistent aux événements qu'il raconte.

---

* Publié dans J. Schneider et M. Léger-Orine (dir.), *Frontiers and Space Conquest. The Philosopher's Touchstone / Frontières et conquête spatiale. La philosophie à l'épreuve*, Dordrecht, Kluwer Academic Publishers, 1988, p. 31-39.

1. Goethe, *Briefe*, Hamburger Ausgabe (= HA), t. II, p. 344.

Ce sont les dieux, spectateurs privilégiés, qui, d'ailleurs, descendent parfois des cieux pour se mêler des affaires humaines. Et ainsi, tout naturellement, l'auditeur ou le lecteur fait coïncider son regard avec celui des dieux. Il s'élève, comme dit Homère au chant V de l'*Iliade*, « dans l'étendue qui sépare la terre du ciel étoilé avec les chevaux d'Héra, qui, nous dit-il, dévorent autant d'espace en un instant que peut en embrasser le regard d'un guetteur épiant, d'un point élevé, la surface de la mer » (V, 771). Ainsi le vol des dieux est aussi rapide que le vol d'un regard. Et au début du chant XIII de l'*Iliade*, avec Zeus, Homère et son lecteur regardent toute l'étendue terrestre, le pays des Thraces et celui des Mysiens et de bien d'autres nations, ou bien, avec Poséidon, « s'émerveillant, nous dit Homère, de la bataille et de la guerre », ils se perchent sur le plus haut pic de Samothrace et prennent pitié des Grecs, au moment où ils sont défaits par les Troyens.

On peut généraliser. Ce regard porté d'en haut vers la terre, c'est le regard du poète lui-même, le regard de la poésie, le regard que la poésie nous donne sur les choses : « La vraie poésie, dit Goethe, se reconnaît au fait que, comme un évangile profane, elle sait nous libérer des pesanteurs terrestres qui nous accablent en nous donnant à la fois la sérénité intérieure et le plaisir extérieur. Comme un ballon, continue Goethe, elle nous élève dans les régions supérieures avec le lest qui tient à nous et elle fait apparaître sous nos yeux, révélés et dénoués, les labyrinthes terrestres qui nous paraissaient inextricables. »[1]

La vraie poésie, selon Goethe, nous emporte donc, elle aussi, au-dessus de la terre comme le ballon de Montgolfier, mais aussi comme ces ailes que Dédale avait fabriquées, pour s'échapper du labyrinthe qu'il avait lui-même inventé et dans lequel Minos l'avait enfermé.

Pourquoi la poésie, en nous arrachant mentalement à la pesanteur terrestre, a-t-elle le pouvoir de nous apporter la sérénité intérieure, et de nous arracher aux labyrinthes où nous sommes enfermés ? Nous

---

1. Goethe, *Dichtung und Wahrheit*, livre XIII, HA, t. IX, p. 580.

le comprendrons mieux tout à l'heure. Mais, pour l'instant, il nous faut surtout retenir que Goethe établit une liaison entre l'élévation de l'esprit au-dessus de la terre et la sérénité intérieure, autrement dit que pour lui l'élévation produit un effet moral, mieux encore, une sorte de transformation spirituelle. Cela nous permet de mettre à part ces textes de Goethe, parmi des centaines d'autres textes, qui, depuis l'Antiquité jusqu'à nos jours, ont pour thème la description d'une élévation au-dessus de la terre et d'un voyage cosmique et qui peuvent revêtir, d'ailleurs, les formes les plus variées, comporter les mises en scènes les plus diverses, se présenter comme des voyages imaginaires, au-dessus de la terre ou dans l'espace, dans l'univers ou au-delà de l'univers, avec le corps ou sans le corps, avant la mort ou après la mort, en rêve ou pendant la veille. Lorsque Goethe compare la poésie à une élévation au-dessus de la terre, il a une représentation très particulière de ce vol mental. Il conçoit en effet la poésie comme un exercice spirituel pratiqué par le poète et par son lecteur. Il ne s'agit donc absolument pas d'un rêve de vol qui s'imposerait au poète ou d'une rêverie à laquelle il se laisserait aller, mais d'une démarche voulue et consciente destinée à procurer à l'homme la sérénité intérieure.

Goethe est, en cela, l'héritier de la philosophie antique, dans laquelle cet exercice joue un rôle capital dans toutes les écoles. Déjà Platon décrivant le philosophe dans le *Théétète* (173), nous dit que c'est par son corps seul qu'il habite dans la Cité, mais que « sa pensée, pour qui toutes les affaires humaines ne sont que mesquineries et néant, dont elle ne tient pas compte, promène partout son vol, sondant ce qui est sous terre, mesurant ce qui est sur terre, étudiant la marche des astres sur la voûte qui domine le ciel, explorant en totalité toute la nature de chacune de ces réalités, sans jamais redescendre à ce qui est immédiatement proche ». L'esprit du philosophe, dit ailleurs Platon (*Républ.*, 486a), contemple la totalité du temps et de l'espace, c'est pourquoi il n'a en lui aucune bassesse, aucune mesquinerie, mais au contraire il possède l'élévation de la pensée, c'est pourquoi aussi il regarde la vie humaine comme une chose sans grande importance, et il n'a pas peur de la mort.

Dans presque toutes les écoles philosophiques, on retrouve la pratique de cet exercice, destiné à provoquer la sérénité de l'âme. Cet exercice spirituel a un double effet : d'une part, en plongeant l'esprit dans l'immensité du cosmos, il lui procure un sentiment de bonheur, de plénitude, de sérénité et, d'autre part, en faisant regarder d'en haut les choses de la terre, il permet de les juger à leur juste valeur, il délivre l'esprit des passions, des soucis, des craintes et des ambitions. Ces deux aspects de l'exercice se retrouvent dans toutes les écoles. Pour les épicuriens, c'est surtout l'infinité de l'espace et des mondes qui provoque un sentiment d'enthousiasme : « Puisque l'espace, dit Lucrèce, s'étend à l'infini au-delà des murailles de ce monde, l'esprit cherche à savoir ce qui se trouve dans cette immensité où il peut plonger ses regards, aussi loin qu'il veut et où il peut s'envoler d'un essor libre et spontané » (II, 1044-1047). « Les murailles du monde s'envolent. Je vois dans le vide immense naître les choses. [...] La terre ne m'empêche pas de distinguer tout ce qui, sous mes pieds, s'accomplit dans les profondeurs du vide. À ce spectacle, je me sens saisi d'un frisson de plaisir divin » (III, 16-17 et 27-29). Comme dit l'épicurien Métrodore : « Souviens-toi que, né mortel, avec une vie limitée, tu t'es pourtant élevé, par les recherches physiques, jusqu'à l'éternité et l'infinité des choses, en voyant ainsi l'avenir et le passé. » Le sage épicurien jette en quelque sorte sur l'infini de la réalité le même regard que les dieux bienheureux tels que les conçoit Épicure, étrangers au monde, contemplant avec sérénité l'infinité des choses.

Dans la tradition platonicienne et stoïcienne, on retrouve le même sentiment fondamental, mais formulé dans la perspective d'une autre conception de la physique. Les philosophes, selon Philon d'Alexandrie (*De special. leg.*, II, § 44), « aspirant à une vie de paix et de sérénité, contemplent la nature et tout ce qui se trouve en elle, ils explorent attentivement la terre, la mer, l'air, le ciel..., ils accompagnent par la pensée la lune, le soleil, les évolutions des autres astres, errants ou fixes, leurs corps restent sur terre sans doute, mais ils donnent des ailes à leurs âmes pour que, s'élevant dans l'éther, elles observent les puissances qui s'y trouvent, comme il convient à des hommes qui sont devenus citoyens du cosmos ». « L'âme, écrit le stoïcien Sénèque, atteint la plénitude et l'achèvement du bonheur que peut atteindre la condition humaine, lorsqu'elle gagne les hauteurs et parvient jusqu'à l'intérieur du sein de la nature. Elle se plaît à planer au milieu des astres. [...] Arrivée là-haut, elle s'y alimente et grandit : libérée de ses entraves, elle revient à son origine » (*Questions naturelles*, I, 7-12).

L'astronome Ptolémée, chez qui l'on rencontre des vestiges des doctrines platoniciennes, stoïciennes et aristotéliciennes, exprime lui aussi, dans une épigramme qui lui est attribuée avec quelque vraisemblance, l'impression qu'il éprouve d'être associé à la vie divine, lorsqu'il se plonge par la pensée dans les espaces célestes : « Je le sais, je suis mortel et ne dure qu'un jour. Mais quand j'accompagne, dans leur course circulaire, les rangs pressés des astres, mes pieds ne touchent plus terre, je vais auprès de Zeus lui-même ne rassasier d'ambroisie, comme les dieux. » [1] Ces vers ont été imités, on le sait, par Tycho Brahe en 1574 et par Kepler en 1596 [2].

Quant à l'empereur stoïcien Marc Aurèle, contemporain de Ptolémée, il écrit dans ses *Pensées* (VII, 47) : « Embrasser du regard les courses des astres, comme s'ils nous emportaient dans leurs révolutions, et avoir constamment dans l'esprit les transformations des éléments les uns dans les autres. De telles représentations purifient des souillures de la vie terrestre. »

Cette *Pensée* nous permet d'entrevoir la raison pour laquelle Goethe affirmait que la poésie nous élevait au-dessus de la terre. On peut dire en effet que les philosophes de l'Antiquité pratiquent la physique comme un exercice spirituel [3]. Je veux dire par là que, pour Platon, pour Épicure, pour les stoïciens, la contemplation du monde

1. *Anthologie Palatine*, IX, 577 et voir A.-J. Festugière, *La révélation d'Hermès Trismégiste*, t. I, Paris, J. Gabalda, 1944, p. 317, auquel j'emprunte la traduction.
2. J. Kepler, *Le secret du monde*, trad. fr. A.-Ph. Segonds, Paris, Gallimard, 1984, p. 1 et p. 233, n. 2 (bibliographie).
3. P. Hadot, *Exercices spirituels et philosophie antique*, 2e éd., Paris, Études augustiniennes, 1987.

et de l'espace cosmique a, avant tout, une finalité morale. Épicure par exemple écrit (*Ratae Sententiae*, § 11) : « Si nous n'étions pas troublés par nos craintes concernant les phénomènes célestes et la mort [...] nous n'aurions pas besoin de faire de la physique », ou encore (*Épître à Hérodote*, 635) : « Je recommande d'appliquer une constante activité à l'étude de la physique, considérant que c'est cette activité qui procure le plus de sérénité dans la vie. » Le *Timée* de Platon est lui aussi un exercice spirituel [1], puisqu'il nous invite (90) à redresser les mouvements de notre esprit en les mettant en harmonie avec les mouvements des astres dans le cosmos.

Chez Platon, chez Épicure, chez les stoïciens, on peut dire que l'exercice spirituel de la physique consiste à se délivrer du point de vue conventionnel, « humain trop humain », pour voir sa propre vie et les choses humaines dans l'immensité du cosmos, dans la perspective de la nature universelle, dans l'infinité de l'espace et du temps, et plus spécialement pour considérer toutes choses dans la perspective des grandes lois de la nature, comme Marc Aurèle, dans le texte que nous venons de citer, évoquait l'universelle métamorphose. Ces grandes lois de la nature, ce sont par exemple pour Marc Aurèle, outre cette transformation de toutes choses les unes dans les autres, l'unité vivante du cosmos, l'harmonie et la correspondance de toutes choses entre elles. Et la physique, considérée comme exercice spirituel, se donne pour tâche de replacer la vie humaine dans la perspective de ces lois universelles. C'est la raison pour laquelle, je pense, Goethe conçoit la poésie comme un exercice qui consiste à s'élever en esprit au-dessus de la terre. Goethe a en effet une conception très particulière de la poésie. Pour lui, la poésie précisément est une sorte de physique au sens où nous venons de la définir, c'est-à-dire un exercice spirituel qui consiste à regarder les choses d'en haut, dans la perspective de la nature universelle, dans la perspective de ces grandes lois de la nature que sont pour Goethe, non seulement l'universelle métamorphose et l'unité de

1. P. Hadot, « Physique et poésie dans le *Timée* de Platon », *Revue de Théologie et de Philosophie*, vol. 115, 1983, p. 113-133.

toutes choses, mais les deux processus universels de la polarisation et de l'intensification : *Polarität und Steigerung*, que Goethe se plaît à observer aussi bien dans la nature que dans la vie humaine. Un tel exercice procure la sérénité intérieure.

J'ai dit tout à l'heure que l'exercice spirituel qui consiste à s'élever en pensée au-dessus de la terre et à s'envoler dans le cosmos avait un double effet : d'une part, en plongeant le philosophe dans l'immensité de la nature, il lui donnait un sentiment de bonheur et de sérénité ; d'autre part, en lui faisant regarder d'en haut vers la terre, il lui permettait de juger les choses humaines à leur juste valeur.

Nous venons d'étudier le premier thème. Quant au second, nous l'avons déjà vu s'esquisser dans la *République* et dans le *Théétète* de Platon. Nous le retrouvons, richement orchestré, dans les écoles philosophiques les plus diverses. Pythagore, dans les *Métamorphoses* d'Ovide (XV, 147), s'écrie : « Je veux m'élever parmi les astres, je veux quitter le séjour de la terre immobile, [...] de là-haut je verrai les hommes errant à l'aventure, privés de raison, et tremblant de peur à l'idée de la mort. » C'est d'en haut également que le philosophe, selon Lucrèce (II, 9), porte ses regards sur les autres hommes, et qu'il les voit errer de toutes parts, cherchant au hasard le chemin de la vie. Et, selon le stoïcien Sénèque (*Questions naturelles*, I, 8), c'est lorsqu'elle a fait le tour du cosmos, lorsqu'elle est au milieu des astres, que l'âme du philosophe jette du haut du ciel un regard dédaigneux sur la terre minuscule et qu'elle se dit : « C'est là ce point que tant de nations se partagent par le fer et le feu ! Combien sont risibles les frontières que les hommes mettent entre eux ! » Du haut du ciel, les armées de la terre lui paraissent des fourmis. Et c'est lorsqu'elle est là-haut, ajoute Sénèque, que l'âme du philosophe se rit du luxe des riches, de leurs mosaïques, de leur or, de leurs portiques.

Chez Marc Aurèle, ce thème prend une forme très réaliste. C'est un véritable exercice de l'imagination dans lequel l'empereur s'efforce de voir, de se représenter la vie de l'humanité dans le présent, l'avenir et le passé comme le montrent les *Pensées* VII, 48 et IX, 30 que je vous cite : « À qui veut parler des hommes, il faut

observer les choses terrestres comme s'il se trouvait en quelque lieu
où, d'en haut, il regarderait vers le bas : rassemblements de foules,
armées, travaux des champs, noces, divorces, naissances, morts,
brouhaha des tribunaux, déserts, diversité des mœurs des peuples
barbares, fêtes, lamentations, marchés, ce pêle-mêle et finalement
l'ordre harmonieux des contraires. » « Regarder d'en haut : rassemblements de foules par milliers, ces fêtes innombrables, toutes ces
navigations dans la tempête ou le beau temps, et toutes ces diversités
des êtres qui naissent, qui vivent ensemble, qui meurent. »

Cet effort pour regarder d'en haut permet donc de contempler le
panorama total de la réalité humaine sous tous ses aspects sociaux,
géographiques, sentimentaux, et de les replacer dans l'immensité
cosmique et dans le fourmillement anonyme de l'espèce humaine
sur la terre. Vues dans la perspective de la nature universelle, les
choses qui ne dépendent pas de nous, les choses que les stoïciens
appellent indifférentes – la santé, la gloire, la richesse, la mort –,
sont ramenées à leurs vraies proportions.

Le thème du regard d'en haut, quand il prend cette forme
particulière (l'observation des hommes sur la terre), paraît appartenir
plus particulièrement à la tradition cynique. Nous le retrouvons en
effet, très richement mis en scène, par un contemporain de Marc
Aurèle, le satiriste Lucien, qui précisément a été fortement influencé
par le cynisme. Dans le dialogue de Lucien intitulé *L'Icaroménippe
ou l'homme qui s'élève au-dessus des nuages*, le cynique Ménippe
raconte à un ami comment, découragé par les contradictions des
philosophes au sujet des principes derniers de l'univers, il a décidé
d'aller voir lui-même dans le ciel ce qu'il en était. Il s'est donc
ajusté des ailes pour voler, l'aile droite d'un aigle et l'aile gauche
d'un vautour. Il s'élance ainsi dans la direction de la Lune. Lorsqu'il
y est parvenu, il voit d'en haut la terre toute entière et, comme le
Zeus d'Homère, nous dit-il, il observe tantôt le pays des Thraces,
tantôt le pays des Mysiens (nous retrouvons le passage de l'*Iliade*
dont nous avions parlé tout à l'heure) et même, s'il le veut, la Grèce,
la Perse et l'Inde : ce qui le remplit, dit-il, d'un plaisir varié. Et
il observe aussi les hommes : « Toute la vie des hommes m'est

apparue, déclare Ménippe, non seulement les nations et les cités, mais tous les individus, les uns naviguant, les autres faisant la guerre, les autres en procès. » Et il n'observe pas seulement ce qui se voit en plein air, mais aussi ce qui se passe dans les maisons où chacun se croyait bien caché. Remarquons en passant que c'est là le thème du célèbre roman du XVIIIe siècle, *Le diable boiteux*, écrit par Lesage. Après une longue énumération d'exemples de crimes, d'adultères, qu'il voit se commettre à l'intérieur des maisons, Ménippe résume ses impressions en parlant de pêle-mêle, de cacophonie et de spectacle ridicule. Mais le plus ridicule de tout à ses yeux est de voir les hommes se quereller pour les limites d'un pays, car la terre lui apparaît minuscule. Les riches s'enorgueillissent de bien peu de chose. Leurs terres, dit-il, ne sont pas plus grandes qu'un des atomes d'Épicure, et les rassemblements des hommes ressemblent au grouillement des fourmis. Ayant quitté la lune, Ménippe voyage à travers les étoiles pour atteindre Zeus et il s'amuse à constater le ridicule et les contradictions des prières que les humains adressent à Zeus. Dans un autre dialogue, intitulé *Charon ou les surveillants*, c'est le passeur des morts, Charon, qui demande une journée de congé pour aller voir à la surface de la terre ce que peut être cette vie sur terre que les hommes regrettent tant lorsqu'ils arrivent aux Enfers. Avec Hermès, il entasse donc plusieurs montagnes les unes sur les autres pour pouvoir mieux observer les hommes. Nous retrouvons alors le même genre de description que dans *L'Icaroménippe* et chez Marc Aurèle : navigations, armées en guerre, procès, travailleurs des champs, activités multiples, mais vie toujours pleine de tourments. « Si, dès le début, dit Charon, les hommes réalisaient qu'ils sont mortels, qu'après un bref séjour dans la vie, ils doivent en sortir, comme d'un rêve, et laisser tout sur cette terre, ils vivraient plus sagement et mourraient avec moins de regrets. » Mais les hommes sont inconscients. Ils sont comme les bulles produites par un torrent qui s'évanouissent à peine formées.

Ce regard d'en haut sur la vie terrestre des hommes revêt, nous l'avons dit, une forme propre au cynisme. Ce qui le prouve, entre autre, c'est que le dialogue intitulé *Charon* a pour titre en grec

Episkopountes, « Ceux qui surveillent ». Or le philosophe cynique considère que son rôle est de surveiller les actions des hommes, qu'il est une sorte d'espion qui guette les fautes des hommes et les dénonce. C'est ce que dit Lucien lui-même. Le cynique est chargé de surveiller les autres hommes, il est leur censeur, il observe leur comportement comme du haut d'un observatoire. Et les mots *episkopos*, *kataskopos*, « surveillant », « espion », sont attestés dans la tradition antique pour désigner les cyniques [1]. Ce regard d'en haut, pour eux, est destiné à dénoncer le caractère insensé de la manière de vivre des hommes. Il n'est pas indifférent que, dans l'un des dialogues de Lucien, ce soit Charon, le passeur des morts, qui regarde ainsi d'en haut les choses humaines. Il les voit en effet dans la perspective de la mort. Regarder d'en haut, c'est aussi regarder les choses humaines dans la perspective de la mort : c'est cette perspective qui donne le détachement, l'élévation, le recul indispensables pour voir les choses telles qu'elles sont. Le cynique dénonce la folie des hommes qui, oubliant la mort, s'attachent passionnément à des choses, le luxe et le pouvoir, qu'ils seront obligés d'abandonner inexorablement. C'est pourquoi le cynique appelle à rejeter les désirs superflus, les conventions sociales, la civilisation artificielle, qui sont pour les hommes une source de troubles, de soucis, de souffrances, et il les invite à revenir à une vie simple et purement naturelle.

Pour Lucien, nous l'apprenons dans son petit livre *Comment il faut écrire l'histoire*, le regard qui se porte d'en haut vers les choses humaines n'est pas seulement celui du philosophe mais aussi celui de l'historien. Ou plus exactement, le regard de l'historien doit être celui d'un philosophe : c'est-à-dire courageux, impartial, étranger à tout pays, bienveillant pour tous, ne donnant rien ni à la haine ni à l'amitié (§ 41). Et cette attitude doit se traduire dans sa manière de raconter les faits. Il doit être, nous dit-il, comme le Zeus d'Homère qui tantôt jette les yeux sur le pays des Thraces, tantôt sur celui des Mysiens. Nous retrouvons donc pour la troisième fois ce regard

---

1. Par exemple Épictète, *Entretiens*, III, 22, 24.

divin homérique qui se pose d'en haut sur la terre, mais cette fois pour y trouver le modèle de l'impartialité qui doit s'exprimer dans la structure même du récit, grâce au point de vue élevé où l'historien se place (§ 49). Ici la vision d'en haut apparaît comme la condition de l'objectivité de l'historien, de son impartialité. C'est ce que les modernes appelleront le point de vue de Sirius. Renan écrira par exemple en 1880 : « Quand on se place au point de vue du système solaire, nos révolutions ont à peine l'amplitude de mouvements d'atomes. Du point de vue de Sirius, c'est encore moins. » [1] Se placer au point de vue de Sirius, c'est, encore une fois, pratiquer un exercice spirituel de détachement, de distanciation, pour atteindre à l'impartialité, à l'objectivité et à l'esprit critique.

Disons-le en passant, je crois que, sur ce point, il ne faut pas chercher des excuses dans les théories de Raymond Aron sur les limites de l'objectivité historique. Celles-ci nous invitent surtout à prendre conscience des dangers et des illusions qui nous guettent. Mais elles ne dispensent personne de l'effort moral pour se libérer de la partialité et de la passion.

Dans toute cette tradition philosophique, l'effort pour s'éloigner de la terre grâce à l'imagination était un moyen pour se libérer intérieurement d'une manière de voir trop individuelle ou trop anthropomorphique et pour voir toutes choses dans la perspective du cosmos, en rapport et en proportion avec le cosmos. En un certain sens, l'image du vol était un symbole de la force de l'esprit humain qui est un pouvoir de dépassement, un pouvoir pour aller toujours au-delà. On peut donc dire que la tradition de l'Occident s'est longuement préparée en imagination au voyage cosmique effectif et a essayé d'entrevoir à l'avance les transformations qu'il pourrait entraîner dans la représentation du monde, dans la conscience des individus, dans la représentation que l'humanité se fait d'elle-même. Nous avons vu notamment comment cet exercice spirituel pouvait amener le philosophe à dénoncer la vanité et l'injustice des inégalités sociales et l'absurdité de la guerre, comment, grâce à lui, l'homme

---

1. E. Renan, *Œuvres complètes*, t. II, Paris, Calmann-Lévy, 1948, p. 1037.

se concevait lui-même comme un citoyen du cosmos, comment il éprouvait, en le pratiquant, le sentiment d'une transfiguration, d'un dépassement de la condition humaine, qui le délivrait de la crainte de la mort et lui procurait la paix et la sérénité intérieures.

J'ai donc parlé du passé et c'était là l'essentiel de mon propos. En conclusion, je me hasarderai à parler de l'avenir pour dire d'ailleurs que, du point de vue psychologique et moral, il est totalement imprévisible. Ceux qui, au XIXᵉ siècle, prophétisaient l'avenir de l'humanité au XXᵉ siècle avaient-ils prévu qu'à la fin du XXᵉ siècle, précisément au début de la conquête de l'espace, on verrait renaître avec une puissance inouïe les intégrismes religieux?

Maintenant que les voyages cosmiques ont commencé, les hommes ont-ils changé, sont-ils devenus plus pacifiques, plus sereins, plus humains? Ne peut-on pas dire plutôt que l'homme emmène dans l'espace la terre elle-même, non pas la Terre partie du cosmos, mais la terre symbole de l'humain trop humain et des mesquineries humaines, et que l'on peut craindre que le cosmos ne devienne bientôt le théâtre des absurdes guerres de religions qui continuent en notre XXᵉ siècle à déchirer l'humanité? La conquête de l'espace risque de donner seulement un champ plus vaste à la folie humaine.

Les voyages cosmiques, je le crois, ne dispenseront donc jamais du voyage cosmique intérieur, celui que les philosophes, les poètes, les sages ont osé entreprendre, chacun à leur manière, celui dont parlait le regretté G. Friedmann, dans son beau livre *La puissance et la sagesse*, lorsqu'il écrivait : « Prendre son vol chaque jour! Un moment qui peut être bref, pourvu qu'il soit intense. Chaque jour un exercice spirituel. [...] Sortir de la durée. S'efforcer de dépouiller tes propres passions. [...] S'éterniser en se dépassant. » [1]

---

1. G. Friedmann, *La puissance et la sagesse*, Paris, Gallimard, 1970, p. 359.

Chapitre XV

PERSPECTIVE ET HORIZON *

Un des faits les plus importants de l'histoire de la pensée moderne a certainement été la prise de conscience de la perspective. Ce fut non seulement une mutation dans la création artistique, mais ce fut aussi l'occasion d'une mise en question de la validité de notre perception. Comment expliquer que nous percevions un cube, alors que sur les deux dimensions de notre rétine ne se projettent que trois faces en forme de losange ? Comment expliquer que nous percevions un cercle, alors que l'artiste a dessiné, sur les deux dimensions de son tableau, un ovale ? Ce divorce entre l'objet et le phénomène ne correspond-il pas à une illusion des sens qui déforment les choses ? Comme l'a bien montré J. Baltrusaitis [1], le mode des anamorphoses ou perspectives curieuses, qui sévit au XVIIe siècle, trahit l'invasion d'un doute devant la vanité des apparences, devant le caractère trompeur du monde phénoménal : le sensible n'est-il pas comme ce crâne vide qui apparaît brusquement au bas des *Ambassadeurs* d'Holbein, lorsqu'on les regarde sous un certain angle ? L'art devient un illusionnisme, l'image dessinée ne peut représenter la réalité qu'à la condition de ne pas lui ressembler : elle nous fournit seulement l'occasion de nous faire une idée de la chose. Telle est la doctrine de la *Dioptrique* de Descartes, ouvrage qui répond aux

---

* Compte rendu inédit de J. Moreau, *L'horizon des esprits. Essai critique sur la phénoménologie de la perception*, Paris, P.U.F., 1960. Les notes entre crochets ont été ajoutées par les éditeurs du présent volume.

1. J. Baltrusaitis, *Anamorphoses ou perspectives curieuses*, Paris, O. Perrin, 1955.

problèmes que se posait le milieu intellectuel qui gravitait autour du couvent des Minimes où Mersenne et Nicéron se passionnaient pour les anamorphoses et la théorie de la perspective.

Pour le rationalisme, la perspective « introduit dans la perception un coefficient de subjectivité » qui ne peut être corrigé que par une théorie physico-mathématique de la vision. « Il n'y a qu'un point indivisible qui soit le véritable lieu (d'où l'on puisse bien voir un tableau). Les autres sont trop près, trop loin, trop haut ou trop bas. La perspective l'assigne dans l'art de la peinture. Mais dans la vérité et la morale, qui l'assignera ? » [1] Il faudrait être un spectateur absolu et impartial, et Pascal sait bien que cela est impossible à l'homme. « Les choses sont vraies ou fausses selon la face où on les regarde. » [2] Il faudrait voir les choses comme elles sont : le perspectivisme de Nietzsche rêvera encore de s'affranchir de la perspective.

Mais, au lieu de chercher à voir les choses « comme elles sont », c'est-à-dire au lieu de chercher à connaître les « objets », malgré les sens, on peut chercher à voir les choses « comme elles apparaissent », à prendre conscience du « phénomène ». « La plupart des gens, disait Valéry, y voient par l'intellect bien plus souvent que par les yeux. Au lieu d'espaces colorés, ils prennent connaissance de concepts. Une forme cubique, blanchâtre, en hauteur et trouée de reflets est immédiatement une maison, pour eux, la Maison ! [...] S'ils se déplacent, le mouvement des files de fenêtres, la translation des surfaces qui défigure continûment leur sensation, leur échappent – car le concept ne change pas. Ils perçoivent plutôt selon un lexique que selon leur rétine. » [3] Et il ajoutait : « Un artiste moderne doit perdre les deux tiers de son temps à essayer de voir ce qui est visible et surtout à ne pas voir ce qui est invisible. Des philosophes expient souvent la faute de s'être exercés au contraire. » [4]

1. [B. Pascal, *Pensées*, 21 (Lafuma).]

2. [*Ibid.*, 539 (Lafuma).]

3. [P. Valéry, *Introduction à la méthode de Léonard de Vinci*, Paris, N.R.F., 1919, p. 59-60.]

4. [P. Valéry, *Œuvres*, t. I, « Bibliothèque de la Pléiade », Paris, Gallimard, 1957, p. 1165.]

Pour M. Merleau-Ponty, la « vraie philosophie » était « de rapprendre à voir le monde » [1]. En revenant au phénomène, la phénoménologie de la perception ne considère plus la perspective « comme une déformation subjective des choses, mais au contraire comme une de leurs propriétés essentielles, peut-être leur propriété essentielle. C'est elle justement qui fait que le perçu possède en lui-même une richesse inépuisable, qu'il est "une chose". [...] Loin d'introduire dans la perception un coefficient de subjectivité, la perspective lui donne au contraire l'assurance de communiquer avec un monde plus riche que ne nous connaissons de lui, c'est-à-dire avec un monde réel. » [2] La perspective atteste la réalité : « Je saisis *dans* un aspect perspectif, dont je sais qu'il n'est qu'un de ses aspects possibles, la chose même qui le transcende. » [3]

Cette phrase résume les positions essentielles de la *Phénoménologie de la perception*. « Je saisis *dans* un aspect perspectif. » Les objets apparaissent toujours dans une perspective, c'est-à-dire pour un spectateur : le phénomène renvoie à un Je, il est « pour nous ». Mais si le phénomène nous apparaît en perspective, c'est que nous sommes « situés », ce qui revient à dire que nous ne pouvons percevoir le monde qu'en étant nous-mêmes au monde et dans le monde, autrement dit, en étant « corps » : « Mon existence comme subjectivité ne fait qu'un avec mon existence comme corps. » [4] « Si le sujet est en situation, si même il n'est rien d'autre qu'une possibilité de situations, c'est qu'il ne réalise son ipséité qu'en étant effectivement corps et en entrant par ce corps dans le monde. » [5] « Ramenée à son sens positif, la connexion de l'âme et du corps ne signifie rien d'autre que l'eccéité de la connaissance par profils. » [6]

---

1. [M. Merleau-Ponty, *Phénoménologie de la perception*, Paris, Gallimard, 1945, p. XVI.]
2. [M. Merleau-Ponty, *La structure du comportement*, Paris, P.U.F., 1942, p. 201.]
3. [*Ibid.*, p. 202.]
4. [M. Merleau-Ponty, *Phénoménologie de la perception*, *op. cit.*, p. 467.]
5. [*Ibid.*]
6. [M. Merleau-Ponty, *La structure du comportement*, *op. cit.*, p. 231.]

« Je saisis *dans* un aspect perspectif [...] la chose même. » Si le phénomène est « pour nous », on peut dire qu'il est un « en-soi-pour-nous » : nous ne saisissons pas un aspect de la chose, mais la chose même ; ce n'est que par réduction phénoménologique que nous découvrons ces aspects perspectifs. Et nous découvrons en même temps que nous avons une compréhension immédiate de ces aspects, c'est-à-dire que nous percevons des structures qui ont un sens, un sens préinstitué, c'est-à-dire qui préexiste à nos jugements.

Mais, s'il y a des choses, si nous percevons des structures qui se découvrent spontanément à notre perception, c'est qu'il y a « un monde ». La perspective nous donne en même temps le phénomène et son au-delà : « Je saisis *dans* un aspect perspectif, dont je sais qu'il n'est qu'un de ses aspects possibles, la chose même qui le transcende. » La chose est toujours au-delà de tous ses aspects, elle n'est jamais révélée entièrement, elle reste opaque à notre regard, elle nous promet toujours autre chose à voir. Saisie en perspective, elle suppose toujours aussi un au-delà d'elle-même, c'est-à-dire un horizon sur lequel elle se détache. Il ne peut y avoir de perception que sur l'horizon du monde. Le monde est le fond sur lequel les objets se dessinent et se détachent, l'espace indéfini où joue la perspective. Si nous accordons une réalité aux choses, si nous considérons qu'elles transcendent notre connaissance, qu'elles ont un « en-soi », c'est que nous les percevons dans le monde. Ce monde n'est pas la somme des choses, c'est la présence confuse, inanalysable, jamais complètement constituée qui s'ouvre à la conscience dès la première perception. « Percevoir, [...] c'est croire à un monde. » [1]

Le *Cogito* ne nous révèlera donc jamais une pensée pure : on ne peut même pas dire « que le sujet se pense inséparable de l'idée du corps et de l'idée du monde, car s'il s'agissait d'une relation pensée, de ce fait même elle laisserait subsister l'indépendance absolue du sujet comme penseur » [2]. Mais le sujet peut dire : « Je suis une vue du monde, je suis un champ, une expérience », c'est-à-dire je suis ouvert à un horizon qui est le monde. Cela veut dire

---

1. [M. Merleau-Ponty, *Phénoménologie de la perception, op. cit.*, p. 343-344.]
2. [*Ibid.*, p. 467.]

que le monde est toujours pour moi un déjà-là, que je ne puis penser qu'en étant au monde, c'est-à-dire en y étant situé : « Pascal montre que, sous un certain rapport, je comprends le monde et que, sous un autre rapport, il me comprend. Il faut dire que c'est sous le même rapport : je comprends le monde parce qu'il y a pour moi du proche et du lointain, des premiers plans et des horizons et qu'ainsi il fait tableau et prend un sens devant moi, c'est-à-dire enfin parce que j'y suis situé et qu'il me comprend. » [1]

Une telle philosophie sera extrêmement sensible à l'opacité du monde et à son inachèvement : la pensée ne pourra être qu'un mouvement perpétuel, opaque à lui-même, où les vérités ne sont que des arrêts provisoires devant la tâche infinie d'une explicitation totale. Il n'y a de certitude que sous bénéfice d'inventaire. Mais la pensée elle-même se fonde sur une « opinion originaire » : « C'est elle qui fait surgir devant nous *quelque chose en général*. [...] Il y a du sens, quelque chose et non pas rien, il y a un enchaînement indéfini d'expériences concordantes, [...] une évidence du phénomène ou encore du monde. » [2] La phénoménologie de la perception nous ramène donc à l'étonnement devant « le jaillissement immotivé du monde » [3], devant le « surgissement des phénomènes ». Le monde nous apparaît alors « comme berceau des significations, sens de tous les sens, et sol de toutes les pensées » [4]. La chose et le monde sont « un mystère absolu, qui ne comporte aucun éclaircissement. [...] Il n'y a rien à voir au-delà de nos horizons, sinon d'autres paysages encore et d'autres horizons, rien à l'intérieur de la chose, sinon d'autres choses plus petites. [...] La chose et le monde sont vécus par moi [...] puisqu'ils sont l'enchaînement de nos perspectives, mais ils transcendent toutes les perspectives parce que cet enchaînement est temporel et inachevé. » [5]

1. [*Ibid.*]
2. [*Ibid.*, p. 454-455.]
3. [*Ibid.*, p. VIII.]
4. [*Ibid.*, p. 492.]
5. [*Ibid.*, p. 384-385.]

Pour une telle philosophie, l'idéalisme traditionnel, celui de Descartes et de Kant, a le tort de s'écarter de la description pure du contenu de la conscience, c'est-à-dire de l'irréfléchi, pour remonter à une activité constituante du Je transcendantal, seul fondement de la vérité absolue : ce faisant, l'idéalisme délie le sujet conscient de ce monde « déjà-là » auquel il est ouvert. C'est à cette critique de l'idéalisme par Merleau-Ponty que répond le livre de J. Moreau, *L'horizon des esprits*. J. Moreau admet que l'auteur de la *Phénoménologie de la perception* « oblige ainsi l'idéalisme à se départir de ses excès et de ses étroitesses ». Mais il ajoute aussitôt « qu'il ne saurait réduire les authentiques exigences de l'idéalisme, qui non seulement s'accommodent des résultats concrets d'une phénoménologie de la perception, mais encore en conditionnent une juste appréciation ». Le livre de J. Moreau reconnaît donc la valeur des descriptions phénoménologiques de Merleau-Ponty. Mais il montre en même temps que la réflexion phénoménologique renonce arbitrairement à l'exigence critique. La perception sensible nous donne une évidence de fait et Merleau-Ponty voudrait y voir « l'expérience de la vérité » [1]. La réflexion suppose l'expérience vécue et ne peut avoir d'autre tâche que de l'expliciter ; il est vain de prétendre remonter au-delà, de vouloir suspendre la certitude de la perception, l'évidence sensible, à un principe absolu pris en dehors d'elle. Pour J. Moreau, il y a « presque un scandale à parler de l'expérience de la vérité ». La vérité n'est pas un fait, mais une valeur. D'ailleurs, à la réflexion, l'évidence sensible n'est pas invincible. On doit reconnaître l'existence, en dehors de cette évidence sensible, d'une autre évidence, que l'on peut appeler intellectuelle, celle par exemple qui éclaire à chaque pas la connaissance mathématique. Cette évidence intellectuelle n'est jamais donnée toute faite, mais conquise : elle répond à une intention, elle remplit exactement la visée dont elle procède, elle satisfait l'exigence de vérité d'où la pensée tire son mouvement. D'ailleurs selon Merleau-Ponty, ce n'est pas toute évidence sensible qui est

---

1. [M. Merleau-Ponty, *Phénoménologie de la perception, op. cit.*, p. 452.]

indubitable, mais c'est seulement cette « opinion originaire » qu'il y a un monde, qu'il y a un « quelque chose ». Or une telle opinion originaire n'équivaut pas à la croyance spontanée, elle ne peut être découverte que par la réduction phénoménologique, c'est-à-dire par une réflexion sur la connaissance. Seulement l'auteur de la *Phénoménologie de la perception* refuse de poursuivre ce mouvement jusqu'à atteindre l'intériorité pure, le Je transcendantal. Pour lui, la réduction phénoménologique consiste à suspendre, par la réflexion, le mouvement d'intentionnalité, par lequel nous sommes de part en part rapport au monde. Et cette méthode n'a pour résultat que de nous faire découvrir le caractère insurmontable de notre rapport au monde : « Le plus grand enseignement de la réduction est l'impossibilité d'une réduction complète. » [1] Ce qui veut dire que cette méthode ne nous découvre pas la relation du sujet pur à un objet en général, mais la relation du moi au monde. Le moi et le monde sont entre eux dans une corrélation réciproque. Mais, remarque J. Moreau, il faut bien supposer, dans cette relation, une priorité du sujet. Si nous sommes ouverts au monde, si notre connaissance suppose notre relation au monde, c'est parce que le sujet conscient n'est pas une chose parmi les choses : « Ce qui le distingue des choses, c'est qu'à travers et au-delà de son être, qui ne lui est jamais donné, l'être même est pour lui toujours en question. La caractéristique de l'être conscient, ce qui le distingue des autres êtres ou *étants*, [...] c'est qu'il est ouvert à l'être, en perpétuel débat avec l'être, [...] c'est parce qu'il est toujours en quête d'être, qu'il se répand dans le monde pour le plier à ses fins. Son ouverture au monde ne fait donc que traduire objectivement, c'est-à-dire en termes de représentation, son propre défaut d'être. » On voit s'esquisser ici un des grands thèmes du livre de J. Moreau : si le sujet humain est ouvert à l'horizon du monde, c'est qu'en tant que Je, il est ouvert à l'absolu de l'être : cet horizon du monde « n'est qu'une expression, au niveau de l'imagination, de la transcendance de l'être : l'être est transcendance absolue ». Nous retrouvons ici la reprise, dans une

1. [*Ibid.*, p. VIII.]

perspective idéaliste, de la pensée d'Heidegger, que J. Moreau avait déjà inaugurée dans son dernier livre, *La conscience et l'être* [1].

L'auteur de la *Phénoménologie de la perception* a eu le mérite de contribuer à la réhabilitation du sensible : si l'objectivité scientifique, puisqu'elle n'est constituée que de rapports, implique l'exercice du jugement et se ramène à une construction intellectuelle, elle n'en suppose pas moins l'expérience perceptive, elle ne saurait se détacher de la réalité concrète, telle qu'elle nous est donnée dans la perception, et celle-ci ne saurait se ramener à une construction. Comme le montre bien Merleau-Ponty, la perception n'est pas une opération intellectuelle qui donne un sens à une matière incohérente, mais elle découvre dans la matière même de la perception un sens déjà constitué. Mais la tradition idéaliste n'a pas ignoré, comme le voudrait l'auteur de la *Phénoménologie de la perception*, ce caractère spontané et non-construit de la perception. On trouve chez Malebranche des éléments qui montrent que « les résultats de la *Phénoménologie de la perception* ne sont pas incompatibles avec l'idéalisme ». Malebranche distingue en effet entre l'étendue matérielle, dans laquelle notre corps est compris, et l'étendue intelligible infinie, dont toutes les parties sont simultanément présentes à notre esprit. Si l'étendue intelligible est toujours présente à notre esprit, elle n'en est pas moins une représentation distincte de nous, puisqu'elle est aperçue en Dieu. Elle n'est pas un phénomène, mais c'est elle qui nous permet de concevoir des objets extérieurs à nous. Grâce à cette idée de l'extériorité, le monde ne se réduit pas à une modalité du sujet, mais reste transcendant. L'étendue intelligible est « notre horizon commun, et, pour ainsi dire, le lieu qu'habitent les esprits ». Elle joue le même rôle d'horizon que le monde, pour la *Phénoménologie de la perception*. De même, par sa théorie des « jugements naturels », Malebranche nous montre que nous ne pouvons construire notre perception : il nous faudrait pour cela la conscience distincte de nos impressions, la science de l'optique et de la perspective, et il nous faudrait effectuer instantanément tous les calculs requis pour construire cette vision du monde qui nous est

---

1. [J. Moreau, *La conscience et l'être*, Paris, Aubier, 1958.]

donnée d'un seul coup d'œil. Il faut donc admettre que c'est Dieu qui nous donne la perception qui résulte de cet ensemble de conditions et de la connaissance de cet ensemble : « La théorie des jugements naturels est une interprétation théologique du caractère spontané, antéprédicatif, de la synthèse perceptive. » S'il en est ainsi, on peut admettre, même d'un point de vue idéaliste, que la réalité de l'objet perçu est irréductible à une représentation immanente, puisqu'elle se détermine dans l'extériorité infinie de l'horizon perceptif. Ce que l'idéalisme rejette, ce n'est pas la transcendance de l'objet, mais l'existence d'une chose en soi. Il en résulte que l'extériorité est toujours pour un sujet, et non en soi, mais qu'elle est l'horizon inséparable de toute perception. Cette analyse de l'extériorité nous ramène au thème central du livre de J. Moreau. Il est vrai, comme l'a montré Merleau-Ponty, que le monde, réduit à cette extériorité indéfinie, est le phénomène fondamental, qu'il est l'horizon inter-subjectif où se rencontrent les perspectives individuelles et limitées. Mais cet horizon « traduit au regard du sujet l'immensité de l'être qui le déborde ». Le véritable horizon des esprits, c'est Dieu, cette « dimension ultime du paysage » dont parle Ortega y Gasset. La distance sensible n'est que l'expression au regard de la conscience finie de sa distance à l'être absolu. Et nous retrouvons ainsi en nous cette exigence de l'absolu qui règle notre pensée et où se fondent toute obligation et toute valeur. Avec la *Phénoménologie de la perception*, qui, sur ce point, s'accorde avec l'idéalisme, on reconnaîtra donc que le monde n'est pas en soi, qu'il est notre phénomène, l'horizon de notre esprit. Mais, avec l'idéalisme, il faudra reconnaître également que notre perception du monde révèle, par l'extériorité qu'elle implique, par l'horizon même à laquelle elle est ouverte, une visée de l'absolu, qui est à la fois transcendant et immanent à la conscience.

On admirera la profondeur avec laquelle J. Moreau a replacé la philosophie de Merleau-Ponty dans la tradition idéaliste sans laquelle elle ne peut se comprendre. Dans ce dialogue fécond, l'idéalisme se libère de ses excès et la phénoménologie est ramenée aux exigences critiques de la réflexion qu'elle utilise. Comme il est triste de penser que Merleau-Ponty ne soit plus là pour reprendre la parole! Peut-être aurait-il dit que l'étendue intelligible de Malebranche n'est finalement qu'une idée de l'extériorité, et que l'idée de l'extériorité n'est pas l'extériorité, que l'idée d'un horizon n'est pas la réalité de l'horizon, et donc finalement que l'idéalisme ne peut rendre compte de la réalité de la perception. J. Moreau répondrait alors que la *Phénoménologie de la perception* n'atteint l'extériorité, l'horizon, le monde, que par réflexion et par réduction, c'est-à-dire à l'intérieur de la conscience. Mais son interlocuteur lui redirait peut-être que ce que la réduction phénoménologique nous révèle, c'est précisément son propre échec, l'impossibilité d'une réduction complète. En prenant conscience d'elle-même, la pensée se trouve « prise » : elle est un flux temporel, qui entraîne la réflexion elle-même, elle est opaque à elle-même : « La réflexion radicale est conscience de sa propre dépendance à l'égard d'une vie irréfléchie qui est sa situation initiale, constante et finale. » [1] « La conscience est engagée par son corps dans un espace, par son langage dans une histoire, par ses préjugés dans une forme concrète de pensée. » [2] J. Moreau dira alors que si la pensée prend conscience de cette dépendance, c'est qu'elle a en elle un idéal d'autonomie, de vérité et de transparence absolues, c'est donc qu'elle est ouverte à l'Être. (À vrai dire, le mot « Être » est très confus. Son usage s'est répandu dans la philosophie contemporaine d'une manière presque indiscrète. Les derniers écrits de Merleau-Ponty succombent eux aussi à cette tentation). Peut-on avec J. Moreau identifier l'Être, Dieu, l'Absolu et la Transcendance ? Si Dieu est la « dimension ultime du paysage », n'est-il pas encore quelque chose de relatif à l'homme? Horizon dernier, est-il autre chose qu'un élément de la structure de notre représentation? En tout cas, Merleau-Ponty avait le sentiment qu'en admettant le Dieu de l'idéalisme, il perdrait l'essentiel de son intuition, cet étonnement devant le phénomène originel de la perception qui lui révélait « une zone du "fondamental", peuplée d'êtres épais, ouverts, déchirés,

---

1. [M. Merleau-Ponty, *Phénoménologie de la perception*, *op. cit.*, p. IX.]
2. [*Ibid.*, p. 457.]

dont il n'est pas question de traiter exhaustivement » [1]. L'audace de la philosophie de Merleau-Ponty, c'est précisément d'oser affirmer un mystère absolu du surgissement des phénomènes, d'oser faire de la rationalité un fait inexplicable : « Le monde et la raison ne font pas problème ; disons, si l'on veut, qu'ils sont mystérieux, mais ce mystère les définit, il ne saurait être question de le dissiper par "quelque solution", il est en deçà des solutions. » [2] De même que Wittgenstein nous ramène à l'émerveillement devant le langage quotidien, Merleau-Ponty éveille notre attention devant l'activité qui nous est la plus familière et la plus courante, la perception. Tous deux, qui veulent limiter la philosophie à une description pure, nous font redécouvrir ce sens immédiat, cette rationalité inchoative, mais aussi cette opacité insurmontable, ce déjà-là, cette évidence irréfléchie, qui est notre « quotidien » et dont vit inconsciemment la réflexion philosophique. Ils mettent en question ce que l'on considère habituellement comme acquis, comme évident, comme allant de soi, et qui pourtant est étrange et paradoxal.

À ce sujet on peut poser le problème de l'athéisme de Merleau-Ponty. « On passe à côté de la philosophie, écrit-il dans son *Éloge de la philosophie*, quand on la définit comme athéisme. […] Sa négation n'est que le commencement d'une attention, d'une gravité, d'une expérience sur lesquelles il faut la juger. » [3] C'est que la négation d'une Pensée absolue et transcendante n'est, chez Merleau-Ponty, que l'envers de l'affirmation du mystère absolu : « La théologie ne constate la contingence de l'être humain que pour la dériver d'un Être nécessaire, c'est-à-dire pour s'en défaire, elle n'use de l'étonnement philosophique que pour motiver une affirmation qui le termine. La philosophie nous éveille à ce que l'existence du monde et la nôtre ont de problématique en soi, à tel point que nous soyons à jamais guéris de chercher, comme disait Bergson, une solution "dans le cahier du maître". […] Le problème (qui avait

1. [M. Merleau-Ponty, *L'œil et l'esprit*, Paris, Gallimard, 1964, p. 91.]
2. [M. Merleau-Ponty, *Phénoménologie de la perception, op. cit.*, p. xvi.]
3. [M. Merleau-Ponty, *Éloge de la philosophie*, Paris, Gallimard, 1953, p. 54-55.]

fait naître Dieu dans la conscience) est si peu ignoré du philosophe qu'au contraire il le radicalise, il le met au-dessus des solutions qui l'étouffent. L'idée de l'Être nécessaire, aussi bien que celle de la "matière éternelle" ou celle de l'"homme total" lui paraît prosaïque en regard de ce surgissement des phénomènes à tous les étages du monde et de cette naissance continuée qu'il est occupé de décrire. » [1] J.-P. Sartre, dans un récent article, notait que Merleau-Ponty avait, en passant, félicité un mystique d'avoir écrit que Dieu est au-dessous de nous, et il laissait entendre qu'il ne serait pas impossible qu'on puisse déceler chez Merleau-Ponty le rêve d'un Dieu, non pas au-dessus de l'homme, mais tâche de l'homme, partageant avec nous « l'insécurité de l'aventure humaine » [2]. Une brève notation de l'*Éloge de la philosophie*, parlant de la théologie bergsonienne, semble confirmer cette impression. Il y est question de cette sorte de « bougé » que l'on décèle dans la théologie bergsonienne, « comme peut-être dans toute théologie depuis le christianisme », et « qui fait qu'on ne sait jamais si c'est Dieu qui soutient les hommes dans leur être humain ou si c'est l'inverse, puisque, pour reconnaître son existence, il faut passer par la nôtre, et que c'est là plus qu'un détour » [3]. Dans son dernier écrit, *L'œil et l'esprit*, réfléchissant une fois de plus sur la vision, Merleau-Ponty écrit : « C'est donc l'Être muet qui lui-même en vient à manifester son propre sens », et il cite alors l'énigmatique épitaphe de Klee : « Je suis insaisissable dans l'immanence » [4].

---

1. [M. Merleau-Ponty, *Éloge de la philosophie*, *op. cit.*, p. 53-54.]
2. [J.-P. Sartre, « Merleau-Ponty vivant », *Les Temps Modernes*, n° 183, 1961, p. 275.]
3. [M. Merleau-Ponty, *Éloge de la philosophie*, *op. cit.*, p. 33-34.]
4. [M. Merleau-Ponty, *L'œil et l'esprit*, *op. cit.*, p. 87.]

CHAPITRE XVI

ANDRÉ-JEAN FESTUGIÈRE (1898-1982) *

Né le 15 mars 1898 à Paris, André-Jean Festugière avait fait ses études aux lycées Condorcet et Louis le Grand, s'ouvrant ainsi les portes d'une brillante carrière universitaire dont il parcourut avec beaucoup de succès les traditionnelles premières étapes : l'École normale supérieure (1918), l'agrégation (1920), les Écoles françaises de Rome (1920-1921) et d'Athènes (1921-1922). Mais, en 1923, lors d'une visite à son oncle à l'abbaye bénédictine de Maredsous, il se sentit irrésistiblement appelé à la vie monastique. L'année suivante, il entrait au noviciat des dominicains du Saulchoir en Belgique.

Désormais, deux idéaux, difficilement conciliables, allaient exercer sur lui une puissante attraction : la spiritualité du paganisme antique, qui l'avait séduit dès sa jeunesse, et le message évangélique, vécu dans la communauté des Frères dominicains. Ce sera là sans doute le drame de la vie d'A.-J. Festugière. Un jour où, après l'un de ses cours, donné à la Vᵉ Section, je faisais quelques pas avec lui dans la rue, je fus étonné de l'entendre dire : « Vous savez, si je suis souvent en mauvaise santé, si j'ai des maux de tête, cela n'est pas seulement physique, ce sont aussi les problèmes de la foi qui en sont la cause. » D'un bout à l'autre de l'œuvre de ce grand savant, on entrevoit la présence de ce drame, cette tension, ce déchirement entre deux amours, auxquels correspondaient aussi deux formes de vie : celle du savant, celle du moine.

* Publié dans *Annuaire de l'École Pratique des Hautes Études. Vᵉ Section – Sciences religieuses*, vol. 92, 1983-1984, p. 31-35.

Dans son premier ouvrage, qu'il publie en 1932, à l'âge de trente-quatre ans, sous le titre l'*Idéal religieux des Grecs et l'Évangile*, A.-J. Festugière s'efforce de donner une solution à ce problème, qui fut celui de toute sa vie. Ce livre est d'abord l'œuvre d'un savant dont l'extraordinaire érudition accumule les textes rares, les documents tirés des papyrus magiques, les traductions de poètes grecs, mais c'est aussi l'œuvre d'un apologiste qui, de son propre aveu, s'adresse aux étudiants des séminaires et des couvents, dans un style nerveux et frémissant. Pour lui le message évangélique vient proposer la délivrance et l'espérance au désespoir de l'âme grecque. A.-J. Festugière présente donc la philosophie, la poésie, la tragédie, comme des expressions d'un désespoir profond, que l'on peut résumer par la berceuse de la Danaé de Simonide : « Dors mon bébé et que dorme la mer et dorme aussi notre immense infortune », d'un besoin de « ne plus sentir, ne plus penser, oublier », d'une aspiration à l'évasion.

En 1936, il soutient ses thèses de doctorat ès lettres. La thèse principale, qui contenait des pages d'une admirable qualité littéraire, s'intitulait *Contemplation et vie contemplative selon Platon* et la thèse complémentaire *La doctrine du plaisir chez Aristote*. Émile Bréhier reprochera à la thèse principale d'interpréter Platon de manière trop néoplatonicienne et de réduire indûment « la dualité du Platon mystique et du Platon savant » [1]. Il se trouve que cette interprétation néoplatonicienne de Platon est de nouveau à la mode actuellement.

Dans ces années 1936-1939, le petit *Socrate*, paru en 1934, avait bouleversé mon âme d'adolescent : « Tous les jours nous buvons une ciguë mortelle à l'âme. [...] On vit comme un automate. Beaucoup savent affronter la mort. Mais qui résiste à cette mort de l'habitude ? Qui accepte d'être soi ? Or voilà l'homme extraordinaire qui nous réveille : "Prends souci de ton âme !" ».

Dans les années 1944-1954, A.-J. Festugière se consacre à l'étude de la révélation d'Hermès Trismégiste, c'est-à-dire d'un groupe

---

1. É. Bréhier, *Études de philosophie antique*, Paris, P.U.F., 1955, p. 56-64.

d'écrits qui, à côté des traités gnostiques et des *Oracles chaldaïques*, représentent un des phénomènes les plus énigmatiques de la fin de l'Antiquité. Il donne alors la remarquable traduction commentée du *Corpus Hermeticum*, en quatre tomes, dans la Collection des Universités de France, et il compose une monumentale étude d'ensemble, en quatre gros volumes, qu'il intitule *La révélation d'Hermès Trismégiste*. Cette œuvre considérable replace les écrits hermétiques dans la tradition philosophique et religieuse de l'Antiquité. Elle représente une mine de renseignements, peut-être moins sur l'hermétisme lui-même, un peu oublié à partir du deuxième volume, que sur l'ensemble de la pensée hellénistique.

C'est en 1942, pendant la guerre, qu'A.-J. Festugière devient directeur d'études de la Vᵉ Section de l'École Pratique des Hautes Études. Il y enseignera jusqu'à sa retraite en 1969. À vrai dire, son auditoire y fut toujours relativement restreint, en raison du caractère très austère et très scientifique de son enseignement. L'année où il commenta les *Pharmakeutriai* de Théocrite à l'aide des *Papyrus magiques* rassemblés par Preisendanz, il se plaignit amèrement de ce manque d'intérêt des étudiants, dans l'*Annuaire* de 1961-1962, en opposant tout d'abord la fécondité des recherches allemandes aux limitations de la science française : « Ce beau mépris pour les textes mineurs – hermétisme, papyrus magiques, etc. –, ce beau mépris traditionnel en France chez les maîtres des études classiques, est tout juste une ânerie », en déplorant aussi l'attitude des étudiants absorbés par la course au diplôme : « C'est une chose attristante que l'étudiant français soit totalement dénué de curiosité. On sombre dans la routine la plus vide et l'on voit disparaître ce qui fait l'essentiel des humanités, qui est de former des esprits. » Le mal, disons-le en passant, existe toujours en 1984. Il existait d'ailleurs tout aussi bien en 1900. Je lisais récemment la préface écrite par B. Haussoulier, directeur à la IVᵉ Section, pour le *Recueil d'inscriptions grecques* de Charles Michel [1]. Il parle des « examens asservissants », des « horizons bornés par la licence ou

---

1. Ch. Michel, *Recueil d'inscriptions grecques*, Paris, H. Lamertin, 1900.

par l'agrégation », des « étudiants français qui n'ont ni le loisir ni le
courage d'entreprendre de pareilles tâches ». Il y a certainement en
France depuis très longtemps une tradition universitaire néfaste, un
système qui vise à produire des rhéteurs fonctionnaires, sans laisser
s'épanouir les aspirations vers la connaissance désintéressée et vers
une culture proprement humaine. Ce compte rendu de l'*Annuaire*
est d'ailleurs, parmi beaucoup d'autres, un exemple des colères qui
pouvaient emporter A.-J. Festugière, et dont on retrouve la trace dans
certaines préfaces de ses livres. Ce grand savant fut profondément
humain dans tout ce que l'expression peut signifier de grandeur et
de faiblesse. Il pouvait être d'une exquise délicatesse, témoigner
une affectueuse sollicitude, mais, très sensible aux critiques, il
pouvait aussi garder des rancunes plus ou moins tenaces. Mais il se
repentait souvent et vite de ses premiers mouvements de colère. Il
envoya une fois au Secrétaire de la Ve Section, sur papier à en-tête
de l'École, une lettre incendiaire, pour protester contre la présence
d'une employée administrative au décolleté généreux et à la jupe
trop courte, qu'il avait trouvée, téléphonant, assise sur le bureau,
dans la pièce réservée aux directeurs d'études. Mais deux jours
après, il envoya au Secrétaire de l'École une lettre d'excuses sur
papier à en-tête des Frères Dominicains.

À partir de 1959, date de la publication du livre *Antioche païenne
et chrétienne*, qui décrit et oppose les milieux qui évoluent autour
de Libanius et de Jean Chrysostome, l'activité d'A.-J. Festugière
va se concentrer de plus en plus vers la traduction de textes
anciens. Grâce à lui, des textes extrêmement difficiles sont devenus
accessibles aux chercheurs : citons, entre autres, les huit volumes
des *Commentaires* de Proclus sur le *Timée* et la *République*, la *Clef
des songes* d'Artémidore, les *Prédications païennes* de Télès et
de Musonius. Vers la fin de sa vie, il se tourna avec prédilection
vers la traduction des textes chrétiens : les recueils monastiques,
les *Actes des Conciles*. Il y avait là évidemment un signe de sa
volonté de mettre ses connaissances scientifiques au service de sa
foi chrétienne.

Le jour de sa mort, le 13 août 1982 à l'hôpital de Saint-Dizier, A.-J. Festugière laissait une œuvre immense : 70 livres, 175 articles, dont plusieurs ont été réunis dans des recueils comme *Études de religion grecque et hellénistique* (1972), *Études d'histoire et de philologie* (1975). Il était auréolé d'un prestige international. Invité dans de nombreuses universités, membre associé de nombreuses Académies étrangères, il avait reçu en 1963 la plus haute distinction nationale de la République Fédérale d'Allemagne : l'Ordre pour le Mérite.

Il est encore trop tôt pour apprécier à sa juste valeur le rôle historique d'A.-J. Festugière. Je ne puis que proposer une suite de remarques malheureusement très partielles. Tout d'abord, prolongeant l'impulsion donnée par F. Cumont, il a été un des pionniers en France de la découverte de l'Antiquité tardive et des textes « mineurs » : longtemps il a travaillé dans un isolement presque total. C'est dans ces textes « mineurs » qu'il rencontrait la vie humaine dans toutes ses formes et ses manifestations, la vie intérieure du philosophe ou du saint, mais aussi la vie religieuse ou profane des petites gens du monde antique. Témoignent de cette préoccupation des livres comme *Personal Religion among the Greeks* (1954), *La vie spirituelle en Grèce à l'époque hellénistique* (1977). A.-J. Festugière a été un des plus grands connaisseurs de la religion antique. Il a été aussi un remarquable traducteur, au sens le plus fort du mot, saisissant toutes les nuances du texte, sachant rendre la pensée de l'auteur avec un rare bonheur d'expression, s'efforçant à une scrupuleuse exactitude (« Dieu est dans un iota souscrit », se plaisait-il à dire). Ses cours étaient une merveilleuse école d'interprétation des textes.

Il me semble que sa vision du monde hellénistique et romain (comme d'ailleurs celle de son ami, le grand E.R. Dodds) a été beaucoup trop dominée par des clichés un peu simplistes sur la décadence sociale et politique de la vie politique du monde antique, sur le trouble (« *the failure of nerve* », pour reprendre l'expression de Gilbert Murray) de la conscience collective antique. Une formule comme celle d'A.-J. Festugière : « Misère et mysticisme sont des faits connexes » est une pseudo-évidence qui ne se fonde sur aucune analyse historique précise et qui ne peut que fausser les interprétations que l'on peut donner du phénomène mystique. Il y avait d'ailleurs probablement, derrière ces clichés, la motivation apologétique dont j'ai déjà parlé : le désir de montrer que l'homme antique était désespéré et qu'il attendait le message évangélique. Mais par ailleurs A.-J. Festugière aimait profondément l'homme antique. Je fus toujours étonné de la piété avec laquelle, dans ces cours, il évoquait la figure des derniers philosophes néoplatoniciens décrits par Damascius. Parfois même cet amour pour le monde antique l'emportait sur son amour pour le monde chrétien ; plus précisément, il semblait douter de certains aspects du monde chrétien. Je l'ai entendu dire par boutade, au sujet des moines du IVe et du Ve siècle : « Des fakirs ! » Vers la fin de sa vie, pourtant, il s'est appliqué à traduire avec foi et amour beaucoup de textes de la littérature monastique. (Mais, faut-il le rappeler, la littérature monastique est héritière, en grande partie, des exercices spirituels de la philosophie antique). Finalement, il y avait en lui une sympathie profonde, un amour compréhensif pour toutes les manifestations de la vie spirituelle, profane ou sacrée. Certains s'étonneront peut-être de voir ce religieux traduire avec enthousiasme, dans *La vie spirituelle en Grèce à l'époque hellénistique*, le vert langage érotique des poèmes de Catulle. Mais par avance il s'était justifié : « Dans certains poèmes de Catulle, un cœur bat... »

CHAPITRE XVII

PRÉFACE À LOUIS LAVELLE,
*L'EXISTENCE ET LA VALEUR** *

M. Foucault a dit : « S'il est vrai que la philosophie grecque a fondé une rationalité dans laquelle nous nous reconnaissons, elle soutenait toujours qu'un sujet ne pouvait avoir accès à la vérité à moins de réaliser d'abord sur lui un certain travail qui le rendrait susceptible de connaître la vérité. Le lien entre l'accès à la vérité et le travail d'élaboration de soi par soi est essentiel dans la pensée ancienne et dans la pensée esthétique. » [1] Cette liaison entre l'accès à la vérité et l'élaboration de soi par soi était essentielle aussi dans la pensée de L. Lavelle : « La vérité ne peut jamais pénétrer que dans une conscience qui s'en montre digne. » « La vérité est un acte vivant, [...] on ne peut la trouver sans la produire en soi et sans inviter autrui à la produire aussi en lui-même. Elle se prouve par son efficacité, par la communication qu'elle établit entre nous et l'univers, entre nous et tous les autres êtres dans la connaissance du même univers. » [2] Car, pour lui, si la démarche fondamentale de la philosophie consistait à prendre conscience de soi, cette prise de conscience du moi n'était pas la découverte d'un objet,

---

* Publié dans L. Lavelle, *L'existence et la valeur. Leçon inaugurale et résumés des cours au Collège de France (1941-1951)*, Documents et inédits du Collège de France, 1991, p. 9-14.

1. H. Dreyfus et P. Rabinow, *Michel Foucault, un parcours philosophique*, Paris, Gallimard, 1984, p. 345.

2. L. Lavelle, *L'erreur de Narcisse*, Paris, Grasset, 1939, p. 168 et 229.

d'une essence déjà achevée (une telle conception était, à ses yeux, « l'erreur de Narcisse »), mais l'expérience d'un acte, « d'un acte que nul être au monde ne peut accomplir à notre place » (*Leçon inaugurale*), « un acte dont je dispose et qui met en jeu ma liberté, c'est-à-dire le pouvoir de créer moi-même ce que je suis » (Cours de l'année 1941-1942). Exactement, le fait primitif, d'où peut partir la philosophie, était pour L. Lavelle ma propre insertion dans le monde, « ma responsabilité à l'égard de moi-même et du monde ». « L'expérience avec laquelle commence tout à la fois l'émotion que la vie nous donne et la révélation de notre être propre, ne consiste donc pas dans le spectacle déployé devant notre regard et dont nous faisons nous-même partie, mais dans la mise en jeu d'un mouvement que nous sommes capable d'accomplir, qui dépend de notre seule initiative, qui nous éveille à la conscience de nous-même et qui, en changeant l'état du monde, nous montre l'empire même dont nous disposons. Dès que je suis attentif au pouvoir que j'ai de remuer le petit doigt, je répéterai cent fois ce geste avec le même émerveillement. À ce moment-là seulement je commence à saisir le réel par le dedans, c'est-à-dire dans l'activité même dont il dérive, qui forme mon être même et que j'ébranle ou que je retiens par une simple décision qui dépend de moi seul. Cependant, le mouvement n'est ici que le signe et le témoin d'une activité plus secrète. Mais il suffit à montrer qu'au lieu de me trouver pris dans un devenir sans fin où je ne cesse de m'échapper à moi-même, je ne saisis au contraire ce que je suis que dans cet acte par lequel je m'arrache moi-même au devenir pour recommencer sans cesse à être, et sans lequel je ne percevrais pas le devenir lui-même. C'est là un acte de création qui est toujours un consentement à ce que je veux penser, produire ou être. » [1]

On ne peut prendre conscience de cet acte que nous sommes qu'en l'accomplissant en quelque sorte, donc par une action de soi sur soi, une conversion, conversion d'ailleurs toujours fragile et

1. L. Lavelle, *De l'acte*, Paris, Aubier, 1946, p. 10.

précaire, qu'il faut reconquérir à chaque instant, mais qui change à la fois notre être et notre conscience. Comme le dit L. Lavelle : « L'acte est toujours acte de volonté. » « L'acte volontaire constitue la conscience elle-même. » « Il crée la lumière qui l'éclaire. » [1]

Cette prise de conscience, puisqu'elle est prise de conscience de « mon » insertion dans le tout, est une expérience de « présence », présence du moi aux autres « moi », présence du moi au Tout, du Tout au « moi », c'est l'expérience de ce que L. Lavelle appelait la présence totale, l'être total se confondant avec la mutualité de toutes les présences ou possibles.

Une des principales caractéristiques de la philosophie de L. Lavelle, c'est de prendre pour point de départ de la philosophie le « moi vivant », comme le dit la *Leçon inaugurale*, donc le moi vivant dans un corps, « qui fonde son existence, non point en se séparant de l'univers, mais en communiquant avec lui ». C'est pourquoi Maurice Merleau-Ponty, dans sa propre *Leçon inaugurale* (et dans les notes qu'il y a ajoutées), soulignait à juste titre l'importance du rapport au monde, de la temporalité, on pourrait même dire, de la finitude, dans la philosophie de L. Lavelle : « L'absolu habite chacune de nos entreprises, en tant qu'elle est faite une fois pour toutes et ne recommencera jamais plus. Il vient à notre vie de sa temporalité même... » En faveur de cette interprétation, on pourrait citer ce beau texte, tiré de *L'erreur de Narcisse* (p. 200), où transparaît si bien l'importance de l'unicité du présent et du « monde », aux yeux de L. Lavelle : « L'habitude me rend aveugle et indifférent à l'égard de toutes les choses extraordinaires qui remplissent le monde, de la lumière, du mouvement de ma propre existence, et de vous qui m'adressez la parole et qui tout à coup venez au-devant de moi : mais sans elle, je ne verrais partout que des objets d'épouvante ou des présences miraculeuses. L'enfant sait bien que ce sont les objets les plus familiers qui, quand il les fixe pendant un moment en oubliant tout à coup leur usage, lui apportent le plus d'étonnement. Et l'art le plus parfait est celui qui nous les montre dans une sorte de

---

1. *Ibid.*, p. 472.

révélation, comme si nous les voyions pour la première fois. Ainsi, sans l'habitude, la réalité s'offrirait à nous d'une manière si directe et si vive, que nous n'en supporterions pas la vue. Nous demandons à l'habitude une sorte de sécurité. Or toutes les entreprises de l'esprit visent non pas, comme on le dit, à l'acquérir, mais à la rompre, afin de découvrir le spectacle fabuleux qu'elle recouvre et qu'elle dissimule toujours. Ainsi les hommes ont bien tort de mépriser l'humble objet qu'ils ont sous les yeux, de faire des rêves stériles d'avenir, d'imaginer au-delà de la mort un monde qui comblerait enfin leur attente. Tout le réel leur est donné, mais il est difficile d'en obtenir une image pure. Ce n'est pas en dépassant l'apparence, comme on le dit toujours, qu'on parviendra à saisir la vérité ; car nous avons toujours besoin d'une vérité qui apparaisse, et les plus grands esprits nous rendent apparent ce qui jusque-là nous avait échappé et que l'habitude tout à l'heure ensevelira. Ni derrière le monde, ni au-delà de la mort, il n'existe une autre réalité que celle que nous contemplons aujourd'hui ; mais les uns la repoussent pour courir après les chimères ; les autres trouvent en elle, selon leur puissance d'amour, toutes les joies de la terre et toutes celles du paradis. » [1]

L. Lavelle avait exposé l'intuition philosophique, dont nous avons essayé de définir brièvement le contenu, d'une part dans de grands traités métaphysiques, réunis sous le titre *La dialectique de l'éternel présent* (1928-1951 : *De l'être, De l'acte, Du temps et de l'éternité, De l'âme humaine*), d'autre part dans des ouvrages plus courts et plus accessibles au grand public. Les grands traités métaphysiques se présentent comme des suites de théorèmes, démontrés ou commentés, qui développent toutes les implications conceptuelles de l'expérience vivante qu'il mettait au point de départ de la philosophie. Ces livres sont austères, d'accès difficile. Les lire attentivement serait, pourtant, certainement un exercice philosophique très fructueux. Les ouvrages plus courts et plus simples – *La conscience de soi* (1933), *L'erreur de Narcisse* (1939) – nous

1. L. Lavelle, *L'erreur de Narcisse, op. cit.*, p. 200.

révèlent un tout autre aspect de L. Lavelle. Je dois avouer que, depuis plus d'une quarantaine d'années, j'ai lu, relu, médité *L'erreur de Narcisse*. J'aime tout dans ce livre : sa forme littéraire, ses chapitres très courts, d'une ou deux pages, qui invitent à la méditation, le style limpide qui se situe dans la tradition des grands moralistes français, l'atmosphère de lumière, de transparence, de simplicité, de pureté, la finesse et la profondeur des analyses morales et psychologiques.

Dans *L'erreur de Narcisse* apparaît non pas une morale, mais la description d'une forme de vie, d'un mode d'exister inspiré par l'expérience fondamentale lavellienne, la prise de conscience du moi et de la réalité, non pas comme objet (c'est précisément l'« erreur de Narcisse »), mais comme acte, comme présence, comme source. De cette intuition naît la représentation d'un mode d'activité qui sera d'autant plus parfaite qu'elle sera « éprouvée comme un pur consentement à être et à vivre ». « Il faut que chaque acte de ma vie, chaque pensée de mon esprit, chaque mouvement de mon corps soient comme un engagement et une création de mon être même. » « La seule activité qui soit réelle, efficace et bienfaisante est celle qui s'exerce invisiblement, [...] celle qui change les esprits. » « L'action la plus profonde est une action de pure présence. » « On n'a d'action sur un autre être que si l'on ne veut pas en avoir. » « Nul n'agit que par ce qu'il est et non point par ce qu'il vise. » « Nul ne peut connaître la vie de l'esprit si la douceur lui est étrangère. L'animosité, l'amertume ou l'aigreur que l'on rencontre chez quelques-uns sont les marques de l'amour propre ; elles ont un goût de chair qui se mêle alors à toutes leurs pensées, quelles qu'en soient la force et la grandeur. » « Si Pyrrhon, qui est le prince des sceptiques, pratiquait, comme on le dit, la douceur véritable, et non point l'indifférence, c'est qu'il y avait chez lui, derrière tous les doutes de la pensée, une participation délicate à l'être et à la vie qu'auraient pu lui envier beaucoup de ceux qui se prononçaient sur de tels problèmes avec plus de hardiesse. » [1]

---

1. *Ibid.*, p. 74 *sq.* et 196 *sq.*

Que le lecteur nous pardonne d'avoir, dans une si brève préface, cité littéralement autant de textes de L. Lavelle, mais j'ai pensé qu'il fallait le faire parce que à peu près tous les écrits philosophiques de L. Lavelle sont épuisés et ne se trouvent plus dans le commerce : il était peut-être bon par quelques exemples de laisser entrevoir ce qu'était le frémissement presque lyrique du style de ce philosophe.

C'est aussi la raison pour laquelle il faut saluer avec reconnaissance la publication, dans la collection « Conférences, essais et leçons du Collège de France », de la *Leçon inaugurale* et des résumés de cours de celui qui fut titulaire de la Chaire de Philosophie au Collège de France de 1941 à 1951. À ces textes, ont été joints également, d'une part, l'émouvant *Témoignage*, paru dans les *Études philosophiques* de 1951, après la mort du philosophe et qui retrace son itinéraire spirituel, d'autre part, une évocation de la figure de L. Lavelle par l'un de ses collègues du Collège de France, J. Baruzi.

Dans la *Leçon inaugurale*, L. Lavelle définit, par rapport à ses prédécesseurs É. Le Roy et H. Bergson et toute la tradition française, sa conception de la philosophie et le programme de ses recherches pour 1941 : l'existence et la valeur. Dans les *Cours* de la première heure, L. Lavelle a repris et approfondi les grands thèmes qui se cristallisent autour de son intuition fondamentale ; il précise le sens, dans cette perspective, des notions d'existence, de valeur, de participation, d'être et de connaître, les rapports du temps avec l'espace, de l'âme avec ses puissances, de l'idée avec l'esprit, de la passion avec la conscience. À la seconde heure est reprise, dans les trois premières années, une recherche entreprise dans son premier livre, *La dialectique du monde sensible*, et destinée à montrer la liaison étroite qui existe entre les fonctions particulières des différents sens dans l'acquisition de notre expérience du monde et les fonctions fondamentales de la conscience. Les années suivantes, L. Lavelle préfère traiter des sujets d'histoire de la philosophie : Descartes, Malebranche, Leibniz, Spinoza, Plotin et Aristote.

Tous ces textes permettront à nos contemporains un premier contact avec une pensée qui n'avait d'autre ambition que d'éveiller les autres esprits à la conscience de soi. Comme le dit la *Leçon inaugurale* : « La philosophie est toujours actuelle et personnelle : il n'y a de philosophie que d'aujourd'hui, celle que je puis maintenant penser et vivre. La philosophie la plus ancienne, dès qu'un esprit s'en empare, recommence une autre carrière, comme s'il l'avait lui-même créée. »

CHAPITRE XVIII

PRÉFACE À YOKO ORIMO,
*LE SHÔBÔGENZÔ DE MAÎTRE DÔGEN**

L'introduction à la lecture du *Shôbôgenzô* du moine bouddhiste Dôgen, que nous présente Yoko Orimo, nous fait accéder, nous autres Occidentaux, à un dépaysement total à cause des raffinements du langage, de la profusion des images poétiques, des dialogues déroutants, mais aussi à cause d'une expérience de la vie et de l'existence, une manière de vivre, qui peut nous paraître tout à fait extraordinaire, au sens le plus fort du mot. Disons-le tout de suite : il faut admirer Yoko Orimo qui s'est si bien assimilé la langue philosophique occidentale, qu'elle a été capable de réaliser le tour de force de traduire et d'expliquer en français avec tant de clarté l'œuvre si difficile de Dôgen, moine japonais du XIIIᵉ siècle. Elle fait preuve tout au long de son étude d'une très grande rigueur philologique, d'une extraordinaire érudition et d'une grande intensité de réflexion philosophique.

Yoko Orimo a étudié avec une grande finesse et une grande subtilité la manière d'écrire de Dôgen. Elle dit notamment : « L'écrit, l'action transformatrice de l'écriture, n'a pas pour Dôgen une valeur simplement descriptive, prescriptive ou doctrinale – il s'agit d'un acte performatif, ou plus simplement d'une pratique qui est aussi un geste d'actualisation par lequel la tradition appartient au présent... » Nous pouvons comprendre cela, si nous nous rappelons

---

* Publié dans Y. Orimo, *Le Shôbôgenzô de maître Dôgen. La Vraie Loi, Trésor de l'œil*, Paris, Seuil, 2004 ; rééd. Vannes, Sully, 2014, p. 15-21.

qu'une telle action formatrice et transformatrice de l'écriture se retrouve par exemple dans l'écrit de l'empereur Marc Aurèle adressé à lui-même. Lui aussi reprend parfois les dits des philosophes qui l'ont précédé, mais aussi et surtout les dogmes traditionnels du stoïcisme, pour créer en lui la disposition intérieure qui l'entraînera à vivre selon la Raison. Mais à ce propos, il est surtout intéressant de constater que Dôgen vit dans un milieu monastique et que sa manière d'écrire a beaucoup d'analogies avec celles des moines chrétiens qui, eux aussi, citent et commentent, dans un but d'édification, les apophtegmes des anciens moines. Toutefois, on ne retrouve pas en Occident, ni chez les moines ni chez les philosophes, même ceux qui ont cultivé l'aphorisme, la forme littéraire du *kôan*, c'est-à-dire du dialogue, dans lequel le maître répond à la question du disciple d'une manière apparemment absurde et totalement déroutante, pour l'obliger à penser par lui-même et provoquer le choc décisif qui le transformera. Socrate, bien qu'il ait voulu, en troublant son interlocuteur, que celui-ci se mette lui-même en question, n'a jamais utilisé un tel genre littéraire.

Mais, avant d'aller plus loin dans cette préface, je dois une explication au lecteur qui, s'il me connaît un peu, s'est déjà demandé pourquoi l'auteur de plusieurs ouvrages se rapportant à la philosophie gréco-romaine peut s'arroger le droit de parler d'un livre qui est si éloigné de ses compétences. La raison en est fort simple : c'est que Yoko Orimo elle-même me l'a demandé, et elle a su, en me proposant tout un ensemble de comparaisons entre Dôgen et les philosophies gréco-romaines, vaincre mes réticences. J'ai longtemps été hostile au comparatisme, aux assimilations que l'on a voulu établir entre pensée orientale et occidentale. Nous autres Occidentaux avons déjà bien du mal à comprendre les philosophes grecs et romains, qui sont pourtant à l'origine de nos propres habitudes de pensée. Leurs univers de langage et de civilisation, leurs démarches intellectuelles et spirituelles, nous deviennent chaque jour, en ce monde contemporain, de plus en plus étrangers. Que dire alors des penseurs d'Extrême-Orient ? Seuls des spécialistes, ayant consacré leur vie à les étudier et connaissant parfaitement les langues, l'histoire des mœurs et des idées de cette partie du monde, ont le droit d'en parler. C'est pourquoi j'ai toujours voulu être extrêmement prudent dans ce genre de rapprochement entre textes occidentaux et orientaux.

Pourtant, dans une première étape, en lisant certaines histoires de la pensée chinoise, notamment celle d'Anne Cheng, et certains ouvrages de Michel Hulin, notamment *La mystique sauvage*, et aussi *Les propos sur la peinture* de Shitao, traduits par P. Ryckmans [1], j'ai retrouvé plusieurs fois des attitudes envers l'existence qui m'étaient chères. J'ai pensé alors que, quelle que soit la civilisation dans laquelle il se situe, l'homme ne dispose que d'un petit nombre d'attitudes devant l'existence, qui sont constantes et fondamentales. Et avec la naïveté d'un homme occidental qui est persuadé qu'il est le modèle de toute l'humanité, j'ai nommé ces attitudes : « stoïcisme, ou épicurisme, ou scepticisme, ou platonisme universels », entendant par ce mot « universel » le fait de se retrouver à la fois identique et différent en différentes civilisations.

Mais dans une deuxième étape, je me suis rendu compte que ces termes, qui ne désignent que des écoles philosophiques de la Grèce antique, ne pouvaient être appliqués que très abusivement aux attitudes existentielles que l'on retrouve dans ce que l'on pourrait appeler les différentes spiritualités du monde. Il valait mieux préciser le contenu de ces attitudes, par exemple la suspension du jugement et l'indifférence qui en résulte, comme l'a fait d'une manière tout à fait remarquable H.P. Sturm dans son livre intitulé *Urteilsenthaltung* (« Suspension du jugement ») [2], dans lequel il compare suspension du jugement en Occident, de la philosophie grecque jusqu'à la philosophie moderne, et suspension du jugement dans l'hindouisme et le bouddhisme. Je ne puis entrer dans les détails, mais je dirai brièvement que j'ai été très frappé, dans mes

1. A. Cheng, *Histoire de la pensée chinoise*, Paris, Seuil, 1997 ; M. Hulin, *La mystique sauvage*, Paris, P.U.F., 1993 ; Shitao, *Les propos sur la peinture du moine Citrouille amère*, trad. fr. P. Ryckmans, Paris, Hermann, 1984.
2. H. Sturm, *Urteilsenthaltung oder Weishcitsliebe zwischen Welterkhierung und Lebenskunst*, Fribourg-München, Alber, 2002.

recherches sur la philosophie antique, par l'importance du rôle joué par le refus d'émettre des jugements de valeur sur les événements, que ce soit dans le scepticisme et le platonisme « sceptique » d'un Arcésilas, ou dans le stoïcisme. Une telle attitude est destinée comme dans le bouddhisme à atteindre la paix de l'âme par le rejet de la distinction entre le bon-pour-moi et le mauvais-pour-moi, par le renoncement à affirmer son individualité contre le monde et contre les autres.

Cela me conduit à préciser ce qui m'a séduit dans la pensée de Dôgen. D'une manière générale, on y décèle une tendance à dépasser le point de vue du moi individuel, égoïste, partial et partiel, pour se replacer dans le Tout et se hausser ainsi à une perspective cosmique. C'est une démarche presque constante dans toutes les philosophies de l'Antiquité. On la trouve par exemple chez Platon, qui invite « à la contemplation de la totalité du temps et de l'être », chez Épicure, pour qui « l'esprit peut prendre son essor dans les espaces infinis », chez les stoïciens, par exemple Marc Aurèle qui s'efforce de « penser la totalité du monde et du réel », chez Plotin, enfin, pour qui, en retranchant l'individualité, qui n'est qu'une négation du Tout, on redevient le Tout [1]. Cet effort de voir les choses dans la perspective de la Nature apparaît très clairement dans ce que j'ai appelé la « définition physique » chez Marc Aurèle. L'empereur stoïcien veut s'habituer à voir les choses telles qu'elles sont en elles-mêmes, dans le Tout cosmique, indépendamment du rapport de l'intérêt ou du plaisir ou de la crainte qu'elles peuvent inspirer à notre regard humain, soucieux du bien-être de notre individualité. Un mets appétissant sera alors du cadavre d'oiseau ou de porc, l'union sexuelle, un frottement de ventres [2]. Cette attitude intérieure qui consiste à voir les choses telles qu'elles sont (« elles sont comme cela ») implique également que l'on ne cherche pas leur « pourquoi » : c'est parce qu'elles sont comme cela qu'elles

---

1. *Cf.* P. Hadot, *Qu'est-ce que la philosophie antique ?*, Paris, Gallimard, 1995, p. 309-314 et 256.

2. *Cf.* P. Hadot, *La citadelle intérieure, Introduction à la lecture des « Pensées » de Marc Aurèle*, Paris, Fayard, 1997, p. 122-123.

doivent être comme cela. Nous la retrouvons chez Dôgen dans la notion de « tel quel », que les spécialistes du bouddhisme appellent aussi « ainsité » et qui, me semble-t-il, correspond à une expérience analogue à celle des philosophes grecs. Commentant l'emploi de cette expression par Dôgen, Yoko Orimo écrit : « Le terme "tel quel" indique quelque chose qui est déjà là de façon indéniable, mais indescriptible. C'est un fait, un fait réel, mais au sujet duquel on peut seulement dire que "c'est tel quel" ou que "c'est ainsi". » Dans le contexte de Dôgen, il s'agit de l'Illumination ou de l'Éveil. L'Éveil est « tel quel » et le moi est « tel quel ». Quand on se reconnaît comme « tel quel », on atteint le « tel quel ». Le « tel quel » semble donc être présence pure, pur être-là.

L'attitude spirituelle dont nous venons de parler, qui renonce à s'interroger sur le pourquoi, a pour fonction, dans les philosophies occidentales, d'aider à se libérer de l'anthropomorphisme, qui cherche toujours un pourquoi et une raison aux choses. Chez Plotin, par exemple dans le traité 38 (VI, 7), les Formes, qui constituent l'Esprit divin et sont le principe de toute réalité, ne sont pas comme elles sont parce qu'il fallait qu'elles soient comme cela, mais c'est parce qu'elles sont ce qu'elles sont qu'elles doivent être comme cela. Elles ne sont pas l'effet d'un raisonnement, ou d'un art, fussent-ils ceux d'un artisan divin ; mais elles sont immédiates et spontanées, naturelles donc, par opposition à artificielles. Dans le commentaire que j'ai donné du traité 38, j'ai comparé cette affirmation de Plotin aux vers du mystique Angelus Silesius : « La rose est sans pourquoi, elle fleurit parce qu'elle fleurit, elle ne fait pas attention à elle-même, ne demande pas si on la voit. » On pourrait dire : elle est tout simplement. La rose est ici le symbole du mystique : l'expérience de celui-ci n'est accessible que dans un état de simplicité, de spontanéité, d'absence de dédoublement.

La rose pourrait être aussi, pour Marc Aurèle (V, 6, 3), le symbole du sage. Le sage doit agir naturellement, c'est-à-dire en quelque sorte inconsciemment, sans réfléchir sur son action, comme la vigne donne spontanément et inconsciemment le raisin : il doit être absolument simple. Plotin dira : « Il n'est pas du tout nécessaire que le courageux soit conscient du fait qu'il agit courageusement. On pourrait même dire que la conscience semble troubler et affaiblir les activités : sans conscience, les actes sont plus purs et ils sont intenses et vivants au plus haut degré. »[1] La conscience introduit un dédoublement, et aussi une complaisance en soi-même. Yoko Orimo m'a fait remarquer la parenté qui existe entre cette attitude et l'enseignement de Dôgen : « Lorsque les éveillés sont réellement éveillés, ils n'ont pas à savoir qu'ils sont éveillés. »

Et nous retrouvons ici le passage du moi égoïste à la perspective cosmique, qui est dépassement et oubli du moi. Dôgen dit : « Apprendre la Voie de l'Éveillé, c'est s'apprendre soi-même. S'apprendre soi-même, c'est s'oublier soi-même. S'oublier soi-même, c'est se laisser attester par les dix mille existants », c'est-à-dire se découvrir comme partie du Tout, comme pris dans le mouvement du devenir cosmique. « Voir le Tout, dit Yoko Orimo, ce n'est pas tout voir, mais voir une partie comme partie, partie du Tout. »

Il me semble que ces expériences supposent toutes que le sujet devienne être pur, présence pure et reconnaisse en même temps l'être pur dans la réalité nue. Parlant du bouddhisme zen, P. Ryckmans écrit : « Le point suprême du détachement et de l'illumination spirituelle ne se réalise qu'au cœur le plus concret d'un instant de réel : pur. La méditation [...] prend appui [...] sur la présence brute de la réalité concrète, la plus proche, la plus naturelle, la plus inattendue ; l'absolu du Bouddha se découvre dans l'absolu du réel banal et immédiat – et donc aussi unique et singulier. »[2] On retrouverait une expérience analogue dans l'extraordinaire *Lettre de Lord Chandos* de Hugo von Hofmannsthal dans laquelle l'auteur de la lettre ne peut plus rien dire sur les choses, tant leur présence pure l'écrase. Il y évoque cette « présence de l'infini » qui le traverse tout entier, de la tête aux pieds, en regardant une chose futile, un arrosoir, dit-il, à moitié rempli d'eau à la surface de laquelle un scarabée va

1. Plotin, *Ennéades* I, 4, 10, 15.
2. Shitao, *Les propos sur la peinture du moine Citrouille amère, op. cit.*, p. 45.

d'un bord à l'autre. Et il parle à ce sujet d'un « rapport nouveau à l'existence » [1].

Est-ce le même rapport à l'existence que celui de Dôgen ? Il est difficile de le dire, car la réalité vécue et expérimentée de l'expérience mystique est incommensurable avec ce qu'en dit le mystique, surtout lorsqu'il doit la décrire dans des termes fixés à l'avance par la tradition. Mais il est temps de laisser parler Yoko Orimo et Dôgen lui-même. Il est bon que le lecteur occidental s'ouvre à un univers de pensée profondément différent du sien, même si sa propre expérience et sa propre tradition lui permettent d'entrevoir que, finalement, les mêmes problèmes spirituels se sont posés et se posent toujours à toute l'humanité.

1. H. von Hofmannsthal, *Lettre de Lord Chandos*, trad. fr. J.-Cl. Schneider et A. Kohn, Paris, Gallimard, p. 47-48.

CHAPITRE XIX

ÉMERVEILLEMENTS *

« Que philosopher c'est apprendre à mourir. » Lisant en 1936, à quatorze ans, les *Essais* de Montaigne, j'y rencontrai ce titre de chapitre qui fut pour moi une révélation. Depuis ce temps, cette formule symbolise pour moi à la fois les *Essais* de Montaigne et les « essais » de ma vie, la philosophie de l'Antiquité et la philosophie en elle-même. J'appris alors, encore confusément, mais pour toujours, que la philosophie n'était pas une construction théorique et abstraite, mais un exercice, un apprentissage, un entraînement, non pas seulement à mourir, mais à vivre selon un certain mode, dans la conscience et la lucidité, et que le discours philosophique n'avait de sens que s'il conduisait à ce résultat, enfin que ce genre de philosophie était précisément la philosophie telle que l'Antiquité l'avait conçue et vécue, puisque, dans le chapitre en question, Montaigne s'appuyait sur Platon, les épicuriens et les stoïciens.

Depuis j'ai relu souvent les *Essais*, j'y reviens toujours comme à une maison où je me sens chez moi, où je retrouve l'équilibre et la sérénité, où je découvre chaque fois des choses inattendues et inconnues. D'ailleurs, en lisant les *Essais*, on ne rencontre pas un livre mais un homme, c'est-à-dire une énigme fascinante et presque inexplorable, un homme qui se raconte naïvement, qui s'observe sans complaisance ni dégoût, qui s'accepte tel qu'il est, en s'efforçant avec douceur d'atteindre à la sérénité, à cette

---

* Publié dans *La bibliothèque imaginaire du Collège de France*, Paris, Le Monde Éditions, 1990, p. 121-128.

Gelassenheit, diraient les Allemands, qui n'est autre que la sagesse. Et le mot même d'« essai » exprime bien ces tentatives, ces exercices, ces expériences qui jalonnent l'effort de l'homme Montaigne. Dans cette quête de la sagesse, il juxtapose sans gêne les attitudes apparemment contradictoires des différentes écoles de l'Antiquité : socratisme, épicurisme, stoïcisme, cynisme, scepticisme, qui, d'ailleurs, malgré leurs divergences, assignaient toutes un même but à l'effort philosophique : la recherche de la sérénité. Montaigne m'a appris que la réalité humaine est tellement complexe qu'on ne peut la vivre qu'en utilisant simultanément ou successivement les méthodes les plus différentes : tension et détente, engagement et détachement, enthousiasme et réserve, certitude et critique, passion et indifférence. Montaigne est le bréviaire de la philosophie antique, le manuel de l'art de vivre : « C'est une absolue perfection, et comme divine, de savoir jouir loyalement de son être. »

Montaigne m'a appris aussi la valeur de la simplicité socratique dont la « secrète lumière » ne se découvre qu'à celui qui a « la vue nette et bien purgée ». Socrate parle de manière à être compris de tous, ou plutôt il ne parle pas, mais il vit, et il nous fait découvrir que chacun de nous a, comme lui, les moyens d'atteindre à la sagesse : « Nous sommes chacun plus riches que nous ne pensons, [...] recueillez-vous, vous trouverez en vous les arguments de la nature contre la mort vrais et les plus propres à vous servir... » Les gens du peuple, aux yeux de Montaigne, ont souvent un courage devant la mort qui dépasse celui des philosophes.

On trouverait dans l'éthique de Wittgenstein une admiration analogue pour les « humbles » dont l'esprit n'a pas été gâté par les artifices de la philosophie, la même persuasion que la solution du problème de la vie consiste à découvrir qu'il n'y avait pas de problème, ou plus exactement que la réponse ne se trouve pas dans une théorie philosophique, mais dans la vie elle-même, qui prouve en quelque sorte le mouvement en marchant, la vie heureuse en étant heureux. Ces thèmes ont été étudiés et analysés admirablement par J. Bouveresse, dans son livre *Wittgenstein : la rime et la raison* [1]. Mais on pourrait peut-être chercher à déterminer la tradition dans laquelle se situent certaines formules de l'éthique de Wittgenstein, qu'il a d'ailleurs peut-être tout simplement trouvées par l'intermédiaire de Schopenhauer, notamment cette affirmation du *Tractatus* : « Celui qui vit dans le présent vit dans l'éternité. »

Quoi qu'il en soit, c'est ce thème de la vie dans l'instant présent qui m'a particulièrement séduit dans les *Pensées* de Marc Aurèle. À maintes reprises, il recommande de concentrer son attention sur le présent et d'essayer de vivre avec une sorte de conscience intégrale : conscience de soi contrôlant la pensée de chaque moment ; conscience morale, veillant à accomplir l'action de chaque moment dans l'intention de servir la communauté humaine ; conscience cosmique enfin, replaçant l'événement de chaque moment dans le cours de la nature et dans l'universalité du cosmos.

À ces *Pensées* de l'empereur philosophe, je reviens souvent, non pas seulement par devoir professionnel (la publication d'une traduction commentée), mais tout simplement pour remettre en ordre mes pensées, pour retrouver la sérénité, pour essayer d'atteindre à cette conscience intégrale dans la concentration sur le moment présent. Je suis toujours étonné, en revenant à ce petit livre, de le retrouver toujours aussi vivant. E. Renan a parlé à son propos d'un « évangile éternel qui ne vieillira jamais », d'une « religion absolue, celle qui résulte du simple fait d'une haute conscience morale placée en face de l'univers : aucune révolution, aucun progrès, aucune découverte ne pourront la changer ». C'est que la part de la théorie philosophique, notamment de la cosmologie, y est extrêmement réduite. On y trouve même plusieurs fois une argumentation qui revient à dire : si l'univers est raisonnable, agis conformément à la raison, si l'univers va au hasard, toi, ne va pas au hasard, mais agis selon la raison. Ici, comme l'a bien vu Renan, nous sommes tout près de Kant. C'est que Kant lui-même, par sa doctrine de la moralité, est l'héritier du principe fondamental du stoïcisme : le seul bien, c'est le bien moral, c'est-à-dire l'intention

1. J. Bouveresse, *Wittgenstein : la rime et la raison*, Paris, Minuit, 1973, p. 80.

d'agir conformément à la Raison, sans autre motif que le devoir lui-même. Cette pureté de l'intention morale, qui ne se mélange d'aucun intérêt, d'aucun plaisir, est une fin en soi. Elle trouve en elle-même sa propre récompense et n'attend rien des dieux.

On peut ajouter à cela que beaucoup de *Pensées* sont en quelque sorte intemporelles, elles nous frappent toujours aussi fortement que Marc Aurèle qui les avait forgées pour lui-même ; par exemple, lorsqu'il s'agit de méditer sur la mort : « Bientôt tu auras tout oublié, bientôt tous t'auront oublié », ou sur la vanité de la gloire : « Combien d'hommes ignorent jusqu'à ton nom, combien l'oublieront bientôt. »

Revenons maintenant à Wittgenstein. Je ne sais plus comment j'ai découvert son *Tractatus logico-philosophicus*, vers 1958. Conformément aux bonnes traditions françaises, on ne parlait guère alors en France de cet ouvrage, paru pourtant quarante ans auparavant. Et je crois que je fus parmi les premiers dans notre pays à écrire sur ce philosophe dans les années 1959-1960. Je n'ai d'ailleurs jamais eu la prétention d'être un spécialiste ou même un bon connaisseur de cet auteur extrêmement complexe, extrêmement difficile. Les travaux de J. Bouveresse et d'autres ont heureusement réparé le retard et admirablement initié le public français à cette philosophie. Mon Wittgenstein, en 1960, tenait en quelques propositions du *Tractatus* : « Il y a assurément de l'inexprimable. Celui-ci se montre, c'est cela le mystique. Le sentiment du monde en tant que totalité limitée est le sentiment mystique. Ce n'est pas "comment" est le monde qui est le mystique, mais le fait qu'il est. » S'y ajoutait cette déclaration du philosophe, lue dans le livre de G.E.M. Anscombe sur le *Tractatus* : « Quand j'essaie de fixer mon esprit sur ce que j'entends par valeur absolue ou éthique, il arrive qu'une expérience particulière se présente à moi qui est mon expérience par excellence : la meilleure manière de la décrire est de dire que lorsque j'ai cette expérience, je suis rempli d'émerveillement devant l'existence du monde. » À l'époque, je fus fasciné par ces sentences, car, depuis mon adolescence, j'avais ressenti jusqu'à l'angoisse l'émerveillement devant l'existence du monde, j'avais éprouvé comme quelque chose d'inexprimable et d'indicible la présence du monde. J'ai essayé d'exprimer, dans mes articles parus en 1959-1960, toutes les réflexions que m'inspiraient ces textes. Il est probable que je n'en ai pas donné une interprétation très valide. Depuis, je ne suis plus revenu sur ces problèmes. Mais j'ai toujours retenu que la philosophie de Wittgenstein, comme celle des Anciens, était une thérapeutique destinée à conduire à une sagesse, cette sagesse simple dont j'ai parlé plus haut.

Il semble bien que la fameuse formule de Pascal : « Tu ne me chercherais pas si tu ne m'avais déjà trouvé » puisse bien s'appliquer dans le domaine de la lecture. C'est à cause des expériences dont je viens de parler, qui commencèrent dans mon adolescence et qui se renouvelèrent parfois, que j'ai été attiré par les écrivains qui décrivent l'expérience mystique, comme Plotin, ou l'émerveillement devant le monde, comme Rilke ou Goethe.

Vers 1946, grâce à une lecture d'un texte de Gabriel Marcel, j'ai découvert les *Élégies de Duino* et les *Sonnets à Orphée* de Rilke, que j'ai lus et relus dans la traduction commentée de J.-F. Angelloz. J'y retrouvais d'ailleurs des thèmes déjà magnifiquement orchestrés par Montaigne et Marc Aurèle : l'unité de la vie et de la mort, l'universelle métamorphose : « Veuille la transformation. O sois épris de la flamme. » Mais ce qui me fascinait surtout, c'était l'intensité avec laquelle Rilke faisait sentir combien l'homme est étranger au monde et à la Terre, séparé de l'unité cosmique, parce qu'il ne voit plus ce que Rilke appelle l'Ouvert, c'est-à-dire parce qu'il ne voit plus le monde en tant que monde, en tant que totalité, mais qu'il ne le perçoit plus que comme un ensemble d'objets que la technique veut rendre utiles. Rilke m'a fait mieux ressentir la splendeur du terrestre.

C'est mon intérêt pour la mystique qui, en 1946 aussi, m'a conduit à Plotin. On trouve en effet dans un petit nombre de ses traités de remarquables descriptions de l'expérience mystique qui sont d'ailleurs formulées en des termes tout à fait analogues à ceux qu'emploient les mystiques de tous les temps et de tous les pays pour décrire ce qu'ils éprouvent : les systèmes théoriques diffèrent, mais la structure psychologique de l'expérience elle-même reste fondamentalement la même : extases brèves, mais fulgurantes, sentiment de présence, de fusion amoureuse, dans l'oubli total de toute autre chose et avec une impression de joie immense. On peut penser ce que l'on veut des expériences mystiques, il n'en reste pas moins que les pages dans lesquelles Plotin a décrit ses propres expériences peuvent compter parmi les plus belles de la littérature universelle, décrivant le monde de l'Esprit avec un enthousiasme presque sensuel, et l'union amoureuse mystique avec une intensité lyrique extraordinaire. On trouve chez Plotin une remarquable philosophie du désir et de l'amour : dans le moindre amour humain est déjà présent l'amour infini de l'infini, le désir de dépasser toute forme. C'est pourquoi, lorsque nous aimons, nous aimons la grâce vivante qui brille sur la beauté, plus que la beauté elle-même.

Pour ma part, je crois que le fait de l'expérience mystique existe et que Plotin a réellement vécu de tels états. Mais si, en 1946, je pensais naïvement que je pouvais revivre, moi aussi, l'expérience mystique plotinienne, la vie m'a appris à être plus modeste et, peut-être, plus réaliste, et j'ai découvert, grâce à Goethe, une autre voie. Plotin voulait voir la lumière elle-même, je me contente de regarder la lumière illuminant les objets, comme Faust contemplait le soleil dans l'arc-en-ciel de la cascade.

On me pardonnera, je l'espère, de parler de Goethe, sans me limiter à une œuvre précise. Je dirais seulement que mon Goethe, c'est le Goethe de la vieillesse, le poète du *Second Faust*, du *Divan*, du cycle *Dieu et le Monde*, le romancier des *Affinités électives* et du *Wilhem Meister*, le moraliste des *Maximes et réflexions*. C'est le Goethe qui fait dire à Faust : « L'effroi sacré, voilà la meilleure part de l'homme. Si cher que le monde lui fasse payer ce qu'il éprouve, c'est rempli d'un profond saisissement qu'il ressent la réalité prodigieuse. » La réalité prodigieuse (*das Ungeheure*), pour Goethe, c'est en fait, à la fois, la réalité humaine et la nature, parce qu'elles laissent entrevoir à celui qui sait les observer, qui sait reconnaître leur caractère énigmatique, quelque chose d'indicible, qui ne peut être exploré par l'homme. Autrement dit, l'homme ressent le prodigieux lorsqu'il se heurte aux limites de l'humain, lorsqu'il atteint ce que Goethe appelle les phénomènes irréductibles (*Urphänomene*), qui expliquent les autres phénomènes, mais au-delà desquels on ne peut aller. (Wittgenstein dira, en s'inspirant de Goethe, que le langage quotidien, dans la diversité de ses jeux, est un *Urphänomen* et qu'il ne faut rien chercher au-delà). Et le poète atteint ces limites de l'humain en créant des symboles qui, dit Goethe, sont « la révélation vivante de l'inexplorable ». Goethe avoue que, devant les phénomènes irréductibles, il éprouve une sorte d'angoisse. On a souvent parlé à ce propos d'une résignation de Goethe. Je pense qu'il faut plutôt reconnaître dans le Goethe vieillissant un élan faustien pour aller jusqu'aux limites du pensable et affronter ainsi l'effroi sacré et l'angoisse devant le mystère de l'existence, devant l'énigme de ce que Goethe appelle le Sphinx-Nature. Cette angoisse d'ailleurs est tout à fait compatible avec la sérénité. Elle n'est rien d'autre que le sentiment du sacré, que l'on éprouve en percevant avec le regard du poète et du philosophe la réalité humaine et la réalité cosmique. Voilà ce que le dernier Goethe représente pour moi, ou, peut-être, la manière dont je me projette moi-même dans le dernier Goethe ! Il faut ajouter d'ailleurs que l'on éprouve un merveilleux plaisir intellectuel et esthétique à déchiffrer la symbolique de Goethe dans le *Second Faust* ou dans les *Affinités électives*, ou à se laisser fasciner par les extraordinaires figures féminines que Goethe a créées : Mignon, Ottilie et Makarie, qui, chacune a sa manière, nous font ressentir, elles aussi, la « réalité prodigieuse ».

Au fond, je le constate en terminant, les livres qui m'ont influencé, ce sont les livres qui exprimaient ce que je ressentais déjà confusément, qui disaient, mieux que moi, quelque chose que j'aurais voulu dire. C'est pourquoi ils m'ont parfois déçu, parce qu'ils disaient, à certains endroits, les choses autrement que je le voulais. Pourtant, dans cette longue fréquentation, je me suis laissé lentement imprégner aussi par ce qui en eux m'était étranger, et je ne sais plus maintenant ce qui est à eux et ce qui est à moi.

Troisième partie

RÉAPPRENDRE À VOIR LE MONDE

.

CHAPITRE XX

« VIVRE CHAQUE MOMENT
COMME SI C'ÉTAIT LE PREMIER ET LE DERNIER » *

Question : La philosophie peut-elle être une médecine de l'âme ?
Pierre Hadot : Certaines philosophies de l'Antiquité se sont
présentées comme des thérapeutiques pour les maladies de l'âme.
Ainsi, l'épicurisme voulait guérir les hommes de la crainte des
dieux et de la peur de la mort. Pour Plotin, cette fonction thérapeutique n'a qu'un rôle inférieur : elle purifie l'âme en vue du vrai
but de la philosophie qui est une expérience d'union avec l'Un.
La philosophie moderne, depuis Rousseau, Schelling, Nietzsche,
Bergson et l'existentialisme, s'est aussi présentée comme un élargissement de la conscience, une transformation de la vision du
monde qui fait accéder à l'expérience de l'existence, à l'énigme
de l'être-au-monde qui provoque l'émerveillement, mais qui
peut aussi engendrer l'angoisse. Une angoisse que, selon Goethe,
Schelling, Nietzsche ou Heidegger, l'homme doit avoir le courage
d'assumer. Comme dit Goethe, le frisson est la meilleure part de
l'homme. C'est dans le saisissement qu'il éprouve au plus profond
de lui-même l'aspect terrifiant de l'existence. Mais déjà Lucrèce, en
parlant de la nouvelle vision du monde apportée par Épicure, avait
dit qu'elle provoquait dans l'âme à la fois horreur et volupté divine.
La philosophie n'apporte donc pas seulement la sérénité...

* Publié dans *Philosophie magazine*, n° 25, 2008, p. 37 (propos recueillis par
Martin Legros).

Quels sont les exercices spirituels qui peuvent modifier notre rapport au monde?

Il y a tout d'abord cet exercice de l'imagination qu'est le regard d'en haut (ce que les modernes appelleront le point de vue de Sirius), par exemple dans ce texte de Cicéron que l'on appelle *Le songe de Scipion*, où c'est du haut de la Voie lactée que le regard se porte sur le monde. Un tel regard rappelle à l'homme qu'il fait partie d'un cosmos par rapport auquel les choses humaines ne sont que des points infinitésimaux. Dans cette perspective, les guerres deviennent ridicules comme des combats de fourmis, les richesses apparaissent dans leur vanité. On accède ainsi à un dépassement du point de vue individuel, partial et partiel, pour se hausser à un point de vue désintéressé et objectif. Le point de vue de l'historien est aussi un regard d'en haut, le « point de vue de Sirius » d'Hubert Beuve-Méry, dans le journal *Le Monde* de ma jeunesse. Un autre exercice spirituel est la concentration sur le présent. Je dis quelquefois, tout en reconnaissant la difficulté de l'exercice : on devrait vivre chaque moment comme si c'était le premier et le dernier. Le premier, en nous libérant du regard habituel, blasé et conventionnel que nous posons sur le monde, pour en reconnaître le jaillissement extraordinaire, qui nous plonge dans l'émerveillement. Le dernier, afin de vivre intensément l'instant présent, avec tout le sérieux qu'exige sa valeur infinie.

Des pièges de l'intelligence, lequel vous semble être le plus dangereux ou le plus répandu?

Le défaut congénital des philosophes consiste à être parfaitement satisfaits du seul fait que l'on a fait une belle construction verbale et un bel exposé. Ils ne peuvent résister au « plaisir de parler » et à l'orgueil sophistique. Vladimir Jankélévitch disait que les philosophes « engagés » se contentaient de conjuguer le verbe s'engager. C'est d'ailleurs ce que je me reproche à moi-même. J'ai l'impression que nous autres philosophes vivons dans une bulle, que notre discours philosophique est pour nous une fin en soi et que mes exercices spirituels restent trop des exercices intellectuels. Kant faisait déjà dire à Platon, face à un vieillard qui lui racontait qu'il écoutait des leçons sur la vertu : « Quand vas-tu enfin commencer à vivre vertueusement ? Il faut, une bonne fois, penser à l'exercice effectif. » Et Kant ajoutait : « Mais de nos jours, on considère comme un rêveur celui qui vit d'une manière conforme à ce qu'il enseigne. »

CHAPITRE XXI

« FACE AU CIEL ÉTOILÉ, J'AI VRAIMENT ÉPROUVÉ LE SENTIMENT BRUT DE MON EXISTENCE » [*]

Question : Dans « La philosophie comme manière de vivre », vous racontez le moment où, adolescent, vous avez fait la découverte, presque métaphysique, du sentiment de l'existence. Est-ce de ce moment que date votre vocation philosophique ?

Pierre Hadot : Oui. Cela a été ma première expérience philosophique et elle a dominé toute ma vie. Même si je ne me suis pas vraiment rendu compte sur le coup de la portée de l'événement, je l'ai vécu comme une découverte. Avant cette expérience, je n'avais pas conscience de moi-même. Et puis là, face au ciel étoilé, à deux reprises, j'ai vraiment éprouvé – c'est encore présent dans ma mémoire – le sentiment brut de mon existence. En même temps, j'avais l'impression de ressentir mon appartenance au monde, mon immersion dans le Tout du monde, depuis le plus petit brin d'herbe jusqu'aux étoiles. Michel Hulin appelle cela la « mystique-sauvage ». C'est une expérience à la fois terrifiante et délicieuse que j'ai refaite quelques fois par la suite – en contemplant la chaîne des Alpes depuis le lac Léman ou devant le lac Majeur, à Ascona. Elle a déterminé ma conception de la philosophie que je conçois comme une transformation de la perception du monde. Comme le disait Merleau-Ponty, la philosophie est un effort pour nous réapprendre à voir le monde. D'un côté, il y a la vie quotidienne que nous vivons

* Publié dans *Philosophie magazine*, n° 21, 2008, p. 52-56 (propos recueillis par Martin Legros).

dans une semi-conscience grâce à nos habitudes ; de l'autre, il y a ces moments et ces états privilégiés où nous vivons et percevons les choses de manière très intense.

La philosophie a donc commencé par une expérience plutôt que par une lecture.

Pour être exact, je dois dire que la lecture de Pascal m'avait sans doute mis en condition. Dans ses *Pensées*, qui sont une apologétique chrétienne, Pascal fait beaucoup parler l'incroyant, celui qui est pris d'angoisse devant « le silence éternel des espaces infinis ». « Je ne sais qui m'a mis au monde ni ce que c'est que le monde, ni ce que c'est que moi-même », écrit Pascal. « Je vois ces effroyables espaces de l'univers qui m'entourent et je me trouve attaché à un coin de cette vaste étendue, sans que je sache pourquoi je suis plutôt placé en ce lieu qu'en un autre, et pourquoi ce peu de temps qui m'est donné à vivre m'est assigné à ce point plutôt qu'à un autre de toute l'éternité qui m'a précédé et de toute celle qui me suit. Je ne vois que des infinités de toutes parts qui m'enferment comme un atome et comme une ombre qui ne dure qu'un instant sans retour. Tout ce que je connais, c'est que je dois bientôt mourir, mais ce que j'ignore le plus est cette mort même que je ne saurais éviter. » Les *Pensées* de Pascal, qui s'étaient imprimées profondément en moi, m'ont permis de comprendre ce que je ressentais devant l'infini des étoiles.

Chez les existentialistes de votre génération comme Sartre ou Heidegger, le sentiment de l'existence est lié à la contingence et à la solitude de l'homme. Votre conception de l'existence semble plus proche de l'émerveillement que de l'angoisse.

Oui, le sentiment pur de l'existence est pour moi, comme pour Rousseau, un sentiment de paix et de contentement. Ce qui compte, c'est le contact avec la Nature, la présence du monde, les étoiles. Mais je ne me fais pas d'illusion : la lutte pour la vie, qui est en quelque sorte le moteur de l'existence, est atroce d'un point de vue humain. Je parlerais donc plutôt de terreur et d'émerveillement.

Votre travail sur la philosophie hellénique a révolutionné l'idée que l'on s'en faisait jusqu'ici. Comment s'est formé ce nouveau regard?

Cela ne m'est pas venu comme une lubie personnelle. Je n'avais pas d'idée préalable sur la philosophie comme thérapeutique. Ça a d'abord répondu à une préoccupation littéraire toute simple qui était de comprendre les incohérences des textes antiques. À l'époque, je travaillais sur un auteur latin, influencé par le néoplatonisme, Marius Victorinus. Il y avait chez lui des pages entières qui ne servaient apparemment à rien dans l'argumentation. C'étaient des développements absolument gratuits qui semblaient surcharger la démonstration. On retrouve cela chez d'autres auteurs comme Plotin. D'où le reproche d'incohérence ou de mauvaise composition que les interprètes modernes, obnubilés par l'aspect systématique d'une pensée, ont souvent fait à l'égard de ces philosophes antiques. Je me suis rendu compte que les auteurs composaient, non pas pour exposer un système, une théorie parfaitement cohérente, mais pour produire un effet sur le lecteur ou l'auditeur. Ils voulaient faire travailler l'esprit de l'auditeur ou du lecteur pour qu'il se mette dans une certaine disposition. D'où cette mobilisation de tous les moyens rhétoriques et imaginatifs pour convertir. On retrouve cela dans les dialogues de Platon. Comme le disait Victor Goldschmidt, ses dialogues n'informent pas, ils forment. Si on procédait de cette manière, c'est que l'on voulait convertir les disciples à des modes de vie bien précis.

D'où l'idée de la philosophie comme « exercice spirituel ».

En vérité, je n'étais pas intéressé par l'aspect moral, encore moins religieux des exercices spirituels. Je devais écrire l'article annuel de l'École Pratique des Hautes Études où j'étais directeur. J'ai voulu décrire la manière qu'avaient les philosophes antiques de s'adresser aux lecteurs et aux auditeurs. À la fin de cet article, je me suis dit : dans le fond, beaucoup de gens cherchent des modèles de vie dans les autres spiritualités comme le bouddhisme. Mais ne pouvait-on pas trouver ces exercices chez les Grecs, qui déjà choisissaient leurs écoles philosophiques en fonction des modes de vie spirituels qu'ils proposaient ? Stoïciens et épicuriens offraient un véritable catéchisme spirituel qui les guidait dans leur action. J'ai osé le dire. Mon article a attiré l'attention de Michel Foucault qui s'intéressait alors au « souci de soi ». Pour moi, c'est quelque chose qui traverse toute la philosophie antique. Chez Platon et Aristote, le mode de vie qui est mis en avant n'est pas moral mais scientifique, c'est la contemplation désintéressée de la nature. Mais c'est une finalité qui oriente le tout de l'existence. L'exemple de Socrate, prêt à payer le prix de sa vie au nom de cette fidélité, l'atteste.

Comment définissez-vous les exercices spirituels ?

C'est un exercice de l'intelligence, de la volonté ou de l'imagination qui est destiné à changer soit notre rapport au monde, soit notre manière de vivre, notre conduite. Une pratique volontaire et personnelle destinée à opérer une transformation du moi. Concrètement, il s'agit de se concentrer sur le présent, de pratiquer le regard d'en haut (se regarder ou regarder une situation comme si on était dans le ciel) ou de sortir de soi... pour atteindre une disposition spirituelle (profiter davantage du monde ou s'en détacher). Michel Foucault parlait de « pratique de soi ». C'est une étrange expression qui implique une action sur soi-même. Peu importe l'expression. L'important est de comprendre que ce n'est pas une simple technique ou une recette, mais plutôt la recherche d'une disposition, d'une attitude. Au fond, c'est l'usage de la liberté au service de la vie elle-même.

Avant la philosophie, vous aviez choisi une vocation ecclésiastique. Avez-vous découvert dans l'ascèse philosophique quelque chose que vous n'aviez pas trouvé dans la religion ?

Je n'ai pas été déçu par la religion, je m'en suis émancipé. Ce qui revenait à m'émanciper d'une mère abusive. Ma mère avait décrété que ses fils deviendraient des prêtres et nous avait éduqués dans ce sens. Peu à peu, nous nous sommes détachés de la religion. J'avais 30 ans. Je n'avais pas vraiment perdu la foi, mais j'étais en total désaccord avec l'encyclique de Pie XII qui condamnait l'évolutionnisme de Teilhard de Chardin. L'idée qu'il pouvait y avoir une conciliation entre l'évolution et le créationnisme était ce qui me retenait dans l'Église. Et, alors que j'avais été élevé loin des femmes, je suis tombé amoureux. Je me suis marié, mais à cause de mon inexpérience, mon premier mariage a été une erreur sentimentale... La philosophie n'a donc joué aucun rôle dans ma rupture avec l'Église.

Avez-vous perdu la foi ?
Aujourd'hui, je me définirais comme un « mystique agnostique ». Je récuse l'idée du Dieu géomètre ou fabricateur et aussi du Dieu coléreux de la Bible. Mais la force qui est dans l'univers est une énigme. Il reste un mystère. Dans cette mesure, je suis agnostique. Je n'ai jamais été un croyant enthousiaste. Mon grand-père m'a dit à ma première communion : c'est le plus beau jour de ta vie. Je n'en étais pas du tout convaincu.

Comment vous êtes-vous intéressé aux stoïciens et aux épicuriens ?
Après ma thèse sur Victorinus, un auteur néoplatonicien, j'ai écrit un livre sur Plotin et la théorie de l'Un. En un mois, sans arrêt, sans sortir de chez moi. Quand j'ai eu fini, je suis allé chez le boulanger pour acheter du pain et j'ai eu l'impression que ce travail était vraiment loin de la réalité. Pour y remédier, j'ai décidé de m'orienter vers les stoïciens et les épicuriens. Au-delà de l'anecdote, j'ai été passionné par la mystique de Plotin, mais peu à peu mon amour du monde m'a détaché d'une mystique qui retranchait toutes choses alors qu'il faudrait plutôt les accueillir, si humbles soient-elles, comme des signes du mystère de l'existence. Les textes épicuriens et stoïciens, par le mode de vie qu'ils proposent, me semblent plus capables d'être compris et assimilés par nos contemporains.

On oppose souvent l'austérité des stoïciens à l'hédonisme des épicuriens. Pour vous, ce sont les deux faces d'une même médaille.
Les épicuriens sont assimilés au plaisir. Mais il faut voir ce qu'ils entendent par plaisir, ce n'est pas très rigolo. Le plaisir pour eux, c'est la cessation de la douleur. Si les âmes sont malheureuses, c'est parce qu'elles ne savent pas limiter leurs désirs. Eux, ils limitent

leurs désirs à ceux qui sont naturels et nécessaires, et éventuellement naturels et non nécessaires. Mais ils se refusent aux plaisirs qui ne sont ni naturels ni nécessaires. C'est une ascèse assez austère, qui vise à libérer l'homme de ces craintes et de ses contraintes. On pourrait dire avec Goethe et Kant que, dans la vie, il faut tantôt adopter une attitude épicurienne, tantôt stoïcienne, dans la mesure où il est des circonstances où il faut se détendre comme un épicurien, et des circonstances de « tension », malheureusement souvent tragiques, où il faut être fort et actif en faisant consciencieusement son devoir comme un stoïcien.

Les événements du siècle sont-ils, pour vous, une source de réflexion ?

Dans ma jeunesse, je n'imaginais pas que je puisse avoir une action politique. Ensuite, j'ai été continuellement absorbé par mon travail d'enseignement et de recherche que je considérais comme mon premier devoir. J'ai signé des pétitions. J'ai été dans une manifestation, une seule fois. C'était au moment de la guerre d'Algérie quand il y a eu le coup d'État du général de Gaulle. J'y ai rencontré un collègue qui m'a dit : « Il faut vraiment qu'il y ait quelque chose de grave pour que tu te déplaces. » Je me suis toujours considéré comme quelqu'un de gauche. Je n'ai donc pas beaucoup agi, mais je souffre de ne pouvoir faire que bien peu de choses pour remédier aux scandaleuses misères de l'humanité, provoquées par le cynisme, l'hypocrisie ou le fanatisme d'un petit groupe d'hommes.

Les philosophes sont-ils des pourvoyeurs de bonheur ?

Cela peut être vrai pour les épicuriens. Les stoïciens, eux, ne cherchent pas leur bonheur, ils cherchent à se mettre d'accord avec la raison universelle. Ils cherchent à avoir une vie raisonnable au service des autres. Michel Foucault parlait toujours du « souci de soi », mais le principal, ce n'est pas le souci de soi, c'est le souci des autres et du monde.

Tout de même, votre dernier livre consacré à Goethe s'intitule « N'oublie pas de vivre ». Et il s'ouvre sur une formule de Faust : « Alors l'esprit ne regarde ni en avant ni en arrière, le présent seul est notre bonheur. »

Tout le problème est de savoir ce qu'est le bonheur. En allemand, comme en français, le bonheur signifie également la chance (la bonne heure). Au fond, c'est la même chose. Il faut trouver la bonne heure. Goethe dit que le temps présent est notre chance parce que c'est dans le présent, et non dans un passé que l'on regrette ou dans un futur que l'on attend, que l'on peut agir. C'est la seule chance qui nous soit donnée. Pour ma part, je crois que la fonction de la philosophie, c'est d'apporter une lucidité et, du coup, une conscience plus grande de la plénitude de l'existence.

CHAPITRE XXII

MÉTAPHYSIQUE ET PEINTURE [*]

Jeannie Carlier : Le titre du livre de Wind, « Mystères païens de la Renaissance », est lui-même un peu mystérieux.

Pierre Hadot : Wind s'en explique dans son Introduction. Il recourt, pour cerner la notion de « mystères païens », à la distinction que fait Festugière pour l'Antiquité entre mystères cultuels et mystères littéraires : les premiers sont des rites véritablement réalisés dans une communauté, où les participants, les « mystes », sont tenus au secret (si bien qu'aujourd'hui encore on ne sait pas trop ce qu'il s'y passait, par exemple à Éleusis); les « mystères littéraires » sont en un sens beaucoup moins mystérieux : il ne s'agit pas de cérémonies, mais dès l'utilisation du vocabulaire mystérique dans la littérature et surtout dans la philosophie (déjà chez Platon le langage d'Éleusis, le langage de l'orphisme et des *Oracles chaldaïques* chez les néoplatoniciens). Mais les mystères païens de la Renaissance vont bien au-delà de ce simple détournement de vocabulaire : ce que Wind étudie, ce sont les doctrines empruntées à l'Antiquité qui revêtent alors un aspect secret, mystérieux. Dès l'Antiquité, il existe une tradition selon laquelle il appartient au philosophe de découvrir, sous le masque de ce qui est étrange, incompréhensible (comme les textes orphiques) ou encore monstrueux, scandaleux (par exemple

[*] Entretien avec Jeannie Carlier (partiellement) publié en traduction allemande dans H. Bredekamp, B. Buschendorf, F. Hartung et J.M. Krois (dir.), *Edgar Wind. Kunsthistoriker und Philosoph*, Berlin, Akademie Verlag, 1998, p. 251-257. Nous remercions Jeannie Carlier de nous avoir signalé cet entretien, inédit en français, et de nous en avoir transmis le texte original, que nous reproduisons ici.

les mythes homériques ou hésiodiques, Kronos qui châtre son père et engloutit ses enfants), un sens caché, toute une philosophie, une métaphysique secrète.

Cette tradition selon laquelle l'absurde ou l'horrible est l'indice qui doit déclencher une recherche du sens profond, caché, elle est, dans la Grèce antique, presque aussi ancienne que la philosophie ; les stoïciens la développent, mais c'est surtout à la fin de l'Antiquité, avec les néoplatoniciens (et aussi les chrétiens) qu'elle s'épanouit. C'est cette tradition que reprennent les gens de la Renaissance – je veux dire Marsile Ficin, Pic de la Mirandole, Nicolas de Cues, plus tard Giordano Bruno, pour ne citer que les grands noms –, ce que ces gens eux-mêmes appellent des « arcanes ».

Si bien qu'en somme la Renaissance, c'est le retour non à la Grèce classique, la Grèce du ve ou du ive siècle avant notre ère, mais plutôt à celle de la basse Antiquité ?

Au moins pour les idées. En fait les idées de la basse Antiquité n'avaient pas disparu au Moyen Âge, c'est ce que montre bien Wind, comme l'ont fait, avant ou après lui, Seznec, Panofsky, Klibanski. En somme, il y a un décalage entre les idées et l'art. Les œuvres d'art que les gens de la Renaissance redécouvrent, admirent, imitent, ce sont surtout (mais pas exclusivement) des œuvres grecques d'époque classique, du ve ou ive siècle (ou leurs copies romaines). Les figures de la Renaissance sont en somme assez classiques : autrefois, à propos de Plotin, j'avais regardé ensemble l'Aphrodite du trône Ludovisi, qui est antique, et la Vénus naissant des eaux de Botticelli : c'est très proche. Ils interprètent d'une façon qui s'inspire de la pensée tardive des œuvres classiques, en leur donnant un sens que les gens du ve-ive siècle n'y mettaient pas. La distinction entre l'Aphrodite « céleste » et l'Aphrodite « terrestre », vulgaire, Platon en avait parlé, mais à peine, ce sont les néoplatoniciens qui développent cette notion : Plotin et Proclus, suivis justement par Ficin et Pic, avec trois ou quatre étages de Vénus… La figure de Vénus est classique, mais son interprétation – Wind le montre bien dans son étude du tableau de Titien faussement intitulé *L'amour sacré et l'amour profane* – raffine encore sur les distinctions néoplatoniciennes.

À lire chez Wind les innombrables citations des platoniciens de la Renaissance, on a l'impression que ces gens-là ont retrouvé tout ce qu'il y avait de magique, de fascinant, de poétique chez Plotin.

La Renaissance, c'est une continuité avec la basse Antiquité et même le Moyen Âge, mais c'est aussi un approfondissement; ils révèlent dans la pensée de la basse Antiquité des aspects que l'on ne comprendrait pas sans la Renaissance, je crois. Par exemple, dans le traité de Plotin sur l'amour, la solution que j'ai donnée, c'était celle de Ficin : Ficin, avec toute sa connaissance de Proclus et du néoplatonisme, avait bien saisi toutes les implications de la pensée de Plotin, qui ne sont pas immédiatement évidentes... C'est aussi à lire Wind que j'ai mieux compris l'interprétation de l'affaire Ouranos-Kronos-Zeus chez Plotin. Ils dégagent l'implicite. La traduction de Plotin par Ficin est encore aujourd'hui la meilleure, à mon avis. D'ailleurs, les trois quarts du temps, les traducteurs modernes, sauf là où ils disposent d'un texte meilleur, adoptent les solutions de Ficin.

Cela montre l'attrait extraordinaire de la pensée néoplatonicienne, spécialement celle de Plotin, puisque elle continue souterrainement, puis refleurit, se déploie, s'« explique », comme dirait Nicolas de Cues.

Cette fascination pour le platonisme s'estompe un petit peu au XVIᵉ siècle, mais pour reparaître chez les Romantiques allemands et anglais. Et Wind signale bien sûr l'influence du platonisme renaissant, de sa doctrine de la nécessaire coïncidence des contraires, sur Hegel et Schelling ...

Le livre de Wind est donc avant tout un livre d'histoire de la philosophie ?

Il est beaucoup plus que cela, et à double titre. D'abord, bien sûr, c'est un grand livre d'iconographie dans la tradition de l'Institut Warburg. Ce qui a rendu le livre si célèbre (il y a eu quatre rééditions en anglais, une traduction allemande...), c'est que Wind fournit des clés pour lire quelques-unes des œuvres les plus admirables de la Renaissance : Michel-Ange, Léonard, Titien, Raphaël, et surtout les deux grands tableaux de Botticelli, la *Primavera* et la *Naissance de Vénus*, qui ont droit chacun à un chapitre.

Justement, cette forme d'interprétation de l'œuvre d'art a été très critiquée. Wind traite un grand tableau comme un document sur l'histoire des idées, il utilise de la même façon la « Primavera » de Botticelli et une médiocre gravure. Dans tout le livre, il est une seule fois question de couleur, et c'est pour mieux comprendre « ce que ça représente ». Pour les historiens de l'art, le plus important, le premier sens, c'est le tableau même, l'organisation des formes et des couleurs. Wind lui-même, comme un historien de l'art qui s'excuserait de ne pas faire assez d'histoire de l'art, dit quelque part : « Naturellement toutes ces histoires seraient sans intérêt si elles ne permettaient pas de mieux comprendre telle grande œuvre. » Alors qu'au fond, pour ce qui l'intéresse, les œuvres médiocres ont presque autant d'importance.

Cette critique me paraît née d'un malentendu, et aussi d'une sorte d'anachronisme. Pour commencer : ce n'est pas un livre d'histoire de l'art; c'est un livre qui utilise l'art pour reconstituer l'univers spirituel d'une époque. Dans cette perspective, ce n'est pas seulement une possibilité, c'est même un devoir de prendre tous les témoignages. Un anthropologue, un historien ne regarde pas que les généraux et les rois, mais le simple peuple, et c'est même plus intéressant : justement, ce qui n'est pas l'œuvre d'un grand peintre correspond peut-être mieux à des réflexes de l'époque, à une mentalité commune. Il faut traiter tous les documents d'une manière assez égale.

Ne peut-on pas dire aussi, cette fois en se plaçant sur le terrain de l'histoire de l'art, l'histoire des grandes œuvres, qu'à partir du moment où délibérément l'artiste a caché un sens, on ne peut pas se dispenser de le rechercher ?

Je crois qu'il faut faire des différences entre les tableaux ouvertement allégoriques et les autres, sans compter ceux qui

sont allégoriques sans le dire; et surtout une différence entre les
époques, et je me demande si finalement tous les tableaux de ce
temps ne sont pas allégoriques... C'est en ce sens que je parlais
d'anachronisme, on pourrait même parler d'ethnocentrisme. Ces
gens-là étaient plus sensibles que nous à l'allégorie : ils avaient des
traités d'iconographies; ça commence au XIᵉ siècle avec le traité
de Cartari sur les images des dieux (Vincenzo Cartari, *Le imagini
de i dei de gli antichi*). Ce langage, les artistes le maîtrisaient, ils
lisaient ces traités. Je les ai regardés quand j'ai étudié la formule
d'Héraclite qu'on traduit par « la nature aime à se cacher » : vous
voulez représenter la Nature? Vous peindrez la Diane d'Ephèse,
ou une jeune fille très pure, ou la déesse Cybèle. Dans les *Stanze*
du Vatican, à côté du trône de la Philosophie, plus bas, il y a la
Diane d'Ephèse : cela veut dire que la philosophie est au-dessus de
la physique. Les peintres utilisent ce lexique et le public s'y attend.
Nous, nous sommes habitués à la peinture moderne qui ne fonctionne
pas comme ça; mais il ne faut pas refuser aux historiens le droit de
traiter autrement les gens de la Renaissance, dont la culture était
bien différente et aussi l'approche de la peinture. Wind a bien vu ce
besoin de l'allégorie chez les peintres de la Renaissance.

Il faut s'attendre à ce que cette peinture soit allégorique. C'est
la règle du jeu. Du coup apparaît un principe d'interprétation : il
n'y a jamais rien en vain; tout ce qui est anormal doit inciter à une
recherche. Je crois que c'est plus un livre sur l'allégorie qu'un livre
sur la peinture de la Renaissance. Je crois aussi que l'interprétation
s'impose même sur le plan du plaisir esthétique, qui s'en trouve
augmenté. On n'est pas satisfait tant que l'on a pas trouvé ce sens (ou
du moins un sens). On voit un tableau manifestement allégorique,
la notice du musée montre que le muséographe n'a pas trouvé;
c'est beau, mais on reste sur sa faim : c'est irritant. Je pense avec
Wind que l'énigme non résolue nuit à la jouissance artistique, et je
reprendrais volontiers à mon compte la dernière phrase du dernier
chapitre : « Un grand symbole est l'opposé d'un sphinx; il a encore
plus de vie une fois l'énigme résolue. »

Wind montre l'extraordinaire subtilité avec laquelle les grands peintres de la Renaissance dépassent le lexique commun des traités d'iconologie : ils s'en servent pour lui donner une foule de sens nouveaux, plus énigmatiques, en mettant ensemble des choses qui seraient contradictoires selon le lexique : le résultat est étrange, et même parfois monstrueux.

Il y a chez Wind, et il s'en explique, une tendance à s'intéresser, dans cette perspective, à ce qui est exceptionnel, et même à ce qui est monstrueux. Et je crois qu'il a raison. Pour les philosophes de la fin de l'Antiquité, le scandaleux, c'était un donné : la légende était là, ils ne l'avaient pas faite, il fallait bien qu'ils l'expliquent, qu'ils la défendent contre les sarcasmes des chrétiens. Alors que, Wind le montre très bien, les gens de la Renaissance privilégient et même parfois fabriquent exprès du scandaleux ou du paradoxal.

L'histoire de Marsyas peut être considérée comme un exemple typique de la scène répugnante qui a un sens mystique. Dans la légende hellénistique, Marsyas, qui avait défié Apollon, est écorché vif. Mettant les représentations de la Renaissance en rapport avec des textes, notamment de Dante et Michel-Ange, et avec des sarcophages de la basse Antiquité, Wind montre que le martyre de Marsyas, comme les épreuves de Psyché, comme les scènes de châtiment (la flagellation) sur la fontaine du tableau de Titien, *L'amour sacré*, symbolise la purification que doit subir l'âme avant de se convertir vers Dieu, ou de s'unir à lui. Cette interprétation, qui me paraît fondée, est d'autant plus intéressante que c'est à l'aide d'images et de textes renaissants que Wind conteste l'interprétation proposée par Cumont pour les sarcophages. Pour Cumont, qui se cantonne dans ce qu'il connaît bien, l'Antiquité tardive, les sarcophages représentent le voyage de l'âme à travers les sphères astrales après la mort. L'explication de Wind me paraît plus profonde et plus juste. Et si Cumont ne l'a pas trouvée, c'est probablement qu'elle était moins évidente dans les textes de la fin de l'Antiquité : ce sont les platoniciens de la Renaissance qui l'ont développée.

Ou encore, dans ce tableau du Titien, qu'on devrait plutôt appeler *L'amour terrestre et l'amour céleste*, il y a deux femmes, l'une nue, l'autre vêtue. Pour le gros bon sens, la nue c'est l'amour terrestre, vulgaire… Eh bien non ! Renversement, paradoxe, la nue c'est l'amour céleste (là, Wind n'est pas seul à l'avoir montré) : en fait la nudité est un signe, ce n'est pas de la réalité, c'est de l'allégorie. Mais la femme habillée, l'amour terrestre, on s'attendrait à la trouver vulgaire, voluptueuse, et c'est tout le contraire. Le sens, qui est déjà chez Plotin, est que la Vénus terrestre et la céleste sont « bonnes » toutes les deux, toutes les deux « morales » : c'est l'opposition entre l'amour qui contemple et l'amour fécond, qui produit. L'étrange, le paradoxal, le monstrueux n'a donc pas seulement une valeur heuristique – il suscite l'interrogation et donc la recherche –, il a aussi une valeur proprement métaphysique. Or c'est tout ça, le vrai sujet du livre de Wind, ce livre sur les « mystères païens » ; ou en tout cas, c'est ce qui m'intéresse le plus : la métaphysique du paganisme à la Renaissance.

Mais tous ces gens-là sont très chrétiens. L'un d'eux, Nicolas de Cues, est même cardinal.

« Païens », c'est très important, c'est même capital : c'est tout le problème des rapports entre le christianisme et le paganisme à la Renaissance. Les platoniciens d'alors étaient sincèrement chrétiens. Mais ils étaient persuadés qu'entre christianisme et paganisme, il n'y avait pas lieu de choisir ; ils croyaient à une véritable continuité entre la tradition païenne (notamment orphique et « chaldaïque », où ils retrouvaient des Saintes Trinités partout), et la tradition chrétienne. À côté de l'Ancien Testament juif, ils mettaient l'Ancien Testament païen. Même Savonarole, cette figure du christianisme fanatique, était platonisant, on peut le prouver. D'ailleurs Ficin, Pic, etc., croyaient à l'unité profonde des diverses religions, sous le masque de la diversité. Comme le dit Nicolas de Cues : *una religio in rituum varietate.* « Les signes varient, mais non le signifié. » Il reprenait, mais sous une forme plus appropriée à sa métaphysique, le mot qu'au IVe siècle le païen Symmaque adressait à saint Ambroise (qui ne l'a pas écouté) : « Il y a plus d'un chemin pour parvenir à un mystère si grand. »

Les derniers chapitres de Wind laissent entrevoir, s'appuyant surtout sur Nicolas de Cues et Giordano Bruno, une sorte de vérité métaphysique du paganisme, qu'on pourrait essayer de résumer comme ceci : le dieu est caché, mais il se réfracte en une multitude d'images. Le nom de Dieu est inconnu, mais une multitude de noms le visent, et une multitude de mystères permettent à l'homme d'approcher de lui. La sagesse est donc comme un visage de Janus, qui d'un côté voit le Dieu invisible comme Un et de l'autre le contemple dans la multiplicité des objets sensibles. Car la transcendance, inaccessible, se laisse appréhender dans la coïncidence des contraires. Ce qu'a bien vu Wind, et qu'il développe brillamment (utilisant surtout Pic de la Mirandole) dans son chapitre « Pan et Protée », qui est le chapitre central et aussi le fil conducteur d'un livre un peu sinueux, c'est l'importance du schéma néoplatonicien de l'implication mutuelle des parties du Tout. Il faut chercher Pan (dont le nom grec veut dire Tout) caché dans Protée, qui est les parties du Tout, parties qui sans cesse se transforment les unes dans les autres. À cause de cette universelle métamorphose, toute figure est nécessairement habitée par son contraire. Dans la théologie orphique, tous les dieux sont ambigus, chacun participe aux propriétés des autres dieux. Pour Giordano Bruno, les trois déesses du jugement de Pâris sont toutes les trois et Puissance et Sagesse et Beauté, elles ne se distinguent que par la prédominance. D'où l'importance, dans l'art, des formes composites, mêlées, qui concilient les contraires, et qui sont donc quelquefois monstrueuses : l'hermaphrodite, Janus, l'homme primitif d'Aristophane, la tortue qui vole, le jeune vieillard.

Il y a là une logique de la prédominance, différente de la logique de contradiction, qui joue un rôle important dans l'histoire de la pensée, et dont j'ai suivi ailleurs la trace d'Anaxagore à Schelling (dans un article du *Dictionnaire historique de la philosophie* [1]) en passant par les stoïciens, les néoplatoniciens bien sûr, Galien, et aussi Paracelse, certains médecins... Toutes les parties du Tout

1. [J. Ritter et K. Gründer (dir.), *Historisches Wörterbuch der Philosophie*, vol. 7, Basel-Stuttgart, Schwabe, 1989 – NdÉ.]

s'interpénètrent de telle manière que chaque chose est plus ou moins elle-même et autre chose, et qu'au sein de chaque réalité il y a une sorte de combat entre différentes forces pour la prédominance qui caractérise l'individualité. Chaque partie est le Tout, mais à sa manière. Pour les stoïciens, tout en restant Zeus, Zeus devient Héra, il devient Héphaïstos, feu, air, eau. Il n'y a qu'un seul principe, et une multitude de manifestations. Les néoplatoniciens réinterprètent cela d'une manière non matérialiste, et du coup cela marche beaucoup mieux, car comme c'est la caractéristique de l'esprit d'être intérieur à lui-même, la notion que tout est dans tout devient tout à fait rationnelle.

Les gens de la Renaissance qui ont repris cette idée, je ne crois pas qu'ils se soient ressentis eux-mêmes comme des païens, même si la pensée de Ficin aboutit tout naturellement à l'idée que n'adorer qu'un seul dieu, c'est une erreur. C'est très important qu'à la Renaissance il y ait eu, au moins dans ce milieu-là, cette conception métaphysique, déjà très explicite dans le traité de Plotin contre les Gnostiques : plus la Réalité est une, plus elle est puissante, et plus elle a besoin de se manifester, de s'expliquer, comme dit Nicolas de Cues, c'est-à-dire de se « déplier » dans des formes multiples, différentes et même opposées, contradictoires (et y compris dans des formes religieuses différentes). C'est cela, le thème central du livre.

L'une des illustrations de cette doctrine de la coïncidence des opposés est des plus surprenantes chez des chrétiens qui sont en plus des platoniciens : Wind a un chapitre qui s'intitule « Vertu et plaisir réconciliés ».

C'est très intéressant, parce que cela révèle quelque chose qui est implicite chez Plotin : Plotin n'hésite pas à dire que l'extase mystique, c'est le plaisir le plus extrême, la suprême jouissance : on admet donc que la fin de l'homme, ce n'est pas seulement l'union à Dieu, mais c'est aussi la jouissance... Wind a touché quelque chose d'important, la liaison entre hédonisme et mystique. Il met en lumière une sorte de réhabilitation de l'épicurisme à la première Renaissance. Plaisir sublime, spirituel certes, mais plaisir quand même. Cela ne se perd pas complètement : les jansénistes sont au fond des hédonistes : le but est le plaisir de l'union à Dieu. Pascal parle du « Dieu sensible au cœur ».

On se prend à rêver à ce que serait un christianisme revu par Ficin, Pic, Nicolas et Bruno, un christianisme moins rigidement monothéiste, plus tolérant envers les autres « rites ».

Je me suis toujours dit que si le christianisme avait pris la voie que lui traçaient des gens comme Clément d'Alexandrie, ou encore Synésius, évêque platonicien du Ve siècle, il aurait un visage bien différent de celui que nous lui connaissons.

On se serait épargné quelques bûchers.

À commencer par celui de Giordano Bruno, qui est mort pour ces idées-là.

CHAPITRE XXIII

PIERRE HADOT : HISTOIRE DU SOUCI *

Question : Le thème du souci semble avoir d'abord appartenu à la philosophie grecque. Dans quelles circonstances est-il apparu ?

Pierre Hadot : Précisons d'abord que, d'un bout à l'autre de son histoire, la notion de souci est ambiguë, comme l'a bien noté Martin Heidegger dans les pages capitales qu'il consacre à ce thème dans *Être et Temps* (§ 42) : en effet, le souci, c'est aussi bien le soin, le dévouement, la sollicitude, que l'on apporte à une tâche ou à une personne, que l'anxiété et la préoccupation qui nous assaillent ou nous torturent.

Dans la pensée grecque, le souci apparaît d'abord, chez Hésiode ou les tragiques ou les sophistes, sous la forme de l'anxiété provoquée par la dureté de la vie, ou, par exemple, par l'engagement dans le mariage et la paternité, ou encore les procès ou les affaires de la Cité. Le souci est lié à la vie dans la Cité, et tout spécialement à l'excès d'activité, à l'activisme, à ce que les Grecs appellent la πολυπραγμοσυνη, comme l'a bien montré Paul Demont dans son livre remarquable sur *La cité grecque et classique et l'idéal de tranquillité.*

Ce qu'il y a de nouveau avec Socrate, ou, tout au moins, dans ce que Platon lui fait dire, c'est d'abord qu'il introduit la notion de « souci de soi ». Les Athéniens ont le souci des affaires politiques, de leurs richesses, et de leur réputation, de leur corps, de toutes

* Publié dans *Magazine littéraire*, n° 345, 1996, p. 18-23 (propos recueillis par François Ewald).

sortes de choses qui ne sont pas « eux », mais ils n'ont pas le souci
d'eux-mêmes, c'est-à-dire de la qualité de leur être propre, de leur
mode d'être : sincère ou hypocrite, juste ou injuste, loyal ou déloyal.
Socrate les invite donc à effectuer une conversion vers eux-mêmes,
exactement, à changer l'objet de leur souci.

*Le souci de soi désigne donc le geste qui fait qu'on revient sur
soi et que, revenant sur soi, on change son échelle de valeurs.*

En principe, on donne valeur à ce dont on se soucie. Changer
l'objet du souci, c'est opérer un renversement des valeurs et
c'est changer la direction de l'attention. Les mots employés par
Socrate pour désigner le souci : επιμελεια, επιμελεσθαι, veulent
dire aussi « faire attention » à une chose, et ils correspondent à
une autre démarche platonicienne : « appliquer son esprit à soi-
même » (προσεχειν τον νουν εαυτω). C'est dans cette attitude de
« concentration sur soi » qu'apparaît Socrate au début du *Banquet*
(174 d 5) de Platon.

Si Socrate appelle les gens à se retourner, à se convertir et à
changer la direction de leur attention et de leur souci, c'est que
lui-même se soucie des autres. Comme Platon lui fait dire dans
l'*Apologie de Socrate*, il n'y a pas beaucoup de gens qui, comme
lui, pendant des années, ont délaissé complètement leurs intérêts
personnels pour s'occuper de chacun de ses concitoyens. Pour
Socrate, le souci de soi n'est donc jamais séparé du souci des autres.

*Précisément, comment se fait l'articulation entre souci de soi et
souci des autres ? Le souci de soi apparaît comme un geste plutôt
égoïste ?*

Ce qui est égoïste, c'est le souci que la plupart des gens ont des
choses « extérieures », c'est-à-dire la préoccupation de soumettre
ces choses à leur intérêt personnel et partial. C'est un souci qui
se situe dans l'ordre de l'avoir. Et, comme le dit Socrate dans
l'*Apologie*, il ne faut pas se soucier de ce que l'on a, mais de ce que
l'on est. Encore faut-il savoir ce qu'est notre être réel. Pour Socrate,
nous l'avons dit, c'est notre qualité d'être, notre mode d'être. Mais,
ici, il ne s'agit pas d'un moi qui se situerait seulement au niveau de

notre individualité particulière, mais d'un moi qui, d'une manière ou d'une autre, s'est haussé à l'universel, par le dialogue. Socrate est bien un individu, qui s'occupe d'autres individus, mais en leur faisant découvrir un autre niveau d'eux-mêmes, celui de la raison, grâce au discours rationnel, qui donne accès à l'universalité. C'est le but du dialogue socratique. C'est par lui que Socrate invite les autres hommes à prendre souci d'eux-mêmes. En les interrogeant, il leur fait prendre conscience de leur ignorance concernant les valeurs qui dirigent leur vie. Mais ce qu'il veut surtout, c'est que, dans la discussion, ils apprennent à se soumettre à cet arbitre commun qui est la raison, le discours rationnel. Il exige l'accord de ses interlocuteurs. Autrement dit, le dialogue est un progrès commun, à travers des accords successifs entre les deux interlocuteurs. Ils se soumettent ainsi aux exigences de la cohérence rationnelle et ils se haussent de cette manière à un point de vue qui n'est plus celui de leur seule individualité, mais qui est un point de vue commun. Ainsi, c'est dans le dialogue lui-même que se révèle et se réalise le souci des autres. Il s'agit de prendre conscience du fait qu'il existe un autre point de vue que le nôtre et il faut que l'interrogateur et le répondant dépassent chacun leur point de vue, pour se soumettre aux exigences objectives de la raison. Dans cette perspective, prendre souci de soi, c'est dépasser son individualité pour accéder à une vision universelle, rationnelle et objective.

Par ailleurs, pour Socrate et surtout pour Platon, le souci de soi n'a de sens que dans la perspective du souci des autres : il faut se soucier de soi, pour pouvoir s'engager dans la vie « politique », car la première qualité du politique, c'est d'être capable de voir les choses dans la perspective universelle et rationnelle dont nous venons de parler.

Quel est le rapport entre le souci de soi et le « connais-toi toi-même » avec lequel on a l'habitude d'identifier Socrate ?

Dans l'*Alcibiade* de Platon, on peut dire que « souci de soi » et « connaissance de soi » constituent en quelque sorte une seule et même démarche. Prendre souci de soi, c'est renoncer à se soucier de ce qui n'est pas soi, c'est-à-dire de ce que l'on a ou veut avoir, les possessions, la renommée, ou de ce qui est à notre service, comme notre corps, et c'est donc se soucier de son être, c'est-à-dire de son âme. Comme dit Socrate à Alcibiade, la preuve en est que, dans le dialogue entre deux êtres, c'est l'âme qui parle à l'âme, et dans l'amour, l'âme qui aime l'âme : celui-là seulement t'aime qui aime ton âme, parce qu'il ne te quittera pas lorsque ton corps aura perdu la fleur de sa jeunesse. On voit que ce que Socrate, dans l'*Alcibiade* de Platon, appelle « âme », c'est finalement ce que nous appelons la « personne », ou le « sujet ». Se connaître soi-même, c'est se soucier de soi, c'est-à-dire détourner son attention de ce qui n'est pas notre être véritable, pour la retourner vers ce que nous sommes réellement, ou plutôt vers ce que nous devons être, et se soucier de soi, c'est se connaître soi-même, connaissance qui en fait, par la prise de conscience qu'elle constitue, est une transformation, une « amélioration » de soi.

Que deviennent par la suite les notions de souci et de souci de soi ?

Elles ne jouent pas, me semble-t-il, un très grand rôle chez Aristote, mais elles deviennent extrêmement importantes dans la philosophie hellénistique, notamment dans l'épicurisme et le stoïcisme.

On peut dire que, dans toutes les écoles hellénistiques, même chez les sceptiques, la tâche principale de la philosophie va toujours consister à délivrer l'homme de ses soucis. Et ces soucis, pour les hommes, proviennent toujours du fait qu'ils espèrent ou craignent des choses dont la maîtrise leur échappe. Pour se libérer du souci, il faut donc délimiter une sphère dans laquelle le souci disparaît ou dans laquelle il est réduit au minimum, parce que l'on se situe dans la partie essentielle de l'être que rien ne peut nous arracher.

Pour les épicuriens on délimitera cette sphère en distinguant les désirs qui ne sont ni naturels, ni nécessaires, puis les désirs qui sont naturels, mais pas nécessaires, et enfin les désirs qui sont naturels et nécessaires, qui suffisent pour notre bonheur et nous permettent, s'ils sont satisfaits, de connaître le bonheur. Les désirs fondamentaux, pour les épicuriens, sont des désirs du corps et, de ce point de vue, le souci de soi est, chez eux, très clairement, un souci de leur individualité. Il n'est pas, pour autant, un égoïsme, au sens vulgaire du mot ; il s'agit plutôt pour le moi de se replacer dans la perspective générale de la nature et de l'être universel, et d'accéder ainsi au plaisir de l'existence pure.

Pour les stoïciens, il s'agira de reconnaître exactement ce qui dépend de moi et ce qui ne dépend pas de moi. Il ne dépend pas de moi d'être beau, riche, fort, en bonne santé, d'avoir des succès professionnels ou politiques, d'avoir une bonne réputation, d'éprouver du plaisir ou d'échapper à la souffrance. Tout cela dépend d'éléments qui sont étrangers à ma volonté, et donc à moi-même. Mais il dépend de moi d'avoir ou non l'intention de bien faire. Le moi se concentre ainsi dans cette sphère étroite de l'intention morale, qui est absolument inattaquable, inexpugnable. C'est pourquoi j'ai donné à mon livre sur les *Pensées* de Marc Aurèle le titre *La citadelle intérieure*.

Le souci de soi consiste donc ici, comme chez Platon, à retrouver le moi essentiel, en en séparant tout ce qui lui est étranger. Mais stoïciens et épicuriens lient cette démarche à un changement radical dans le rapport que nous avons avec le temps. Se séparer de ce qui nous est étranger, c'est aussi se libérer du passé et de l'avenir. Si l'homme est torturé par les soucis, c'est parce qu'il a des regrets à l'égard du passé et des inquiétudes pour l'avenir. Or passé et futur ne dépendent pas de nous. Avoir souci de soi, c'est donc se concentrer sur le présent, le seul temps que nous vivons, le seul temps où nous soyons nous-mêmes parce que nous y agissons.

Dans le stoïcisme et l'épicurisme, il y a donc toujours cet effort pour se libérer des soucis au pluriel, en se concentrant vers le souci essentiel de soi-même.

Pour utiliser une formule un peu triviale, il faudrait se soucier de soi pour ne plus avoir de soucis...

Oui, c'est exactement cela. Mais, encore une fois, le souci de soi n'exclut pas le souci des autres. Et je crois qu'à ce propos, on doit distinguer la tradition platonico-stoïcienne et la tradition épicurienne parce que des modèles transcendants, radicalement différents, inspirent leurs conceptions du souci des autres. On peut dire en effet que le modèle du sage aussi bien platonicien que stoïcien, c'est le Dieu-Providence, qui prend soin (ἐπιμέλεια) du tout (Platon, *Lois*, X, 903 b 5). Il a le souci des autres, pourrait-on dire, sans avoir de soucis, mais il reste dans une tranquillité parfaite, tourné vers lui-même, et jouissant de son être. Quant aux stoïciens, ils puisent dans ce modèle l'idéal d'une action dirigée vers autrui, mais qui ne trouble pas celui qui l'exerce. Comme un célèbre général de la Première Guerre, le sage stoïcien a des « occupations », mais pas de « préoccupations ». D'ailleurs, il puise précisément sa sérénité dans la foi à la Providence. Sa volonté s'efforce de coïncider avec la volonté divine, qui n'est autre que la Raison universelle.

La tradition épicurienne ne se réfère pas au modèle divin d'un Dieu-Providence. Ce qui fait le bonheur des dieux, pour les épicuriens, c'est précisément qu'ils n'ont rien à faire dans le processus de création du monde, mais qu'ils mènent une vie de plaisir sans aucun souci. L'attention à soi n'exclura pas pourtant le souci des autres, mais celui-ci se réalisera dans l'amitié, qui pourra prendre, d'ailleurs, la forme de la direction spirituelle. Le souci des autres, comme le souci de soi, sera donc un plaisir.

Avec le néoplatonisme, nous revenons à la tradition platonicienne, et à son modèle d'une Providence qui prend soin des choses, sans éprouver de soucis. C'est ce modèle que Plotin opposera à la conception gnostique d'un créateur soumis aux passions, à la réflexion, au travail de produire. Le créateur platonicien agit par son être même. Et c'est ce modèle que Plotin essaiera de réaliser lui-même dans sa vie. Son biographe dit de lui qu'il était présent tout à la fois à lui-même et aux autres. Le soin qu'il avait des enfants qu'on lui confiait ne le détournait pas de l'attention qu'il portait vers son moi supérieur, l'Intellect.

Depuis Platon jusqu'à la fin de l'Antiquité, le souci de soi a été pratiqué dans toutes les écoles philosophiques sous la forme d'exercices que l'on peut appeler « spirituels », par exemple, la méditation, l'examen de conscience, ou la concentration sur le présent, dont nous avons parlé.

Quelle est l'attitude du christianisme à l'égard du souci et du souci de soi?

Jésus, dans le Sermon sur la Montagne, recommande de ne pas se soucier de la nourriture ou du vêtement. En analogie et en opposition avec la tradition grecque, il s'agit bien ici d'un renversement des valeurs qui sont l'objet de nos désirs et de nos soins. Mais cette fois la valeur qui transcende la nourriture ou le vêtement ou la richesse, c'est le royaume de Dieu, c'est-à-dire le règne de Dieu et de sa Loi sur la terre, règne qui, pour Jésus, est imminent, mais qui est même déjà présent, puisqu'il commence à se réaliser selon l'esprit, par la pénitence, l'amour du prochain, l'accomplissement de la volonté de Dieu. Le souci de soi et l'attention à soi-même, au sens socratique, sont donc absents du christianisme primitif.

Mais on les retrouve rapidement. Dès le IIe siècle, par exemple, chez Clément d'Alexandrie, puis surtout dans le mouvement monastique, on voit réapparaître les exercices spirituels de l'Antiquité qui étaient liés au souci de soi. La vie monastique, c'est-à-dire la pratique la plus intense du christianisme, sera même définie par la notion grecque d'« attention à soi-même », comme c'est le cas, par exemple, dans la *Vie* d'Antoine le moine, écrite par l'évêque Athanase d'Alexandrie. En même temps, réapparaît aussi l'idéal grec de l'impassibilité, de la tranquillité d'âme (απαθια, αμεριμνια). Un moine du VIe siècle, Dorothée de Gaza, n'hésitera pas à dire que la paix de l'âme est si importante qu'il faut, si cela est nécessaire, renoncer à ce que l'on entreprend, pour ne pas la perdre.

Est-ce que le souci de soi, pour avancer un peu plus loin dans l'histoire, fait partie de ces règles de civilité que l'on trouve à la Renaissance et tout au long de l'âge classique?

Nous abordons ici un vaste domaine, dont les limites sont difficiles à définir. Par exemple, dans la mesure où le souci de soi est lié à la connaissance de soi, il faudrait parler déjà du thème de la connaissance de soi au Moyen Âge, chez saint Bernard par exemple. Et, dans la mesure où le platonisme, le stoïcisme et l'épicurisme sont restés vivants du XVe au XIXe siècle, on pourrait déceler, comme je l'ai fait pour Descartes dans un récent numéro du *Magazine littéraire*, la permanence de la pratique d'exercices spirituels, liés au souci de soi, chez de nombreux auteurs philosophiques. Montaigne en est évidemment un excellent exemple : tout son livre est inspiré, au plus haut point, par le souci de soi, bien que la notion elle-même n'apparaisse explicitement chez lui que de façon épisodique. À ma connaissance, le souci de soi n'apparaît comme objet de la réflexion philosophique que dans la philosophie morale (et « populaire ») du XVIIIᵉ siècle, par exemple chez G.F. Meier (*Sittenlehre*, 1762) : « Nous prenons souci d'une chose quand nous posons la perfection de cette chose comme un but et que nous cherchons les moyens de réaliser ce but. Mais le but de la réalisation de soi n'est jamais atteint. C'est une perpétuelle recherche. » Cette recherche est précisément un art de vivre. On trouve des vues analogues chez J.-A. Eberhardt (*Sittenlehre der Vernunft*, 1781) et, finalement et surtout, chez Kant, dans le chapitre consacré aux devoirs envers soi-même, dans la *Métaphysique des mœurs*. Le principe de ces devoirs envers soi-même est précisément la connaissance de soi, entendue comme un examen de la pureté de notre intention morale. Mais, pour Kant, il n'y a de moralité qu'à partir du moment où le moi, se haussant au niveau de la raison universelle, s'impose des maximes de vie, qui ont elles-mêmes une valeur universelle : « Agis uniquement d'après la maxime qui fait que tu peux vouloir en même temps qu'elle soit une loi universelle. »

Le souci est-il une catégorie de la philosophie au XIXᵉ siècle ?

Je pense qu'avec Goethe, on assiste à la renaissance du motif antique du souci qui torture les hommes. Esquissé dès le début du premier Faust, le thème réapparaît à la fin du second Faust, peu avant la mort du héros, lorsque le Souci vient le rendre aveugle. Et, pour Goethe, comme pour les philosophes antiques, l'homme ne peut se libérer du souci que dans la prise de conscience de la valeur infinie du moment présent. « Alors l'esprit ne regarde ni en avant ni en arrière, le présent seul est notre bonheur », dit Faust à Hélène.

Chez Nietzsche, on retrouvera, cette fois, l'idée des philosophies antiques, selon laquelle les soucis étouffent le souci de soi-même. On

lit par exemple dans la troisième des *Considérations intempestives* :
« Toutes les institutions humaines ne sont-elles pas destinées à
empêcher les hommes de sentir leur vie à cause de la dispersion
constante de leurs pensées ? » « La hâte est générale, parce que tous
veulent échapper à eux-mêmes. » Les soucis de la vie protègent
les hommes du souci d'eux-mêmes, c'est-à-dire, au fond, pour
Nietzsche, de l'angoisse d'exister.

C'est dans cette perspective que se situe la célèbre analyse
qu'Heidegger a faite du souci, dans *Être et Temps*. Remarquons tout
d'abord que, pour lui, la notion de souci de soi est une tautologie :
il n'y a de souci que de soi, ou, mieux encore, c'est le souci qui
constitue le moi : il est essentiel à l'être humain d'être toujours
en avant de soi, ouvert sur le futur, sans être jamais totalement
lui-même. C'est le mode d'être propre à l'être humain. Mais il y a
différentes manières de se soucier de soi. Pour Heidegger, le souci,
qui devrait nous mettre en présence de nous-mêmes, risque de nous
en éloigner dans la mesure où il nous disperse dans la direction des
objets particuliers, qui font la trame de la vie quotidienne et dont la
possession ou la perte nous préoccupent. Le monde moderne est la
victime de cet activisme. Il nous entraîne ainsi dans l'inauthenticité.
Comme dans la philosophie antique, il y a chez Heidegger un dépassement du souci, mais pas, comme dans la philosophie antique, dans
la sérénité, conquise par la conversion vers le moi, mais au contraire
dans l'angoisse, que nous éprouvons lorsque, nous détournant
des objets particuliers qui causent nos soucis, nous accédons à la
révélation de l'Être.

Que le souci soit constitutif de l'être humain, Heidegger en
trouvait la confirmation dans une fable de la fin de l'Antiquité, qui
mettait en scène le Souci, modelant une créature à partir de limon
argileux... À la suite de la querelle qui oppose ensuite Jupiter, la
Terre et le Souci au sujet du nom que doit porter cette créature,
Saturne décide qu'elle s'appellera « homme », parce qu'elle a été
tirée du limon (*humus, homo*), mais qu'elle appartiendra au Souci,
tant qu'elle vivra. Notons qu'il est bien possible que nous soyons
ici en présence d'une variante du mythe de Prométhée, créateur de

l'homme, le mot « Prométhée » évoquant l'idée de prévision, de préoccupation et de souci.

Comment expliquez-vous cette réapparition du motif du souci à ce moment-là dans la littérature philosophique ?

Heidegger dit lui-même, dans son analyse du souci, qu'il a adopté cette perspective dans le cadre de ses tentatives pour interpréter l'anthropologie augustinienne − c'est-à-dire gréco-chrétienne − par rapport aux fondements posés dans l'ontologie d'Aristote. Je ne me sens pas capable d'expliquer totalement ce que veut dire ici Heidegger. Toutefois, je pense qu'il a dans l'esprit la représentation augustinienne de l'homme, comme être problématique au sein de l'univers, comme inquiétude (« notre cœur est toujours inquiet... »), comme inachèvement et comme péché. Mais s'il a été sensible à l'anthropologie augustinienne, c'est probablement sous l'influence d'un courant puissant qui traverse le XIXe siècle depuis Schelling en passant par Kierkegaard pour aboutir à Nietzsche, et qui est très sensible à l'angoisse fondamentale qui est au fond de l'être humain, qu'elle soit provoquée par la conscience du péché ou par le caractère effrayant de l'existence. Le souci n'est en quelque sorte que le premier degré de cette angoisse. Il l'annonce et il la cache. Mais il n'y a pas que des sources littéraires. Si l'on concentre son attention sur le souci et l'angoisse, c'est certainement le résultat du souci et de l'angoisse qui étreignent l'homme contemporain, à la fois, spirituellement, à cause de l'événement mythique de la « mort de Dieu » et, socialement, à cause des conditions de vie que nous impose la société industrielle.

La dernière grande reprise de la notion se trouve dans le dernier Foucault.

Je préciserais d'abord, évidemment, qu'il s'agit ici de la notion de souci de soi. Elle s'inscrit dans sa recherche concernant le mode par lequel un sujet peut se constituer. À la lumière des thèmes antiques se rapportant au souci de soi, au travail de soi sur soi, Foucault propose un art de vivre, une esthétique de l'existence, un style de vie, qui ne reproduirait pas évidemment les exercices spirituels de l'Antiquité, mais qui ouvrirait au sujet la possibilité de se constituer dans la liberté, en opposition aux pouvoirs extérieurs. Il note d'ailleurs que déjà chez Kant « le Soi n'est pas simplement donné, mais est constitué dans un rapport à soi comme sujet ». Ce qui caractérise plus particulièrement la notion que Foucault a du souci de soi, c'est peut-être l'introduction de la perspective esthétique, celle d'une existence que l'on crée comme un objet d'art.

Cette orientation nouvelle de la pensée de Foucault a surpris tous ses disciples et ses lecteurs. Il me semble que je n'ai pas été étranger à cette transformation. Je sais que Foucault a lu, peu après sa parution, mon article « Exercices spirituels », publié dans l'*Annuaire de la Section des Sciences religieuses de l'École Pratique des Hautes Études* (1977). Sa mort prématurée m'a empêché de dialoguer fructueusement avec lui sur ces thèmes. Il m'avait annoncé un jour son intention de consacrer tout son enseignement futur à la philosophie antique, ce qui prouve à quel point il était enthousiasmé par sa redécouverte de la philosophie antique. Quoi qu'il en soit, il est bien évident que si Foucault a choisi cette nouvelle orientation de sa pensée, c'est qu'il y avait quelque chose en lui, intellectuellement, mais aussi spirituellement, qui l'incitait à aller dans cette direction. Comme je viens de le dire, cette notion de souci de soi pouvait lui paraître une solution valable au problème de la constitution du sujet. Elle pouvait peut-être aussi, à ses yeux, ouvrir à l'homme contemporain, et à lui-même, un accès au sens de la vie.

Que peut représenter la notion de souci dans le monde contemporain ?

Je dirais tout d'abord que je suis très séduit par la thèse que je sais être la vôtre : la perspective du souci peut avantageusement remplacer celle de la responsabilité qui est si dévalorisée aujourd'hui. Il est exact que l'on peut substituer un mot à l'autre : prenez souci, sentez-vous responsable de vous-même, par exemple. Cette idée rejoint ce que disaient les stoïciens : les choses qui ne dépendent pas de moi, je ne dois pas en avoir souci, parce que je n'en suis pas responsable. Mais des choses qui dépendent de moi, je dois en avoir souci, parce que j'en suis responsable.

Par ailleurs, je vous dirais que, personnellement, je ne suis pas sûr qu'une esthétique de l'existence puisse vraiment donner un sens à la vie : elle risque, je le crains, de ne pas aller plus loin que les morales de la *self-realisation* développées en milieu anglo-saxon au début du XXe siècle. Mais, peut-être trop naïvement, je tiens beaucoup à l'effort antique (et kantien, nous l'avons vu) pour s'efforcer d'ouvrir le moi à une universalité « éthique », souci de soi et souci des autres étant indissolublement liés dans la volonté de la raison d'atteindre à l'universalité dans la communion et le dialogue.

CHAPITRE XXIV

PHILOSOPHIE ANTIQUE
ET PSYCHOTHÉRAPIES MODERNES *

Question : Pierre Hadot, vous avez insisté dans vos textes et dans vos cours sur l'aspect pratique de la vie philosophique dans l'Antiquité. En quoi consistait cet enseignement philosophique ?

Pierre Hadot : Je vous répondrai tout d'abord qu'à première vue, depuis environ deux mille cinq cents ans qu'il existe, l'enseignement philosophique n'a pas beaucoup changé depuis les Grecs. On parle à peu près toujours des mêmes sujets. On entend des exposés du professeur. On commente des textes. Parfois, on discute. Aussi beaucoup de manuels d'histoire de la philosophie exposent strictement de la même manière, comme des théories pures, les doctrines de Platon et celles de Hegel. Mais, quand on examine les choses plus attentivement, on commence à entrevoir des différences. Dans la philosophie antique, il y a bien, comme de nos jours, un enseignement théorique de la philosophie, un discours philosophique, mais à la différence du discours philosophique moderne, il n'est pas une fin en soi, il n'est qu'un élément d'un tout que l'on pourrait appeler le mode de vie philosophique.

Que la philosophie antique soit un comportement complexe qui correspond finalement à un mode de vie, on peut l'entrevoir par certaines déclarations de philosophes. J'ai souvent cité un texte de

* Publié dans *PSN – Psychiatrie, Sciences humaines, Neurosciences*, vol. 1, n° 3, 2003, p. 8-12.

Plutarque, philosophe du 1er siècle après J.-C., qui dit à peu près ceci : les gens s'imaginent que la philosophie consiste à monter sur une chaire pour y discourir. Mais Socrate ne montait pas sur une chaire, il n'avait pas d'horaire fixe pour donner des cours. Il a philosophé en vivant la vie quotidienne, en allant à la guerre ou en buvant ou en plaisantant, en allant en prison, en prenant le poison. En vivant la vie quotidienne, on fait de la philosophie. La description que donnent de la philosophie les philosophes antiques ne correspond pas non plus à l'idée d'un discours purement théorique. Ils disent par exemple : la philosophie n'apprend pas à faire des discours, mais à agir. Elle est un art de vivre. Elle est un exercice, une thérapie. L'école du philosophe est une clinique. Elle forme au métier d'homme. Le philosophe est un sculpteur d'homme. La philosophie a pour but de transformer l'homme, de le rendre meilleur. Ces différentes formules ont été employées pour définir la philosophie depuis Platon jusqu'à la fin de l'Antiquité.

On constate d'ailleurs que le fait qu'il ne soit qu'un élément de la vie philosophique a un impact important sur la teneur même du discours philosophique. Par exemple, on peut être étonné par la technicité des fragments de la *Physique* d'Épicure qui nous ont été conservés. Mais, si on se réfère à ce qu'Épicure dit par ailleurs de sa physique, on s'aperçoit qu'il ne s'intéresse pas vraiment à la physique en elle-même. En effet, pour Épicure, la philosophie doit servir à guérir la maladie de l'âme, qui provient du fait que l'homme est terrifié par la crainte des dieux et de la mort, et en même temps incapable de s'établir dans un plaisir stable et paisible. La physique va donc servir à guérir cette maladie de l'âme. Si nous n'avions pas peur des dieux et de la mort, dit Épicure, nous n'aurions pas besoin d'étudier la nature. C'est en effet la théorie des atomes éternels qui délivre l'homme de la crainte des dieux et de la mort et qui permet aux épicuriens de trouver la paix de l'âme. Plus l'exposé est scientifique et technique, plus il donne d'assurance et de conviction à la décision du philosophe de vivre en philosophe épicurien. Nous ne pouvons étudier en détail chaque tradition philosophique, mais il apparaît à l'examen que c'est le choix de vie de chacune d'entre elles qui détermine leur contenu théorique. Il y a des cas limites qui mettent bien en lumière la nature de la philosophie antique.

L'un de ces cas limites, c'est l'existence des philosophes cyniques, qui n'écrivent pas de traités théoriques, mais pour qui la philosophie n'est qu'une manière de vivre, en rupture avec toutes les conventions sociales. Le cynique affirme sa liberté, son indépendance, son absence de soucis, sa tranquillité d'âme par son refus de la civilisation. Il est sans cité, sans maison, sans argent, il vit au jour le jour. Mais il y a d'autres cas limites, ce sont les hommes, spécialement les hommes d'État, qui n'enseignent rien, mais vivent en philosophes, comme Caton d'Utique et les autres stoïciens romains, qui gouvernent les provinces sans chercher à s'enrichir, ou qui représenteront une opposition tenace à la tyrannie sous les empereurs romains et le paieront souvent de leur vie. Or tout le monde les reconnaît comme des philosophes et les désigne de ce nom, bien que ce ne soient pas des théoriciens.

Que le discours philosophique antique ne soit qu'un élément d'un tout qui n'est autre que le mode de vie philosophique, c'est ce que révèle aussi l'existence d'écoles de philosophie prenant la forme de communautés institutionnelles. Alors qu'autrefois la formation de l'homme et du citoyen était assurée par la cité, les écoles philosophiques se substituent à la cité, pour créer un milieu social qui permet l'épanouissement de la personnalité. À la différence de l'enseignement philosophique moderne, dans lequel l'étudiant est livré à lui-même dans l'anonymat des institutions universitaires, dans une séparation totale de la vie quotidienne et de l'enseignement abstrait, l'enseignement philosophique antique a lieu dans le cadre d'une école, c'est-à-dire d'une communauté organisée dans laquelle le maître vit continuellement ou pendant une grande partie de son temps avec ses disciples : ce qui implique dans presque toutes les écoles (à ma connaissance, on ne sait rien de ce qui se passait chez les sceptiques) des discussions particulières, des repas ou des voyages communs et une certaine forme de direction spirituelle.

Sénèque dit d'ailleurs que si Platon a beaucoup appris de Socrate, si Cléanthe le stoïcien a beaucoup appris de Zénon, c'est parce qu'ils ont mené une vie commune (*contubernium*, littéralement : la vie sous la même tente). Le stoïcien romain Musonius Rufus imaginait même que maître et disciples pourraient se consacrer ensemble aux travaux des champs. Les disciples y apprendraient l'effort et le maître pourrait mieux connaître ses disciples.

Quelles étaient les relations entre maître et disciple ?

Platon lui-même insiste dans sa *Lettre VII* sur le fait qu'un préalable est absolument indispensable, c'est que le disciple soit disposé à accepter les conseils du maître. Il est exclu de le forcer à changer de vie, de même qu'il est exclu d'employer la force pour imposer un meilleur régime politique à une cité. Sur ce point, on retrouve la même attitude chez l'empereur Marc Aurèle, qui, d'une part, conseille de rester doux avec ceux qui refusent de changer leur mode de vie, et qui, d'autre part, dans la perspective de la cité, est bien conscient du fait qu'il est extrêmement difficile de faire changer ses concitoyens de principes de vie, et que, pourtant, sans ce changement, les hommes sont plongés dans l'esclavage : ils gémissent tout en faisant semblant d'obéir, dit Marc Aurèle. Je pense que la nécessité d'une disposition favorable, d'un esprit coopératif chez les disciples est reconnue dans toutes les écoles.

Il existe dans la littérature épicurienne un traité de Philodème, *Sur la liberté de parole*, ou *Sur le franc-parler*. Franc-parler du disciple, qui doit exposer franchement ses problèmes. Franc-parler du maître : l'auteur le définit comme un art stochastique (aléatoire) dans la mesure où il doit tenir compte des moments et des circonstances et s'attendre à des échecs. Il ne doit pas avoir peur de faire des reproches, mais avec bienveillance. Les *Lettres* d'Épicure à ses disciples témoignent en tout cas d'une grande sollicitude à l'égard de ses disciples.

Chez les cyniques, l'atmosphère est toute différente. Le maître impose de dures épreuves à ses disciples et fait tout pour les décourager. Antisthène chasse Diogène à coups de bâton, mais Diogène finit par être accepté. À quelqu'un qui lui demandait pourquoi il était aussi dur, Antisthène répondit que c'est ce que font les médecins avec leurs patients. Quant à Cratès, il humilie publiquement son disciple Zénon, le futur fondateur du stoïcisme.

Sur la direction spirituelle stoïcienne, nous avons deux témoignages littéraires importants : les *Lettres* de Sénèque à Lucilius, les *Entretiens* d'Épictète. Dans les deux cas, il me semble que l'essentiel de la direction consiste avant tout à rappeler les dogmes du stoïcisme. Mais, dans les deux cas, le rôle du directeur consiste aussi à faire prendre conscience au disciple de la nécessité où il se trouve de changer sa manière de vivre. En somme, le directeur aide le disciple à se connaître lui-même. Marc Aurèle raconte que son maître Rusticus lui a fait prendre conscience du besoin qu'il avait de soigner son état moral et il avoue s'être mis souvent en colère contre ce Rusticus. Épictète reproche à ses disciples leur désir de briller par leurs qualités littéraires au lieu d'appliquer les règles de vie philosophique.

À ce propos, on raconte d'un néoplatonicien que, lorsqu'il voyait que ses disciples devenaient insultants et hautains à cause de leurs théories philosophiques, il les emmenait au marché voir les marchandes de légumes et les artisans pour s'entretenir avec ces gens-là de la manière dont ils gagnaient leur vie. J'ajouterais, pour être autant que possible complet, que surtout à l'époque de Platon, et dans les débuts de l'école platonicienne, la relation entre maître et disciple se teintait souvent d'homosexualité.

À propos des philosophies de l'Antiquité vous avez parlé d'exercices spirituels. Qu'entendez-vous par là ?

Pour pratiquer un mode de vie philosophique, les philosophes de l'Antiquité ne devaient pas seulement débiter des discours philosophiques, mais ils devaient modifier leur comportement. J'entends donc par exercices spirituels des conduites, des attitudes intérieures, des actes mentaux, que le sujet pratique volontairement dans l'intention, non seulement de changer de comportement dans telle ou telle circonstance, mais aussi de modifier d'une manière définitive, si possible, sa manière de vivre et de voir le monde.

Il est vrai que les philosophes antiques n'ont jamais employé l'expression « exercice spirituel ». C'est une dénomination chrétienne, utilisée par les écrivains monastiques pour désigner des pratiques, qui n'étaient pas spécifiquement chrétiennes, mais que la spiritualité chrétienne avait héritées de la philosophie antique; par exemple, l'examen de conscience, l'attention à soi-même, le consentement aux événements tels qu'ils arrivent. J'ai donc adopté cette expression parce qu'elle me semble commode, car elle permet de marquer la différence de ces pratiques avec les exercices intellectuels ou purement moraux.

Je donne donc quelques exemples d'exercices spirituels. Il y a tout d'abord, surtout chez les stoïciens, l'attention à soi-même, c'est-à-dire une surveillance continuelle pour être prêt à chaque instant à agir et à penser conformément à son choix de vie. Liée à cette attention à soi-même, il y a la concentration sur le moment présent, exercice en honneur non seulement chez les stoïciens – Marc Aurèle par exemple conseille à ne vivre que la vie qu'on vit, c'est-à-dire le présent, sans s'inquiéter du passé ou du futur –, mais aussi chez les épicuriens – on se souvient d'Horace : cueille l'aujourd'hui sans te fier à demain. Il y a la pensée de la mort, commune aussi aux stoïciens et aux épicuriens – vivre comme si l'instant ou le jour qu'on vit était le dernier de sa vie. Il y a l'examen de conscience, pratiqué le soir et le matin.

Il y a aussi, spécialement chez les stoïciens, une technique pour redresser les jugements que l'on porte sur les événements. Elle est d'autant plus nécessaire à leurs yeux qu'ils considèrent les passions comme des erreurs de jugement : ce qui te trouble, dit Épictète, ce ne sont pas les choses, mais tes jugements sur les choses. Il faut donc, en face d'une chose qui nous trouble, par exemple qui provoque notre colère ou nous attire, s'obliger à prendre le temps de la réflexion, puis réfléchir sur ce qu'elle est, la définir, se demander surtout si elle dépend ou non de nous.

Il y a aussi les exercices de l'imagination : s'habituer à la pensée de la mort en revoyant par la pensée tous les gens que nous avons connus ou tous les gens célèbres qui sont morts ; ou encore : s'imaginer que l'on voit d'en haut la terre, comme un point dans le cosmos, avec les hommes comme des fourmis, qui se font la guerre et prendre ainsi conscience de la vanité des choses humaines.

Il y a aussi les exercices de la volonté qui consistent essentiellement à créer une habitude en s'exerçant progressivement en commençant par les petites choses. Dans cette perspective, Plutarque nous a laissé une grande quantité de traités moraux destinés à guérir les différentes passions, par exemple : *Du contrôle de la colère*, *De la curiosité*, *Du bavardage*, *De l'amour des richesses*. D'une manière générale, on trouve un certain nombre de détails sur les exercices spirituels dans les *Lettres* d'Épicure et de Sénèque, dans l'œuvre de Cicéron, dans les *Entretiens* d'Épictète, dans les *Pensées* de Marc Aurèle. Cette longue expérience qui s'est poursuivie pendant des siècles peut nous apporter beaucoup d'observations psychologiques intéressantes.

Le choix d'entrer dans une école philosophique correspondait aussi à un engagement qui pouvait couper le disciple du reste de la société.

Qu'il y ait une coupure dans la cité entre philosophes et non-philosophes est indiscutable. Platon disait de Socrate qu'il était *atopos*, c'est-à-dire inclassable, étrange. Il n'entrait pas dans les catégories dans lesquelles les gens ordinaires classent les hommes. Pour le philosophe, la vie quotidienne telle qu'elle est vécue par les gens ordinaires est anormale, la vie quotidienne doit être vécue autrement, et, pour les gens ordinaires, le mode de vie du philosophe est anormal. Il y a là un conflit insoluble, qui est déjà décrit par Platon dans le *Théétète*, qui [présente] le philosophe perdu dans la vie quotidienne, parce qu'il s'efforce de vivre selon la justice et qu'il est habitué à embrasser du regard la terre entière : il est incapable de se défendre au tribunal, incapable de flatter, de s'intéresser aux richesses et de briguer des magistratures, alors que les non-philosophes ne sont à l'aise que dans la cité pervertie.

Par ailleurs, dans les comédies, les philosophes apparaissent comme des personnages ridicules : platoniciens arrogants, cyniques crasseux, pythagoriciens qui ne mangent rien. Le peuple romain se moquait de l'empereur philosophe Marc Aurèle, le soupçonnant de vouloir imposer à tous l'austérité du stoïcisme. Les cyniques accentuaient encore, nous l'avons vu, cette rupture totale, les sceptiques au contraire affecteront un conformisme parfait, en adoptant le genre de vie des gens ordinaires, tout en pensant intérieurement que tout cela est indifférent. Les autres écoles essaieront vaille que vaille de vivre philosophiquement la vie quotidienne et même la vie publique.

Lorsqu'on tente de rapprocher les écoles philosophiques antiques des psychothérapies actuelles, une première différence apparaît. Les sujets s'adressent à un psychothérapeute, à un psychanalyste, pour être soignés ou soulager une souffrance, ce qui à l'évidence n'était pas la première motivation de ceux qui adhéraient à une école philosophique.

Nous pouvons nous faire une idée de la motivation des futurs adhérents à une école philosophique en considérant les arguments que les philosophes, comme Aristote entre autres, avançaient dans leurs *Protreptiques*, c'est-à-dire leurs exhortations, pour inviter les hommes à philosopher. Ils insistaient surtout sur le bonheur et même le plaisir que la vie philosophique apportait à ceux qui s'y adonnaient, et sur l'utilité pour la cité et l'individu des vertus de prudence et de justice que le philosophe s'efforce d'acquérir. Dans ces exhortations, on laissait entendre qu'une vie dirigée par la raison était préférable à une vie déchirée par les passions.

Parfois la découverte de la philosophie provoquait une véritable conversion, comme ce fut le cas de Polémon, qui, ivre après une nuit de débauche, avait fait le pari d'entrer dans la salle où le platonicien Xénocrate faisait cours, et qui, ayant entendu l'exposé de celui-ci sur la tempérance, se convertit et devint même ensuite chef de l'école platonicienne.

Il y a, comme vous le dites, une grande différence entre la démarche de l'homme antique adhérent à une école philosophique et le malade moderne s'adressant à un psychothérapeute. Le premier abandonne une vie considérée comme normale par son entourage pour adopter un mode de vie paradoxal, sinon anormal, toujours aux yeux de son entourage ; le second, qui sent plus ou moins qu'il est considéré comme anormal par son entourage, s'adresse au psychothérapeute pour retrouver une vie normale. Mais, à l'inverse, aux yeux des philosophes antiques, les non-philosophes sont des malades qui s'ignorent. Les stoïciens les appelaient même des insensés.

Si bien que finalement, il y a une certaine analogie entre les deux démarches. De part et d'autre, on désire être soigné. Dans l'Antiquité, le non-philosophe se décide à se convertir à la philosophie parce qu'il prend conscience de l'état d'insatisfaction et d'inquiétude dans lequel il se trouve. Il veut donc se soumettre à une thérapie.

Les malades d'aujourd'hui peuvent-ils selon vous trouver une aide dans la lecture des philosophes antiques ? Le courant des thérapies cognitives cite comme une de ses sources la philosophie stoïcienne.

Je n'ai pas une expérience suffisante des problèmes inhérents aux maladies mentales pour répondre avec exactitude et précision à votre question.

Le peu que j'ai compris des thérapies cognitives me fait penser qu'elles analysent avec précision les processus de raisonnement des malades en décelant ce qu'ils ont d'erroné. Or les stoïciens considéraient que ce qui nous trouble, ce sont nos jugements, que les passions, donc les maladies de l'âme, étaient des erreurs de jugement, et donc que, dans telle ou telle circonstance, l'on ne peut changer son comportement qu'en modifiant le jugement que l'on porte sur l'événement ou la situation qui fait problème.

Mais cette technique est liée chez les stoïciens à toute une doctrine morale que beaucoup de nos contemporains auront du mal à comprendre ou à admettre. En effet, pour le stoïcien, modifier son jugement, c'est faire une distinction entre ce qui dépend de lui et ce qui ne dépend pas de lui. Or, le bien et le mal ne peuvent résider pour nous que dans ce qui dépend de nous, car ne dépendent de nous que le bien ou le mal moral. Donc, si ce qui nous arrive est absolument indépendant de notre volonté et n'est pas un mal moral, par exemple une injustice que nous aurions commise, ce n'est pas un mal. Et si ce qui nous trouble est absolument indépendant de notre volonté, le stoïcien doit l'accepter, comme le chrétien accepte la volonté de Dieu. Tout particulièrement, la reconnaissance du caractère absolu de la valeur morale n'est plus très à la mode dans notre monde moderne. Je pense que c'est le signe d'une grave crise. Mais, pour soigner les malades, on ne peut leur imposer préalablement des dogmes. Il faudra donc séparer les exercices spirituels des justifications théoriques que les stoïciens ou d'ailleurs les épicuriens ou les platoniciens leur donnaient. Je pense que c'est possible.

Par exemple, quand, à la fin de son *Tractatus logico-philosophicus*, Wittgenstein, qui n'est ni stoïcien, ni épicurien, déclare : « La mort n'est pas un événement de la vie », il emploie une technique épicurienne pour combattre la crainte de la mort. Si Goethe écrit à peu près ceci : si tu veux une belle vie, ne te soucie pas du passé ni du futur, mais jouis du présent, il conseille lui aussi une attitude épicurienne. Je pense, en tout cas, qu'il faudrait lire, non pas tous les philosophes, mais ceux qui proposent de nombreux exercices spirituels, comme Sénèque, Épictète ou Marc Aurèle, et il faudrait s'en tenir aux formules frappantes qui n'ont pas besoin d'explication particulière. Toutefois, à mon humble avis, les textes anciens sont trop éloignés à tous points de vue de la mentalité moderne, et les malades, qui, surtout s'ils ne sont pas très cultivés, les liraient sans explications, risqueraient de ne pas y trouver une aide, mais au contraire un problème supplémentaire, car ils pourraient s'hypnotiser sur des formules qu'ils ne comprendraient pas.

La lecture des Anciens serait sans doute plus utile, me semble-t-il, aux médecins eux-mêmes, s'ils en ont le temps. Car ils pourraient y trouver beaucoup d'observations psychologiques. J'ai toujours admiré, à ce sujet, le livre II de la *Rhétorique* d'Aristote, à cause de la manière dont Aristote décrit avec précision les passions, afin de guider l'orateur dans sa technique de persuasion.

Dans son récent pamphlet « Lettres à l'opinion éclairée », qui est surtout consacré à une querelle avec d'autres psychanalystes, Jacques-Alain Miller raille l'attitude stoïcienne et citant votre nom écrit : « Ce que le grand Pierre Hadot, qui inspira le dernier Foucault, appelle La Citadelle intérieure, je l'appelle La Tête dans le sable. Elle a son pendant dans Le Cul à l'air. Le stoïcien finit toujours par s'ouvrir les veines dans son bain. Mieux vaut être un peu moins citadelle, être battu des vents, et ne dormir que d'un œil. » Que lui répondez-vous ?

Avant de répondre, je ne manquerai pas l'occasion de saluer ici un bel exemple de la désinvolture avec laquelle, de nos jours, certains écrivains traitent leur public. On assène sans preuve des affirmations, qui sont souvent des contre-vérités ou des clichés à la mode, en les rehaussant, pour faire passer la sauce, du condiment de quelques grosses astuces. J'ajouterais aussi, d'une part, que c'est trop facile de caricaturer en quelques lignes une recherche qui a pris des années, et, d'autre part, que, dans le présent entretien, je ne pourrai pas en quelques minutes faire comprendre tout ce que cette présentation a d'erroné.

Essayons quand même. On ne voit pas très bien tout d'abord le rapport qu'il y a entre l'attitude de l'autruche et les stoïciens qui s'ouvrent les veines dans leur bain. L'auteur veut-il laisser entendre que ces philosophes se suicident parce qu'ils ne veulent pas ou n'osent pas voir la réalité en face ? Disons tout d'abord que la formule : « Le stoïcien finit toujours par s'ouvrir les veines dans son bain » est particulièrement malheureuse. L'auteur pense sans doute à Sénèque, mais il sait pertinemment qu'il ne s'agissait pas d'une décision de Sénèque, mais d'un ordre de Néron, même si Sénèque s'y attendait depuis longtemps. Par ailleurs, la théorie stoïcienne admettait, dans certains cas, la légitimité d'une mort volontaire, si elle était justifiée rationnellement, soit à cause d'intérêts supérieurs, au service d'autrui ou de la patrie, soit pour éviter la déchéance physique ou morale (c'était alors en somme une euthanasie), soit pour éviter l'humiliation (c'est ainsi que Caton se suicide pour ne pas être gracié par son ennemi politique, César, et lui devoir la vie). Le stoïcien peut donc prendre la décision de se suicider pour affirmer sa liberté ou sa dignité : qui sait mourir, disait Sénèque, ne sait plus être esclave. Il n'est pas question dans tout cela de fuir la réalité. Et il est absolument faux d'affirmer que les stoïciens « finissaient toujours » par se suicider.

Par ailleurs, je pense que, dans mon livre *La citadelle intérieure*, la présentation que j'ai faite de cette image n'autorise guère à l'assimiler à l'attitude de l'autruche. Sur ce point, on n'avait même pas besoin de prendre la peine de lire le livre. Sur la quatrième de couverture, on pouvait lire : « Cette citadelle où règne la sérénité n'est pas une tour d'ivoire, dans laquelle Marc Aurèle se réfugierait en un égoïsme transcendant ; elle est bien plutôt à la fois le haut lieu d'où l'on accède à un immense champ de vision et la base d'opérations qui permet d'agir au loin. »

L'image d'un retrait dans la citadelle correspond au temps de réflexion que tout homme sérieux doit s'accorder avant d'agir, pour voir les choses telles qu'elles sont et non telles que l'on se les imagine. Il ne s'agit pas de se cacher la tête pour ne plus rien voir, mais, bien au contraire, il s'agit de mieux voir les choses. Marc Aurèle s'efforce sans cesse de voir les choses en face, sans illusion, de définir les choses et les événements dans leur réalité physique, en les débarrassant des faux jugements de valeur que les hommes portent sur elles. On reprochait d'ailleurs aux stoïciens de trop penser à tous les maux qui pourraient arriver et en quelque sorte d'être malheureux avant le malheur. Mais ce reproche était faux, cette prévision des maux n'était pas destinée à se complaire dans la vision des difficultés, mais au contraire à s'exercer à bien comprendre que les prétendus maux, comme la mort, la pauvreté, l'exil, n'étaient pas de vrais maux, et que le seul vrai malheur était de commettre l'injustice.

C'est cette transformation du jugement, qui implique la reconnaissance d'un domaine propre de la valeur morale, dépassant toutes les autres valeurs, qui est figurée par l'image de la citadelle intérieure. Finalement, cette attitude n'est pas spécialement stoïcienne. La citadelle intérieure existe déjà chez Socrate qui déclare à ses juges qu'ils ne peuvent absolument pas lui faire de mal : ni Mélétos ni Anytos ne sauraient me nuire, si peu que ce soit. Car, en me condamnant, ils commettent une injustice et c'est cela qui est le véritable malheur pour eux. C'est donc à eux qu'ils font du tort, pas à moi, car je ne considère pas la mort ou l'exil comme des maux.

Chapitre XXV

L'ENSEIGNEMENT DES ANTIQUES,
L'ENSEIGNEMENT DES MODERNES [*]
ENTRETIEN ENTRE PIERRE HADOT ET ARNOLD I. DAVIDSON

Arnold I. Davidson : Je voudrais commencer par une citation qui restera implicitement présente tout au long de cet entretien, citation extraite de la *Citadelle intérieure* de Pierre Hadot :

> Je déteste ces monographies [1] qui, au lieu de donner la parole à l'auteur et de rester près du texte, s'engagent dans des élucubrations obscures qui prétendent réaliser un décodage et révéler le non-dit du penseur, sans que le lecteur ait la moindre idée de ce que ce penseur a réellement « dit ». Une telle méthode permet malheureusement toutes les déformations, tous les gauchissements, tous les « coups de pouce ». Notre époque est captivante pour bien des raisons, mais, trop souvent, on pourrait la définir, au point de vue philosophique et littéraire, comme l'ère du contre-sens, sinon du calembour : n'importe quoi à propos de n'importe quoi [2] !

Je vais conduire cet entretien à partir de citations de Pierre Hadot, pour rendre doublement présente sa pensée. Pour ce qui est de l'enseignement antique et moderne de la philosophie, on peut

---

* Entretien réalisé à l'École normale supérieure entre Pierre Hadot et Arnold I. Davidson le 1er juin 2007 et publié dans A.I. Davidson et F. Worms (dir.), *Pierre Hadot. L'enseignement des antiques, l'enseignement des modernes*, Paris, Éditions Rue d'Ulm/Presses de l'École normale supérieure, 2010, p. 19-34.

1. C'est déjà une chose assez importante et significative, parce que j'ai relu presque tous les textes de Pierre Hadot, et il ne dit jamais « je déteste ».

2. P. Hadot, *La citadelle intérieure. Introduction aux « Pensées » de Marc Aurèle*, Paris, Fayard, 1992, p. 10.

commencer par une citation de Plutarque, très chère à Pierre Hadot et rapportée à plusieurs reprises par l'auteur dans ses textes :

> La plupart des gens s'imaginent que la philosophie consiste à discuter du haut d'une chaire et à faire des cours sur des textes. Mais Socrate, lui, ne s'asseyait pas sur une chaire professorale. Il n'avait pas d'horaire fixe, mais c'est en vivant la vie de tous les jours qu'il a philosophé [1].

Dans un texte inédit, Pierre Hadot dit à propos des cours philosophiques de l'Antiquité :

> Leur principale caractéristique consiste dans le fait que choisir telle ou telle école consiste à choisir un mode de vie. On peut comparer cela à la situation du moderne apprenti philosophe. Celui-ci ne devient pas philosophe en choisissant un mode de vie, il fait de la philosophie parce que cela fait partie du programme de terminale, et c'est un hasard s'il rencontre un professeur partisan de telle ou telle école philosophique. Au contraire, l'apprenti philosophe dans l'Antiquité cherche l'école philosophique qui lui convient [2].

Pierre Hadot a aussi cité à plusieurs reprises une remarque de Nietzsche, dans *Schopenhauer éducateur* :

> On n'a jamais enseigné dans les universités l'unique méthode critique et la seule probante que l'on puisse appliquer à une philosophie, celle qui consiste à se demander si l'on peut vivre selon ses principes, on y enseigne seulement la critique des mots par les mots [3].

Mais en même temps, Pierre Hadot a toujours souligné que l'Antiquité n'était pas non plus l'âge d'or :

> Il ne faudrait pas penser que tout discours philosophique dans l'Antiquité était inspiré seulement par le souci d'apprendre à vivre

1. Plutarque, *An seni respublica gerenda sit*, 26, 796 d.
2. P. Hadot, « Enseignement antique et enseignement moderne de la philosophie », *supra*, p. 152.
3. F. Nietzsche, « Schopenhauer éducateur », dans *Considérations intempestives*, trad. fr. G. Bianquis, t. II, Paris, Aubier, 1966, p. 151.

une vie philosophique, puisque, d'un bout à l'autre de l'Antiquité, on peut constater une constante dénonciation, par les philosophes, des professeurs qui se contentent de briller par le discours sans vivre de manière philosophique. Cela suppose bien que la tendance à se contenter du discours existait déjà chez les philosophes antiques [1].

Je voudrais donc poser la question des principales différences entre l'enseignement antique et moderne de la philosophie, et surtout le problème actuel de la possibilité pour nous, aujourd'hui, de pratiquer des exercices spirituels. En effet, comme Pierre Hadot l'a bien montré, le contexte à la fois social et intellectuel est complètement différent.

Pierre Hadot : Quelles étaient les caractéristiques de l'enseignement antique de la philosophie ? Il me semble, pour la philosophie antique, que l'essentiel a été défini par Platon, à propos de Pythagore [2] : la philosophie implique un certain mode de vie et une vie en communauté. Un exemple intéressant se trouve dans l'école épicurienne : les disciples vivent dans la maison du maître qui les dirige dans leur progrès moral, et l'enseignement théorique n'a de sens que s'il apporte la sérénité.

Mais il faut apporter des nuances et des précisions à cette définition. Tout d'abord, concernant la vie en commun. Selon Diogène Laërce [3], par exemple, Théophraste aurait eu deux mille élèves. Étaient-ils tous là en même temps ou venaient-ils de temps en temps ? Il est difficile de le dire. Mais, apparemment, il y avait quand même une masse d'élèves. À l'époque impériale, les élèves des nouvelles écoles (platonicienne, aristotélicienne, stoïcienne) que Marc Aurèle avait fondées à Athènes, devraient être aussi assez nombreux. Il n'était donc pas question de vivre en communauté. Cette vie en communauté était réservée à un groupe de disciples fervents, les « familiers », les « amis », les « compagnons », comme

1. P. Hadot, « Enseignement antique et enseignement moderne de la philosophie », *supra*, p. 149.
2. Platon, *République*, X, 600 b.
3. Diogène Laërce, V, 37.

ceux qui vivaient dans la maison d'Épicure, ou les disciples de Polémon le platonicien, qui avaient construit des huttes près de son jardin pour vivre près de lui [1]. Cette distinction entre disciples fervents et simples auditeurs existait aussi dans l'école de Plotin. On la faisait d'ailleurs remonter à l'école de Pythagore.

Il y avait donc, semble-t-il, deux motivations très différentes chez les élèves des cours de philosophie. Les uns entraient en philosophie, comme nous disons de quelqu'un qui veut se faire moine qu'il entre en religion. Ils choisissaient une école en fonction du mode de vie qu'elle proposait et se soumettaient à la direction de conscience du maître avec lequel ils étaient en relation étroite. Les autres entendaient les cours de philosophie pour perfectionner leur culture générale : c'était souvent de futurs administrateurs, de futurs hommes politiques. Certains de ces futurs hommes d'État, comme on peut l'observer grâce aux *Entretiens* d'Épictète et à la carrière de son disciple Arrien, commençaient par vivre auprès du maître une vie philosophique rigoureusement conforme aux principes de son enseignement, et l'on voit, dans les *Entretiens*, Épictète s'inquiéter de ce qu'ils vont devenir une fois engagés dans la vie publique. Loin d'oublier sa jeunesse philosophique, Arrien, qui devint proconsul et général, écrivit les *Entretiens*, et le *Manuel* qui devait aider à vivre en stoïcien.

Il faut également introduire des nuances concernant la notion de philosophie comme mode de vie. En effet, il a indiscutablement existé, dans l'Antiquité, des philosophes qui ne s'intéressaient qu'au discours philosophique. Le platonicien Polémon se moque de ceux qui veulent briller dans les argumentations syllogistiques et se contredisent dans la vie [2] ; Plutarque parle des gens qui croient que philosopher, c'est parler du haut d'une chaire et expliquer des textes [3] ; Sénèque déplore que la *philosophia* (amour de la sagesse) soit devenue *philologia* (amour du discours) [4]. Le platonicien Plotin

1. Diogène Laërce, IV, 19.
2. Diogène Laërce, IV, 18.
3. Plutarque, *An seni respublica gerenda sit*, 26, 796 d.
4. Sénèque, *Lettres à Lucilius*, 108, 23.

fait le même jeu de mots à propos du Platonicien Longin qu'il traite de philologue [1]. C'est donc à l'intérieur des écoles qui, pourtant, proposaient un choix de vie, que cette réduction de la philosophie au discours s'effectue, tout simplement parce que les philosophes avaient alors, ont encore et auront toujours une tendance presque indéracinable à se satisfaire de discours bien construits qui provoquent l'admiration du public.

Mais il faut reconnaître que la préoccupation du mode de vie ne s'effaçait pas totalement chez les amoureux du beau discours et de la rhétorique. Apulée, au IIe siècle, critiquant d'ailleurs des pseudo-philosophes incultes et crasseux, qui prétendaient être des cyniques et qui n'avaient, dit-il, de philosophe que le manteau, Apulée, donc, définit la philosophie comme la discipline royale qui enseigne à bien parler et à bien vivre [2]. Il est en cela l'héritier d'une tradition qui remonte à Isocrate, au IVe siècle avant notre ère, laquelle allie le souci de l'art de vivre en s'acquittant notamment de ses devoirs religieux, politiques et moraux, à l'exigence du bien parler. Ce genre d'enseignement de la philosophie convenait aux auditeurs qui, nous l'avons dit, considéraient la philosophie comme une culture générale les préparant à leurs carrières politiques ou juridiques.

Si nous passons maintenant à l'époque moderne, une chose est sûre : la vie en communauté des maîtres et des disciples disparaît complètement. Comment expliquer ce changement ? Je ne développerai pas ici le rôle du christianisme. On pourrait dire seulement brièvement qu'en un certain sens les ordres religieux avaient remplacé les écoles philosophiques en proposant vie en communauté et mode de vie. Mais je crois que le phénomène essentiel est celui de l'Université. C'est en effet au Moyen Âge, et plus exactement au XIIIe siècle, qu'apparaît le système universitaire. D'un point de vue institutionnel, il s'agit de corporations (*universitas* signifiant corporation), ayant une personnalité juridique reconnue par le roi et par le pape, et se composant de différentes facultés :

---

1. Porphyre, *Vie de Plotin*, 24, 20.
2. Apulée, *Florides*, VII, 10.

faculté de Théologie évidemment, mais aussi faculté de Droit, facultés des Arts – cette dernière étant le lieu où l'on étudie la philosophie. Ce qui caractérise les universités depuis le Moyen Âge jusqu'à nos jours, c'est qu'elles délivrent des grades universitaires, reconnus ou par l'Église ou par l'État. Au Moyen Âge, la plupart des étudiants s'efforcent d'accéder à ces grades universitaires, surtout à ceux délivrés par la faculté de Théologie, qui leur permettront d'obtenir des bénéfices ecclésiastiques très confortables. Dans les siècles suivants et jusqu'à nos jours, les grades universitaires permettent d'entrer dans différentes carrières, souvent de fonctionnaires. Les motivations de l'étudiant médiéval ou moderne sont donc très différentes de celles de l'étudiant antique. Pour ce dernier, il s'agissait de faire un choix de vie ou d'acquérir une culture générale, pour l'étudiant médiéval ou moderne, il s'agit de réussir des examens, dans un but lucratif. Ce système suppose un enseignement dépersonnalisé et très influencé par la perspective de l'examen.

Mais la conception antique de la philosophie comme mode de vie n'en reste pas moins toujours vivante, dès le Moyen Âge, chez les penseurs comme Aubry de Reims ou Boèce de Dacie, qui restent fidèles à l'idée aristotélicienne selon laquelle la contemplation peut faire le bonheur de l'homme. À la Renaissance, Montaigne peut être considéré comme l'exemple-type de ce retour à l'idéal antique. À l'époque moderne, les grands penseurs – Descartes, Malebranche, Spinoza – ont été extérieurs à l'Université. Les méditations cartésiennes sont de vrais exercices spirituels et Descartes lui-même peut être considéré comme un directeur de conscience, dans ses lettres à la princesse Elisabeth. Spinoza propose clairement un mode de vie philosophique dans son *Éthique*.

Au XVIIIe siècle, c'est aussi hors des universités qu'en Angleterre, en France, en Allemagne, se développe la philosophie des Lumières, l'*Aufklärung*, c'est-à-dire l'émancipation de la pensée par rapport aux autorités religieuses et politiques. On revient au modèle socratique du philosophe proche de tous et ramenant la philosophie des spéculations abstraites au souci des choses humaines qui incluent d'ailleurs, pour ces philosophes, les progrès scientifiques et techniques, et aussi et surtout les problèmes sociaux et politiques. « Hâtons-nous de rendre la philosophie populaire », s'exclame Diderot [1]. Cette idée d'une philosophie populaire suppose que la philosophie réponde aux questions que les hommes se posent quant à leur propre vie. C'est dans cette perspective que Kant parle d'une philosophie « cosmique » ou « cosmopolite » qu'il oppose à la philosophie des écoles, scolaire ou scolastique, de ceux que Kant appelle les « artistes de la raison ». Pour Kant, la philosophie cosmique est celle qui intéresse tous les hommes, parce qu'elle pose précisément les questions sur la manière de vivre, sur le mode de vie, et qu'elle a pour idéal la figure du sage [2]. Et pour lui, les anciens – Socrate, Épicure, Zénon – sont restés beaucoup plus près de l'idéal du philosophe que ne l'ont fait les modernes [3]. Finalement, pour Kant, le véritable intérêt de la raison est un intérêt pratique.

L'Université avait continué, depuis le Moyen Âge, sous une forme qui était inféodée à la fois à l'Église et à l'État, à enseigner une philosophie que l'on pourrait appeler la métaphysique classique, représentée au XVIIIe siècle par Wolff. Au début du XIXe siècle, en Allemagne, probablement sous l'influence de la critique kantienne, on assiste à une rénovation, mais aussi à une sorte d'épanouissement de l'Université, et aussi à toute une prolifération de traités sur l'organisation de l'Université, dont les auteurs furent notamment Hegel, Schelling, Fichte, Humboldt. Hegel oppose la philosophie antique, qui était une affaire privée, à la philosophie moderne, qui est une affaire d'État, parce qu'elle doit être enseignée dans l'Université, sous une forme systématique [4].

Il y a alors eu la réaction de Schopenhauer dans son pamphlet intitulé *Contre la philosophie universitaire*. La philosophie comme

1. D. Diderot, *Pensées sur l'interprétation de la nature*, § 40.
2. I. Kant, *Critique de la Raison pure*, éd. F. Alquié, Paris, Gallimard, 1980, p. 695.
3. I. Kant, *Vorlesungen über die philosophische Enzyklopädie*, dans *Gesammelte Schriften*, XXIX, Berlin, Akademie, 1980, p. 8.
4. G.W.F. Hegel, *Principes de la philosophie du droit*, trad. fr. J.-L. Vieillard-Baron, Paris, Flammarion, 1999, p. 69.

amour de la sagesse ne peut pas faire l'objet d'un enseignement scolaire, à plus forte raison s'il est dispensé par des fonctionnaires. La philosophie n'est pas un métier. La philosophie universitaire est coupée de toute réalité. Nietzsche intitulera un de ses essais *Schopenhauer éducateur*. Et par ailleurs, il écrit à un de ses amis [1], quand il est professeur à Bâle, complètement découragé par l'enseignement universitaire, qu'il voudrait fonder une académie hellénique, dans laquelle il serait le maître et pourrait diriger ses disciples et leur indiquer aussi des modes de vie. À ce sujet je recommande le livre de Horst Hutter qui s'intitule *Shaping the Future* [2] et qui montre l'existence d'exercices spirituels chez Nietzsche. Il y a tout un chapitre sur cette question de l'académie de Nietzsche. C'était le rêve de toute sa vie : avoir des disciples et vivre en communauté avec eux.

Au XXe siècle, Bergson me paraît extrêmement important, parce qu'il conçoit la philosophie avant tout comme un acte, une décision, une attitude à l'égard du monde, et non comme un discours. Lotte lui avait fait des compliments à propos de son œuvre philosophique et Bergson lui avait répondu : « La philosophie ne mérite pas d'être louée comme une construction personnelle, mais c'est la résolution une fois prise de regarder naïvement en soi et autour de soi. » [3] Ce qui revient à dire que la philosophie n'est pas une œuvre littéraire dont on pourrait tirer gloire, mais un mode de vie qui a sa valeur et, pourrait-on dire, sa récompense en lui-même. Je ne peux manquer de raconter, une fois de plus, la joie que j'ai éprouvée quand j'ai dû commenter ce texte au baccalauréat de 1939. Tout au long du XXe siècle, la philosophie, universitaire ou non, qu'il s'agisse de Husserl ou de Heidegger, de Wittgenstein, de Jean Wahl, des

---

1. F. Nietzsche, « Lettre à Rohde, 15 décembre 1870 », dans *Sämtliche Briefe*, éd. G. Colli et M. Montinari, t. III, München, Deutscher Taschenbuch Verlag, 2003, p. 165-167.

2. H. Hutter, *Shaping the Future. Nietzsche's New Regime of the Soul and Its Ascetic Practices*, Lanham, Lexington Books, 2006.

3. H. Bergson, « Lette du 26 août 1907 », dans *Mélanges*, éd. A. Robinet, Paris, P.U.F., 1972, p. 735.

existentialistes comme Merleau-Ponty ou Sartre, ou encore de Jankélévitch et de Lavelle, s'est présentée comme une activité existentielle, comme une transformation du rapport au monde, comme une expérience, comme un engagement politique.

Et alors, évidemment, on peut dire que la plupart des philosophes, au XXe siècle, ont été de grands universitaires et de grands anti-universitaires.

Arnold I. Davidson : C'est un peu paradoxal, parce que pratiquer les exercices spirituels dans le contexte de l'Université actuelle pourrait prêter à rire... Qu'est-ce que cela peut vouloir dire : pratiquer des exercices spirituels à l'intérieur de l'enseignement classique de la philosophie à l'Université ? On peut étudier des textes, mais pratiquer des exercices spirituels, ce n'est pas du tout évident. Et en même temps (c'est du moins mon expérience personnelle quand j'enseigne à Chicago, à Pise, à Paris, etc.) vos textes, par exemple l'essai *Exercices spirituels*, ont un grand écho parmi tous les élèves qui me demandent : « J'ai bien compris qu'il y a une autre manière de faire de la philosophie, mais comment et où peut-on pratiquer les exercices spirituels ? Comment peut-on trouver un lieu approprié à la pratique des exercices spirituels ? » Et ils pensent tout de suite aux lieux de la religion, parce que cela, c'est plus évident et, parfois, peut-être, plus dangereux. C'est pourquoi le rapport qui a été indiqué, même aujourd'hui, entre la pratique des exercices spirituels dans le contexte de la philosophie et de la religion pose, encore une fois, la question du lieu actuel des exercices spirituels.

Peut-être peut-on penser à une chose que j'ai toujours trouvée absolument extraordinaire, c'est l'idée de la lecture comme exercice spirituel, parce qu'au moins, même dans le contexte universitaire, on peut lire des textes en tant que textes d'information ou en tant que textes de formation. Je souhaiterais donc citer plusieurs textes, et notamment la fin de l'essai *Exercices spirituels*, où vous dites :

> [N]ous passons notre vie à « lire », mais nous ne savons plus lire, c'est-à-dire nous arrêter, nous libérer de nos soucis, revenir à nous-mêmes, laisser de côté nos recherches de subtilité et d'originalité,

méditer calmement, ruminer, laisser les textes nous parler. C'est un exercice spirituel, un des plus difficiles : « Les gens, disait Goethe, ne savent pas ce que cela coûte de temps et d'effort pour apprendre à lire. Il m'a fallu quatre-vingts ans pour cela, et je ne suis même pas capable de dire si j'ai réussi [1].

Dans l'Avant-propos de *La citadelle intérieure*, parlant cette fois de la difficulté de lire le texte de Marc Aurèle, vous avez écrit :

> Le sens général du livre, sa finalité, certaines de ses affirmations sont pour nous très difficiles à saisir. D'ailleurs cela n'est pas propre à Marc Aurèle. Pour toutes sortes de raisons, dont l'éloignement chronologique n'est pas la plus importante, notre compréhension des œuvres antiques est de plus en plus obscurcie. Pour y retrouver accès, il nous faudra pratiquer une sorte d'exercice spirituel, d'ascèse intellectuelle, afin de nous libérer d'un certain nombre de préjugés et de redécouvrir ce que pour nous est presque une autre manière de penser [2].

Enfin, je voudrais citer un autre texte extrait de nos entretiens, qui parle encore une fois de l'interprétation, de la lecture et de l'étude d'un texte – et vous parlez surtout des textes de l'Antiquité, mais à mon avis ce ne sont pas seulement les textes antiques qui exigent ce type d'exercice spirituel – où vous écrivez :

> Les savants qui ont le rare courage de reconnaître qu'ils se sont trompés dans tel cas particulier, ou qui essayent de ne pas se laisser influencer par leurs propres préjugés, font un véritable exercice spirituel de détachement de soi-même. Disons que l'objectivité est une vertu, d'ailleurs très difficile à pratiquer. Il faut se défaire de la partialité du moi individuel et passionné pour se hausser à l'universalité du moi rationnel [3].

---

1. P. Hadot, *Exercices spirituels et philosophie antique*, Paris, Albin Michel, 2002, p. 73-74.

2. P. Hadot, *La citadelle intérieure*, *op. cit.*, p. 8.

3. P. Hadot, *La philosophie comme manière de vivre. Entretiens avec Jeannie Carlier et Arnold I. Davidson*, Paris, Le Livre de poche, 2003, p. 116.

Cela nous donne la possibilité de penser à l'exercice de la lecture d'un texte antique, et peut-être aussi de quelques textes modernes, comme de vrais exercices spirituels. Je voulais donc poser la question générale à la fois du lieu, de la possibilité et des types d'exercices spirituels qui sont encore actuels. Et puis encore celle de l'idée de la lecture comme exercice spirituel, même dans le contexte universitaire : est-ce qu'on peut enseigner un texte, antique ou moderne, comme un texte qui exige un exercice spirituel ?

Pierre Hadot : Je voudrais, tout d'abord, revenir brièvement sur cette expression d'« exercice spirituel », qui a prêté à beaucoup d'équivoques. Je l'avais choisie parce que je l'avais trouvée employée par Georges Friedmann, dans son livre *La puissance et la sagesse* : « Chaque jour, un exercice spirituel, seul ou avec d'autres. »[1] Et l'on ne pouvait soupçonner Friedmann d'être influencé par la Compagnie de Jésus et Ignace de Loyola. J'entendais par « exercice spirituel » une pratique susceptible de provoquer une transformation d'ordre existentiel et moral dans le sujet qui la pratique. Il m'apparaît maintenant qu'il faut distinguer deux types d'exercice. Le premier est un exercice ponctuel comme l'examen de conscience, qui se pratique tout au plus le matin ou le soir ; l'autre s'identifie avec le choix de vie philosophique, avec l'attitude et les dispositions intérieures philosophiques – par exemple, chez les stoïciens, l'attention à soi-même, qui, en principe, doit être constante. Dans l'Antiquité, les deux types d'exercice étaient pratiqués individuellement, soit dans les hasards de la vie quotidienne, soit dans l'intimité de chacun, qu'il s'agisse de l'examen de conscience, de la méditation (par exemple les *Pensées* de Marc Aurèle), de la concentration sur le moi, sur le moment présent, de l'attention à soi. Dans la salle de cours, le discours philosophique pouvait avoir valeur d'exercice spirituel dans la mesure où il s'efforçait, par divers procédés, de produire une transformation chez les auditeurs. Arrien a dit de son maître Épictète que l'auditeur ne pouvait s'empêcher

---

1. G. Friedmann, *La puissance et la sagesse*, Paris, Gallimard, 1970, p. 359.

d'éprouver ce que son maître voulait qu'il éprouve [1]. Même le commentaire de textes pouvait avoir valeur d'exercice spirituel, aussi bien pour le maître que pour les disciples, comme l'a bien montré Ilsetraut Hadot [2].

Pour le philosophe actuel, il est évident que c'est chez lui ou dans la vie courante qu'il peut éventuellement pratiquer des exercices spirituels. Apparemment l'enseignement universitaire, destiné à préparer aux examens, ne peut avoir de valeur psychagogique. Mais pourtant des philosophies comme celles de Bergson, Husserl, Heidegger, Merleau-Ponty, Lavelle, Wittgenstein, ne présentaient pas des systèmes abstraits qu'il suffirait d'apprendre, mais elles invitaient, chacune à sa manière, à une activité intérieure, à un travail de soi sur soi.

Mais c'est évidemment, comme vous l'avez laissé entendre, la lecture de textes, qui, dans l'enseignement, peut donner lieu à la pratique d'exercices spirituels. On pensera sans doute à des textes que l'on pourrait qualifier d'édifiants, par exemple le *Manuel d'Épictète*, et dont le commentaire peut amener à un progrès moral. Mais paradoxalement, je commencerai par ce que j'appellerai la « lecture scientifique » que je me suis efforcé de pratiquer aussi bien dans mes cours que dans mes livres. Ici, c'est plutôt celui qui enseigne qui doit pratiquer un exercice spirituel. Car pour faire un travail scientifique, il faut s'astreindre à l'objectivité, et l'objectivité ne peut être que le résultat d'un travail de soi sur soi. Pour le biologiste Jacques Monod, l'exigence scientifique d'objectivité suppose « un choix éthique » et non un « jugement de connaissance ». Il faut se libérer des préjugés et des considérations d'intérêt personnel. Cet exercice spirituel consiste à changer de point de vue, à abandonner le point de vue égoïste et utilitaire du moi de la vie courante, pour se hausser à un point de vue universel. C'est déjà ce que doivent faire les interlocuteurs dans le dialogue socratique et platonicien : se hausser au point de vue du *logos*, de la raison qui leur est commune,

---

1. « Lettre d'Arrien à Lucius Gellius », dans Épictète, *Entretiens*, éd. J. Souilhé, Paris, Les Belles Lettres, 1943, p. 4.
2. Voir l'introduction d'Ilsetraut Hadot dans Simplicius, *Commentaire sur le « Manuel d'Épictète »*, éd. I. Hadot, Paris, Les Belles Lettres, 2001, p. XC-C.

pour juger objectivement de la valeur de leurs arguments respectifs. C'est là le début de l'objectivité scientifique. Une métaphore peut illustrer cet exercice, celle du regard d'en haut, qui laisse entrevoir le passage du point de vue partial et partiel à un point de vue universel, le détachement et l'élévation qui permettent l'objectivité.

Certains penseurs ont douté de la possibilité d'une objectivité dans le domaine des sciences humaines et tout spécialement dans l'exégèse des textes. Nietzsche disait qu'un texte peut avoir toutes les significations possibles, qu'un texte n'a pas de signification fixe. Il a sur ce point fortement influencé le poète Stefan George et son cercle, qui, à leur tour, ont inspiré Hans-Georg Gadamer et sa conception de l'herméneutique, selon laquelle, finalement, un être historique ne peut être objectif. Vous avez cité, au début de cet entretien, des textes qui montrent que je suis très hostile à cette conception. Je peux ici me livrer à une réfutation détaillée. Il y a quarante ans déjà, un livre d'Eric Donald Hirsch, *Validity in Interpretation*, que j'ai en vain essayé de faire traduire en français, a mis les choses au point en distinguant le sens voulu par l'auteur, que l'on peut découvrir par la lecture scientifique, et les significations diverses que l'on peut donner – je dis bien *donner* – à l'œuvre. La recherche du sens voulu par l'auteur exige cet effort d'objectivité et donc ce choix éthique dont je viens de parler.

Cette lecture scientifique est très importante, parce qu'elle permet de mettre à la portée du lecteur ou de l'auditeur contemporain des textes anciens ou modernes. Ces textes ont été écrits dans des ondes, des univers extrêmement différents du nôtre. Seule une lecture scientifique peut les replacer dans la perspective de la mentalité générale de l'époque, des traditions littéraires, des dogmes philosophiques qui exigent que l'on dise ceci ou cela. Sans commentaire, les textes ne seront pas compris du tout, ou bien seront mal compris ou provoqueront l'indignation, chez un lecteur ou un auditeur imbu de la mentalité contemporaine. C'est donc cette lecture scientifique, qui est elle-même un choix éthique, qui permet dans l'enseignement universitaire de lire des textes qui pourront avoir une valeur formatrice.

Il me reste à répondre à la question : quels types d'exercices spirituels sont encore actuels ? Je répondrai : tous, dans la mesure où on les actualise, où on les adapte à la mentalité contemporaine. Nous venons de voir l'exemple du regard d'en haut, qui correspond à la démarche de l'objectivité scientifique ou de l'indépendance du jugement, par exemple celle que s'efforçait d'atteindre Hubert Beuve-Méry dans ses chroniques du *Monde*, qui portaient un titre significatif : « Le point de vue de Sirius ». Cette élévation à une perspective universelle, sinon cosmique, nous délivre de l'étroitesse du point de vue individuel, égoïste et intéressé. Par ailleurs, je dirais qu'il ne faut pas avoir la hantise des exercices spirituels. Ils sont bons dans les circonstances où on en a besoin, pour retrouver la sérénité par exemple, ou pour prendre conscience du sérieux de la vie. À ce sujet, Marc Aurèle disait qu'il fallait vivre chaque moment comme s'il était le premier et le dernier : le premier, comme si l'on découvrait pour la première fois le jaillissement de l'existence et sa splendeur, le dernier afin de prendre conscience de sa valeur infinie.

Arnold I. Davidson : Je vais poser une dernière question qui est tout à fait liée à ce que vous avez expliqué. Pendant nos entretiens, effectivement, il y a eu un moment où nous avons parlé de l'exigence de l'objectivité et aussi de la possibilité de l'actualité, et vous avez beaucoup insisté en disant que « l'exigence d'objectivité ne doit jamais disparaître », parce qu'il y a toujours, bien évidemment, le risque de déformer le sens d'un texte philosophique si l'on ne le replace pas dans une perspective historique.

Cela, c'est pour le côté « objectivité en tant qu'exercice spirituel ». Mais en même temps, dans un autre texte que j'avais cité dans la préface du livre *Exercices spirituels et philosophie antique*, vous avez écrit :

> L'historien de la philosophie devra céder la place au philosophe, au philosophe qui doit toujours rester vivant dans l'historien de la philosophie. Cette tâche ultime consistera à se poser à soi-même, avec une lucidité accrue, la question décisive : « Qu'est-ce que philosopher ? » [1]

---

1. P. Hadot, *Exercices spirituels et philosophie antique*, *op. cit.*, p. 14.

Ces deux citations posent donc la question du rapport, dans votre œuvre et dans votre pensée, entre la pratique de l'histoire de la philosophie et votre vision particulière de la philosophie elle-même, parce que votre vision de la philosophie n'est pas une vision en l'air, elle est vraiment liée à l'exigence de comprendre les textes anciens. Quel a donc été le rapport entre votre activité scientifique comme historien philologue de la philosophie et la vision de la philosophie que vous avez développée ?

Pierre Hadot : J'ai commencé à entrevoir très tôt ma représentation actuelle de la philosophie, tout d'abord sous l'influence de Bergson – j'ai parlé tout à l'heure du sujet du baccalauréat de 1939 – puis sous l'influence de l'existentialisme au moment où j'ai fait mes études universitaires de philosophie, déjà pendant la dernière guerre et surtout dans les années qui l'ont suivie. C'était l'époque de Heidegger, Sartre, Camus – avec qui j'ai brièvement correspondu à propos de son livre *L'homme révolté* –, Merleau-Ponty, Jean Wahl. J'essayais, tant bien que mal, de concilier la philosophie thomiste, que les papes considéraient comme la doctrine officielle de l'Église, avec mon existentialisme. Lors de ma soutenance de doctorat de philosophie scolastique à l'Institut catholique de Paris, la leçon doctorale traditionnelle que je fis ce jour-là, vers 1950, était consacrée à la distinction entre l'essence et l'existence. J'avais choisi d'exposer cette doctrine thomiste précisément à cause de son penchant pour l'existentialisme, et je l'illustrai en citant la célèbre extase du jardin de Bouville décrite dans la *Nausée* de Jean-Paul Sartre. Pour moi, la philosophie était avant tout expérience de l'être-au-monde, ce qui supposait, sans que je le formule explicitement, un travail de soi sur soi, une transformation de soi. Je pensais à écrire, sous la direction de Jean Wahl, une thèse sur les rapports entre Heidegger et Rilke, qui était alors mon poète favori, mais ce projet échoua. J'ai découvert récemment que le travail a finalement été fait en 1956 par Else Buddeberg, sous le titre *Denken und Dichten des Seins. Heidegger, Rilke* [1].

1. E. Buddeberg, *Denken und Dichten des Seins. Heidegger, Rilke*, Stuttgart, J.B. Metzler, 1956.

À cette époque, je n'avais pratiquement aucun sens historique. Je suis devenu historien à la suite de ma rencontre avec le père jésuite Paul Henry. Il travaillait alors à une monumentale et définitive édition des *Ennéades* de Plotin. Mon intérêt pour la mystique m'avait amené à lire Plotin. Paul Henry avait écrit aussi un livre intitulé *Plotin et l'Occident*, dans lequel il avait repéré des citations littérales de Plotin chez divers auteurs latins. Son principe était que l'on ne pouvait être scientifiquement sûr de l'influence d'un auteur sur un autre que si l'on trouvait dans ce dernier des citations littérales de cet auteur. Il avait découvert une phrase de Plotin chez un théologien chrétien du IVe siècle, Marius Victorinus, et me conseilla, avec enthousiasme, de prendre cet auteur comme sujet de thèse. Jean Wahl fut furieux de ma défection. Raymond Bayer, qui enseignait l'esthétique et qui ne connaissait rien à la question, avait accepté de diriger ma thèse. J'ai donc passé vingt ans de ma vie, de 1949 à 1969, date de soutenance de ma thèse, à étudier un auteur dans lequel je ne trouvais ni Plotin – mais peut-être son disciple Porphyre, ce qui pouvait expliquer la présence de la phrase de Plotin –, ni mystique. Pourtant, je ne regrette pas ces vingt ans. Car, grâce à eux, j'ai appris ce qu'était la lecture scientifique des textes. Avec Paul Henry, nous avons commencé par réaliser l'édition critique. Je lisais les manuscrits, car j'avais suivi des cours de paléographie, et il fallait décider entre les différentes leçons. Je fis ensuit la traduction et le commentaire de ce texte extrêmement difficile, dont on déplorait déjà l'obscurité dans l'Antiquité, texte mystérieux dont on n'a pas encore percé le secret aujourd'hui, car des parallèles avec des textes gnostiques sont venus compliquer davantage le problème. Quoi qu'il en soit, j'ai ainsi été préparé à d'autres lectures, on peut dire plus importantes, celles de Plotin, de Marc Aurèle ou d'Épictète.

Je crois qu'il est bon que le philosophe ait bien conscience du fait que les textes anciens, et même modernes (je m'en suis aperçu pour les traductions françaises de Goethe et de Nietzsche), sont toujours problématiques et qu'il faut prendre beaucoup de temps pour les comprendre : il m'est arrivé de passer des journées entières pour comprendre le sens exact d'un mot grec de Plotin ou de Marc Aurèle. Et, en plus, on ne peut comprendre un texte sans le replacer dans le contexte d'une époque, qui a une certaine mentalité dominante, sans le replacer dans le contexte aussi de la tradition du genre littéraire dans laquelle il s'inscrit, et dans la perspective de l'intention de l'auteur et de la nature de l'auditoire auquel il s'adresse. Tout cela, je l'ai peu à peu découvert plus tard en travaillant sur d'autres auteurs, comme Plotin, Marc Aurèle ou Épictète. C'est aussi en essayant d'interpréter ces auteurs que j'ai, peu à peu, pris la mesure de l'importance des exercices spirituels dans la philosophie antique. Mon attention avait été éveillée sur ce point par la lecture du livre de Paul Rabbow, *Seelenführung. Methodik der Exerzitien in der Antike* [1], et, à partir de 1964, par les travaux de ma femme sur la direction spirituelle dans l'Antiquité et chez Sénèque.

Il faut dire aussi que, pendant ces vingt ans, je n'ai pas travaillé que sur Victorinus. Dans les années 1959-1962, j'ai été très occupé avec Wittgenstein, qui posait le problème de la définition de la philosophie et qui m'amena, par son concept de « forme de vie », à parler du discours philosophique antique comme d'un exercice spirituel. En 1963, j'ai écrit *Plotin ou la simplicité du regard*, qui posait aussi finalement le problème de la définition de la philosophie.

Tout ce travail d'établissement et d'interprétation des textes philosophiques, quels qu'ils soient, est extrêmement important, tout simplement parce qu'il a pour but de conserver vivant le patrimoine de la philosophie et de le rendre accessible à nos contemporains. Mais de même que le philosophe ne doit pas se contenter de discourir, il ne doit pas non plus se contenter de lire. Et c'est alors que nous retrouvons la philosophie comme vie. Mais, aussi bien pour celui qui enseigne que pour celui qui écoute, ce passage à l'acte ne va pas de soi. Il faut une décision, un choix, une prise de résolution pour transformer son mode de vie, non pas par le choix exclusif du style de vie d'une école, comme dans l'Antiquité, mais

---

1. P. Rabbow, *Seelenführung. Methodik der Exerzitien in der Antike*, Munich, Kösel, 1954.

par le choix de telle ou telle attitude selon les circonstances. Il y a sur ce sujet un texte capital de Nietzsche :

> [L]es résultats de toutes ces écoles et de toutes leurs expériences *nous* appartiennent et nous n'adopterions pas moins volontiers un secret stoïcien parce que nous nous en serions approprié d'autres, épicuriens [1].

Évidemment, il y a encore bien d'autres modèles antiques, modernes ou contemporains, mais ce qui compte, c'est de ne pas se contenter d'expliquer les textes, ou de les lire, mais d'y découvrir l'expérience humaine qu'ils impliquent et d'en tirer profit, comme dit Nietzsche, dans notre vie.

---

1. F. Nietzsche, « Fragments posthumes (été 1881-été 1882) » : automne 1881, 15 [59], dans F. Nietzsche, *Œuvres philosophiques complètes*, éd. G. Colli et M. Montinari, trad. fr. P. Klossowski, t. V, Paris, Gallimard, 1982, p. 530.

LA FIGURE DU GUIDE SPIRITUEL
DANS L'ANTIQUITÉ [*]

Dans l'Antiquité gréco-romaine, le guide spirituel nous apparaît principalement sous les formes suivantes : comme éducateur, musicien et poète ; comme législateur, sage, homme d'État ou roi ; enfin comme philosophe. Dans la pensée ancienne, deux facteurs jouent un rôle important dans son action : l'autorité et l'amitié.

A. L'ÉDUCATEUR, LE MUSICIEN
ET LE POÈTE COMME GUIDE SPIRITUEL

Les origines de la direction spirituelle dans l'Antiquité coïncident avec celles de l'éducation en général, dans la mesure où, par éducation (en grec *paideia*), l'on entend l'ensemble des efforts destinés à assurer à un homme l'excellence dans l'art de vivre, et donc la formation de son attitude morale ; il s'ensuit que la fonction de guide spirituel coïncide d'abord avec celle d'éducateur.

C'est d'abord sous une forme mythique que nous rencontrons les premières représentations de l'éducateur idéal, du guide spirituel, et une première esquisse d'une pratique de direction.

---

[*] Traduction française d'une conférence en allemand (« Die Figur des Seelenleiters in der Antike ») donnée en 1989 à Gaienhofen à l'occasion du quatorzième « Ferienkursus für Lehrer der alten Sprachen », partiellement parue en traduction anglaise dans A.H. Armstrong (dir.), *Classical Mediterranean Spirituality*, New York, Crossroad, 1986, p. 436-459. Quelques références bibliographiques ont été ajoutées.

1. *Mentor*

Ce n'est pas un hasard en effet si, depuis le XVIIIe siècle, en français, en anglais, en allemand, en italien, le conseiller ou le guide spirituel est souvent appelé le « mentor ». Mentor, c'est cet ami d'Ulysse qui, dans l'*Odyssée*, a été chargé par celui-ci du soin de toute sa maison, et c'est aussi sous les traits de Mentor que la sage déesse Athéna apparaît à Télémaque, le fils d'Ulysse, pour le conseiller. Mais ces détails ne suffisent peut-être pas à expliquer pourquoi le nom de ce personnage est souvent devenu synonyme de « directeur de conscience ». C'est le succès du roman de Fénelon, *Les aventures de Télémaque* (1699), dans lequel Minerve-Athéna, prenant la forme de Mentor, fait l'éducation de Télémaque, qui explique finalement l'usage de ce mot. Tout au long du livre, la déesse sera véritablement l'éducatrice et le guide spirituel du fils d'Ulysse, lui enseignant l'origine et l'histoire du genre humain, mais aussi et surtout, comme l'aurait fait Fénelon, qui fut lui-même un directeur de conscience, s'efforçant, avec beaucoup de psychologie, de lui apprendre à tirer la leçon de ses fautes, à résister aux tentations, à supporter avec courage les malheurs et les adversités. Les dernières pages du roman nous font assister à la métamorphose, à la transfiguration de Mentor en Minerve devant Télémaque émerveillé. La déesse lui livre alors la ligne de conduite qu'il devra observer quand il sera appelé à régner : « Aimez les peuples ; n'oubliez rien pour être aimé. [...] Je vous quitte ; mais ma sagesse ne vous quittera point, pourvu que vous sentiez toujours que vous ne pouvez rien sans elle. Il est temps que vous appreniez à marcher tout seul. » Tout en cherchant à inculquer au petit-fils de Louis XIV, le duc de Bourgogne, destinataire du roman, les vertus et les idées qui lui seront nécessaires dans le monde moderne, Fénelon a su restituer l'atmosphère de la *paideia* archaïque, incarnée dans ces éducateurs mythiques que furent Chiron, Phénix ou Orphée, éducateurs inspirés finalement par la sagesse divine, comme le Mentor d'Homère, qui prête à Minerve son apparence humaine.

2. *Chiron*

Cette figure du sage, de nature semi-divine, porte-parole du dieu, réunissant en lui, grâce à cette double nature, toutes formes de sagesse et de savoir, apparaît par exemple chez Chiron le centaure, demi-frère de Zeus, éducateur de héros et de fils des dieux. Nous le découvrons pour la première fois au VIIIe siècle avant J.-C., dans la poésie homérique [1], comme le maître d'Achille dans l'art de guérir. D'autres auteurs rapportent qu'il apprit aussi à Achille les différents arts [2], et spécialement l'art de jouer de la lyre, dont on ne peut séparer d'ailleurs, à cette époque, l'enseignement du chant. La *Théogonie* d'Hésiode parle de lui comme éducateur de Médeios, le fils de Jason et de Médée, dans un passage, il est vrai, dont l'authenticité est discutée [3]. La plupart des détails qui se rapportent à cette figure mythique nous sont transmis par Pindare dans la première moitié du Ve siècle avant notre ère. Chiron est l'éducateur des héros Jason [4] et Achille [5], ainsi que du dieu Asclépios, auquel il enseigne l'art médical [6]. D'autres auteurs lui attribuent aussi l'éducation d'Aristée [7], de Thésée [8], des Dioscures [9], d'Actéon [10]. Pindare loue le « sage » Chiron, sa « sagesse profonde », ses conseils judicieux,

1. Homère, *Iliade*, XI, 831 *sq.*
2. *Cf.* les exemples rassemblés dans le *Lexicon Iconographicum Mythologiae Classicae* (cité dans les notes suivantes sous le sigle : *LIMC*), t. I, 2 (1981), Illustrations, n° 50-61, « Achilleus ». Commentaires avec références aux œuvres littéraires, t. I, 1 (1981), p. 40-42, 48 et 198.
3. Hésiode, *Théog.*, 1001.
4. Pindare, *Pyth.*, IV, 102 *sq.* ; *Ném.*, III, 53 *sq.*
5. Pindare, *Ném.*, III, 43 *sq.*
6. Pindare, *Pyth.*, III, 5-6 et 45-46 ; *Ném.*, II, 53. Apollodore, *Biblioth.*, III, 10, 3. Selon le Pseudo-Justin (*De monarchia*, 6), Apollon, lui aussi, aurait reçu l'enseignement médical de Chiron.
7. Apollonius de Rhodes, *Argonaut.*, II, 509-510.
8. Xénophon, *Cynégétique*, 1, 2. Xénophon nomme 21 élèves de Chiron.
9. Xénophon, *Cynégétique*, 1, 2.
10. Apollodore, *Biblioth.*, III, 4, 4.

ses dons prophétiques [1]. Pour attester ses capacités dans la direction des âmes, il produit le témoignage de Jason, qui se glorifie d'agir toujours conformément aux enseignements de Chiron : pendant les vingt ans qu'il a passés dans la caverne de Chiron, alors que les filles de celui-ci soignaient Jason avec sollicitude, jamais ni en parole ni en acte, lui, Jason, n'a offensé leur pureté [2]. Mais ce n'est pas seulement dans le domaine de la morale que Chiron se révèle comme un guide spirituel ; c'est aussi dans celui de la religion. Un auteur du premier siècle de notre ère, Ptolémée Chennos [3], raconte que le centaure a enseigné à Dionysos enfant les rites bachiques et les initiations secrètes, et si Chiron a trouvé place dans un relief de la Basilique néopythagoricienne de la Porte Majeure à Rome, qui date également du premier siècle [4], c'est probablement en tant que symbole d'un enseignement religieux venu des dieux. Platon [5] parle aussi du « très sage » Chiron en tant qu'éducateur d'Achille et, pour Euripide [6], il est un symbole de la piété.

Chiron réunit donc en lui tous les traits d'un éducateur idéal, parce que, grâce à sa nature semi-divine – il est le fils de Kronos et d'une mortelle –, il possède tous les moyens d'avoir une influence favorable sur les corps et les âmes de ses élèves. Il est à la fois moniteur sportif, médecin et directeur de conscience. Il s'entend à guider ses pupilles dans la discipline sportive qui leur convient (les représentations iconographiques nous le montrent enseignant

---

1. Pindare, *Pyth.*, III, 63 (*sôphrôn*) ; *Ném.*, III, 53 (*bathumêtha*) ; *Pyth.*, IX, 38-39 et 51-52.

2. Pindare, *Pyth.*, IV, 103 *sq.*

3. Ptolémée Chennos ou Ptolémée Héphestion, dans Photius, *Bibliothèque*, 190, t. III, p. 61 Henry (Les Belles Lettres). *Cf.* R. Turcan, « Chiron le mystagogue », dans *Mélanges offerts à J. Carcopino*, Paris, Hachette, 1966, p. 927-939.

4. *Cf.* l'illustration de l'article « Achille », n° 79, dans *LIMC*, t. I, 2. Voir aussi J. Carcopino, *La basilique pythagoricienne de la Porte Majeure*, Paris, L'Artisan du Livre, 1927, p. 126 *sq.* : l'attribut « néopythagoricienne » n'est pas peut-être pas tout à fait justifié. Pour la date, *cf.* aussi F.L. Bastet, *De datum van het grote hypogaeum bij de Porta Maggiore te Rome*, diss. Leiden, 1958.

5. Platon, *Hippias Mineur*, 371 d.

6. Euripide, *Iphigénie à Aulis*, 927.

la chasse et le pugilat ¹) et dans le régime alimentaire qui est adapté à leur constitution corporelle (le centaure nourrit Achille avec des entrailles de lion, de sanglier et d'ours ²), et il sait, par conséquent, leur procurer la santé et la meilleure constitution possible. Mais il a aussi l'art de soigner les corps malades, grâce à ses connaissances en médecine. Sur les âmes, il agit en enseignant à chanter et à jouer de la lyre – ou de la cithare –, donc grâce à la réunion de la poésie et de la musique, poésie et musique étant dans la conscience de l'Antiquité (comme nous aurons à le revoir) particulièrement appropriées à exercer une action sur les passions. Par ses sages conseils et ses exhortations morales, finalement aussi par l'initiation aux rites religieux et aux mystères ³, il s'entend à procurer à l'âme la nourriture spirituelle dont elle a besoin.

3. *Phénix*

À la différence de la tradition mythique postérieure, Homère ne connaît Chiron que comme maître d'Achille dans l'art de guérir, et c'est le vieillard Phénix qu'il présente comme éducateur de ce héros ⁴. Le discours d'exhortation que Phénix, au livre IX de l'*Iliade*, adresse à Achille pour l'apaiser a eu valeur de modèle dans ce genre littéraire pendant toute l'Antiquité gréco-romaine et,

1. Voir par exemple les illustrations de l'article « Achille », n° 64-72 et 77-79, dans *LIMC*, t. I, 2, et le catalogue, t. I, 1, p. 50-51.
2. Euripide, *Iphigénie à Aulis*, 703-704 ; Apollodore, *Bibliothèque*, 3, 13, 6 ; Stace, *Achilléide*, II, 382 *sq.* Voir les illustrations de l'article « Achille », n° 21 et 81, dans *LIMC*, t. I, 2, ainsi que le catalogue, t. I, 1, p. 45 et 51-52.
3. Ce dernier trait n'est attesté que tardivement, à partir du Iᵉʳ et du IIᵉ siècle après J.-C. ; cf. *supra*, p. 326, notes 1 et 3.
4. Il n'est pas possible de supposer, avec F. Pfister, *Götter- und Heldensagen der Griechen*, Heidelberg, 1956, p. 127, qu'Homère pensait que Chiron s'était chargé de l'éducation d'Achille jusque vers sa sixième année, et que c'était seulement l'éducation ultérieure à Phthie qui avait incombé à Phénix ; en effet le discours d'exhortation de Phénix à Achille (*Iliade*, IX, 485-491) montre avec évidence qu'Achille vivait avec Phénix dès sa petite enfance. Pour les différentes traditions concernant l'enfance d'Achille, cf. *LIMC*, t. I, 1, p. 40-42.

jusqu'à la fin de celle-ci, on l'a appris par cœur et cité [1]. En effet, dans ce discours d'exhortation, sont mis en œuvre divers procédés de direction spirituelle : Phénix y utilise l'allégorie (IX, 502 *sq.*); il y propose des exemples mythiques et historiques (IX, 527 *sq.*) de personnages qui ont eu un comportement exemplaire dans des circonstances analogues à celle qui se présente; il exhorte son disciple à une modération qui se fonde sur une appréciation juste de la situation de la nature humaine, comparée à celle des dieux, qui lui est bien supérieure (IX, 496-514) : tous ces thèmes seront des pièces essentielles de la parénèse de l'éthique populaire ou de la philosophie, même dans les siècles les plus tardifs.

L'autorité de Chiron se fondait sur sa nature et sa sagesse divines; celle de Phénix s'appuie, d'une part, sur l'expérience due à son grand âge, d'autre part, sur le fait que Pélée, le père d'Achille, lui a transmis son autorité paternelle, ce qui veut dire qu'en raison de ses qualités humaines, il l'a choisi comme éducateur de son fils. Même lorsqu'Achille, devenu adulte, part pour la guerre de Troie, Pélée lui donne Phénix comme conseiller et compagnon. Mais ce qui a augmenté encore l'autorité du discours d'exhortation de Phénix, c'est le fait qu'il était rédigé par un poète. Nous reviendrons bientôt sur l'importance de la poésie dans l'action sur les âmes.

4. *Orphée le musicien*

Nous pouvons nous tourner maintenant vers une personnalité qui, en quelque sorte, incarne de la manière la plus pure la figure du guide spirituel mythique : Orphée [2]. Les représentations figurées les

1. Le dernier témoignage à ce sujet est probablement celui de Simplicius, *Commentaire sur le Manuel d'Épictète*, XXXV 46, Hadot, 1996, qui cite quelques mots du discours de Phénix (Homère, *Iliade*, IX, 537). Pour une fine analyse du discours de Phénix, *cf.* D. Aubriot, « Remarques sur le personnage de Phénix au chant IX de l'*Iliade* », *Bulletin de l'Association Guillaume Budé*, n° 4, 1984, p. 339-362.

2. Sur ce sujet, *cf.* K. Ziegler, « Orpheus et Orphische Dichtung », dans *Realencyclopädie der classischen Altertumswissenschaft*, t. XVIII, col. 1200-1320 et 1341-1417 et F. Graf, « Orpheus. A Poet among Men », dans J. Bremmer (dir.), *Interpretations of Greek Mythology*, London-Sidney, Croom Helm, 1988, p. 80-106.

plus anciennes qui nous aient été conservées du cithariste Orphée sont sans doute les Métopes du Trésor des Syracusains (ou Sicyoniens) à Delphes (VIᵉ siècle), où il apparaît sur le navire Argo, participant à l'expédition des Argonautes, et une petite coupe de Béotie. Les témoignages littéraires les plus anciens sont des fragments des lyriques Ibycus, qui ne mentionne que le nom, et Simonide, qui évoque le pouvoir de la musique d'Orphée sur les oiseaux et les poissons [1]. Depuis ces premières mentions, Orphée est évoqué aussi bien dans les arts plastiques que dans la littérature, jusqu'à la fin de l'Antiquité. La signification mythique d'Orphée le Thrace, fils de la Muse Calliopé, se situe tout d'abord dans la puissance psychagogique de sa musique, c'est-à-dire dans l'effet magique que provoque son chant accompagné du jeu d'un instrument à cordes. Orphée est en même temps poète et musicien. Un miroir à poignée en bronze, datant du Vᵉ siècle avant notre ère, montre Orphée jouant de la musique, tandis que des animaux sauvages l'écoutent attentivement; près de lui se trouve une corbeille contenant des livres en rouleaux. Mais il faut donner une égale importance à son rôle de fondateur de mystères et de mouvements religieux, attesté tout d'abord chez le comique Aristophane [2], et ensuite chez Platon [3]. Une littérature qui s'autorisait du nom d'Orphée et qui se présentait sous la forme de poèmes en hexamètres est attestée depuis le Vᵉ siècle [4], mais elle remonte certainement plus haut. Comme Chiron, mais de manière beaucoup plus accentuée, Orphée est un guide spirituel dans le domaine de l'éthique et de la religion, et on lui attribue aussi, comme à Chiron, des connaissances médicales [5]. Son

---

1. Ibycus, fragm. 25, p. 156 Page (*Poetae Melici Graeci*), n° 306, p. 292 Davies (*Poetarum Melicorum Graecorum Fragmenta*, t. I); Simonide, fragm. 27 (dans O. Kern, *Orphicorum fragmenta*, p. 14, § 47, fragm. 40).

2. Aristophane, *Grenouilles*, 1032; voir aussi Euripide, *Rhesos*, 943. *Cf.* F. Graf, *Eleusis und die orphische Dichtung*, Berlin-New York, W. de Gruyter, 1974, premier chapitre.

3. Platon, *Protagoras*, 316 d.

4. *Cf.* Euripide, *Hippolyte*, 952; Platon, *République*, II, 364 e; Aristophane, *Grenouilles*, 1032.

5. *Cf.* Euripide, *Alceste*, 962; *Cyclope*, 646.

chant, qui a un effet psychagogique, exerce une action magique merveilleuse, non seulement sur les hommes, les animaux, les arbres, les rochers et des montagnes entières, mais aussi sur les puissances de la mort et du monde inférieur, comme le prouve son voyage dans l'Hadès, après la mort de son épouse Eurydice. Dans les *Argonautiques* d'Apollonius de Rhodes, poème composé au IIIe siècle avant J.-C., Orphée, en chantant une théogonie [1], calme une dispute qui s'est élevée entre les Argonautes : quand s'achève le chant, les hommes, le cœur apaisé, restent assis encore un moment sans un mot et sans un mouvement ; ils font ensuite une libation à Zeus et vont s'endormir. Un peu plus loin [2], conformément à son rôle de guide spirituel religieux, il persuade les Argonautes d'aborder à Samothrace et de se faire initier aux mystères des Cabires, dont il était considéré, dans d'autres textes [3], comme le fondateur.

Pour comprendre le mythe de la puissance magique exercée par la musique d'Orphée, il faut se rappeler que les anciens Grecs attribuaient à la musique une dimension éthique. On considérait en effet que la musique dans tous ses aspects peut exercer une influence sur les états psychiques des hommes. Il ne nous est pas possible ici d'exposer d'une manière plus approfondie cette importante théorie, dont certains éléments se retrouvent en Orient, notamment en Chine, avec Confucius, et en Égypte. Je ne peux que renvoyer aux articles consacrés à ce sujet dans les manuels spécialisés d'histoire de la musique [4]. En tout cas, il faut retenir que, selon cette théorie, la musique, sous tous ses aspects que je viens d'énumérer, représente un moyen puissant de direction spirituelle : qu'il s'agisse du rythme d'une suite de mots (dans la poésie et, plus tard, dans la prose d'art de la rhétorique), ou des mélodies et des modes musicaux (dorien, lydien, etc.), ou du timbre et des propriétés des différents instruments, ou encore des gestes de la danse, toutes ces formes

---

1. Apollonius Rhodius, *Argonaut.*, I, 494-511.
2. Apollonius Rhodius, *Argonaut.*, I, 916 *sq.*
3. Diodore, *Bibl.*, V, 64,4 = Ephoros, *Fragm. Gr. Hist.*, p. 70, fragm. 104.
4. Par exemple l'article « Ethos » de W. Vetter, dans *Musik in Geschichte und Gegenwart*, t. III, Kassel-Basel, 1954, col. 1581-1591.

de la musique ont le pouvoir de produire des effets profonds sur l'âme des hommes ; il en résulte que des rythmes et des modes musicaux, choisis selon certains critères, ont pour l'éducation une valeur considérable. Entre musique (entendue au sens très vaste que ce mot avait dans la Grèce archaïque) et moralité, voire même entre musique et sagesse, s'exerce une action réciproque. De même que la musique peut provoquer certaines attitudes éthiques, de même, à l'inverse, la personnalité morale du musicien et du poète, qu'il soit un créateur ou un exécutant, a une très grande influence sur sa manière de composer ou d'exécuter ; seul le sage est capable de créer des œuvres qui ont une valeur morale. Cette liaison essentielle entre sagesse et musique est soulignée expressément par Quintilien, qui écrit au premier siècle de notre ère :

> Pour la musique, je pourrais me contenter personnellement du jugement des anciens. Qui ne sait que la musique [...], dans les temps antiques déjà, n'était pas seulement un objet d'étude, mais de vénération, à tel point qu'Orphée et Linos, pour ne citer qu'eux, étaient considérés à la fois comme musiciens, poètes inspirés et philosophes [*musicus, vates, sapiens*] ; l'un et l'autre étaient, disait-on, issus des dieux, mais Orphée, qui adoucissait les esprits frustes et grossiers par la merveille de sa musique, a entraîné derrière lui, d'après les souvenirs transmis par la postérité, non seulement les bêtes fauves, mais même les rochers et les forêts. Aussi Timagène affirme que la musique a été la plus ancienne des études qui se rapportent à la littérature, et cette affirmation est confirmée par le témoignage des poètes les plus illustres ; nous lisons chez eux que dans les banquets royaux étaient chantées, accompagnées de la cithare, les louanges des héros et des dieux. Du reste, l'Iopas de Virgile ne chante-t-il pas « la lune vagabonde et les éclipses du soleil » [1] et bien d'autres choses encore, par lesquelles le plus grand des poètes atteste que la musique est liée à la connaissance même des choses divines [2].

---

1. Virgile, *Énéide*, I, 742.
2. Quintilien, *Institution Oratoire*, I, 10, 9-10 (trad. Cousin, modifiée).

5. *Le poète, inspiré des Muses*

Cette théorie de l'efficacité éthique de la musique et de la poésie explique, comme nous le verrons, le rôle prépondérant qu'ont joué dans la direction spirituelle, jusqu'à la fin de l'Antiquité, les vers, les sentences, les exhortations et les exercices spirituels construits selon les règles poétiques ou rhétoriques. Ces formes poétiques ou rhétoriques ont servi à exprimer d'une manière frappante les règles de vie. Car, après une longue période de tradition orale conservant la mémoire d'expériences qui, grâce à une capacité de plus en plus grande de comparaison et d'abstraction, ne cessèrent d'acquérir un caractère de validité et d'obligation universelles, les efforts éducatifs trouvèrent leur première expression littéraire dans la représentation de règles de vie sous la forme d'exhortations (*hypothêkai*) en vers.

Tels qu'ils nous apparaissent, vers 700 avant J.-C., dans les *Travaux* qu'Hésiode adresse à son frère Persée, ces exhortations ne se distinguent pas encore des directives techniques du cultivateur, liées à une pratique professionnelle, et c'est ainsi que nous trouvons, dans un désordre bigarré, conseils sur le travail aux champs et maximes éthiques. Ce qui confère cependant à ces exhortations d'Hésiode leur spécificité, c'est leur aspect formel et religieux [1]. Formel, parce que leur forme versifiée les élève au-dessus du niveau du simple quotidien et leur permet de se graver dans les mémoires. Religieux, parce qu'elles émanent de la bouche d'un poète inspiré par les Muses [2], ce qui donne une efficacité spéciale à sa parole :

> Un homme porte-t-il le deuil dans son cœur novice au souci et son
> âme se sèche-t-elle dans le chagrin ? Qu'un chanteur, servant des
> Muses, célèbre les hauts faits d'hommes d'autrefois ou les dieux
> bienheureux, habitants de l'Olympe : vite, il oublie ses déplaisirs ;
> de ses chagrins, il ne se souvient plus ; le présent des déesses l'en
> a tôt détourné.

---

1. Sur le rôle joué par la versification et les sentences dans l'éthique populaire, *cf.* A. Dihle, *Die Goldene Regel*, Göttingen, Vandenhoeck und Ruprecht, 1962, p. 85 *sq.*
2. Hésiode, *Travaux*, 1-10.

Grâce à elles, selon les représentations d'alors (qui, d'ailleurs, devaient rester encore vivantes durant des siècles), le poète a le pouvoir de dire la vérité, l'*alétheia* [1], et de faire état de la volonté de Zeus [2]. Et, dans la tradition ultérieure, les exhortations auront beaucoup plus de poids, beaucoup plus d'efficacité, lorsque seront formulées en vers les réflexions sur les expériences morales personnelles, mises en liaison avec les exigences traditionnelles d'une classe sociale ou avec les enseignements à tirer de situations historiques données.

Cette forme littéraire de direction spirituelle, comportant enseignements moraux et instructions pratiques, présentés sous une forme dense et expressive, et adressés d'un frère à un frère ou d'un père à un fils, était d'ailleurs largement répandue, bien avant Hésiode, dans le Proche-Orient [3]. De même, l'utilisation dans ce contexte de fables se rapportant à des animaux, que, dans le milieu grec, nous rencontrons pour la première fois chez Hésiode, était

1. *Cf.* M. Détienne, *Crise agraire et attitude religieuse chez Hésiode*, Bruxelles, Latomus, vol. LXVIII, 1963, p. 43 : « Si l'on analyse le champ sémantique d'*Alétheia* dans la pensée grecque archaïque, on est conduit à constater que, dans les milieux poétiques, mantiques et même politiques, *Alétheia* s'affirme constamment dans une opposition complémentaire à *Léthé*, et qu'elle joue sur le plan de la problématique de la parole le rôle d'un doublet mythique de la mémoire. Or l'on sait que, dans la Grèce archaïque, la mémoire, qui est le plus souvent la mère des Muses, est une représentation religieuse fondamentale. Elle apparaît comme la forme mythique d'un pouvoir de voyance, d'une connaissance de l'invisible et de l'au-delà. Par la mémoire, le poète, comme le devin, appréhende d'un seul coup "ce qui est, ce qui sera, et ce qui fut" (Homère, *Iliade*, I, 70 ; Hésiode, *Théogonie*, 32 et 38) ; elle permet à celui qui la possède de prononcer des paroles magico-religieuses, efficaces, lourdes de réalité. En bref, l'*Alétheia* du poète est de l'ordre de la "révélation". Parce qu'Hésiode possède un don de voyance, les paroles qu'il profère définissent "ce qui est" ; elles apparaissent comme la réalité aux yeux de tous ceux qui participent du système de pensée religieuse de la Grèce archaïque. Rien d'étrange par conséquent si les conseils d'Hésiode à Persès sont explicitement "les desseins de Zeus". »

2. Hésiode, *Travaux*, 661-662 : « Et, même ainsi, je dirai la pensée de Zeus qui tient l'égide, / Car les Muses m'ont enseigné à chanter un hymne d'une inexprimable beauté. »

3. *Cf.* P. Walcot, « Hesiod and the Didactic Literature of the Near East », *Revue des Études Grecques*, vol. 55, 1962, p. 13-36.

devenu un lieu commun dans le genre littéraire des exhortations du Proche-Orient [1]. C'est également dans le Proche-Orient qu'existait déjà une longue tradition d'une des formes particulières de cette littérature parénétique qu'est le « Miroir des Princes » [2], dont nous aurons à reparler.

Dans la Grèce archaïque, la première poésie lyrique, chez des auteurs autres qu'Hésiode, donne place aussi à des exemples d'exhortations de nature politique [3] et morale, et nous trouvons le condensé d'une éthique aristocratique séculaire au centre du recueil des *Élégies* de Théognis (VIe siècle avant J.-C.), qui est un véritable manuel de morale pratique : « C'est pour ton bien, Cyrnos, que je vais formuler ces préceptes, tels qu'encore enfant, je les reçus moi-même des gens de bien. » [4] C'est ainsi que Théognis justifie son projet : au milieu des troubles politiques et sociaux de la révolution qui agite Mégare au début du VIe siècle, éveiller et conforter chez Cyrnos la conscience de son origine aristocratique et donc de la valeur de sa noble naissance. Selon une représentation archaïque, c'est à elle qu'il doit une excellence (*aretê*) innée, seule capable de lui assurer aussi bien un courage héroïque dans la guerre qu'une endurance digne et patiente du malheur quel qu'il soit ; le roturier, au contraire, est inapte à résister aux vicissitudes de la fortune :

> Kyrnos, un homme de bien a toujours la résolution ferme
> Et, placé parmi les maux ou parmi les biens, il conserve son courage :
> Mais si Dieu donnait à un méchant ressources et richesse,
> Dans son égarement il ne peut contenir sa méchanceté [5].

1. *Cf.* P. Walcot, « Hesiod and the Didactic Literature of the Near East », art. cit., p. 17-20.
2. *Cf.* P. Hadot, « Fürstenspiegel », dans *Reallexikon für Antike und Christentum*, t. VIII, Stuttgart, 1950, col. 555-632.
3. Par exemple, Callinos, fragm. 1 Diehl ; Tyrtée, fragm. 7 Diehl, début ; Solon, *Eunomia* et fragm. 10 Diehl ; Phocylide, fragm. 57-60.
4. Théognis, *Élégies*, vers 27-28 Carrière. Les « gens de bien » (*agathoi*) : l'expression associe d'une manière intraduisible l'excellence sociale et la vertu éthique.
5. Théognis, *Élégies*, vers 319-322 Carrière.

Toutefois, on peut entrevoir qu'à la suite de la crise sociale que dépeint Théognis, dans laquelle la noblesse de Mégare perdit puissance et richesse, il s'opéra une évolution, un glissement, dans la notion d'« excellence ». À l'époque où la puissance aristocratique n'était pas encore brisée, la richesse et l'excellence ou vertu coïncidaient totalement, mais Théognis est amené maintenant à les distinguer radicalement :

> Et puisses-tu vouloir n'avoir que peu de biens chez toi dans la piété,
> Plutôt que d'être riche dans l'injustice et possesseur de biens.
> C'est dans la justice en un mot qu'est toute excellence,
> Et tout homme est homme de bien, Kyrnos, quand il est juste.
> Pour les biens, la divinité les donne même à un homme tout mauvais,
> Kyrnos, mais une part d'excellence ne s'attache qu'à peu d'hommes [1].

On peut dire que c'est dans cette éthique aristocratique archaïque qui, dans le cas de Théognis, vit sa valeur, son *aretê*, se sublimer avec la disparition de la puissance extérieure et de la richesse de la noblesse mégarienne, que se trouvent les premiers rudiments de l'idéal du sage stoïcien [2], qui garde la tranquillité de l'âme dans toutes les tempêtes du destin. On peut parler avec Franz Wehrli [3] d'« un développement organique de l'éthique philosophique chez les Grecs à partir de leur jugements de valeur originels ».

---

1. Théognis, *Élégies*, vers 145-150 Carrière.
2. *Cf.* Fr. Wehrli, *LATHE BIOSAS. Studien zur ältesten Ethik bei den Griechen*, Leipzig, Teubner, 1931, « Introduction ». Le verbe caractéristique employé par Théognis pour décrire l'*aretê* (excellence) est *tolmân* (avoir du courage), qui consiste chez lui, non seulement en une lutte courageuse contre le malheur, mais surtout dans le fait de savoir préserver sa dignité dans le malheur. C'est ainsi qu'il peut encore parler de *tolmân* quand il s'agit de ne pas se laisser ébranler par le bonheur. *Cf.* M. Hoffmann, *Die ethische Terminologie bei Homer, Hesiod und den alten Elegikern und Jambographen*, Tübingen, Kloeres, 1914.
3. Voir la note précédente.

B. LE LÉGISLATEUR, LE SAGE, L'HOMME D'ÉTAT
OU LE ROI COMME DIRECTEUR DE CONSCIENCE

Solon vivait à Athènes au tournant du VIIe au VIe siècle. Il fut l'auteur de lois exemplaires qui visaient à rétablir l'harmonie sociale. Il a exprimé ses idées politiques d'une manière extrêmement frappante dans ses *Élégies*. Ce sont des appels pressants à ses concitoyens, se présentant sous la forme de parénèses, d'exhortations, pour qu'ils reviennent à la juste mesure et au juste milieu dans leurs actions et dans leurs exigences et qu'ils continuent par la suite à s'y tenir. Une éthique claire et transparente, même simple, est donc à ses yeux la base absolument nécessaire de sa politique, et la politique est essentiellement l'éducation morale des citoyens. Dans son élégie *Eunomia* [1], Solon insiste sur l'importance de bonnes lois pour le bien-être aussi bien éthique qu'économique des citoyens :

> [L]'Eunomia (la bonne législation) remet partout le bon ordre et l'harmonie et, souvent, entoure les méchants d'entraves ; elle aplanit ce qui est raboteux, réprime l'orgueil, détruit la démesure, dessèche les fleurs naissantes du malheur. Elle redresse les sentences torses, adoucit les œuvres d'orgueil, réprime les œuvres de discorde, arrête le fiel de la douloureuse lutte d'envie. Grâce à elle, tout, chez les hommes, devient harmonie et raison [2].

Que les lois jouent un rôle capital dans l'éducation morale des citoyens, c'est une conviction qui est restée vivante pendant toute la durée de l'Antiquité gréco-romaine. Lorsque seront fondées à Athènes les écoles philosophiques grecques, la philosophie prendra en compte les questions se rapportant à ce rôle des lois, toujours dans le but déclaré de la conduite des âmes. De nombreux traités *Sur la République* et *Sur les Lois*, qui, en grande partie, ont été perdus, font écho à ses discussions. Jusqu'à la fin de l'Antiquité, la politique sera une partie intégrante de l'éthique philosophique.

1. Solon, *Eunomia*, fragm. 3, 32-39, p. 29 *sq.* Diehl.
2. Solon, *Eunomia*, fragm. 3, 32-39, p. 29-30 Diehl, cité d'après la traduction en prose d'E. Bergougnan, dans *La Grèce antique. Les plus beaux textes d'Homère à Origène*, Paris, Les Belles Lettres, 2003, p. 152.

Solon fit graver ses lois sur des stèles de bois dans une écriture en boustrophédon et les fit exposer en public. De même, dans la Rome archaïque, les premières lois codifiées par écrit, que d'ailleurs la tradition postérieure considéra comme une adaptation des lois de Solon aux conditions de la vie romaine [1], furent gravées sur douze tables de bronze (d'où le nom de « Loi des Douze Tables »), visibles par tous les citoyens et placées devant la curie de façon à ce qu'elles servent d'exhortation permanente. Jusqu'à l'époque de la jeunesse de Cicéron [2], les enfants romains devaient les apprendre par cœur *ut carmen necessarium*, « comme un poème indispensable », la traduction du mot *carmen* par « poème » ne rendant que partiellement la richesse du mot, en laissant de côté son aspect de sacralité et de magie incantatoire.

Solon est l'un des Sept Sages, dont les maximes furent utilisées pendant des siècles pour l'éducation morale des Grecs. Les Sept Sages ne sont pas des héros guerriers, comme ceux que nous décrit l'épopée homérique, et, en dehors de Thalès, ce ne sont pas non plus des philosophes, mais la tradition littéraire nous les dépeint comme des hommes d'État, des législateurs, des arbitres et des conseillers [3]. En dehors de Solon, nous n'avons sur eux que des témoignages historiques rares, pour ne pas dire inexistants. Les Sept Sages – Platon [4] nomme Thalès de Milet, Pittacos de Mytilène, Bias de Priène, Solon d'Athènes, Cléobule de Lindos, Myson de Chénée et Chilon de Sparte – étaient considérés comme contemporains les uns des autres et comme auteurs de règles de vie remontant à la plus

---

1. Tite Live, *Histoire romaine,* III, 31, 8 ; 32, 1, 33, 5. *Cf.* le livre important de M. Ducos, *L'influence grecque sur la Loi des Douze Tables*, Paris, P.U.F., 1978. *Cf.* Augustin, *De civ. Dei*, II, 16.

2. Cicéron, *De legibus*, II, 23, 59.

3. *Cf.* Aristote, *De philosophia*, fragm. 8 Ross (= Philopon, *In Nicom. Isag.*, I, 1) ; Cicéron, *De republ.*, I, 12 ; *De orat.*, III, 137.

4. Platon, *Protagoras*, 343 b 1 *sq.* Dans les premiers temps, il existe différents catalogues des Sept Sages : *cf.* O. Barkowski, « Sieben Weise », dans *Realencyclopädie der class. Altertumsw.*, Stuttgart, 1923, II, 2, col. 2243-2247. Plus tard, la liste de Platon prévaut, mais à la place de Myson de Chénée se trouve Périandre de Corinthe.

haute antiquité, encore proches de la sagesse des dieux et, pour cela, valables pour tous les temps. Très tôt, on les a mis en relation avec le culte d'Apollon à Delphes [1], et les dits des Sept Sages ont profité du rayonnement culturel et politique de ce culte. Comme on le sait avec certitude depuis peu, étaient exposées dans le temple de Delphes deux séries des dits des Sept Sages : l'une courte, comprenant cinq sentences, dont Platon parle dans le *Protagoras* (c'est le texte cité), et l'autre longue, d'environ 140 maximes : cette dernière, gravée sur une colonne ou une stèle, fut exposée aux regards, devant le temple ou dans le Pronaos [2], au plus tard au début du IIIe siècle avant J.-C. C'est là que Cléarque de Soles, disciple d'Aristote, la « copia soigneusement » [3], pour la faire graver sur une stèle de pierre aux frontières les plus extrêmes de l'Orient grec, dans une ville grecque située au bord du fleuve Oxus en Bactriane, à Aï-Khanoum, dans l'actuel Afghanistan, afin que les habitants de la ville puissent tous la lire : un monument de morale grecque dans l'Orient lointain [4]. D'autres découvertes archéologiques ont montré que cette série longue des maximes des Sept Sages, gravée sur une stèle, avait également été exposée au public à Miletoupolis en Mysie, vers la même époque (aux environs de 300) [5], tandis que, dès le IVe siècle, la série courte avait trouvé place au gymnase de Théra [6]. Ce ne sont

1. *Cf.* O. Barkowski, « Sieben Weise », art. cit., col. 2251-2252 ; Platon (*Protagoras*, 343 a 8-b 7) raconte que les Sept Sages, réunis à Delphes, avaient consacré à Apollon les prémices de leur sagesse en forme d'inscriptions, comme « Connais-toi toi-même » et « Rien de trop ». *Cf.* L. Robert, « De Delphes à l'Oxus. Inscriptions grecques nouvelles de la Bactriane », *Comptes rendus des séances de l'Académie des Inscriptions et Belles-Lettres*, vol. 112, n° 3, 1968, p. 438.

2. *Cf.* L. Robert, « De Delphes à l'Oxus », art. cit., p. 442-457.

3. *Cf.* l'épigramme qui se trouve sur la base de la stèle : *ibid.*, p. 422-424.

4. Cf. *ibid.*, p. 438-454.

5. *Cf.* W. Dittenberger, *Sylloge Inscriptionum Graecarum*, III, Leipzig, S. Hirzel, 1920[3], p. 392-397 (n° 1268) et L. Robert, « De Delphes à l'Oxus », art. cit., p. 440-441. *Cf.* également O. Hense, « Die Kyzikener Spruchsammlung », *Berliner Philologische Wochenschrift*, vol. 15, Leipzig, 1907, col. 765-768. Nous connaissons cette série par ailleurs par Stobée, *Anthol.*, III, 173, p. 125 *sq.* C. Wachsmuth et O. Hense sous le titre « Les conseils des Sept Sages par Sosiadas ».

6. *IG* XIII, 3, 1020.

là que des exemples isolés d'une pratique largement développée dans l'Antiquité, qui consistait à utiliser les inscriptions comme moyen de direction spirituelle collective. Et le fait que les cités ou des donateurs individuels considéraient qu'il valait la peine d'ériger à grands frais de tels monuments montre bien que l'on croyait à l'efficacité de cette pratique. Dans un dialogue pseudo-platonicien qui porte le nom d'Hipparque, fils du tyran Pisistrate (VIe siècle avant J.-C.), on raconte que cet Hipparque, afin de faire l'éducation morale des habitants des campagnes, fit graver, sur les Hermès qui jalonnaient les routes menant de la ville d'Athènes aux différents dèmes, des vers qu'il avait composés. Ainsi ses concitoyens n'admireraient plus seulement les sages inscriptions du temple de Delphes, comme « Connais-toi toi-même » ou « Rien de trop », mais, dans leurs fréquentes allées et venues, en lisant et relisant les maximes de sagesse d'Hipparque, ils y prendraient goût et seraient ainsi incités à parfaire leur éducation. Il y avait, semble-t-il, deux inscriptions sur les Hermès, d'un côté, une indication topographique, de l'autre, une sentence, par exemple : « Ceci est un monument d'Hipparque. Marche dans des sentiments de justice », ou encore : « Ceci est un monument d'Hipparque. Ne trompe pas ton ami. » [1] Mais les décrets honorifiques, décernés à certains citoyens et présentés sous forme d'inscriptions, étaient eux aussi une forme de direction morale exercée par les cités : ils servaient d'exemples de bonne conduite civique et d'incitation et d'appel à les imiter.

Une autre initiative des autorités des cités, visant à inspirer aux citoyens une bonne conduite morale, consistait à consulter des oracles et à exposer la question avec la réponse, gravées dans la pierre, en des endroits appropriés, comme le mur de la ville ou la place du marché. C'est ainsi qu'à Oinoanda [2] on a retrouvé un

---

1. Pseudo-Platon, *Hipparchos*, 228 d-229 c.

2. *Cf.* L. Robert, « Un oracle gravé à Oinoanda », *Comptes rendus des séances de l'Académie des Inscriptions et Belles-Lettres*, vol. 115, n° 3, 1971, p. 597-619. Je dois à l'amitié de Madame Jeannie Carlier la connaissance d'un article important de A.S. Hall (« The Klarian Oracle at Oenoanda », *Zeitschrift für Papyrologie und Epigraphie*, vol. 32, 1978, p. 263-267), qui pense, après avoir réexaminé les indices archéologiques, que l'inscription de l'oracle de Claros (qu'il date de la deuxième

oracle gravé, qui date, sans doute, de la fin du IIᵉ siècle de notre ère, et dont la première partie est théologique, parlant de la nature de Dieu (« né de lui-même [...] ne supportant pas de nom »), alors que la seconde prescrit un rite (« à ceux qui interrogent au sujet de Dieu pour savoir quel est son être, il a déclaré : l'éther, dieu qui voit tout ; c'est vers lui qu'il faut porter ses regards et prier le matin, en regardant vers l'Orient »). Il s'agit donc d'influencer l'attitude des citoyens à l'égard de la divinité. De même qu'au Moyen Âge les fresques, les tableaux, les vitraux et les sculptures des églises pouvaient être considérés comme une sorte de bible pour le peuple, de même les inscriptions publiques dans les cités de l'Antiquité gréco-romaine représentaient pour le peuple un puissant moyen d'éducation éthique, religieuse et politique.

Les rois aussi, comme les cités, se servaient des inscriptions comme moyen de direction morale. On peut évoquer ici comme exemples les inscriptions que le roi indien Açoka, dans l'actuel Afghanistan, au IIIᵉ siècle avant J.-C., avait fait graver en partie sur des rochers [1], en partie sur des blocs de pierre appartenant à des

moitié du IIIᵉ siècle de notre ère) n'a pas été gravée sur ordre des autorités de la cité, mais à l'initiative d'un personnage ou d'un groupe privé. À cette date tardive, en effet, après la réfection du mur hellénistique et la réduction, par endroits, de son périmètre, la partie de l'enceinte hellénistique sur laquelle se trouve cette inscription était probablement devenue un tronçon isolé en dehors de la ville, et c'est, selon Hall, seulement à partir de ce moment-là que l'inscription aurait été exécutée. La réponse à la question de la datation de l'inscription – IIᵉ ou IIIᵉ siècle de notre ère – pèse donc beaucoup sur la réponse à donner à la question de savoir si l'inscription a été gravée sur l'ordre des autorités de la ville ou des personnes privées. – Dans la même ville d'Oinoanda (probablement sur l'agora primitive) ont été découverts des larges fragments d'une gigantesque inscription de propagande épicurienne (couvrant, répartie en colonnes, le mur d'un portique d'environ 80 mètres de long et 4 mètres de haut), exécutée probablement vers 120 de notre ère sur l'ordre d'un certain Diogène : *cf.* A. Étienne et D. O'Meara, *La philosophie épicurienne sur pierre. Les fragments de Diogène d'Œnoanda*, Fribourg (Suisse)-Paris, Éditions universitaires de Fribourg-Éditions du Cerf, 1996 (*Vestigia* 20).

1. *Cf.* D. Schlumberger, L. Robert, A. Dupont-Sommer et É. Benveniste, « Une bilingue gréco-araméenne d'Asoka », *Journal Asiatique*, vol. 246, 1958, p. 1-48.

édifices [1], à l'intention de ses sujets grecs. Dans ces textes, traduits dans un grec marqué par la tradition du vocabulaire philosophique grec, le roi parle à la première personne; il prêche une morale de la tolérance, de l'amour des hommes, et exprime sa certitude que la pratique de cette morale conduira l'humanité au bonheur.

Enfin, la théorie de la royauté, élaborée surtout à l'époque hellénistique, définit le roi idéal comme le guide moral de ses sujets : les nombreux « miroirs des princes » ne se lassent pas d'affirmer que le chemin le plus court et le plus sûr pour l'amélioration morale d'un peuple consiste à veiller à ce qu'un homme individuel, le roi, parvienne à la vertu. Le roi idéal incarne en lui la vertu; exemple vivant, il la révèle par son comportement et la rend désirable [2]. C'est pour cette raison que le genre littéraire parénétique des « miroirs des princes » est si important dans la mentalité antique : ils sont destinés à éduquer les éducateurs du peuple.

C. LE PHILOSOPHE COMME GUIDE SPIRITUEL

L'émergence des écoles philosophiques à Athènes aux IVe et IIIe siècles avant J.-C. produisit un nouveau genre de direction spirituelle : celle du philosophe. Cependant, les types de direction spirituelle individuelle ou collective dont on a parlé plus haut ne disparurent pas pour autant; au contraire, au moins au début, la direction spirituelle des philosophes fit elle aussi grand usage de maximes de toute sorte, sous forme d'aphorismes ou en vers.

Il faut souligner ici que, dans l'Antiquité gréco-romaine, ce qu'on entendait par « philosophie » était tout autre chose que ce qu'on met aujourd'hui sous ce nom. La philosophie n'était pas alors une structure de pensée systématique, à la Hegel, destinée à fournir une explication théorique du monde et des événements qui s'y produisent; elle était avant tout une éducation en vue de la vie

1. *Cf.* D. Schlumberger, « Une nouvelle inscription grecque d'Açoka », *Comptes rendus des séances de l'Académie des Inscriptions et Belles-Lettres*, vol. 108, n° 1, 1964, p. 1-14.

2. *Cf.* P. Hadot, « Fürstenspiegel », art. cit., p. 334, note 2.

heureuse – heureuse ici et maintenant, et non pas dans quelque vie hypothétique après la mort, même si une telle considération n'était pas toujours et nécessairement omise.

Pour toutes les écoles philosophiques d'époque hellénistique et impériale, y compris pour les cyniques et les sceptiques, la fin essentielle de la philosophie était de guider les hommes vers une vie heureuse. La définition théorique de la vie heureuse pouvait varier considérablement [1], mais dans tous les cas son but pratique était de fortifier intérieurement l'individu contre les vicissitudes du sort, et de le rendre autant que possible autosuffisant. Avant toute autre chose, la philosophie antique était un secours dans les difficultés de la vie et une direction spirituelle, le philosophe ancien était un guide spirituel [2]. C'est seulement de manière complémentaire – dans la mesure où l'on considérait comme important pour la direction spirituelle – que la philosophie se faisait explication théorique du monde [3]. Les cyniques et les sceptiques refusaient absolument cet aspect théorique, et se considéraient en cela comme les véritables disciples de Socrate. En effet, de même que, sans exposer une doctrine philosophique claire et sans autre méthode qu'un questionnement habile, Socrate jetait ses interlocuteurs dans une grande confusion – en sorte qu'ils prenaient conscience de

---

1. En dépit de ces fondements théoriques différents, pour la plupart des écoles philosophiques, vie heureuse et vie vertueuse étaient identiques, ou presque identiques. Même chez les épicuriens, ce qu'on appelle l'éthique du plaisir n'est en termes pratiques pas autre chose qu'une vie vertueuse.

2. Voir Sénèque, *Lettres à Lucilius*, 16, 3 : « La philosophie n'est pas un art de complaire au public, ni une science de parade. Elle n'est pas dans les mots, mais dans les choses. On ne la prend pas pour user le jour en s'accompagnant d'une distraction de choix, pour chasser l'écœurement du loisir. Elle façonne et forge l'âme, ordonne la vie, réglemente les actions, montre ce qu'il faut faire, ce qu'il faut laisser, siège au gouvernail et dirige les navigants ballottés d'écueil en écueil. Sans elle, nul ne peut vivre sans crainte, nul ne peut vivre en sécurité » (trad. Noblot, modifiée). *Cf.* Cicéron, *Tusc.*, V, 5.

3. Sur ce point, les péripatéticiens font exception. Pour eux la recherche scientifique constituait un élément essentiel de la vie heureuse. Voir Aristote, *Éthique à Nicomaque*, X, 7, 1177 a 12 *sq. Cf.* aussi I. Hadot, *Arts libéraux et philosophie dans la pensée antique*, Paris, Études augustiniennes, 1981 (2ᵉ éd., Vrin, 2005), p. 18-23 et 34-36.

leur ignorance et en venaient à réfléchir sur eux-mêmes, jusqu'à s'interroger sur leur vie antérieure tout entière [1] –, de même les cyniques se refusaient à faire autre chose que de produire sur les autres hommes, par leur exhortations et l'exemple de leur mode de vie, un choc moral salutaire ; les sceptiques, eux, poussaient à ses limites les plus extrêmes l'approche aporétique de Socrate [2].

C'est peut-être dans l'école épicurienne que la complémentarité de la partie théorique de la philosophie trouve son expression la plus pure. L'épistémologie et l'explication du monde (la physique) ne sont, aux yeux d'Épicure, que les conditions intellectuelles nécessaires en vue d'une vie heureuse, pour la raison qu'elles délivrent les hommes de la superstition et de la crainte de l'au-delà. En aucun cas elles ne peuvent constituer un but par elles-mêmes. Il y a des conditions extérieures nécessaires : une vie sans besoins, vécue dans la retraite avec un cercle d'amis étroitement limité, sous la direction d'un maître et guide spirituel commun. De même dans l'école stoïcienne, qui n'était pourtant pas fondamentalement opposée à l'activité politique, la situation idéale était la vie quotidienne en commun des élèves avec leur maître ou guide spirituel. Il en allait ainsi dès avant chez les pythagoriciens, dans l'Académie platonicienne et dans l'école d'Aristote, et c'est à ce modèle que se conformeront plus tard les néoplatoniciens.

Pour désigner en grec le philosophe-guide spirituel, on utilisait le mot *kathêgemôn* ou *hêgemôn*, autrement dit « celui qui guide, qui montre la voie », ce qui correspond au premier terme de notre expression « guide spirituel ». Ainsi le néoplatonicien Proclus dit de son maître Syrianus qu'il avait été, après les dieux, « notre guide vers tout ce qui est bon et beau » [3]. Du temps de Philodème au plus tard [4] (premier siècle avant J.-C.), les professeurs et maîtres

---

1. *Cf.* P. Hadot, *Exercices spirituels et philosophie antique*, Paris, Études augustiniennes, 1981 ; Paris, Albin Michel, 2002, chap. « La figure de Socrate », p. 101-142.

2. Comme, pour les sceptiques, il est impossible de percevoir ou connaître quoi que ce soit, le développement de la dogmatique n'avait pas d'utilité pour eux.

3. Proclus, *Théologie platonicienne*, I, 1 = p. 7,4 Saffrey-Westerink.

4. Philodème, *De libertate dicendi* (*Peri parrêsias*), fragm. 41, 5 Olivieri. Le terme *kathêgêtês* est lui aussi commun : *cf.* fragm. 45, 5 Olivieri.

épicuriens étaient eux aussi appelés *kathêgemones*, et ce terme était encore commun chez les épicuriens du temps d'Hadrien [1]. Dans la tradition néoplatonicienne, il est en usage depuis l'école de Plotin jusque chez les tout derniers néoplatoniciens d'Athènes et d'Alexandrie qui nous soient connus [2]. Nous ignorons quel terme désignait habituellement chez les stoïciens le philosophe-guide spirituel, mais il est permis de supposer que c'était le même que celui qui s'employait couramment chez les épicuriens et chez les néoplatoniciens.

1. *Les qualités nécessaires au guide spirituel*

Conçue comme une direction spirituelle, l'éducation philosophique était nécessairement plus efficace lorsqu'elle se fondait sur une relation personnelle et amicale entre l'élève et le maître. Depuis Platon et la fondation de l'Académie au IVᵉ siècle avant J.-C., toutes les écoles philosophiques avaient considéré que l'écrit, le livre, n'était qu'un pis-aller pour remplacer temporairement l'enseignement personnel de maître à élève. Pour Platon, la seule forme valable d'enseignement était le dialogue, fait de questions et réponses – la dialectique [3]. Cette forme d'enseignement suppose en fait une participation active de l'élève, car le dialogue dialectique ne peut progresser que si à chaque étape l'interlocuteur accorde une approbation critique ; c'est-à-dire, lorsque celui qui interroge et celui qui répond, le maître et l'élève, parviennent à un accord à chaque étape de l'argumentation. De la sorte, pour l'élève lui aussi il ne s'agit pas simplement de mémoriser, mais bien de participer activement à la réflexion. Cependant, même cet enseignement

1. *CIL*, III, 12283 et 14203 : lettre de Plotina à Hadrien avec la réponse d'Hadrien.
2. *Cf.* Porphyre, *Vie de Plotin*, 17, 42 ; Julien, *Orat.*, IX (6) 202 d (le cynique Cratès, *hêgemôn* du stoïcien Zénon) ; Damascius, *Vie d'Isidore*, p. 10,5 Zintzen (Isidore est son *hêgemôn*, dit Damascius) ; Simplicius, *In Arist. Phys.*, 642, 17 et 774, 28 Diels (Damascius est son *hêgemôn*) ; Simplicius, *In Arist. De caelo*, 271, 19 Heiberg. Si l'on veut plutôt insister sur le rôle du maître comme commentateur de Platon ou d'Aristote, on utilise le mot *exêgêtês*.
3. *Cf.* Platon, *Phèdre*, 276 a-277 a, et la *Lettre VII*, dont l'authenticité est discutée.

animé ne réussira que si une affection mutuelle unit élève et maître. C'est ce que Platon exprime clairement dans le *Banquet* [1], lorsqu'il fait de l'affection du maître envers l'élève une condition nécessaire pour le succès de l'enseignement philosophique du maître. L. Robin a raison de voir ici une référence à l'Académie platonicienne :

> Elle [l'Académie] représente pour lui cette « droite conception de l'amour des jeunes gens » dont il parlera plus loin (*cf.* 211 b), une œuvre d'amour organisée. Elle est née de cette ardente passion d'éducateur et de législateur qui l'a toujours animé [...]. Elle vivra de l'attachement des élèves au pacte initial et de l'amoureuse fidélité de leur dévouement volontaire à la pensée du Maître [2].

Robin relie ce passage du *Banquet* à un texte du *Phèdre* qu'il commente comme suit :

> L'image qu'évoque ce morceau du *Phèdre* me semble être celle d'une association entre maître et élèves pour la recherche en commun de la vérité, et dans laquelle le maître est seulement un guide. Comment une telle communauté ne serait-elle pas fondée sur l'amour, amour de cette vérité qui en est le principe et l'objet, amour du maître pour les âmes qu'il a choisi de cultiver, amour des âmes élues pour celui qui guide et surveille leur épanouissement, amour de tous ensemble pour ce qui est le fruit impérissable de leur mutuel amour [3] ?

Chez Aristote, la tendance pédérastique – sublimée – de Platon fait place à une théorie de l'amitié plus neutre, qui sera reprise et développée, avec très peu de changements, par toutes les écoles de philosophie, et qui jouera un grand rôle dans la direction spirituelle chez les anciens. Dans toutes les écoles philosophiques hellénistiques, l'idée que la connaissance de soi morale et ontologique précède nécessairement tout progrès moral et toute autre connaissance philosophique, cette idée amènera assez vite à se demander si la connaissance de soi, fût-ce dans la limite étroite où nous en sommes capables, est possible sans l'aide d'un ami, en qui nous pouvons

---

1. Platon, *Banquet*, 209 b-d.
2. L. Robin, dans Platon, *Banquet*, Paris, Les Belles Lettres, 1929, p. XCI.
3. L. Robin, dans Platon, *Phèdre*, Paris, Les Belles Lettres, 1933, p. LXVII.

contempler, comme dans un miroir, notre *alter ego* [1]. Il est donc
évident que, s'agissant de direction spirituelle, la combinaison, dans
le même individu, du guide et de l'ami a été considérée comme la
solution tout simplement idéale. Mais un ami, ou mieux des amis,
sont nécessaires aussi pour la découverte philosophique de la vérité,
qui prend comme point de départ de la connaissance ontologique
de chacun de son être propre. Lorsqu'il s'agit, non de sages, mais
de progressants vers la sagesse – ce qui est la situation habituelle –,
les conditions sont les meilleures lorsque l'un des amis s'est avancé
plus loin que les autres dans cette voie et peut leur servir de guide –
lorsqu'il peut leur tendre la main et les tirer vers le haut [2]. En général,
dans toutes les écoles philosophiques de l'époque hellénistique, les
enseignants aimaient à se voir dans la situation de l'ami plus avancé
par rapport aux amis désireux de progresser. C'est ainsi que se voit
Sénèque, philosophe stoïcien et homme d'État, dans sa relation
avec Lucilius, bénéficiaire d'une direction spirituelle sous forme
de lettres. Toutefois, Sénèque regrette de devoir se contenter d'une
correspondance : une communauté de vie aurait été plus profitable
pour tous les deux [3]. Cornutus, autre philosophe stoïcien, se voyait
dans la même situation de guide-et-ami vis-à-vis de son élève le
poète Perse [4]. Même affection entre le chrétien Augustin et ses élèves
pendant son séjour à Cassiciacum, ou encore avec les membres du
monastère qu'il avait fondé à Thagaste [5]. Au cours de cette période,

1. *Cf.* par exemple Aristote, *Magna Moralia*, II, 1213 a 13 *sq.* ; *Éthique à Eudème*, VII, 12, 1245 a 35.

2. *Manum* (*dextram*) *porrigere* (*dare*) : c'est un terme technique de la direction spirituelle. *Cf.* Sénèque, *Lettres à Lucilius*, 55, 2 ; 29, 4 ; *cf.* aussi Augustin, *De beata vita*, 1, 5 ; *Lettres*, 26 (CSEL XXXIV, p. 89,4).

3. Sénèque, *Lettres à Lucilius*, 6, 5-6. Sur l'importance de l'amitié dans la direction spirituelle chez Sénèque, *cf.* I. Hadot, *Sénèque. Direction spirituelle et pratique de la philosophie*, Paris, Vrin, 2014, p. 313-319.

4. *Cf.* la *Vita Auli Persi Flacci* tirée du commentaire de Probus, qui révèle l'étroite amitié entre Perse et son maître Cornutus : « Lorsqu'il [Perse] avait seize ans, il entra en relation d'amitié avec Annaeus Cornutus, au point qu'il ne le quitta jamais » (§ 4).

5. *Cf.* I. Hadot, « *Amicitia* », dans *Augustinus Lexikon*, Bâle-Stuttgart, Schwabe, 1985, vol. I, p. 287-293.

l'enseignement des néoplatoniciens jouait encore un rôle important chez Augustin : l'organisation du monastère à Thagaste, de la vie à Cassiciacum, ainsi que, un peu plus tôt, le projet, conçu à Milan avec neuf amis, d'une vie en commun fondée sur la communauté des biens et entièrement vouée à l'étude [1], tout cela repose entièrement sur des conceptions empruntées à la philosophie païenne, plus précisément au néoplatonisme [2].

En fait, comme dans un bassin collecteur, les néoplatoniciens avaient rassemblé tous les différents courants qui justifiaient cet idéal : le scepticisme de Platon sur la possibilité de transmettre un enseignement philosophique par écrit et l'importance qu'il attachait au dialogue qui exige un partenaire ; la doctrine aristotélicienne de l'amitié ; la tradition, plus ou moins mythique, des communautés pythagoriciennes ; la conviction, générale dans les écoles dogmatiques, que seul peut s'instruire en philosophie celui qui a les loisirs nécessaires pour s'y consacrer pendant toute sa vie, et que le meilleur moyen pour y parvenir est d'adopter le mode de vie frugal propre aux philosophes, et la communauté de biens entre amis ; l'idée qu'il est à peu près impossible de devenir vertueux ou semblable à dieu tout seul, mais qu'il faut pour cela le secours d'amis s'efforçant d'atteindre le même but et les conseils d'un maître-ami. Quelque cent ans après Augustin, on trouve un résumé de ces thèses dans les écrits du néoplatonicien Simplicius [3]. C'est ce dont témoigne, outre l'école d'Épicure à Athènes, l'école néoplatonicienne d'Athènes, qui, après avoir été fermée par Justinien au début du VIᵉ siècle, s'est perpétuée à Harran (Carrhae), non loin de la frontière perse [4].

Il n'est pas donné à n'importe qui d'être un ami dans le sens où l'entend la philosophie ancienne : seul peut l'être celui qui

1. Augustin, *Confessions*, VI, 14, 24.

2. I. Hadot, « *Amicitia* », art. cit., p. 346, note 5.

3. Simplicius, *Commentaire sur le* Manuel *d'Epictète*, XXXVII 221 ; XXXVII 237-288, introduction et édition critique, I. Hadot (Brill, 1996).

4. *Cf.* M. Tardieu, « Sabiens coraniques et "Sabiens" de Harran », *Journal Asiatique*, vol. 274, 1986, p. 1-44 et I. Hadot, « Dans quel lieu le néoplatonicien Simplicius a-t-il fondé son école de mathématiques, et où a pu avoir lieu son entretien avec un manichéen ? » et « Remarque complémentaire… », *The International Journal of the Platonic Tradition*, vol. 1, n° 1 et 2, 2007.

se voue à une vie vertueuse. De même, être un philosophe, c'est
avant tout s'efforcer de mener une vie moralement exemplaire :
l'enseignement et la vie doivent coïncider. Non seulement celui qui
ne conforme pas sa vie à son enseignement n'est pas un philosophe,
mais en outre il ne possède pas l'autorité nécessaire pour rendre
crédible son enseignement philosophique. Or, trouver audience et
consentement en vertu de sa seule force propre, sans avoir besoin de
preuves, c'est la marque de l'autorité véritable. L'autorité du guide
spirituel doit donc remplir la fonction de preuve par l'exemple
de sa propre vie, preuve de la validité de doctrines que l'élève
qui est dans la première phase de la direction spirituelle – c'est-
à-dire de l'enseignement philosophique – est encore incapable de
comprendre et de juger. Cette exigence d'autorité trouvait sans
doute un terrain particulièrement favorable à Rome [1], mais cet
aspect n'est nullement absent chez les Grecs. Le seul fait de penser
à un tel personnage pourvu d'autorité peut suffire à pousser au bien :
le stoïcien Sénèque cite Épicure pour conseiller à Lucilius de choisir
un homme de bien et de l'avoir constamment devant les yeux, afin
de vivre comme sous son regard et d'accomplir toutes choses
comme s'il les voyait [2]. Manifestement, Sénèque est conscient
d'être, pour Lucilius, une telle autorité : le montre ce qu'il lui écrit
dans sa *Lettre* 32 : « Vis comme si ce que tu fais devait arriver à
mes oreilles, non, mieux, sous mes yeux » (§ 1). Épicure avait écrit
à l'un de ses élèves : « Agis en tout comme si Épicure regardait. » [3]
De même, Augustin, dans son dialogue *De ordine*, influencé par le
néoplatonisme [4], souligne le rôle de l'autorité :

> Comme personne n'est parvenu à la connaissance sans avoir été
> auparavant ignorant, et comme celui qui est ignorant ne sait ni dans
> quelle condition il doit se trouver quand il veut s'adresser à des
> maîtres pour étudier, ni quelle forme de vie lui permettra d'apprendre

1. Sur ce point, *cf.* I. Hadot, *Sénèque...*, *op. cit.*, p. 346, note 3, p. 320-324.
2. Sénèque, *Lettres à Lucilius*, 11, 8-9 = Épicure, fragm. 210 Usener.
3. Sénèque, *Lettres à Lucilius*, 25, 5 = Épicure, fragm. 211 Usener.
4. *Cf.* mon interprétation du second livre de ce dialogue *De ordine* dans *Arts
libéraux et philosophie dans la pensée antique*, *op. cit.*, p. 342, note 3, p. 101-131.

aisément, il suit que c'est l'autorité seule qui peut ouvrir la porte à ceux qui désirent apprendre le Bien dans sa grandeur et dans ses mystères [1].

C'est seulement plus tard, poursuit Augustin, lorsque que l'élève a obéi, en quelque sorte en aveugle, aux règles imposées par l'autorité en vue d'atteindre à la vie parfaite, qu'il comprendra que ces règles sont justifiées.

2. *Le choix des élèves*

Le rôle de l'amitié dans la direction spirituelle des philosophes, et le fait que, selon les théories philosophiques sur l'amitié, il n'est pas d'amitié possible sinon entre gens de bien, c'est-à-dire moralement irréprochables, a pour conséquence nécessaire que, en général, le philosophe en tant que guide spirituel n'admet pas n'importe qui parmi ses élèves, ou en tout cas dans son cercle plus étroit. Platon et Aristote sont tous deux parfaitement clairs sur ce sujet [2]. De même, l'étroite communauté de vie du Jardin d'Épicure devait nécessairement prendre soin d'exclure tout élément inassimilable en raison de son caractère. Le stoïcien Sénèque souligne expressément qu'il ne faut pas que le philosophe perde son temps à s'occuper d'élèves inaptes ; ce qui ne contredit en aucune façon la théorie stoïcienne selon laquelle tout homme est également capable de devenir vertueux. En effet, l'effort individuel – c'est-à-dire la volonté personnelle de l'élève de développer sa disposition innée vers la vertu – demeure le facteur décisif. Lorsque cette volonté est absente, comme aussi la disposition à reconnaître ses propres fautes, toute tentative de direction spirituelle est dès le départ condamnée à l'échec. Imitant en cela les épicuriens, les péripatéticiens et les

---

1. Augustin, *De ordine*, II, 9, 26.
2. Voir les théories sur l'éducation que Platon développe dans la *République* : seule une élite, au sens moral et intellectuel, est capable de philosopher. Pour Aristote, *cf.* la théorie de l'amitié développée dans l'*Éthique à Nicomaque*, et surtout le dernier chapitre, où sont discutées les conditions pédagogiques d'un enseignement philosophique (X, 9, 1179 b 7-15) ; *cf.* aussi Aristote, *Politique*, VII, 13, 1332 a 40-42.

académiciens ou platoniciens, Sénèque refuse explicitement de parler, à la façon des cyniques, dans les marchés, devant les masses, devant n'importe qui, que la personne ait ou non envie d'écouter [1]. Il écrit :

> C'est là, mon cher Lucilius, une méthode que je ne conseille pas à l'homme supérieur : son autorité se dilue, elle perd de son poids auprès de ceux que, moins galvaudée, elle pourrait corriger. Ce qu'on demande à l'archer, ce n'est pas de ne toucher le but que rarement, c'est de ne le manquer que rarement. Ce qui ne réussit que par hasard n'est point de l'art. Mais la sagesse est un art ; qu'elle vise un but précis, qu'elle choisisse des sujets susceptibles de progresser, qu'elle s'écarte de ceux dont elle désespère [2]…

3. *Exercices*

Le contenu auquel se réfère la direction spirituelle des écoles philosophiques à l'époque hellénistique, et dont j'ai brièvement parlé plus haut, peut se résumer en deux formules : « apprendre à vivre », « apprendre à mourir », et la seconde formule peut apparaître comme le présupposé logique de la première [3]. S'accoutumer à ne pas voir dans la mort – la sienne propre comme celle de parents et amis – un mal, c'est la condition nécessaire pour atteindre cette liberté intérieure qui fait que l'on obéit en toutes circonstances à sa conscience et que l'on conserve la paix de l'âme en toute situation. Toutes les traditions philosophiques de l'Antiquité veulent apprendre à leurs adhérents comment mourir et comment surmonter la crainte de la mort. Sur ce sujet, le stoïcien Sénèque cite deux déclarations d'Épicure : « Médite la mort » et « C'est une grande chose que d'apprendre à mourir » ; ce qu'il commente comme suit :

---

1. Sénèque, *Lettres à Lucilius*, 29, 1.
2. Sénèque, *Lettres à Lucilius*, 29, 3.
3. Sur les exercices, voir l'ouvrage fondamental de P. Rabbow, *Seelenführung. Methodik der Exerzitien in der Antike*, München, Kösel Verlag, 1954 ; et P. Hadot, *Exercices spirituels et philosophie antique*, *op. cit.*, p. 343, note 1.

Celui qui dit cela ordonne de méditer la liberté. Qui a appris à mourir a désappris à être esclave : il s'établit au-dessus et en tout cas en dehors de tout pouvoir. Que lui font le cachot, les gardes, les verrous ? Pour lui la porte est ouverte. Unique est la chaîne qui nous tient attachés : l'amour de la vie ; il ne faut pas le supprimer, mais il faut l'affaiblir à tel point que, si un jour la situation l'exige, rien ne nous retienne, rien ne nous empêche d'être prêts à faire sur l'heure ce qu'il faut faire un jour [1].

« Apprendre à vivre » signifie par contre se libérer de nos craintes et de nos passions irrationnelles ordinaires, qu'il faut éliminer pour rendre possible la vie heureuse. La plus grande crainte, celle qui est le pire obstacle à une vie heureuse, c'est, pour les anciens, la crainte de la mort ; mais il faut éliminer aussi toutes les autres violentes émotions et ambitions irrationnelles, telles que la colère, le désir du pouvoir et de la richesse, la crainte de les perdre.

Les fondations dogmatiques sur lesquelles repose la nécessité d'éliminer la peur de la mort et d'autres craintes et passions peuvent varier grandement selon les écoles, mais les méthodes utilisées par le guide spirituel pour atteindre ce but sont presque toujours les mêmes. Le guide spirituel prescrit un mode de vie frugal – certaines tendances philosophiques recommandent le végétarisme [2] – en vue d'endurcir le corps et le rendre, jusqu'à un certain point, insensible à la douleur, mais aussi pour maintenir la santé du corps, en sorte qu'il ne constitue pas un obstacle à l'activité spirituelle. Certes, dans le combat contre la peur de la mort et les diverses autres craintes et passions, les dogmes jouent un rôle important chez les épicuriens, stoïciens, néoplatoniciens, mais le guide spirituel ne se contente pas d'exposer ces doctrines philosophiques dans des conférences : il les pratique dans sa vie et il utilise le pouvoir de suggestion sous des formes diverses. En particulier, il n'oblige pas le débutant à affronter dès l'abord tout l'ensemble des problèmes philosophiques, mais il lui présente un résumé (*epitomê*) sous la forme d'un petit nombre de

---

1. Sénèque, *Lettres à Lucilius*, 26, 8-9.
2. Par exemple les pythagoriciens, les néoplatoniciens, Sextius (sur ce dernier, *cf.* Sénèque, *Lettres à Lucilius*, 108, 17).

maximes – par exemple le « Quadruple remède » (*tetrapharmakos*) et les « Propositions principales » (*kuriai doxai*) chez les épicuriens, ou le *Manuel* d'Épictète chez les stoïciens, qui était encore utilisé par les néoplatoniciens dans l'enseignement destiné aux débutants à côté des *Vers d'or* pythagoriciens [1]. Le *Manuel* d'Épictète eut même la faveur des chrétiens [2]. De même, dans le domaine de l'éthique, on commence par exposer une morale traditionnelle et populaire, de préférence sous forme de maximes ou de vers. Les collections de maximes et de vers étaient très populaires dans l'Antiquité, parce qu'on les considérait comme particulièrement efficaces pour les premières étapes de la direction spirituelle : leur forme brève et frappante était propre à faire un vif effet sur l'auditeur [3]. Une

---

1. Sur quoi *cf.* I. Hadot, *Le problème du néoplatonisme alexandrin : Hiéroclès et Simplicius*, Paris, Études augustiniennes, 1978, p. 160-164.

2. Nous avons plusieurs versions chrétiennes du *Petit manuel* (*Enchiridion*).

3. Je ne cite ici qu'un seul exemple parmi tant d'autres, exemple qui illustre la conviction antique selon laquelle les sentences et les vers ont une très grande efficacité pédagogique (Sénèque, *Lettre à Lucilius*, 108, 9 *sq.*) : « "La pauvreté manque de beaucoup, l'avarice de tout. / L'avare n'est bon envers personne, mais c'est envers lui-même qu'il est le plus hostile" [traduction en prose de Publilius Syrus, *Sententiae* 236 Ribb. [2] et 234 Ribb. [3]]. À ces vers, même l'avare le plus sordide applaudit et se réjouit que ses vices soient désapprouvés : à ton avis, de combien plus grand sera l'effet si ces mots sont prononcés par un philosophe, lorsque des vers se mêlent à ses préceptes salutaires, vers qui les font descendre plus efficacement dans les âmes des ignorants ? "Car, comme le disait Cléanthe, de même que notre souffle produit un son plus éclatant quand la trompette, après l'avoir traîné à travers un canal long et étroit, le lâche par une autre sortie plus large, de même la rigoureuse contrainte du vers rend nos sens (*sensus nostros*) plus réceptifs." Les mêmes choses, si elles sont dites en prose, sont moins attentivement écoutées et sont moins frappantes ; quand les rythmes s'y ajoutent et que des mètres précis resserrent un sentiment éminent (*egregium sensum*), cette sentence-là est lancée comme à la force du bras. On parle beaucoup sur le mépris de l'argent, et dans de longs discours l'on enseigne que les hommes doivent estimer que leurs richesses ne se trouvent pas dans leur patrimoine, mais dans leur âme, et qu'est riche celui qui s'est adapté à sa pauvreté et s'est fait riche avec peu ; les âmes sont cependant bien plus frappées quand sont dits des vers comme les suivants : "À celui des mortels qui désire le moins, manque le moins" [Publilius Syrus, *Sententiae* 242 Ribb. [3]]. […] [Q]uand nous entendons des choses de ce genre, nous sommes amenés à avouer la vérité. Même ceux à qui rien ne suffit les admirent, les acclament et ils déclarent leur haine

fois les doctrines fondamentales mémorisées, il faut élargir pas à pas le savoir de l'élève. Ainsi Épicure commence l'enseignement spécifique de la physique par le Petit Épitomé, c'est-à-dire la *Lettre à Hérodote*, à laquelle il ajoute ensuite le Grand Épitomé, pour conclure enfin cet enseignement par une *Physique* en trente-sept livres. Comme je l'ai montré ailleurs à propos de la *Lettre à Hérodote*, la comparant avec la méthode de Sénèque, chez Épicure l'élargissement de la connaissance procède à très petits pas, et les dogmes fondamentaux sont à mémoriser de nouveau après chaque avancée dans la connaissance, ou en même temps [1]. Car ce qu'on veut obtenir, ce n'est pas la connaissance, mais bien la connaissance comme *habitus*, la transformation de l'individu par la connaissance. Voici ce que dit Ariston, un stoïcien hétérodoxe, mais qui, dans le texte cité, s'accorde avec tous les philosophes, à l'exclusion des sceptiques et des cyniques :

> La philosophie est divisée entre connaissance et disposition de l'âme (*habitus animi*). Car celui qui a appris et compris ce qu'il devrait faire et ne pas faire ne sera un sage que quand son âme se sera transformée en ayant pris la forme de ce qu'il a appris [2].

Tout d'abord, il faut que l'élève s'approprie les éléments de la connaissance, ce qui est un processus purement intellectuel. Ensuite, la connaissance doit s'imprimer dans son esprit de telle façon qu'elle soit constamment sous la main, qu'aucune circonstance extérieure ne puisse la restreindre ou l'effacer ; autrement dit, de telle sorte qu'elle devienne un avec l'individu, une part constituante de sa personne.

---

de l'argent. Quand tu les verras dans cette disposition, insiste, presse, attaque en laissant de côté les équivoques, les syllogismes, la stérile chicane des mots et les autres amusements d'une vaine finesse d'esprit. Parle contre l'avarice, parle contre le luxe ; quand tu vois que tu as progressé et que tu as impressionné le public, redouble de véhémence : incroyable est l'impact d'un tel discours qui n'est attentif qu'à la guérison et vise dans sa totalité le bien de l'auditoire. »

1. *Cf.* I. Hadot, « Épicure et l'enseignement philosophique hellénistique et romain », dans *Actes du VIIIᵉ Congrès de l'Association Guillaume Budé*, Paris, Les Belles Lettres, 1969, p. 347-354.

2. Ariston, dans Sénèque, *Lettres à Lucilius*, 94, 48.

Cette seconde étape ne s'atteint que par la pratique et l'habitude, et en intégrant la composante émotionnelle. Prenons pour exemple une doctrine professée par toutes les écoles philosophiques anciennes : « la mort n'est pas un mal ». Le philosophe-guide spirituel sait bien qu'il ne suffit pas à l'élève de connaître cette doctrine, de savoir par cœur et d'avoir compris intellectuellement les preuves philosophiques qui la fondent ; il lui faut s'en être convaincu à tel point que son moi intérieur en soit entièrement pénétré. Pour que s'opère cette transformation, le guide spirituel emploie diverses méthodes pédagogiques qu'il croit susceptibles d'affecter la partie émotionnelle de l'âme. Notamment, s'il est stoïcien ou platonicien, il évoquera des exemples historiques de gens qui ont sacrifié leur vie pour leur patrie ou pour une autre grande cause, autrement dit qui ont accordé moins de valeur à leur propre vie qu'à ce bien qu'ils ont défendu par ce sacrifice. En outre, il s'efforcera de développer ces exemples en utilisant toutes les ressources de la rhétorique, de façon à produire l'effet émotionnel le plus vif par la beauté de la forme autant que par la beauté du sujet. Déjà Isocrate (§ 275 *sq.* de l'*Antidosis*) mettait l'accent sur l'action réciproque du *eû legein*, du beau langage, et du *phroneîn*, de la bonne disposition éthique de l'orateur : l'effort pour exprimer d'une manière adéquate un noble sujet élève l'âme de l'orateur et l'améliore. Inversement, l'auditeur sera affecté émotionnellement par la beauté du discours et amené à s'enthousiasmer pour le sujet même. À l'époque impériale, la rhétorique devient une auxiliaire indispensable pour presque tous les philosophes, même les épicuriens [1]. En outre, le guide spirituel utilise fréquemment l'enseignement d'une des trois branches de la philosophie, la physique, pour mettre devant les yeux de l'élève l'organisation du cosmos (qui est, selon les diverses doctrines, ou

---

1. Cf. *Inscriptiones graecae ad res romanas pertinentes*, IV, 99 : inscription de Samos en l'honneur de l'épicurien Gaius Iulius Sosigenes, surnommé « Isocrate », ce qui ne saurait renvoyer qu'à son excellence rhétorique. Sur l'importance de la rhétorique dans l'Académie à partir de Philon de Larisse (premier siècle avant J.-C.), *cf.* I. Hadot, *Arts libéraux et philosophie dans la pensée antique*, *op. cit.*, p. 342, note 3, p. 16-18, 25 *sq.* ; 34 note 37 ; 42-44 ; 47 avec note 109.

le produit du hasard ou le produit de la raison), et pour lui inculquer par-là l'insignifiance du destin de l'homme individuel. La vision de l'univers fait expérimenter la petitesse des affaires humaines. Ainsi, Marc Aurèle, en se référant à un passage de la *République* (486 a), écrit :

> Quand on est doué d'un esprit sublime et que l'on contemple l'ensemble des temps et l'ensemble des êtres, crois-tu qu'on puisse regarder la vie humaine comme une chose de grande importance ? – Impossible, dit-il. – Un tel homme ne regardera donc pas la mort comme une chose à craindre ? – D'aucune manière [1].

L'enseignement théorique – les *Quaestiones naturales* de Sénèque en sont un exemple excellent – est donc partout entremêlé de considérations qui ont non seulement elles-mêmes leur fondement dans les émotions, mais qui en outre exercent un effet sur les émotions du lecteur ou auditeur, et dont la fréquente occurrence était finalement destinée à produire une condition psychique spécifique et permanente, qu'on appelait la « grandeur d'âme ». Ces exercices de méditation, et d'autres du même genre, comme la pratique stoïcienne de la *praemeditatio malorum*, qui consiste à prévoir ou à anticiper intellectuellement, sous forme d'« analyse » [2], tous les maux qui peuvent survenir, le guide spirituel les pratique lui-même avec son élève, qu'il encourage à les pratiquer seul, par écrit ou oralement, plusieurs fois par jour. Les *Écrits pour lui-même* de Marc Aurèle sont un bon exemple de la pratique intense de ces exercices de méditation.

Outre la transmission du savoir et, avant tout, l'intégration de ce savoir avec l'aide des pouvoirs de suggestion, l'autre grande tâche du guide spirituel consiste à aider l'élève à reconnaître ses fautes, autrement dit à pratiquer une auto-analyse critique, et à lui apprendre à tenir un journal exact de ses maladies de l'âme. Ainsi, Sénèque donne à Lucilius ces conseils : « Autant que possible, donc,

1. Marc Aurèle, *Écrits pour lui-même*, VII, 35.
2. Davantage sur cette méthode : P. Rabbow, *Seelenführung, op. cit.*, p. 350, note 3, p. 42 *sq.*

démontre à toi-même ta culpabilité ; rassemble les charges contre toi ; sois d'abord ton accusateur, puis ton juge, à la fin seulement ton avocat. Sois parfois dur envers toi-même. » [1] Et Épictète encourage ses élèves à se poser les questions suivantes :

Comment est-ce que je me conduis ? Est-ce vraiment comme un sage ? Est-ce vraiment comme un homme qui se possède ? Puis-je dire, moi aussi, que j'ai été préparé à toute éventualité ? Ai-je, comme il convient à un homme qui ne sait rien, la conscience que je ne sais rien ? Vais-je à mon maître, comme aux oracles, prêt à obéir ? Ou bien moi aussi, plein de morve, ne vais-je à l'école que pour apprendre l'histoire [de la philosophie], et pour comprendre les livres que je ne comprenais pas auparavant, et, le cas échéant, pour les expliquer aux autres [2] ?

Cette forme d'examen de conscience, commune à presque toutes les écoles philosophiques de l'Antiquité, et ramenée par les néoplatoniciens à une pratique pythagoricienne, se fait ordinairement le soir et le matin. Ainsi, Porphyre écrit que Pythagore recommandait, pour l'examen de conscience, de préférence deux moments de la journée : le moment d'aller au lit et celui de se lever [3]. C'est à ces deux moments que le disciple était supposé examiner ce qu'il avait fait et réfléchir à ce qu'il devait faire par la suite. Pour cette raison, avant d'aller au lit chacun était supposé se chanter à soi-même les vers suivants : « Ne laisse pas le sommeil descendre sur tes douces paupières avant d'être revenu trois fois sur chacune de tes actions du jour : "Où ai-je transgressé ? Qu'ai-je accompli ? Quel devoir ai-je négligé ?" » [4] Et avant de se lever on dira ce qui suit : « Tout d'abord, lorsque tu te lèves au sortir du doux sommeil, considère avec soin ce que tu feras dans la journée. » [5] Nous avons,

---

1. Sénèque, *Lettres à Lucilius*, 28,10.

2. Épictète, *Diatr.*, II, 21, 9-10.

3. Porphyre, *Vie de Pythagore* 40 = p. 54 des Places.

4. *Vers d'or*, 40-42 = Porphyre, *loc. cit.*

5. Ces deux vers cités par Porphyre se trouvent dans deux manuscrits du *Carmen aureum*, le *Monacensis* 490 et l'*Upsaliensis* 215, après les vers 40-42 : *cf.* J.C. Thom, *The Pythagorean Golden Verses*, Leiden, New York-Köln, Brill, 1995, p. 42.

dans la littérature philosophique antique, de nombreux témoignages de la pratique de l'examen de conscience du matin et du soir [1]. Je me contenterai de citer quelques lignes de Sénèque :

> Est-il rien de plus beau que cette coutume de scruter toute une journée ? Quel sommeil suit cet examen de soi-même, qu'il est tranquille, profond et libre quand l'âme a été louée ou rappelée à l'ordre, quand elle s'est fait l'espion, le censeur secret de ses propres mœurs ! J'use de cette possibilité et chaque jour je plaide ma cause devant moi. Quand on a enlevé le flambeau et que ma femme, déjà habituée à ma manière d'agir, s'est tue, j'examine toute ma journée et je mesure mes faits et dits ; je ne me cache rien, je ne passe rien [2].

L'objectif de ce double exercice est évident : on voulait obtenir une attention et une conscience de soi-même qui soient extrêmes. Pas un seul instant de la vie quotidienne ne devait échapper au contrôle rationnel ; en outre, la comparaison entre ce qu'on avait projeté de faire et ce qu'on avait réellement fait devait permettre de mesurer le progrès moral. Pour cette évaluation du progrès, des notes écrites étaient elles aussi nécessaires. À propos de telle ou telle émotion que l'examen de soi avait reconnue comme une faute particulière, on encourage l'élève à tenir une sorte de journal, où il mentionne la fréquence de ses rechutes :

> Veux-tu ne plus être irascible ? Ne donne pas d'aliment à ton habitude ; ne lui donne rien en pâture qui puisse la faire croître. Apaise la première manifestation et compte les jours où tu ne t'es pas mis en colère : « J'avais l'habitude de me mettre en colère tous les jours ; maintenant c'est tous les deux jours, puis tous les trois jours, puis tous les quatre. » Et si tu te contiens durant trente jours, offre un sacrifice à Dieu. L'habitude est affaiblie la première fois, puis elle est même complètement détruite. « Aujourd'hui je ne me suis pas laissé aller à la tristesse, ni le jour suivant, ni

---

1. Par exemple Sénèque, *Lettres à Lucilius*, 28, 10 ; Épictète, *Diatr.*, IV, 6, 33 ; III, 13, 8 ; II, 21, 9 ; II, 18, 13-17 ; Hiéroclès, *In Carmen aureum*, XIX, p. 80-84 Köhler.

2. Sénèque, *De la colère*, III, 36, 2-3 (trad. Bourgery, légèrement modifié).

successivement pendant deux ou trois mois; mais je me tenais sur mes gardes quand se présentait quelque sujet d'irritation. » [1]

Nous possédons même une œuvre du médio-platonicien Plutarque intitulée *Comment être sûr qu'on progresse en vertu*, qui fournit un catalogue des divers signes de progrès [2].

Bien entendu, le résultat de l'examen de conscience devait être communiqué au guide spirituel, une pratique que, dans la sphère chrétienne, nous connaissons sous le nom de « confession ». De l'école d'Épicure nous avons conservé des extraits d'un cours où sont données au guide spirituel épicurien des instructions détaillées sur la façon d'amener l'élève à la confession, et de mener la discussion de façon individuelle et avec ménagement. Le guide spirituel ne parlera jamais au pécheur comme s'il désespérait de lui. Même si le pécheur lui-même a perdu espoir, ou manifeste clairement son mécontentement de lui-même, le guide spirituel se montrera toujours bienveillant et compréhensif. Il ne sera pas désagréable envers l'élève. Il pourra choisir une réprimande indirecte, en censurant la faute en question chez une autre personne, ou bien même en s'accusant d'avoir commis cette faute lui-même dans sa folle jeunesse. Le guide spirituel ne se laissera pas aller jusqu'à l'injure, la moquerie, l'humiliation. Il ne blessera pas l'élève, mais il ne le flattera pas non plus. Il déterminera si l'élève est très sensible, ou s'il est plutôt endurci, ou tellement endurci qu'il ne s'améliorera pas même si on le réprimande avec violence. Il saura de quelle famille l'élève est originaire et de quelle éducation il a bénéficié, et ainsi de suite [3]. Enfin, le guide spirituel encouragera

---

1. Épictète, *Diatr.*, II, 18, 12-14 (trad. Souilhé).
2. Voir aussi Plutarque, *De ira cohibenda*, 464B-C.
3. Philodème, *De libertate dicendi*, résumé de conférences données par l'Épicurien Zénon. *Cf.* P. Rabbow, *Seelenführung*, *op. cit.*, p. 350, note 3, p. 29. Sur la pratique épicurienne de la confession, *cf.* W. Schmidt, « Epikur », dans *Reallexikon für Antike und Christentum*, vol. 5, Stuttgart, 1962, col. 741 *sq.*

l'élève à analyser ses rêves, car l'ultime flamme du désir sensuel se manifeste dans les rêves [1].

Cette pratique de la direction spirituelle, qui était largement développée dans la philosophie antique, fut adoptée par les chrétiens, quoiqu'avec des présupposés différents. Paul Rabbow l'a démontré pour les *Exercitia spiritualia* d'Ignace de Loyola [2], et Pierre Hadot pour le monachisme depuis le IVe siècle [3]. À la figure du philosophe comme guide spirituel avec l'école philosophique comme centre de son activité se substitue désormais la personne d'un clerc guide spirituel dans les ordres monastiques chrétiens. La confession auprès d'un prêtre séculier constitue un reflet de cette pratique, plus faible mais pourvue aussi d'une certaine efficacité. Mais il ne faudrait pas que les similitudes assez apparentes qui existent entre la direction spirituelle antique et celle des chrétiens nous empêchent de voir les différences très importantes qui les séparent quant à leur état d'esprit fondamental.

Ilsetraut HADOT

1. Zénon le stoïcien, dans Plutarque, *Quomodo quis suos in virtute sentiat profectos*, 12, 82 *sq.* = *SVF*, I, 234, p. 56 von Arnim.

2. Rabbow, *Seelenführung, op. cit.*, p. 350, note 3, p. 151-159 et 189-204.

3. P. Hadot, *Exercices spirituels et philosophie antique, op. cit.*, p. 343, note 1, chap. « Exercices spirituels antiques et "philosophie chrétienne" », p. 59-74 ; Paris, Albin Michel, 2002, p. 75-98.

TABLE DES MATIÈRES

PRÉFACE : ÉLOGE DE PIERRE HADOT
par Arnold I. DAVIDSON.. 5

PREMIÈRE PARTIE
RÉORIENTER LA PHILOSOPHIE ANTIQUE :
PENSER, VIVRE, ENSEIGNER

CHAPITRE PREMIER : TITRES ET TRAVAUX DE PIERRE HADOT 17

CHAPITRE II : *EPISTROPHÈ* ET *METANOIA* DANS L'HISTOIRE DE LA
PHILOSOPHIE 45

CHAPITRE III : LES PREMIERS PHILOSOPHES 53

CHAPITRE IV : LA PHILOSOPHIE HELLÉNISTIQUE 57

CHAPITRE V : MARC AURÈLE, *PENSÉES* 77

CHAPITRE VI : MARC AURÈLE, *PENSÉES POUR MOI-MÊME*, LIVRE VI 85

CHAPITRE VII : NOTE SUR L'ESTHÉTIQUE DE PLOTIN 101

CHAPITRE VIII : LES NIVEAUX DE CONSCIENCE DANS LES ÉTATS
MYSTIQUES SELON PLOTIN... 109

CHAPITRE IX : LA PRÉHISTOIRE DES GENRES LITTÉRAIRES PHILO-
SOPHIQUES MÉDIÉVAUX DANS L'ANTIQUITÉ.................................... 137

CHAPITRE X : ENSEIGNEMENT ANTIQUE ET ENSEIGNEMENT MODERNE
DE LA PHILOSOPHIE 149

DEUXIÈME PARTIE
RELIRE L'HISTOIRE DE LA PENSÉE

CHAPITRE XI : LA PHILOSOPHIE COMME ÉDUCATION DES ADULTES 179

CHAPITRE XII : PRÉFACE À ERNST BERTRAM, *NIETZSCHE. ESSAI DE
MYTHOLOGIE*.. 189

CHAPITRE XIII : L'EXPÉRIENCE DE LA MÉDITATION............................... 193

CHAPITRE XIV : LA TERRE VUE D'EN HAUT ET LE VOYAGE COSMIQUE. LE POINT DE VUE DU POÈTE, DU PHILOSOPHE ET DE L'HISTORIEN ..   201

CHAPITRE XV : PERSPECTIVE ET HORIZON   213

CHAPITRE XVI : ANDRÉ-JEAN FESTUGIÈRE (1898-1982)   225

CHAPITRE XVII : PRÉFACE À LOUIS LAVELLE, *L'EXISTENCE ET LA VALEUR*   231

CHAPITRE XVIII : PRÉFACE À YOKO ORIMO, *LE SHÔBÔGENZÔ DE MAÎTRE DÔGEN*   239

CHAPITRE XIX : ÉMERVEILLEMENTS   247

TROISIÈME PARTIE

RÉAPPRENDRE À VOIR LE MONDE

CHAPITRE XX : « VIVRE CHAQUE MOMENT COMME SI C'ÉTAIT LE PREMIER ET LE DERNIER »   257

CHAPITRE XXI : « FACE AU CIEL ÉTOILÉ, J'AI VRAIMENT ÉPROUVÉ LE SENTIMENT BRUT DE MON EXISTENCE »   261

CHAPITRE XXII : MÉTAPHYSIQUE ET PEINTURE   269

CHAPITRE XXIII : PIERRE HADOT : HISTOIRE DU SOUCI   279

CHAPITRE XXIV : PHILOSOPHIE ANTIQUE ET PSYCHOTHÉRAPIES MODERNES   291

CHAPITRE XXV : L'ENSEIGNEMENT DES ANTIQUES, L'ENSEIGNEMENT DES MODERNES. ENTRETIEN ENTRE PIERRE HADOT ET ARNOLD I. DAVIDSON   305

POSTFACE : LA FIGURE DU GUIDE SPIRITUEL DANS L'ANTIQUITÉ *par* ILSETRAUT HADOT   323

TABLE DES MATIÈRES   361

Dépôt légal : mai 2019
IMPRIMÉ EN FRANCE

Achevé d'imprimer en avril 2019
sur les presses de l'imprimerie *La Source d'Or*
63039 Clermont-Ferrand
Imprimeur n° 21218N